LA MORT, UN TERME OU UN COMMENCEMENT ?

DU MÊME AUTEUR

Jeanne de Flandreysy, ou la Passion de la Gloire. Ed. de la Salamandre.
Les Réalités latines (ouvrage collectif). Ed. de la France Latine.
Les Jeunes d'aujourd'hui (ouvrage collectif). Ed. du Centurion.
Gustave Thibon, témoin de la Lumière. Ed. Beauchesne.
Dieu existe-t-il ? Non, répondent... Ed. Fayard.
Entretiens avec Gustave Thibon. Ed. Fayard.
Bâtisseurs de cathédrales. Ed. S.O.S.
Jean Salusse. Ed. de la Caisse Nle des Mts Historiques.
Dieu existe-t-il ? Oui, répondent... Ed. Stock.
Jean-Paul II, témoin de toujours. Ed. Le Sarment.

EN PRÉPARATION

Avoir vingt ans pour être qui ? Ed. Fayard.
Il était une fois l'enfant. Ed. Stock.
L'Editorialiste, roman.

CHRISTIAN CHABANIS

LA MORT, UN TERME OU UN COMMENCEMENT ?

Fayard

A la mémoire de mes beaux-parents,
Pierre et Muriel Bonnet-Baillière,
partis ensemble pour l'éternité.

CH. CH.

Sommaire

PREMIÈRE PARTIE

Entretien avec le lecteur

« Dieu seul parle de Dieu », disait Karl Barth, qui, cependant, ne se privait pas d'en parler aussi. Il n'est pas moins justifié de prétendre qu'un mort seul serait fondé à parler de la mort. Quelqu'un qui reviendrait de son propre trépas, avec, au sens littéral du mot, le récit d'une expérience inouïe. Un tel témoin apporterait dans le débat une lumière qui lui manquera toujours, et qui réduirait à ce qu'elles sont — c'est-à-dire des conjectures — tous les discours des vivants sur les morts. Il va sans dire qu'un tel témoin est absent de ce livre. Mais on imagine la curiosité soulevée par un concours aussi inespéré ! Quelqu'un, enfin, pour nous découvrir ce qu'il en est de l'événement le plus certain et en même temps le plus énigmatique de la destinée humaine. Nous savons, en effet, que nous allons mourir, mais nous ignorons ce qu'est la mort. Toute la question, pour nous, demeure suspendue entre cette certitude et cette ignorance.

Certitude ? Il n'est pas nécessaire d'avoir vécu l'ultime expérience pour savoir qu'elle nous attend de manière inéluctable. Et qu'elle attend tous les êtres qui nous entourent. Les morts n'ont sur nous que l'avantage de la priorité, et nous ne doutons pas un instant que nous passerons par où ils sont passés. Nous savons également qu'il suffirait d'un acte de notre volonté pour nous donner la mort : elle n'est pas hors de notre portée, mais au contraire, notre avenir le plus accessible. Si nous ne sommes pas morts, nous sommes mortels, ce qui nous confère quelque droit à porter intérêt à la question. C'est de ce droit qu'ont usé les mortels qui se retrouvent dans ce livre. De même qu'il n'est pas nécessaire d'avoir vécu toutes les vies et toute sa vie pour s'interroger sur l'existence, mais qu'il suffit d'être un homme et d'être au monde, de même n'est-il pas indispensable d'avoir connu la mort pour s'interroger sur le fait qu'on doit la connaître un jour.

Une certitude, donc, et une certitude absolue. Elle ne souffre aucune exception. N'est-ce pas un présent déjà singulier de la mort, et dont la vie, prisonnière du relatif, est à jamais incapable ? Même les esprits les mieux prévenus contre l'absolu ne peuvent éluder celui-ci. Le seul, avec la certitude d'exister, sans quoi, dirait le maréchal de La Palice, nous ne serions pas menacés par la mort ! L'une et l'autre forment un couple inséparable depuis la première seconde où nous avons vu le jour. On pourrait imaginer qu'il en soit autrement, et que la vie nous ait été offerte sans nécessité de la rendre. Quelles perspectives ! Mais non : dès l'instant d'une naissance commence aussi le compte à rebours. Les uns y atteignent en quelques secondes et ne semblent naître que pour mourir ; d'autres — plus heureux, ou moins, selon les opinions —, mettent quatre-vingt-dix ans à toucher au terme, non sans quelques alertes en cours de route. Mais qu'un accident nous touche ou touche un être proche, et nous apercevons l'enjeu capital. Qu'elle se présente comme une menace ou comme une promesse — peut-être les deux à la fois —, il faut compter partout et toujours avec elle, sans savoir, d'ailleurs, si c'est elle ou notre imagination qui nous menace le plus. Nous découvrons seulement, lorsqu'une alerte est passée, que l'heure décisive nous attend plus loin.

La mort n'est pas une hypothèse d'école, mais une réalité si fidèlement attachée à notre vie, que nous éprouvons le sentiment de toucher au plus secret de la vie avec elle, sans connaître toutefois ce secret. Il n'est aucune rencontre, heureuse ou malheureuse, de notre destinée profonde, derrière laquelle ne se profile le partenaire obligé, pour lui conférer sa résonance suprême. Trop de bonheur, trop de malheur, sont comme une question plus pressante que la vie adresse à la mort, où la vie se trouve tout à coup débordée, excédée par elle-même, et se tourne vers ce qui, étrangement, détient la clef de son énigme. Ceux pour qui la mort n'a pas de sens, la vie non plus n'a pas de sens. Mais réciproquement, du sens que l'on donne à la vie dépend le sens que l'on donne à la mort. La mort est même l'épreuve de tout sens. Devant elle, l'homme est sommé de dire pourquoi il vit, et même de se demander si son existence est vie : on ne saurait se « laisser vivre » non plus que « se laisser mourir » sans abdiquer toute conscience d'être, et toute raison d'être. Donner sa vie, ou donner sa mort, c'est toujours les consacrer à un sens qui les embrasse et les dépasse l'une et l'autre ; on dit aussi « perdre sa vie » comme on pourrait dire « perdre sa mort », et l'on entend par là que le sens de l'une et l'autre est perdu. Faire semblant de vivre n'est pas impossible, mais parce qu'on ne fait pas semblant de mourir, la vérité nous rattrape à l'arrivée. Une vie qui n'a pas de sens ne peut donner de sens à la mort, mais une mort qui n'a pas de sens, empoisonne tout sens qu'on pourrait donner à la vie. Et nous pressentons, encore une fois, que le sens se tient au cœur du couple indissociable. La parole des vivants sur les morts est impuissante à tout dire de la mort, mais une parole des vivants sur les vivants qui éluderait l'échéance fatale, ne dirait plus rien de la vie.

A la vérité, la mort est-elle si loin de nous que nous l'imaginons à vingt ans ou à quarante ? Chaque jour nous invite à reconnaître son emprise. La fuite du temps : thème éternel de la poésie, parce que l'humanité profonde n'a jamais cessé d'y lire son destin. Mais c'est avant tout la fuite de nous-même. Adieu, rivages de l'enfance, années de la jeunesse, minutes qui entrent pour jamais dans un passé clos, jours heureux et jours sombres qui parfois s'évanouissent comme s'ils n'avaient pas été ! Nos souvenirs ne sont plus qu'un visage de nous-même déjà mort, et que nous contemplons depuis une autre rive où nous sommes comme à nous-même inaccessible. Nous voyons s'effacer des pans entiers de notre existence où nous est révélé, déjà, ce que c'est que nous perdre, et perdre un visage aimé. L'expérience de la mort est unie à notre expérience de la vie dans cette espèce de disparition continue de nous-même à nous-même, qui fait que nous ne saluons jamais un jour nouveau sans prendre congé d'un jour ancien. Impossible de prétendre fixer un instant de notre vie, sans éprouver l'absurdité de toute tentative qui croirait vaincre la mort. Mais longtemps, lorsque nos jours entrent dans le passé, il nous reste à nous dire qu'un avenir leur donne la réplique, et que la vie qui vient répond à la vie qui s'en va. Jusqu'au matin décisif d'une mort plus radicale — la mort —, qui d'abord tue l'avenir, arrête le temps et le projet que nous avions de durer encore.

Un terme ? Qui en douterait ? « C'est la fin », murmure l'entourage de quelqu'un qui agonise. Nous prenons d'abord conscience de la mort comme de l'instant où tout s'interrompt : « Il n'est plus ! » Avec ou sans mise en scène, la mort est la scène ultime, après quoi nous ne sommes qu'un souvenir dans la mémoire des vivants qui nous suivent immédiatement, une syllabe dans la bouche des autres. Le bon et le méchant, comme le puissant et l'humble, y sont réduits à la même extrémité — la dernière — où ni la vertu de l'un, ni la malice de l'autre, non plus que la superbe ou l'effacement, ne sont d'aucun recours. Les jeux sont faits au-delà de nos calculs et de nos volontés particulières. La mort ne dépend pas de nous, mais nous, d'elle, et quand même il nous resterait d'en fixer le moment par une mort volontaire, nous ne ferions que devancer ce que, de toute manière, nous serions incapable d'empêcher. C'est elle, toujours, qui l'emporte. « Il faut y passer », résume sobrement le bon sens populaire. La mort, « passage obligé », seul point de ralliement que tous aient en commun : on peut s'y donner rendez-vous sans crainte de s'y manquer. Et nous apercevons, dans cette toute-puissance inexorable, une sorte d'autorité suprême qui, pour certains, a quelque chose d'imposant.

Certitude, disions-nous, mais de plus : certitude commune à tous.

Ainsi, quand on prétend que nous ne possédons aucun absolu dans un univers incohérent, il reste à opposer la mort. Mais quand on prétend aussi que les hommes n'ont aucun lieu de communication réelle, il reste encore à opposer la mort. De nulle autre parole nous ne sommes assurés qu'elle ne ment pas comme de celle qui affirme : tu mourras. Mais d'aucune autre, également, nous ne sommes aussi sûrs qu'elle est adressée à tout homme, sans distinction de race, d'âge, de classe, etc. Elle nous réduit à notre vérité, mais elle nous apprend du même coup que nous possédons cette vérité en commun et combien nous sommes semblables devant elle, au cas où nous serions tentés de l'oublier. Il n'y a rien comme la mort pour nous rappeler que la destinée humaine est identique en tout homme. Quelles que puissent être les considérations éthiques ou religieuses dont on l'entoure par ailleurs, il faut lui reconnaître cette justice, en n'épargnant personne, de nous replacer dans la seule égalité irrécusable, qui n'a de comparable que l'instant nu de la naissance. Et encore ! Qui n'a rien de comparable. Ici, c'est moins la mort elle-même, que ce regard sur la seule certitude commune à tous, qu'il importe de rappeler ; c'est moins de mourir, que de savoir ensemble que nous mourrons sans exception. Le lieu de la fraternité indéniable commence là, et le regard que nous portons sur la mort est peut-être le seul qui nous appelle à convertir nécessairement notre regard sur l'autre.

Or, qui ne serait frappé, pourtant, par la distraction, volontaire ou non, que l'on oppose à cette évidence capitale ? Certes, à moins d'être fâché avec sa vie, comment accepter d'emblée l'évidence de la mort ? On comprend qu'un hédonisme facile propose de la rayer de nos pensées faute de pouvoir la rayer de nos vies. Il serait bien assez tôt de la regarder de près quand nous n'avons plus aucun moyen de faire autrement. En espérant d'ailleurs que cette conscience ultime nous sera peut-être épargnée, que nous mourrons sans nous en apercevoir. Le dernier vœu de qui prétend vivre inconscient est de mourir inconscient. Encore que cela ne soit ni des plus faciles ni des plus constants, et que la mort se laisse rarement oublier (on meurt autour de nous, et certaines de ces morts peuvent nous être plus cruelles que la nôtre), il faut souligner aussi que refuser la pensée de la mort, c'est refuser la pensée tout court. L'esprit renonce à sa vocation d'esprit, à son activité incomparable ; accepte d'en réduire la visée infinie. Pourtant, il n'est pas tant d'évidences incontestables pour qu'on puisse se priver de celle-là ! Voilà un axe de vérité auquel nous devrions nous rallier avant de disserter sur d'autres aspects de notre condition, mais on lui préfère des prémisses plus discutables. Peut-être parce qu'on cherche dans le plaisir de la discussion elle-même une échappée ? On discourt, parfois, au lieu de vivre ; on peut discourir, aussi, au lieu de mourir en connaissance de cause ! Il est vrai, aucune déclaration universelle sur l'homme n'a jamais commencé par ce préalable modeste mais essentiel : « Considérant que nous sommes mortels, etc. » On prétendra que cela va sans dire, mais la pirouette est trop claire pour qu'on n'y aperçoive pas le réflexe de ceux qui éludent la question. Ils signifient sans appel : « N'en parlons plus. »

Mais alors, comment et pourquoi parler d'autre chose, sans ressentir l'inconsistance d'une parole qui renonce à se saisir de l'unique évidence irrécusable ? Qui renonce à lui chercher un sens, s'il existe ? Que dire de profond entre les hommes quand on refuse de toucher à ce point de profondeur ? Non seulement la mort est lieu commun de certitude, mais il n'y en a plus si l'on ignore celui-là. Nous distraire de l'évidence au lieu de nous fonder sur elle, c'est percevoir cet axe de vérité bien davantage comme une limite que comme le lieu d'où s'élance de l'esprit. Ce n'est pas la mort, ici, qui effraie, mais la vérité. Car une telle certitude ne fait pas seulement trembler les cœurs sensibles, elle invite des esprits sérieux à faire « comme si ». Comme si la nécessité où nous sommes de mourir n'était pas le meilleur tremplin offert à la pensée qui s'interroge, comme si elle ne s'imposait pas avant tout autre sujet de réflexion. On dirait les facultés humaines saisies par un embarras insurmontable à la vue d'une considération si aisée : ce qu'il a de plus personnel en même temps que de plus universel, soudain ne dit plus rien à l'homme. Il évite de reconnaître son visage dans son visage de mort. Pour prévenir alors tout débat dérapant, il rompt le couple inséparable, il oppose à toute interrogation sur la mort, une idéologie de la « vie », du vivant, du vécu, qui prétend se suffire à soi. « D'abord vivre », contre une évocation qu'il estime fatale au vivre, et c'est au nom de celui-ci qu'il repousse au dernier plan ce qu'il voyait si clairement au premier.

Mais de la « vie » ainsi posée comme un absolu pour faire oublier l'absolu de la mort, peut-on soutenir qu'il s'agit d'une vie humaine, ou d'un activisme mécanique et animal, qui dure ce que dure la bête ou la machine ? Si quelque dialectique se noue entre la vie et la mort, faut-il la situer dans l'exclusion de l'une par l'autre, ou dans le couple nécessaire — même quand il apparaît d'abord inconciliable — qu'elles forment l'une avec l'autre ? Toute perspective que l'on se donne sur la vie étant liée avec celle que l'on se donne sur la mort, là où il n'est pas de regard profond sur l'une, il n'en est pas non plus sur l'autre, disions-nous. Il reste alors une sorte d'instinct de durer, qui se pare encore comme il peut de la dignité humaine, mais qui en ignore les fondements. Mistral, avec la force de sa langue provençale, parle des « morts-nés en survivance... », absents de la vie quand ils s'imaginent durer encore.

Certes, je veux bien que l'homme ne soit qu'un animal ou une mécanique. Je veux bien qu'il soit n'importe quoi, puisque, depuis tant de milliers d'années qu'il embarrasse la terre de ses questions, il a soutenu à peu près tout et le contraire de tout au sujet de lui-même et du monde : pourquoi pas qu'il n'est qu'un singe ou un robot ? Mais cet animal-là, qui meurt comme tous les autres et qui devrait s'en contenter comme les autres, ajoute à sa mort de savoir qu'il meurt. Il a du moins cette possibilité, même s'il n'en use pas ! Ce singe qui grimpe dans les astres comme d'autres dans les arbres ose même parler des morts comme s'ils n'étaient pas morts. Il est à la fois celui qui prend conscience de sa mort, et celui qui fuit cette conscience, et celui qui refuse cette mort. Depuis les origines, autant que peuvent en témoigner les vestiges des origines : sa première œuvre d'art est un tombeau, c'est-à-dire un témoin d'immortalité.

Parce que l'homme est étrange et stupide, on pourrait tout aussi bien compter une telle idée au nombre de ses folies. Mais ce ne sont pas les plus stupides, justement, ni les pires, qui partagent cette conviction : de fort sages n'y renoncent pas. Si bien que, ce qui n'est pas une question pour l'animal ou pour la machine, en devient une, en effet, pour l'animal-homme : la mort ne parvient pas tout à fait à le tuer. L'homme ne meurt pas de la mort. L'homme du biologiste, certes, en meurt, mais l'exactitude oblige à dire que l'homme du biologiste n'est pas tout l'homme, et d'abord au biologiste lui-même, qui le reconnaît volontiers. Plusieurs, et non des moindres, le font ici même. On en dirait autant de toute discipline qui prétendrait réduire à son propre savoir le savoir sur l'homme.

L'autre homme, celui que nous connaissons tous, pris dans cet étau entre la vie et la mort, s'obstine depuis les origines à n'accepter la conscience de la mort qu'avec l'espoir de la dépasser. Il faut autre chose que la mort pour le tuer. Cette chimère, ou, contre l'évidence, ce sursaut de fidélité à soi-même, empêchent d'en finir avec lui comme avec les autres espèces vivantes. Au lieu de tourner la page et de passer au numéro suivant, un numéro de la série fixe tout à coup l'attention, manifeste un caractère irremplaçable au point qu'aucun autre ne saurait tenir lieu de lui, et sa mort ne rend que plus sensible à ce que sa vie avait d'unique. Les héros et les saints, dont la mémoire survit à leur disparition, manifestent avec une sorte d'éclat ce qui est vrai, en réalité, de tout homme, pour son entourage immédiat. On ne remplace pas Socrate ou saint Paul, mais on ne remplace personne. Toutes les philosophies ou les religions qui ont noyé l'individu dans le nombre, la personne dans la foule, et qui les noieront jusqu'à la fin des temps, gommant le scandale de leur mort singulière mais d'abord de leur vie singulière, les réduisant l'une et l'autre à l'anonymat, sont restées balivernes pour ceux qui n'existent pas seulement dans un laboratoire intellectuel, mais dans le vivre et le mourir. On tentera toujours de confondre les héros dans la foule et la foule avec rien, de détruire l'éminence de la personne là où elle s'affirme ostensiblement, avant de la réduire partout où il reste un homme et sa conscience : nous le savons, aujourd'hui mieux que jamais, où l'asservissement des peuples commence par celui de leurs héros. La solution, en effet, pour supprimer — sinon la mort — du moins cette conscience de la mort, serait de supprimer l'homme, de le réduire à l'animal ou à la mécanique qu'il refuse pourtant d'être. On s'y essaie par mille méthodes anciennes et toujours renouvelées, et ne doutons pas que ce soit souvent avec succès, quelquefois avec la complicité des victimes elles-mêmes.

Après tout, il est arrivé à tout le monde de souhaiter en finir avec cette sorte de vie que nous fait parfois la vie, de renoncer à son destin d'homme quand il faudrait le payer d'un prix que l'on juge exorbitant. S'abandonner à un sommeil éternel, pour dissoudre cette conscience, exaltante parfois, mais souvent épuisante de soi, et le chemin où elle engage ? Pourrait-on refuser, à l'homme fatigué d'être un homme, ce qu'on ne refuse pas à l'animal ? Un tel discours trouve toujours un écho dans les cœurs, et il a sa place ici. Faire taire l'homme en l'homme, quelle admirable trouvaille pour faire taire la mort !

Un certain regard sur les vivants conduirait d'ailleurs à penser que la mort est après tout une excellente opération, qui met bon ordre à ce grouillement de sottise, de vanité et de bassesse qu'est la termitière humaine. Bienvenue à celle qui réduit ce néant à ce qu'il est ! Voit-on d'emblée ce qui mériterait de survivre de tel individu dont le moins qu'on puisse dire est qu'il n'en vaut guère la peine ? N'est-ce pas déjà assez, ou même trop, qu'il tienne tant de place sous le soleil ? Si l'on regarde autour de soi une foule, une assemblée, dans ces moments de détachement extrême où rien ne vous oblige à vous agiter avec elle, on se fait soudain la réflexion, qu'entouré de tant d'êtres qui vous sont à peu près indifférents, mais dont on sait que chacun est un mort en puissance, c'est davantage dans la mort que votre existence est immergée, que dans la vie. On se demande où est la vie ? Puisque tout ce remue-ménage doit finir comme un spectacle sur lequel le rideau bientôt retombera, il semble que c'est, non la vie qui s'agite sous vos yeux, mais une sorte de mirage, ou de songe, dont il importe de n'être pas dupe. Il s'évanouira, sans que vous ayez beaucoup à faire pour l'y aider ; mais pour laisser quoi ? Place à un autre mirage qui se prendra lui aussi au sérieux. Que signifie un tel songe ? « La vraie vie est absente », constatait le poète. Ces figures, ces êtres, qui se considèrent avec gravité puisqu'ils en méprisent d'autres, et qui ne sont en fait qu'en instance d'évanouissement, apparaissent comme s'ils n'étaient pas. Le regard les traverse à l'égal du vide. Il n'y aurait de vrai, au fond, que la mort. D'où la tentation qui saisit certains, de sombrer dans le macabre, de noyer la vie dans la mort, et de conférer à celle-ci une ironique ou une effrayante divinité ! Mais pourquoi ? Pour qui ? Quelqu'un est-il en vie ? Quelqu'un est-il vivant ? Moi, qui regarde tout cela avec recul ? Certes, pas davantage que les autres qui s'agitent et se disputent une position enviable avec âpreté : j'appartiens aussi à ce mirage. Mais pas au point, il est vrai, de me confondre avec lui. Alors renaît, se prolonge, l'interrogation radicale qu'il fallait justement réduire au silence.

Ce qui, en moi, prend ses distances avec la vie comme avec la mort, serait-il réellement d'une autre nature et d'un autre univers, invisible et mystérieux, dont le « passage obligé » de la mort serait la porte étroite ? Je sais que je dois mourir, que tous, autour de moi, doivent mourir : est-ce tellement utile si j'ignore à jamais ce qu'est la mort ? Une fin ? Certes. Seulement une fin ? Aucune réponse n'oserait se proposer avec le même caractère absolu que la question : nul ne présente une solution à la mort, incontestable comme la mort elle-même. Mais la réponse, comme la question, nous retient au cœur de la condition humaine, et de ce qu'elle a de plus précieux à nous révéler. La réponse libre, nous découvre ce lieu de notre destinée où se tient une question sans réponse obligée, qui nous interroge indéfiniment et infiniment. Là réside sans doute sa dignite : que l'homme n'élude pas le sans-réponse, qu'il y trouve au contraire le lieu le plus profond de son être. Il ne dépend pas seulement de l'homme de répondre à l'homme, mais de la mort de répondre à la mort, c'est-à-dire à la transcendance de répondre à ce qui nous transcende. La mort n'est pas une question parmi d'autres que nous nous renvoyons sans fin, mais une question posée en dépit de nous, et posée par la mort elle-même ; sa réponse aussi appartient à la mort. Ce lieu sans-réponse, fait penser à la « partie supérieure de l'âme qui ne se nourrit que de faim », dont parlait Simone Weil. C'est le lieu où résonne l'interrogation fondamentale de l'homme sur l'homme, le lieu qu'il importe de ne jamais combler de réponses idolâtres.

Il serait en effet si simple de dire que la mort est un fait, comme la vie serait un fait ; de n'aller pas plus loin que cette constatation. En réalité, l'une et l'autre sont un mystère. Mystère de la naissance, mystère de la mort : l'un et l'autre se tiennent par la main pour relever tout regard qui se poserait trop bas sur l'homme. Une réponse à une aussi vaste interrogation n'a de sens que si elle s'inscrit dans l'absolu de la question, et justement dans son mystère. Il n'est que l'âge mûr, celui de l'activisme aveugle et sourd, pour se croire en dehors du mystère : l'entre-deux rives, où l'une est déjà loin, et l'autre, apparemment, loin encore. Ces adultes-là n'aiment ni l'enfant ni la mort. Age de la superbe et de l'inconscience — à moins d'une exigence plus profonde —, où la mort reste comme improbable. C'est le mien, et j'en sais quelque chose. Alors on affirme un peu rapidement qu'une nécessité d'ordre biologique est nécessité aussi pour ce qui échappe cependant à la biologie, l'esprit et le cœur, par exemple. L'on n'est pas loin d'accepter — pour les faibles, les impuissants, les incapables, ou du moins ceux qu'on juge tels —, cet anéantissement général que nous évoquions tout à l'heure. Pourquoi se plaindrait-on que la mort mette sur la touche ce qui n'est pas capable de lui résister, quand on est soi-même dans le plein exercice de ses forces physiques et intellectuelles ? L'homme ne mérite pas d'être sauvé mais enterré, dès lors qu'il a épuisé toutes ses ressources naturelles. Et au plus vite, avant qu'il n'empuantisse l'atmosphère. Le signe de l'esprit a beau susciter quelques interrogations supplémentaires : n'allons pas trop avant, il doit s'effacer avec le reste, puisqu'il n'est pas de taille à évincer l'odeur infâme du cadavre. Refermons la trappe sur « ce qui n'a plus de nom dans aucune langue ».

Et Pascal relève le gant : « Malgré la vue de toutes nos misères, qui nous étreignent, qui nous prennent à la gorge, il y a un instinct, en nous, qui nous élève. » Cet instinct-là parle non seulement plus haut que la misère humaine, mais que la mort, signe cruel de cette misère. Il institue la contradiction, pour demander : qu'est-ce qui l'emporte, finalement, de notre misère ou de ce qui nous appelle au-dessus et au-delà d'elle ? La mort résoudrait-elle ce que la vie ne résout pas ? La conscience qu'il est mortel est peut-être moins forte en l'homme que cette obscure conscience qu'il n'est pas fait pour la mort. On ne demande plus seulement comment il est possible que l'homme soit si misérable, mais comment il est possible que l'homme meure, si misérable soit-il ? Pas uniquement tel être exceptionnel qui rompt la monotonie du monde, mais tout homme : cette singularité — biologique d'abord —, qui pourrait se défaire pour toujours, ce visage qui se dissipe dans la nuit d'où il était sorti. L'évanouissement d'un seul visage apparaît comme irréparable.

Prendre conscience de la mort, c'est prendre conscience de l'inacceptable. Nous ne pouvons nous cacher que nous sommes mortels, et le taire est une démission. Mais cette conscience nous rend notre destin horrible. Comment accepter la mort des autres, peu à peu de tous les autres, et comment aimer l'autre sans le vouloir immortel ? Nous ne pouvons mesurer l'étendue des méfaits de la mort, sans en même temps la refuser. Une manière spontanée de le faire était de l'oublier. Était-ce la seule et la bonne ? N'y a-t-il pas d'autres façons de triompher de la mort ? Lorsque Bossuet affirme : « Nous savons que nous allons mourir, mais nous n'y croyons pas », certes, nous n'y croyons pas, car ce n'est pas croyable. La mort est ce point de rencontre unique où l'incroyable et le certain se conjuguent, pour nous ouvrir justement à une interrogation suprême, nous, pauvres créatures vouées à la torture de la question sans réponse. Savoir la mort pour rien ? Ce serait à jamais le signe que le destin humain n'élucide aucune des énigmes qui comptent pour lui. Pourquoi des êtres de conscience si cette conscience n'a pas de sens ? Qui se moque de l'homme et l'accule à la révolte ou au désespoir ? Le démon de « l'à-quoi-bon » nourrit alors le pessimisme le plus tragique. Dire oui à la mort sans savoir à quoi l'on répond ? Impossible, sans dire oui à tous les renoncements, toutes les démissions, toutes les injustices, à un non-sens irrémédiable. Qui pourrait dire oui à cet absolu négatif, y compris dans le geste de se détruire qui saisit l'homme désespéré ? Quand Thérèse d'Avila soupire : « Je meurs de ne pas mourir », elle dit oui, mais à la vie, parce qu'elle croit à une vie qui transcende la mort. Impossible de dire oui au néant et à l'horreur, quand on ne s'identifie ni à l'un ni à l'autre. La mort, c'est laid, c'est sale. Toutes les tentures et les chants funèbres, les plus grandioses cérémonies, n'ôtent rien à l'odeur terrible du cadavre : un mort de dix jours est une infection. Même le plus aimé, le plus beau des visages : sa vue est insoutenable après que la mort a rempli son office. Le cadavre seul justifie l'horreur de la mort, mais c'est la mort tout entière qui justifie l'horreur.

Nous voici revenus entre savoir l'horreur et nous la masquer. Ceux qui choisissent le masque auraient-ils finalement raison ? Si la conscience n'a d'autre sens que de nous placer devant l'insoluble, faut-il opter pour l'inconscience, et, cette fois, volontairement ? Faut-il ignorer l'horrible, puisque de toute manière on ne saurait y remédier ? Or quel remède à la mort ? Si quelque Dieu existait, souffrirait-il pareil déchet dans sa création, sans porter atteinte à sa dignité de Dieu ? Comment prêter la vie en menaçant à tout instant de la reprendre, en la reprenant à tort et à travers, comme le maître jaloux de sa puissance et arbitraire dans ses décisions ? Non seulement la mort est incompréhensible, mais la vie, et Dieu aussi, le deviennent à cause d'elle. Dieu devient horrible, comme la mort, et bientôt comme la vie. Si nous pouvions dissiper le mystère de la mort nous dissiperions celui de Dieu, nous dissiperions tout mystère : cela est clair. Mais peut-être le premier n'est-il fait que pour nous renvoyer au second ? La mort n'est pas seulement mystère elle-même, elle est au seuil de tout mystère. Aventurée jusqu'ici, la parole humaine n'ose plus croire tout à fait à ce qu'elle dit, et elle attend d'une autre parole la vérité : la parole d'un mort, par exemple, qui reviendrait de la mort, et non plus d'un mortel qui y va.

C'est ici que la mort de Dieu dans le Christ révèle sa réalité irremplaçable. Elle se situe délibérément au cœur du mystère humain, et l'élargit, pour ainsi dire, jusqu'aux dimensions de Dieu. Dieu est mort : le mystère de la mort devient plus saisissant encore. S'il n'était pas mort lui-même, aucun discours, si divin fût-il, n'eût été à la mesure de la mort humaine. Si Dieu s'était contenté d'une parole sur la mort, l'homme aurait toujours pu lui opposer la mort elle-même. Dieu entre dans l'horrible, parce qu'il serait resté sans réponse devant l'horrible. Un enfant innocent est frappé, et Dieu, comme l'homme, est sans voix devant ce crime, hormis de soumettre sa propre innocence à la mort. L'Innocence, plus innocente que celle de l'enfant, meurt elle-même. Mais Dieu ne cesse pas d'être Dieu quand il meurt, l'Esprit d'être l'Esprit, dans ce Vendredi saint interminable avant la Résurrection. Il entre dans l'horreur, mais pour en sortir, pour ouvrir une brèche dans l'horreur, et nous désigner ce tombeau d'où ne sort plus l'odeur nauséeuse du cadavre mais le Vivant éternel.

S'il n'y avait le Christ, dans le christianisme, il est bien évident qu'aucun chrétien ne serait assez juste, assez « dynamique », assez lumineux, pour nous inviter à croire en sa doctrine plutôt qu'à en douter. Ce n'est pas de lui, de sa perspective personnelle, de son cœur généreux — s'il l'a généreux ! — qu'il tire une réponse au mourant et au mortel, mais du Mort-Ressuscité. Ou bien, comme dit saint Paul, « sa foi est vaine ».

Si le chrétien n'a pas de réponse absolue devant la mort, il est inutile de lui poser d'autres questions. Tous les discours qu'il pourrait substituer à l'absence de cette parole, d'autres les tiendront aussi bien, et parfois mieux que lui. Mais nul autre que le Christ ne transforme le « passage obligé » en Pâques pour tout homme. Nul autre ne saurait tirer d'une vraie mort une vraie résurrection, c'est-à-dire une vraie Vie. « A qui irions-nous, Seigneur, Toi seul as les Paroles de la Vie éternelle », confesse Pierre. Il m'arrive souvent de le confesser avec lui.

Alors Nietzsche a bien raison : « Quand ils parlent de leur Sauveur, qu'ils aient donc l'air un peu plus sauvés ! » La parole chrétienne sur la mort et la parole des chrétiens ne coïncident pas toujours. La parole chrétienne est une parole d'amour : il faut connaître des mots d'amour pour la répéter, jusqu'à sauver l'homme de toutes les morts qui le menacent de mort éternelle. La parole chrétienne ne refuse pas seulement l'horrible de la mort au nom de la vie, mais au nom du Vivant. La vie qui sourd à chaque instant au cœur du monde lorsqu'un enfant se love au creux du ventre de sa mère, ou qu'un sourire éclot sur le visage d'un mourant, ne serait, sans Lui, qu'un mirage de plus. Nous disions en commençant qu'un mort seul serait fondé à parler de la mort : c'est vrai. Ainsi se présente le Ressuscité : Celui qui en revient. Non pour faire taire nos interrogations et nos angoisses, pour nous « la fermer » avec des doctrines et des dogmes, comme trop d'inquisiteurs stupides, mais pour déployer notre appel jusqu'à son plus haut cri. Réponse impossible, mais vraie, comme la mort est impossible, mais vraie. Dieu et la mort face à face, le Christ et la mort se mesurant : ce combat de titans est celui qui soulève aussi la pierre de nos tombeaux. Sans nous dispenser, cependant, d'y descendre.

Certes, le Bouddha revient également de plusieurs « morts », évoquant des existences antérieures, avant de proposer sa doctrine sur la mort illusoire. La profonde méditation bouddhique affirme aussi la primauté de la vie, ainsi qu'on pourra le relire ici. Mais le Christ ressuscité, à la fois le même et un autre, demande à l'apôtre Thomas, éternel incrédule de service, de placer son doigt dans la plaie qu'il porte au côté : de reconnaître d'abord le mort dans le Ressuscité. Voilà qui importe beaucoup. Il n'a pas fait semblant de vivre ni de mourir, et la croix infamante est bien le signe d'une alliance nouvelle où ni la question, ni l'horreur, ni l'expérience de la mort ne sont cependant éludées. « Père, s'il est possible que ce calice s'éloigne de moi... » supplie le Christ avant l'heure fatale. Et la sueur de sang perle à son front au jardin des Oliviers. Il rappelle cette mort quand il rencontre Thomas, alors que ni le témoignage de Lazare, ni celui de la fille de Jaïre, ne sont écrits dans les mémoires, comme s'ils avaient totalement oublié ce qui vient de leur arriver. Pourtant Lazare sentait déjà : l'Évangile le précise. Mais quand il défait ses bandelettes, il reprend sa vie comme si de rien n'était. La seule Résurrection qui éclaire la nôtre, tient dans la mort et la Résurrection de Dieu ; l'archevêque de Paris le dira mieux que moi.

Sans doute le Christ n'est-il ni le premier ni le dernier à se prétendre Dieu. Mais les autres ont associé cette folle prétention à d'autres folies, au lieu qu'Il l'associe à la plus souveraine des sagesses. Quant aux autres sages, qui ne sont pas si loin, parfois, d'être aussi sages que Lui, aucun n'a justement osé se prétendre Dieu. Il reste l'unique exemple où coïncident à la fois une telle prétention et une telle lumière. Mais la réponse du Christ à la mort n'est pas de l'ordre du discours, elle est de celui du témoignage. Le Témoin importe ici autant que ce qu'il dit. Cependant, le regard qui reconnaît en Lui le vainqueur de la mort, vient de plus loin que l'homme. S'il est vrai que la Résurrection est à la mesure de l'horreur et de l'infini de la question, il reste que reconnaître en Jésus la réponse à notre Espérance séculaire, relève de la Foi et de l'Amour.

Mourir ? On se dit bientôt que c'est la seule aventure qui reste encore à vivre, le seul inconnu dans ce trop connu que devient rapidement l'existence. « Je ne ferais pas un pas de plus sur cette terre, si je savais que j'y dois marcher toujours », écrivait Gustave Thibon. Avec la mort, c'est toute l'épopée humaine, tant individuelle qu'universelle, qui prend sa véritable dimension, c'est-à-dire sa grandeur. La mort n'a pas d'histoire, mais elle ouvre toute l'histoire à une autre face de l'histoire. Que la mort serait belle si nous savions regarder au-delà dela mort ! Nous quitterons certainement l'existence avec le sentiment que c'est trop tôt, que nous ne savons rien de rien, du monde ni de nous-même, que l'apparence. Mais cette ignorance radicale contient une interrogation plus radicale encore, qui lui est offerte avec la mort. La mort, qui pourrait faire que la vie ne soit qu'une chimère et le sceau de notre finitude, soudain rouvre la perspective sur un mystère à la mesure de notre soif d'absolu. Elle ne livre pas l'infini, mais du moins elle en ouvre le beau risque et justifie notre soif : tout n'est pas encore arrivé, tout n'est pas achevé, il nous reste à savoir et à vivre la mort.

Le sentiment suprême d'exister se déploie dans ce couple à la fois pathétique et superbe, dont il n'appartient qu'à nous de tenir les deux termes solidaires. Il n'est pas simple de mourir, mais il est simple d'accueillir la pensée de la mort. Apprendre à l'accueillir avec simplicité, c'est, en fait, apprendre à vivre. Apprendre à vivre et à mourir ne vont pas l'un sans l'autre. Les grandes destinées, ou, plus simplement, les destinées vraies — mais c'est en cela qu'elles sont grandes —, les grandes œuvres, la culture tout entière, et la société des personnes comme les personnes elles-mêmes, pénètrent dans leur ressourcement le plus essentiel, en même temps qu'elles accueillent et transfigurent cette confrontation permanente offerte par la mort à la vie. Ainsi la culture est-elle d'abord le lieu d'une conscience aiguë du combat que livre l'homme pour ne pas mourir : la culture est un acte d'immortalité. Une civilisation accomplie, un chef-d'œuvre de l'art, un acte de liberté et un geste d'amour, s'inscrivent déjà en faux contre la mort, et témoignent, dès ce monde, que la mort ne vient pas à bout de l'homme. Il y a, dans ces élans, comme le pressentiment de sa véritable immortalité.

« Dis-moi comment l'homme s'éternise ? » demande Dante à Béatrice. L'enjeu fondamental réside là, qui ne prend son sens que devant la mort. Dis-moi comment l'homme répond à la provocation du temps qui le dévore, à la provocation suprême de la mort qui paraît détruire son projet infini ? Si la mort pose une question totale, c'est bien une réponse totale qu'elle attend de nous, et dans cette dimension absolue qui n'ignore pas les nécessités biologiques, mais qui les replace dans leur ordre. Non plus que le corps n'est tout dans l'amour, il n'est tout dans la mort. Celle-ci nous invite à une sorte d'ex-haussement, de sursaut vers le haut, pour ne laisser s'enliser ni la question ni l'esprit qui la pose. Les premiers chrétiens inscrivaient sur leurs tombes la date de leur naissance et la date de leur mort comme deux dates de naissance : dies natales. Si la mort est notre avenir le plus certain, elle est aussi l'éternité rouverte dans le temps, la figure même que prend l'appel incessant de l'éternel en ce monde. Alors la vie en est transfigurée.

Chaque instant, qui pourrait être le dernier en nous livrant brutalement à la mort, nous livre en fait à son mystère, et ce mystère confère à la vie même une plénitude qu'elle n'atteindrait jamais sans lui. Nous savons que nous allons vers l'éternel, mais celui-ci nous est en quelque sorte déjà offert dans le temps, avec la mort. Nous savons par exemple, de tel être disparu, qu'il est présent d'une autre manière, qu'il est vivant d'une autre manière. Il participe autrement à notre vie ; nous participons à la sienne. Il n'y a pas rupture entre les deux mondes mais un appel incessant de l'un à l'autre. Sans la mort, nous l'oublierions sans doute, et cet univers risquerait de nous suffire : or nous appartenons aux deux, à l'un pour quelques décades, à l'autre pour toujours. Sortir du temps implique une conversion à une autre face des choses qui ne commence pas seulement avec l'entrée dans la mort. Il faut sortir de soi, de sa vie présente en ce qu'elle a de fini mais non d'infini, il faut devenir un autre pour s'éterniser. La mort n'est pas de trop pour nous y convier : on ne s'embarque pas au dernier moment pour l'éternel, mais à chaque instant qui passe. C'est pourquoi, non plus qu'il ne faut nous laisser voler notre vie, il ne faut nous laisser voler notre mort : l'une et l'autre nous appartiennent et sont également le lieu de notre liberté. C'est la pensée qui a dirigé ce livre. Non pas un discours de plus sur la mort, mais un entretien en plus de vingt dialogues, où l'on s'explique le choix de chacun des interlocuteurs, en fonction de la perspective privilégiée dans laquelle il entretient lui-même un dialogue personnel avec la mort, j'allais dire de personne à personne, comme si la mort en était une.

J'ai toujours souhaité — je l'ai souvent écrit — renouer avec la tradition philosophique du dialogue, illustrée par Socrate, et qui évite, aux philosophes notamment, de céder à la tentation du dogmatisme, de prendre leurs idées pour les seules, et les seules bonnes, évidemment. C'est renouer aussi avec une tradition méridionale où la parole l'emporte sur l'écrit, le verbe sur l'imprimé. Apporter dans le débat, non pas mon unique point de vue, ou le point de vue de l'autre réfracté par le mien. Pour ce faire, je pourrais m'inventer des interlocuteurs, leur prêter, dans des dialogues imaginaires, des propos que certains souhaiteraient peut-être leur voir tenir au lieu de ceux qu'ils tiennent réellement. Je ne dis pas que j'ai renoncé à écrire un jour un livre de ce type, mais je lui préfère, aujourd'hui, une parole nourrie de pensées différentes, qui se conjuguent ensemble comme des pierres irremplaçables, pour entrer dans un édifice commun. Il ne suffit certes pas d'ajouter des témoignages les uns aux autres pour constituer un tel ouvrage, mais l'architecture dans laquelle ils entrent confère tout son sens à leur présence. C'est pourquoi, si attentif soit-il aux autres, il importe à celui qui conduit de tels dialogues, d'avoir lui-même une idée claire sur la question qu'il pose, et de la dire sans détours. J'ai toujours trouvé aussi superficielle que trompeuse, cette opinion saugrenue qu'on réalise d'autant mieux un entretien qu'on s'en absente soi-même, c'est-à-dire qu'on se borne à écouter l'autre en cessant de s'écouter soi ! Je ne sais de quelle étoffe sont faits ceux qui proposent une telle fin au dialogue, mais je sais qu'ils en ignorent l'une des conditions nécessaires : il n'est d'échange que là où chacun apprend quelque chose à l'autre et de l'autre. C'est dans un tel esprit que j'avais posé, avec des interlocuteurs inoubliables, la question de

Dieu. Ma démarche est encore la même, et elle sera demain la même, sur d'autres thèmes non moins essentiels que Dieu et la mort. Chaque fois, on retrouvera, non une idée préconçue ou arrêtée — la foi est d'un autre ordre —, mais une certaine perspective, et la simplicité de la soumettre à l'épreuve d'autres pensées et d'autres expériences. Que l'on ne me demande donc jamais de ne pas m'engager moi-même, tandis que je demande aux autres de le faire : j'y verrais un manque de probité autant que de noblesse.

Ce qu'exige en revanche pareil dialogue — même s'il faut compter avec les oublis —, c'est de ne rien taire volontairement. De ne taire personne. Et que chacun soit entendu dans sa dimension la plus profonde. Laisser dire tout ce qui peut l'être à partir d'une expérience personnelle et d'une pensée personnelle, même lorsque celles-ci s'opposent directement aux nôtres, c'est une condition *sine qua non.* Il va de soi que le texte de chaque entretien est ensuite soumis à la lecture de celui qui en fut le partenaire, afin qu'il rectifie éventuellement ce qu'il estimerait avoir mal dit du premier jet. Or la plupart m'ont renvoyé ces textes sans un seul mot de correction, comme si, d'emblée, l'échange profond avait exprimé l'essentiel. Superbe témoignage que la rencontre existe, non plus en théorie, mais en pratique.

Certes, le dogmatisme sourd et aveugle, l'esprit de système, jettent encore les êtres dans des conflits stériles : toutes les inquisitions ont puisé là et puisent encore leur suffisance et leur haine de l'autre. Notre époque témoigne assez que les idéologies totalitaires tenant aujourd'hui lieu de pensée à des millions d'hommes, ont abondamment pris le relais et n'ont pas fini d'exercer leurs ravages : les victimes ne se comptent plus, et les goulags succèdent aux camps d'extermination. Or, si le dialogue peut chercher à réduire un argument, il ne cherche pas à réduire un homme. Il suppose même, a priori, un amour assez profond de l'autre pour l'écouter quand même on n'adhère pas à ses idées. Il souhaite apprendre sa différence, tout en lui demandant de reconnaître la nôtre, sinon la rencontre ne mériterait jamais son nom. Mais il est vrai que si le dialogue tourne mal, c'est la guerre.

En fait, entrer dans une véritable rencontre, c'est avant tout *intérioriser* le dialogue. Qu'une parole intérieure rejoigne une autre parole intérieure, que le discours, quittant un moment la place publique avant d'y revenir, retourne à ses fondements, pour y découvrir autre chose que des mots, mais la source inépuisable de la pensée. En l'occurrence, il s'agissait moins de parler de la mort que d'écouter ce que dit en l'autre et en nous une réalité que nous appelons ensemble la mort, et qui nous est réalité commune, et trait d'union. L'entretien avec l'homme de science, l'artiste, le philosophe, l'homme de foi ; le dialogue des cultures et celui des idées, se concentre sur un thème qui n'est étranger à aucune de ces disciplines ni de ces hommes, mais il est d'abord présence de quelqu'un à quelqu'un. Autour de l'homme et de la mort de l'homme, des témoins de ce temps expriment un témoignage sur eux-mêmes et sur leur époque, et au-delà, sur une interrogation qu'ils partagent avec tous les hommes et toutes les époques : mourir, ou ne pas mourir, là est la question. Ainsi nous défendent-ils de ce que notre temps a de puéril lorsque, se comparant aux autres avec suffisance, il se prend pour le meilleur. Si l'on accorde volontiers qu'il a ouvert bien des frontières à la connaissance et à la vie, on doit souligner aussi qu'il suscite abondamment de nouveaux cloisonnements : la dialectique du clos et de l'ouvert, chère à Bergson, n'a pas fini d'être éclairante. L'histoire nous invite à regarder évoluer les mépris et les engouements, et à nous tenir hors de ces lieux clos et irrespirables. C'est l'honneur de l'esprit d'atteindre à une sorte d'indifférence à l'endroit de ces passions d'autant plus brutales qu'éphémères, mais qui mobilisent, hélas, tant d'énergies pour les abaisser. Le détachement des opinions, dans tous les sens du mot, est la plus nécessaire des vertus. Celle qui assure, en tout cas, une merveilleuse indépendance. Se délivrer des jugements partisans et des coteries qu'ils engendrent, pour ne rester attentif qu'à la densité et à la profondeur de l'être humain, n'est pas souvent une position confortable. Mais c'est un bonheur et un honneur que l'on n'échangerait pour rien au monde.

Bourg-Saint-Andéol, Pentecôte 1982.

DEUXIÈME PARTIE

L'histoire et la mort

Genèse de l'apparition de la vie et de la mort :

PROFESSEUR MAURICE MAROIS

L'extrême liberté d'esprit avec laquelle le professeur Maurice Marois se meut dans sa discipline, la biologie, ne tient pas seulement au pouvoir libérateur de la connaissance scientifique. Il en est que la biologie, au contraire, emprisonne dans d'autres préjugés que ceux qui retiennent prisonniers les ignorants : nous en faisons tous les jours, hélas ! la triste expérience. Non, la liberté d'esprit de Maurice Marois tient essentiellement à lui, à sa propre curiosité, qui est universelle, et qui dépasse les limites de sa discipline ; à son humilité devant toute nouvelle découverte, liée à une passion inépuisable de découvrir encore et toujours ; à son sens de l'humain et du mystère que celui-ci introduit au cœur de la vie. Comment ne pas penser immédiatement à lui pour le dialogue initial d'un livre sur la mort qui se trouve être aussi un livre sur la vie ? Sans doute a-t-il bien des fois répondu à des questions parentes des miennes. Cependant, à propos de l'essentiel, l'homme n'aura jamais fini de reprendre les mêmes questions, pour renouveler peut-être les mêmes réponses, mais quelquefois pour aller un peu plus loin qu'auparavant.

Je m'adresse au biologiste, mais aussi au fondateur de l'Institut de la Vie, et au président de l'Institut de Thanatologie, c'est-à-dire en quelque sorte de l'institut de la mort : le fait que vous présidiez à la fois l'un et l'autre organisme marque assez que votre réflexion sur la mort s'accompagne d'une réflexion sur la vie, que l'une et l'autre forment un couple inséparable dans votre recherche ?

Le fondateur de l'Institut de Thanatologie était le général de Benedetti, de l'Académie de médecine. On m'a demandé de lui succéder parce que j'étais moi-même le fondateur de l'Institut de la Vie : ce n'est, en effet, pas par hasard.

Et si ce n'est pas par hasard, sans doute, que l'on ne peut poser le problème de la mort ou de la vie que comme un couple : toute votre démarche scientifique semble aller dans ce sens. C'est donc aussi dans ce sens que je tenais à entamer un ouvrage sur la mort par un entretien avec un biologiste qui les associe dans son étude. M'adressant à vous, afin de poser la question de l'origine, et de la vie, et de la mort, à travers les apports de votre discipline, je ne souhaite pas plus les séparer que vous ne les séparez vous-même. Genèse de l'apparition de la vie, mais aussi de la mort ; origine de l'une et de l'autre, mais aussi, interaction de l'une et de l'autre dans cette genèse : telle est la question que je vous demande de tenter d'éclairer.

Vous me parlez des problèmes de l'origine de la vie, et ensuite, du thème immense des relations que nouent la vie et la mort. Je reste très frappé par un texte de Louis Pasteur, publié dans ses cahiers de notes, et que vous pourrez retrouver à la bibliothèque de l'Académie des Sciences, où le savant s'avance jusqu'à dire que la vie pourrait être le principe premier. Voyez ce qu'il affirme, avec l'audace du génie : « Qui vous dit que le progrès incessant de la science n'obligera pas les savants qui vivront dans un siècle, dans mille ans ou dans dix mille ans, à affirmer que la vie a été de toute éternité, et non la matière. Vous passez de la matière à la vie parce que votre intelligence actuelle, si bornée par rapport à ce que sera l'intelligence des naturalistes futurs, vous dit qu'elle ne peut comprendre autrement les choses. Qui m'assure que dans dix mille ans on ne considérera pas que c'est de la vie qu'on croira impossible de ne pas passer à la matière. »

Cette fulgurante intuition est évidemment purement conjecturale et n'est pas aujourd'hui fondée scientifiquement. Mais il n'est pas indifférent de citer une telle hypothèse, apparemment contradictoire avec les doctrines scientifiques établies, personne ne doutant par ailleurs que Pasteur ne fût un très grand homme de science. Pasteur pose, en fait, dans toute son énigme, le problème de la vie et de la matière. Qu'est-ce qui est premier, de la matière ou de la vie ? Vous m'invitez à vous parler de l'origine de la vie, et, vous le savez, deux grandes thèses s'affrontent à ce sujet. La vie est un accident ; elle n'existe que sur cette terre ; c'est un événement tout à fait improbable et qui est le fruit du hasard. L'autre thèse affirme qu'il y a dans la matière comme la promesse de la vie. C'est donc la réponse du biologiste à la recherche du sens de la vie et de la mort que je voudrais vous apporter. Perdue au milieu de dizaines de milliers de systèmes planétaires qui constituent une galaxie, de centaines de milliers de galaxies en mouvement dans l'univers, la terre est née il y a cinq milliards d'années. Sur cette terre, de même nature que l'ensemble de l'immense cosmos, la vie est apparue il y a sans doute trois milliards et demi d'années. Les matériaux qui la constituent sont de même nature que ceux du reste de l'univers. L'analyse spectroscopique des astres permet d'identifier les mêmes éléments que ceux observés sur notre terre. Le matériau commun est formé par les constituants de l'atome : proton, neutron, électron. La seule différence avec le reste de l'univers, c'est le degré d'organisation. La vie est une forme supérieure d'organisation de la matière. Elle a une politique : persévérer, conquérir, s'exprimer, évoluer.

Persévérer. La vie semble en effet attacher du prix à son maintien : pour qu'un seul homme soit conçu, la glande sexuelle mâle produit, pour une seule émission de liquide séminal, deux à trois cents millions de spermatozoïdes (c'est le chiffre de la population de l'Europe occidentale). Dix émissions représentent l'ensemble de la population de la terre. Les ovaires d'une seule femme renferment sept cent mille ovules, dont quatre cents sont émis à raison d'un tous les vingt-huit jours au cours des trente ans de la vie génitale de la femme. Des milliards de spermatozoïdes, des centaines de milliers d'ovules sont dispensés pour que, d'un couple, aient quelque chance de naître deux ou trois enfants. Ainsi, la vie dépense sans compter pour survivre. Et persévérer, c'est encore, du point de vue physico-chimique, la vie en lutte contre la montée de l'entropie, c'est-à-dire contre l'accroissement du désordre de l'infrastructure, désordre qui conduit à l'équilibre thermodynamique final, à la mort. Considérez l'émouvante opiniâtreté de la vie à persévérer dans l'être. Certaines espèces sont les obscurs témoins des premiers âges. Elles ont traversé des milliers de siècles en se reproduisant identiques à elles-mêmes jusqu'à nos jours. Vers quel rendez-vous ?

Seconde politique de la vie : conquérir. Cette vie au passé fabuleux est animée d'une prodigieuse force d'expansion. Conquête des espaces terrestres, lorsque la vie sortit de son berceau, l'océan ; conquête, aujourd'hui, du cosmos. En troisième lieu, s'exprimer. Les acides nucléiques qui constituent nos chromosomes utilisent un alphabet de vingt lettres, les vingt acides aminés indispensables. Imaginez le nombre de poèmes qu'avec de tels moyens la nature peut écrire ! Avec cet alphabet, la vie compose, défait et recompose à l'infini ce monde de formes d'une inépuisable richesse.

Évoluer, enfin. A l'origine de la vie, il y eut un événement unique. Ensuite, la vie a évolué pendant trente-cinq millions de siècles. Venue du fond des âges, elle a été modelée par l'effort des millénaires. Il y a trois milliards et demi d'années, la primitive écorce de la terre s'achevait. Dans des sédiments très anciens, datant de deux milliards et demi d'années, la présence de carbone organique associé à de la pyrite apparaît comme la première manifestation de la vie. Dans le silex du Canada méridional, on a retrouvé des thalles d'algues bleues et de champignons qui datent d'un milliard huit cents millions d'années. L'étage le plus ancien de l'ère primaire, le cambrien, renferme déjà des fossiles très évolués. Ainsi, au début de l'ère primaire, tous les embranchements du règne animal avaient terminé leur évolution, à l'exception des vertébrés. Puis c'est la succession que nous connaissons : les poissons, les reptiles, les batraciens, les oiseaux, les mammifères. Il y a six cent mille ans à peine, ou peut-être un million d'années, surgissait l'homme, le dernier-né de la vie.

Mais la vie connaît des drames : la fragilité des formes supérieures et la pénurie de matière et d'espace. Le divorce est frappant entre la surabondance des potentialités et la pénurie des moyens. « A quoi rêve une cellule : à devenir deux », écrit joliment François Jacob. Tel est l'élan de la vie. Il arrive que cet élan ne trouve pas toujours son aboutissement. Une seule bactérie se divisant, dans des conditions de milieu favorables, pourrait en huit jours, par progression géométrique, synthétiser une masse de matière vivante supérieure à la masse de la terre. Or, il est bien vrai qu'une bactérie ne fabrique pas une terre tous les huit jours ; il faut bien qu'elle s'impose une sorte de régulation des naissances, qu'elle s'accommode de la pénurie, qu'elle se heurte à ses propres limites. Pénurie : le temps de notre vie est trop court pour l'accomplissement et l'épanouissement de tous les possibles que nous portons en nous. Pénurie : l'espace terrestre devient trop étroit pour notre nombre, la matière vivante devient insuffisante pour l'édification et le maintien de notre protoplasme. La vie devient, ô paradoxe, une menace pour la vie. Une biologie des limites devra s'établir à l'extrême marche du possible. Limites des conditions de milieu pour la vie, limites de la liberté. Dans l'un et l'autre cas, la sanction de leur transgression est la mort.

Pénurie : la vie récupère tout. Chacun des atomes et des molécules qui constituent notre organisme a été impliqué dans des milliards d'êtres vivants avant nous et notre dépouille servira à l'édification d'autres organismes : c'est le cycle bien connu du carbone, de l'oxygène, de l'azote, du phosphore, etc. Dans cette optique, la mort trouve sa place dans l'économie de la vie ; elle devient la servante de la vie en lui donnant de nouvelles chances, pour de nouveaux essais, pour de nouvelles expressions du protoplasme. A chaque instant, la mort fait équilibre à la vie, et nous savons bien que chaque battement de notre cœur scande notre marche vers notre mort. L'incessant échange entre l'inanimé et le vivant se fait dans les deux sens. Il est extraordinaire de voir comment la vie, rencontrant le drame de la pénurie, va faire servir l'échec absolu, la mort, à ses propres fins. Ainsi, l'échec est dépassé. L'espèce transcende l'individu ; elle poursuit « sa marche éternelle sur un chemin jonché des cadavres des individus », pour reprendre la forte expression de Bataillon. Mais, pour l'individu, l'échec est irréversible : sa mort est sans recours.

Retenons, comme premier enseignement, la subordination des individus à l'espèce : l'individu meurt, l'espèce survit. Mais notons aussi la subordination des espèces elles-mêmes à un dessein plus grand, plus mystérieux de la vie, puisque les espèces sont mortelles. Car il existe des impasses de l'évolution ; dinosauriens, stégocéphales devenus gigantesques, ont disparu à jamais. Le gigantisme leur fut mortel. Mais la vie a continué son chemin pour de nouveaux progrès. Du simple au complexe, l'évolution poursuit sa route. Des milliards d'individus, des millions d'espèces, souffrent la mort pour un plus grand bien de la vie. Encore et encore, les cartes sont redistribuées ; atomes et molécules de notre propre dépouille vont être impliqués dans de nouvelles vies. Concluons sur les thèmes mêlés de la limite, de la pénurie et de la mort : l'échec est dépassé par la subordination à un dessein plus vaste, subordination des individus à l'espèce, des espèces au grand dessein mystérieux de la vie.

Mais à l'origine même de cet enchaînement perpétuel, et selon les termes mêmes de la question que vous posiez en citant Pasteur, à quoi tient la vie ? A quoi tient la mort ? On voit bien, ou plutôt l'on imagine cette sorte d'expansion, de montée du vivant, que vous évoquiez d'une manière d'ailleurs saisissante, mais qu'est-ce qui l'expliquerait à sa source même ? Y a-t-il, d'ailleurs, une explication scientifique ?

Je viens de présider l'une des séances d'une académie européenne qui tenait sa session en octobre 1981 sur ce thème : les origines de la vie. Il s'y trouvait des hommes de science parfaitement représentatifs des connaissances actuelles en ce domaine. Or il apparaît que l'évolution de la pensée scientifique concernant cette question même est considérable, notamment depuis les travaux d'Oparine, de Fox surtout, et d'un certain nombre d'autres. De grandes théories s'affrontent ou se complètent. On a essayé d'imaginer ce qu'étaient les conditions d'environnement, les conditions physiques au moment où sont nées les premières molécules, proches des molécules de caractère biologique. Avec du carbone, de l'azote, de l'oxygène, de l'hydrogène, on peut, grâce à certains types de rayonnements, réaliser la synthèse de molécules : acides aminés et autres substances, vraiment très proches de la vie. Une première théorie à laquelle Jacques Monod a donné son adhésion affirme que la vie a surgi par hasard, à partir de ces premières molécules, de cette soupe primitive, comme on disait jadis. Et l'on comprend alors la logique de la philosophie de Monod : « L'homme sait désormais qu'il est seul, dans un univers indifférent, où il a surgi par hasard ; pas plus que son destin, son devoir n'est inscrit nulle part. » Cette affirmation qui se veut une constatation objective a une résonance évidemment tragique. Nous devons être prêts à l'accepter si elle est fondée car nous ne sommes pas au laboratoire pour nous faire les apologistes de je ne sais quel meilleur des mondes de la bibliothèque rose. Peut-être la vie qui se développe sur la terre est-elle un phénomène unique dans l'univers, et notre solitude dans cet univers glacé pourrait alors apparaître grandiose.

Est-il pourtant permis d'imaginer qu'au lieu d'être les fils du hasard, nous soyons les fruits de la nécessité ? Qu'il y ait effectivement la promesse de la vie dans la structure de l'atome, et tout est changé. Imaginez qu'inéluctablement, à partir de l'atome, ne puisse pas ne pas se poursuivre par un cheminement, obligé, l'ascension vers les « hauts complexes », pour reprendre une formule poétique mais nullement scientifique de Teilhard de Chardin. Alors s'ouvrirait une autre perspective. Ce serait en effet une immense nouvelle, car, au lieu de dire : « Nous sommes seuls dans un univers indifférent », on devrait pouvoir dire : « L'homme sait désormais qu'il est né par nécessité dans un monde qui a poussé la synthèse des molécules jusqu'au niveau d'organisation dont il est la forme actuelle peut-être la plus accomplie : l'homme. »

Si tel était le cas, nous serions les fils de l'univers. Et nous pourrions dire, après saint François d'Assise, non seulement notre sœur la plante et notre frère l'oiseau, mais aussi : notre frère l'atome, notre sœur la molécule. Nous serions alors absolument reliés à l'univers tout entier dont nous sommes l'une des expressions dans l'ordre du vivant. Et nous cesserions d'être les orphelins du cosmos. Si une telle évolution vers les formes supérieures de vie était inéluctable, partout où la matière rencontrerait des conditions favorables, alors nous ne serions pas seuls dans l'univers, et d'autres formes de vie existeraient, construites selon le même schéma. Mais il ne suffit pas de le dire : encore faut-il le prouver. Est-ce qu'on peut affirmer aujourd'hui que des observations suffisantes seraient en mesure de faire échec au hasard ? C'est tout le problème.

Or, deux expériences me semblent significatives. La première est due à Fox, qui, jouant avec trois acides aminés qui sont la tyrosine, le glycocolle et l'acide glutamique, constate qu'ils peuvent se grouper, il y a copolymérisation — pour former ce qu'on appelle des tripeptides. Il existe, si l'on se fie au hasard, trente-six possibilités de combinaisons. Or il se trouve que deux seulement apparaissent. Pourquoi ? Ces deux tripeptides sont une sorte de fruit de la nécessité et ne s'expliquent pas par le jeu du hasard. Les acides aminés étaient déjà, selon Fox, autoprogrammés, « self-instructing », autoinstruits pour n'aller que dans ces deux directions et jamais dans les trente-quatre autres. Voilà un premier exemple, considérable, d'échec au hasard. On trouvera peut-être une explication à ce phénomène — je ne suis pas assez spécialisé pour le dire —, mais à l'heure actuelle, il n'en existe aucune.

D'autres travaux, également récents, sont dus au savant japonais F. Egami. Vous savez qu'il existe vingt acides aminés indispensables, qu'avec eux se construisent les protéines, caractéristiques de notre matière vivante. Ce sont les vingt lettres du célèbre alphabet qu'utilisent les acides nucléiques, lesquels contiennent toute l'information nécessaire pour réaliser toutes les formes de vie que nous connaissons. Ce sont là les plus importantes découvertes de la biologie moléculaire. Or ces acides nucléiques contiennent eux-mêmes des bases, dérivant de deux noyaux fondamentaux : la pyrimidine et la purine — mais n'entrons pas dans le détail —, qu'on peut appeler des bases nucléiques, et ces bases — il y en a quatre principales — commandent le jeu des vingt acides aminés pour synthétiser les protéines. Le code génétique est le dictionnaire qui assure la traduction du langage des bases dans le langage des acides aminés pour la synthèse des protéines. Il est très remarquable que l'on puisse classer ces vingt acides aminés en familles. Il y aurait quatre familles, ce qui nous ramène de vingt à quatre, chaque famille donnant naissance à des acides aminés apparentés pour atteindre le nombre total de vingt.

Egami a eu l'idée d'établir une correspondance entre les quatre bases nucléiques et les quatre têtes de file de chaque famille d'acides aminés. Or il a découvert une correspondance si extraordinaire, qu'il considère qu'à l'origine, il y eut naissance simultanée, et des quatre bases nucléiques, et des quatre familles d'acides aminés. Le problème se posait en effet de savoir ce qui avait commencé des unes ou des autres, puisqu'au demeurant, il y a jeu entre les deux. Mais personne, jusqu'ici, ne pouvait répondre. On suggérait : tout doit commencer par les acides nucléiques. Mais on ajoutait alors : c'est beaucoup trop compliqué, et donc, tout doit commencer par les acides aminés. D'après les travaux d'Egami, il y aurait naissance simultanée. Et l'on se disait aussi : parmi la quantité de codes génétiques possibles se serait opérée une sorte de sélection, dans l'esprit du néo-darwinisme, et le meilleur, c'est-à-dire le plus apte, l'aurait emporté. C'est le fondement de la théorie néo-darwinienne de sélection entre les codes génétiques, soutenue aujourd'hui par Eigen, et qui appelle donc l'introduction du hasard pour la multiplicité des codes soumis à la sélection.

Les travaux d'Egami, repris par le savant chinois Xie Weigin, contestent cette thèse : second échec au hasard. Ici, pas de sélection car il n'est qu'un code génétique possible, depuis la découverte de la naissance simultanée des bases nucléiques et des acides aminés. Ce sont là des indices, et je n'aurai pas assez de présomption, bien sûr, pour clore le débat entre le hasard et la nécessité. Je crois qu'il est prématuré de prendre position. Comme il était probablement prématuré d'affirmer ce qu'a affirmé Jacques Monod. Cependant, les travaux les plus récents semblent plutôt répondre, dans un autre sens que celui qu'il pressentait, à ce qui pourrait être pris comme son cri dans la nuit. La réponse vient aujourd'hui des confins du cosmos et du cœur de la matière. Non le hasard mais une sorte de nécessité a permis que la promesse de la vie contenue déjà dans l'atome aboutisse à l'homme.

Dès lors, on se sent plus près de Louis Pasteur et de son intuition, tout en répétant qu'à mes yeux il n'est, à l'heure présente, aucune réponse définitive. On peut seulement affirmer que la science continue de chercher et qu'elle dispose maintenant de deux exemples — deux indices peut-être très faibles — d'échec au hasard. Cela dit, la mort existe, elle est là, elle fait partie de l'économie de la vie. Peu me chaut, certes, affirment certains, que la vie poursuive son dessein mystérieux, si moi-même, avec ma propre personnalité, ma propre définition, je dois retourner à l'anonymat des atomes. Mais, construite avec mes atomes, la vie renaîtra sous la forme de je ne sais quel autre être vivant, bactérie, libellule ou gazelle. Et même si demain toute vie doit disparaître sur la terre, à cause des œuvres de l'homme, ailleurs l'aventure se poursuit. Ce sentiment apporte à d'autres une sécurité comme s'ils participaient à une aventure cosmique gigantesque : sentiment fugitif qui ne dure jamais que l'éclair de notre conscience.

Mais n'y a-t-il pas de protestation, purement biologique je veux dire, de l'individu contre la mort individuelle ? Est-ce que cette grande mécanique qui « ne peut se mouvoir sans écraser quel-

qu'un », comme dirait Victor Hugo, ne rencontre aucune résistance de la part de l'individu, et je me place encore d'un point de vue biologique ?

Quand les cellules deviennent cancéreuses, par exemple, elles se multiplient indéfiniment et sans limite. C'est comme une révolte contre la mort, et, paradoxalement, un échec à la mort. Mais je ne suis pas sûr qu'un tel langage — lorsque je parle de révolte et lorsque vous parlez de protestation — soit accepté par les hommes de science. Bien qu'il ne soit pas interdit d'utiliser des images, je voudrais être un peu plus rigoureux et ne pas quitter le domaine de la science avec ses certitudes et ses incertitudes.

La notion du couple mort-vie est-elle scientifique ?

Cette notion nous est imposée par l'observation du réel. Elle inspire toute méditation sur le drame de la vie humaine — l'homme sait qu'il est mortel —, sur la notion de limite, mais aussi de dépassement de la limite. En introduisant les cycles du carbone, de l'azote, de l'oxygène pour le recyclage, naissent alors de nouvelles chances pour de nouveaux essais. Je l'ai dit : les atomes qui construisent notre organisme ont été impliqués dans des millions d'êtres vivants avant nous et notre dépouille servira à construire de nouvelles vies. La mort trouve sa place dans l'économie de la vie, elle est la servante de la vie. Si la mort est la limite suprême, le terme d'une vie terrestre, je rêve d'une réflexion sur la limite. Elle pourrait déboucher sur des perspectives religieuses.

Sans aucun doute, parce qu'elle est fondamentale. Prendre la mesure de la limite c'est prendre la mesure de la condition humaine, par exemple. Il semble, a priori, que ce soit inviter l'homme à réduire la dimension de sa recherche et de son élan, alors que la limite le conduit à entrer au contraire dans ce qu'il a de plus réel et de plus incarné. Elle le conduit aussi à discerner où se situe réellement l'illimité. A réfléchir sur l'un et l'autre avec une sorte de réalisme transcendantal. Mais le mot limite fait peur aux esprits chimériques.

Je voudrais proposer un exemple, bien qu'il risque de heurter certains penseurs d'Église : celui de la pilule anticonceptionnelle. Cette fameuse pilule, c'est — je m'exprime en biologiste — de la progestérone modifiée. Qu'est-ce que la progestérone ? Une hormone sécrétée par l'ovaire. L'ovaire des mammifères élabore plusieurs types d'hormones, mais essentiellement des hormones œstrogènes et progestatives. L'œstrogène met la femelle en rut ou, comme dit l'homme de la rue, en chaleur. Il prépare l'acceptation du mâle. Le professeur R. Courrier l'a donc appelé « hormone des amoureuses ».

Le follicule ovarien rompu a libéré l'ovule qui pose sa candidature à la vie. Mais l'ovaire continue de veiller sur le destin de cet ovule, en fabriquant, à partir de la cicatrice du follicule rompu, cette nouvelle hormone qu'est la progestérone. Et R. Courrier nomme la progestérone sécrétée par cet organe l'hormone des mères parce qu'elle a pour fonction de préparer le berceau utérin. Le spermatozoïde et l'ovule ayant fusionné, s'opère le mariage des deux noyaux : l'œuf est alors constitué, avec les quarante-six chromosomes caractéristiques de notre espèce humaine, vingt-trois chromosomes venant de l'ovule, vingt-trois de la tête du spermatozoïde. L'être humain est déjà défini dans son caractère unique, irremplaçable : il peut porter un nom. Ensuite, le petit œuf se segmente, c'est-à-dire se divise en deux cellules, quatre cellules, huit cellules, seize cellules, trente-deux cellules, etc. L'embryon se développe, mène une vie libre pendant plusieurs jours, et va ensuite franchir l'isthme qui relie l'oviducte au corps utérin ; il pénètre dans la cavité utérine, et là, trouve le berceau préparé par l'intervention de la progestérone. Belle page d'histoire de la nature ! Le petit œuf plonge alors ses racines dans le berceau utérin — ses racines, ce sont les célèbres villosités choriales, un des constituants du placenta, qui va assurer les échanges entre la mère et le fœtus.

Il n'y a pas tellement de place dans une cavité utérine :

normalement, pour un seul embryon. Quand on parle de quintuplés, c'est une prouesse. A la rigueur, deux embryons peuvent se développer, mais pas davantage, physiologiquement. Or, que constate-t-on ? La progestérone, si elle prépare le berceau utérin, a une autre fonction : freiner l'émission de nouveaux ovules. Tous les vingt-huit jours en effet, un nouvel ovule est émis par l'ovaire féminin, excepté pendant la grossesse. Le cycle est réglé par une commande centrale, le système hypothalamo-hypophysaire contrôlant la fonction de l'ovaire. Or, la progestérone interrompt l'horloge hypothalamique pendant la durée de la grossesse : telle fut la découverte de Pincus. Après sa découverte, ce savant américain reçut la visite de Mme Singer, laquelle lui dit : « Puisque l'une des propriétés de la progestérone est d'empêcher l'émission des ovules en agissant au niveau central, la progestérone pourrait être anticonceptionnelle. Développons dans ce sens la propriété de cette substance. » Mme Singer offrit de très puissants moyens à Pincus qui modifia un peu la structure moléculaire de la progestérone pour la rendre active par voie buccale. Voilà comment fut élaborée la fameuse pilule anticonceptionnelle.

Il est singulier que la progestérone, dite hormone des mères, serve à empêcher une femme d'être mère. On peut s'interroger encore sur cette constatation historique. En empêchant l'émission de nouveaux ovules, tout se passe comme si la nature avait jugé inopportun qu'il y ait d'autres candidatures à la vie au moment où un petit embryon est en train de se développer. C'est un problème d'espace. On imagine mal des vagues successives d'embryons formés tous les vingt-huit jours si les cycles de vingt-huit jours avaient été maintenus, et qui iraient s'implanter les uns après les autres dans cet utérus où il n'y a place que pour un ou deux. Ce serait un gâchis inconcevable. Tout se passe comme si la nature avait choisi le présent contre l'avenir. La progestérone s'emploie à protéger l'embryon en faisant attendre l'avenir qui pousse aux portes du présent, l'avenir, c'est-à-dire les nouvelles générations. On pourrait presque dire que la guerre des générations s'institue déjà sur ce champ de bataille qu'est l'organisme maternel. Bataillon disait, vous le savez, que « l'espèce poursuit sa marche éternelle sur un chemin jonché des cadavres des individus ». Ainsi, l'ovaire joue le jeu de l'espèce sur l'individu que nous sommes, pour le maintien de l'espèce. Si l'on voulait raisonner en termes d'ordre strictement naturel — je vais peut-être passer pour un abominable hérétique, mais je ne m'exprime qu'en biologiste et ne veux pas donner une valeur absolue à ces affirmations —, je dirais que la progestérone — ici légèrement modifiée pour être assimilable par voie buccale — intervient dans la guerre des générations, mais cette fois, non plus sur le champ de bataille et pour la possession de ce territoire limité qu'est l'utérus, mais pour la possession de la terre entière. Certains prévoient une saturation humaine de la terre. Nous atteindrons alors une sorte de limite. Et voici qu'un instrument de l'ordre naturel, la progestérone, l'instrument qui fait attendre l'avenir pour permettre au présent de s'actualiser et de développer toutes ses potentialités, étend son action à la terre entière. L'instrument est le même. Telle est la réflexion du biologiste : vraiment, l'un des drames de la vie est la limite.

Mais ne pensez-vous pas que la terre atteignant ce point de saturation — si elle l'atteint jamais — inventerait aussi, en dehors peut-être du concours de l'homme et suivant ce génie de l'évolution et de la vie dont vous parliez, un nouveau dépassement de cette limite ? N'est-ce pas en quelque sorte préjuger de l'avenir que d'anticiper sur ce qu'il serait en mesure de faire devant la situation que vous évoquez ?

Je voudrais nuancer ce que je viens d'affirmer. Dire que la progestérone est, dans ce qu'on pourrait appeler l'ordre naturel, l'instrument du présent contre l'avenir, est un fait objectif : il n'y a plus de nouvelles émissions d'ovules pendant la durée de la grossesse. Dire que cette propriété de la progestérone a été utilisée dans la guerre des générations au niveau de la planète entière est aussi une vérité objective. Cela ne signifie pas qu'il faut sanctifier la progestérone parce qu'elle est de l'ordre naturel. La question est dans le bon usage de cette substance.

Ce qui était assuré par l'instinct de vie est en quelque sorte confié à la raison humaine. A elle d'assurer le relais de l'instinct, avec autant, sinon plus, de discernement ?

Je souhaite que l'intelligence médite la sagesse de l'instinct. Nous pouvons aller, aujourd'hui, jusqu'à la destruction de notre espèce, avec les moyens dont dispose l'homme. Devons-nous assurer le maintien de la vie ou accepter l'idée du suicide universel ? C'est aussi une option qui est offerte à notre liberté.

Et à la malice humaine qui préfère un sabotage universel que de se sentir exclue de la beauté du monde.

C'est vrai. Mais à partir de là, on devrait obtenir une sorte de consensus sur le fait que : premièrement, la vie est précieuse. Que certains aillent jusqu'à dire qu'elle est sacrée : il appartient aux croyants de le faire. Deuxièmement, que nous détenons désormais les moyens d'attenter à cette vie, pour le meilleur ou pour le pire. Troisièmement, que, si la plus grande richesse de cette vie c'est l'homme lui-même — et les humains ont tendance à le penser —, alors nous pouvons avoir quelque raison de nous intéresser au salut de l'homme, à la dimension de sa liberté, à sa responsabilité, et pas seulement aux conséquences de sa cérébralisation. Or nous voici dotés d'un pouvoir emprunté à la nature : nous pouvons utiliser la progestérone comme instrument de l'espèce dans la lutte des générations. Faut-il ou non l'utiliser ? C'est un problème de grande stratégie de l'espèce humaine. Il m'échappe.

Il échappe aux investigations de la science : il appartient aux grandes spiritualités, aux politiques et finalement à chaque humain. Il appartient aux philosophies, quelles qu'elles soient, d'émettre un point de vue, et elles ne s'en privent pas. Mais si le débat s'institue, non plus avec la science puisqu'elle a dit ce qu'elle avait à dire dans ce domaine, mais avec les politiques qui fixent les orientations du monde, alors une priorité s'impose :

celle d'aménager la planète avant de se résigner à freiner les naissances. Que nous arrivions un jour à une saturation humaine de la terre, c'est peut-être un scandale, mais c'est prévisible. Le temps viendra alors de poser d'une manière grave, sereine — dans la mesure où l'on peut rester serein —, le problème des limites.

C'est d'ailleurs la question même que l'on pose à propos de la mort. Est-elle une limite définitive de la vie ? Un terme absolu ? Au fond, le biologiste n'a pas à y répondre, sinon avec le caractère rigoureux mais relatif de toute discipline, y compris la plus prestigieuse.

Certes, la mort est une limite de la vie terrestre de l'individu. Mais, « mort où est ta victoire », demandait saint Paul.

La mort, un terme ou un commencement ? Il est certain qu'elle apparaît d'abord comme un terme pour l'individu, même si sa mort assure la survie de l'espèce, du moins provisoirement. Vous avez débuté en évoquant le mystère du vivant. Est-ce que le biologiste pourrait parler aussi d'un mystère de la mort ? Est-ce que le mot mystère ne vous gênerait pas non plus à propos de la mort ?

Je voudrais essayer de rester aussi fidèle que possible à la propriété des termes. Si le mystère est quelque chose que nous ne connaissons pas et que nous ne connaîtrons jamais, au bord duquel l'esprit s'arrête en balbutiant, comme au bord d'une limite à jamais infranchissable qui serait la limite de l'inconnaissable, alors il ne s'agit plus du langage de l'homme de science. Bien sûr, il y aura toujours des domaines qui nous resteront à jamais fermés. Je me souviens de Claude Bernard affirmant : « Le domaine de la science est celui du milieu des choses. L'origine et la fin échappent à la science. » Je ne voudrais pas, si j'accepte la formulation de Claude Bernard suivant laquelle certains domaines comme l'origine et la fin échappent à la science, je ne voudrais pas que cela signifie l'interdiction a priori d'un certain champ d'exploration, au savant. Une telle attitude serait indigne de la grandeur de l'esprit. Je ne voudrais pas non plus que le fait d'accepter le mystère apparaisse comme un renoncement de la science à faire reculer le domaine de l'inconnu. Il y a un inconnu qui, peut-être un jour proche ou lointain, deviendra un terrain de conquête pour la science : je ne veux pas poser de limites à la connaissance sinon je ne serais pas fidèle à ma discipline. Mais il y a pourtant l'inconnaissable qui nous restera à jamais inconnu sur cette terre.

Et à propos de la mort et du vivant, il existe, selon vous, une part d'inconnaissable, et une autre seulement d'inconnue, mais destinée à être un jour connue ?

Il y a beaucoup d'inconnues à propos de la vie, mais nous progressons dans leur connaissance, notamment dans le domaine de l'exploration de ses origines, de ses mécanismes, etc. En ce qui concerne les relations de la vie et de la mort, je ne puis aller au-delà de ce que j'ai dit sur la mort, servante, à mes yeux, de la vie ; et je dénonce ici le danger des théories dualistes qui placent la mort et la vie sur le même plan, comme le suggère Freud, par exemple, lorsqu'il parle de l'instinct de mort. Baruk, à juste titre, est violemment hostile à cette conception, si dangereuse à ses yeux, et qui établit à parité l'instinct de mort et l'instinct de vie. La mort est la servante de la vie, je le répète. Mais la mort n'était pas inéluctable. Certaines cellules en culture (les cellules cancéreuses) se multiplient sans fin, identiques à elles-mêmes.

Le couple mort-vie n'apparaît nécessaire que dans une limite biologique précise, et cette nécessité n'apparaît pas comme éternelle ? La mort n'est pas éternelle, si la vie, au contraire, pourrait l'être ? On ne saurait dire de la mort, c'est-à-dire du néant, qu'il est éternel, mais on pourrait peut-être le dire de la vie, bien que cela relève de ces deux parts du mystère dont vous parliez tout à l'heure ?

Quand vous dites : la vie est éternelle, je ne sais comment répondre. Je veux croire — mais c'est un pari — que la véritable intuition, en effet, c'est que, ce qui est premier, c'est la vie ; je voudrais pouvoir récuser la formule : « à la fin il n'y a pas que la mort qui gagne », mais la vie.

Mais sans que nous puissions dire, justement, quelle vie ? Ni, au fond, ce qu'est la vie. Qu'est-ce, en fait, que la vie, pourrait-on demander au biologiste qui ne parle jamais que du vivant ?

Il s'est posé un jour, devant le conseil scientifique de l'Institut de la Vie, qui groupe trente-cinq hommes de science, dont dix-neuf Prix Nobel, un problème tel que celui que vous soulevez. Szent-Gyorgii, Prix Nobel, a demandé : « Je voudrais mettre à l'ordre du jour de l'Institut de la Vie cette question : Quelle est la nature de la vie ? » Et les autres hommes de science de se récrier : « Vous pouvez étudier les mécanismes, mais la nature de la vie vous échappera toujours. » Et Szent-Gyorgii a répliqué : « Si à l'Institut de la Vie on n'ose poser des questions sans réponse, alors où les poserons-nous ? » Pour moi, le mystère, c'est la question sans réponse.

Mais qu'on ne doit pas s'interdire de poser. Et dont la réponse pourrait venir d'un autre que de l'homme.

Qu'il ne faut pas s'interdire de poser. En se resouvenant d'autre part que la science a répondu à nombre de questions que nous croyions sans réponse. En sorte que les frontières du mystère reculent tous les jours. Mais il y aura probablement toujours un domaine irréductible, qui demeurera inaccessible à jamais à la science. Tel est, une fois de plus, le problème de la limite. La limite ? Il serait triste que notre dialogue s'achève sur ce mot. Je ne voudrais pas davantage que la liberté soit incarcérée par la nécessité.

Vous avez voulu donner la parole au biologiste. Je la rends au philosophe en évoquant Spinoza et Descartes. Car leur génie a su percevoir les relations entre nécessité et liberté : « Je ne situe pas la liberté dans un libre décret mais dans une libre nécessité. » Jean-Paul Sartre à propos de Descartes écrit : « La nécessité rigoureuse qui paraît dans l'ordre des vérités est elle-même soutenue par la contingence absolue d'un libre arbitre créateur ; la liberté est le fondement de l'être, sa dimension secrète ; dans ce système rigoureux, elle est, pour finir, la science profonde et le vrai visage de la nécessité. » Ainsi, la poussée de la liberté fait-elle sauter le verrou de la nécessité et de la limite. La limite, comme la mort, n'a pas le dernier mot.

La mort dans les règnes végétal et animal :

JEAN VASSEROT

Jean Vasserot traite de ses voyages dans l'univers étrange des oursins et des étoiles de mer comme nous évoquons nos vacances aux Antilles : c'est avec une joie profonde qu'il étudie ces animaux singuliers et parle d'abondance et d'enthousiasme de ses découvertes les plus significatives. Il vit d'ailleurs sur une frontière entre terre et mer, face aux eaux perpétuellement mouvantes de la Manche, et poursuit ses recherches comme maître-assistant dans cette station biologique de Roscoff à laquelle nous devons de si précieuses révélations sur le monde marin et sur les ressorts essentiels et fondamentaux de la vie. Mais il est avant tout un homme de « terrain », prêt à parcourir la planète pour en étudier les divers milieux aquatiques, pour saisir la vie animale dans toute sa puissance et sa richesse primitives. Certes il s'intéresse à l'ensemble de l'univers zoologique mais il étudie particulièrement les animaux peuplant l'océan, berceau originel de la vie : elle s'y manifeste en effet avec une luxuriance et une violence élémentaires particulièrement instructives, notamment pour celui qui cherche quelque moyen d'élucider l'énigme que l'homme est à lui-même. Son regard de naturaliste ne se limite pas en effet à sa spécialité, si riche soit-elle, et tente d'embrasser la réalité dans toute sa complexité et sa profondeur.

Si vous le voulez bien, nous allons poser la question de la mort dans une problématique mort-vie, au lieu de parler de la mort abstraite de son contexte concret. Nous poserons la question mort-vie dans le cadre de la discipline scientifique qui est la vôtre : rapports dialectiques de la mort et de la vie dans le règne végétal et le règne animal. Et d'emblée je vous demanderai : la mort implique, bien sûr, la vie, mais toute vie implique-t-elle la mort, dans ce monde que vous connaissez si profondément ?

Je préfère employer l'expression « le monde vivant », parce que celui-ci présente une profonde unité originelle et fondamentale. Il est effectivement intéressant de partir de ce couple dialectique mort-vie qui se présente dès l'origine et dans une perspective quasi philosophique : M. de La Palice aurait affirmé, bien sûr, que l'on ne peut mourir si l'on n'est pas vivant. Mais est-ce que la vie, elle, implique nécessairement la mort ? Pour répondre à votre question il faut d'abord tenter de définir l'être vivant par rapport à la chose inanimée.

La vie constitue une mise en ordre et une organisation de la matière, une « information » au sens que l'on donne à ce terme dans le langage scientifique et philosophique moderne. On peut objecter qu'un *cristal* représente lui aussi une organisation de la matière ; mais elle est beaucoup plus simple au point de vue chimique, à l'échelon moléculaire, et surtout une nouveauté d'une importance incalculable apparaît avec l'être vivant : il y a *non-permanence* de l'ensemble, ou au moins de la plus grande part des éléments chimiques, des corps simples qui composent l'organisme. Un cristal en croissance absorbe de nouveaux atomes qui viennent s'intégrer à sa structure, mais conserve ceux qui s'y trouvaient déjà ; et quand sa croissance s'arrête, il y a permanence des divers atomes qui le constituent. Au contraire, chez l'être vivant ces atomes sont soumis à un renouvellement constant dans le cadre de la structure ; même le squelette des vertébrés, qui paraît une des structures les plus permanentes édifiées par la vie, est le siège d'importants mouvements des corps simples qui le constituent : chacun sait qu'il peut se décalcifier, c'est-à-dire perdre du calcium, ou au contraire se renforcer sous l'influence de facteurs alimentaires ou hormonaux ; quand se forme un cal osseux réparant une fracture il peut se produire une mobilisation du calcium permettant la formation de ce cal, mais entraînant la décalcification d'autres parties du squelette, et on observe d'autre part des remaniements squelettiques se produisant en fonction du travail musculaire au cours de la vie individuelle. Il peut donc se produire des retraits et des additions au sein des éléments qui forment ce qu'il y a de plus impérissable apparemment dans un corps humain. En revanche, la *forme* spécifique, et même individuelle chez les êtres les plus évolués, subsiste : en dehors du monde vivant, l'image qui serait la plus juste, bien que très simplifiante, est celle d'un cours d'eau ou d'une cascade qui a une silhouette, un aspect très personnel, bien que l'eau qui en constitue la matière se renouvelle perpétuellement ; et dans le domaine des corps solides l'être vivant n'est pas comparable au cristal figé dans son immuable perfection, mais au glacier qui présente une forme caractéristique, bien que la glace qui le constitue fonde en aval tout en se renouvelant constamment en amont. Et il faut saluer la géniale intuition du philosophe antique, Aristote si j'ai bonne mémoire, qui voyait dans la vie « une forme servie par une matière ».

La mort est la disparition de cette organisation dynamique, dont la matière se renouvelait mais dont la forme subsistait : après la mort les éléments minéraux subsistent mais en se dispersant plus ou moins suivant les circonstances, car l' « information » qui les organisait a disparu.

La vie serait en quelque sorte un facteur invisible et indéfinissable d'unité, et la mort, la rupture de cette unité. C'est la vie qui fait la différence entre une série de corps chimiques agglomérés, soudés, juxtaposés, et les mêmes corps animés organiquement par une force invisible qui les lie. La mort rend chacun des éléments à la dispersion.

Il est exact que la mort est essentiellement la dispersion, éminemment contingente et livrée au hasard des circonstances, d'éléments chimiques qui auparavant fonctionnaient en harmonie, on pourrait même dire en « symphonie », étant organisés selon une structure dynamique très précise. Le terme de « décomposition » exprime parfaitement ce qui se passe à la mort d'un être vivant. Mais la mort peut prendre aussi une autre forme, où la structure se trouve conservée, et où il y a même blocage sur place des éléments chimiques, dans le cas d'une congélation à très basse température : à première vue l'être vivant se retrouve alors dans les mêmes conditions que le cristal, mais justement, c'est alors que se révèle le mieux la profonde différence qui les sépare ; si la structure de l'organisme est parfaitement maintenue, mais s'il n'y a plus d'échanges chimiques avec le milieu extérieur ni de transformations métaboliques internes, la vie se trouve arrêtée ; cette suspension peut être définitive, mais aussi parfois *réversible,* l'activité vitale pouvant reprendre avec l'élévation de la température.

En ce cas évidemment il n'y a pas rupture de l'unité apparente, de l'unité formelle. Mais la mort, quelque forme qu'elle prenne, c'est la conscience de l'homme qui en prend acte, qui constate, par exemple, le phénomène de décomposition. Dans le monde vivant, et plus particulièrement dans le monde animal — hormis l'homme —, peut-on penser qu'il y a une forme d'appréhension de la mort ? Qu'est-ce que la mort pour l'animal ?

En ce qui concerne l'orientation générale de l'étude de la mort dans le monde vivant, votre question est extrêmement valable mais un peu prématurée, parce que vous l'envisagez en descendant de l'homme vers l'animal, c'est-à-dire en partant de ce qu'il y a de plus complexe vers des organismes plus simples.

Mais apparemment, seul notre langage — et donc notre conscience, notre pensée — peut, à première vue, véhiculer la notion de la mort, avec son caractère radical. Y a-t-il un langage animal qui parle de la mort, et qui en ait connaissance ?

La question est extrêmement intéressante. Quand on dit que l'animal n'a pas conscience de la mort, il est très difficile de le vérifier, parce qu'on ne peut savoir exactement ce qu'il ressent. Mais une chose est certaine : l'instinct de conservation existe et se manifeste souvent de façon très nette chez les animaux par la peur de la mort, ce qui est d'ailleurs salutaire pour l'individu et l'espèce, dans la mesure où elle permet d'éviter la destruction.

Mais est-ce précisément la peur de la mort, ou bien celle de l'adversaire, du prédateur, ou encore simplement de la faim ?

Un premier facteur de survie, le plus largement répandu dans l'ensemble du règne animal, est représenté par toutes sortes de comportements plus ou moins instinctifs, si l'on appelle instinct un comportement génétiquement très programmé, mais qui n'est pas spécialement intelligent, c'est-à-dire conscient et adaptable. Ainsi la sensibilité au froid, à la chaleur, à la noyade pour des animaux terrestres ou au dessèchement pour des espèces aquatiques provoque immédiatement des réactions très vives. D'autres comportements très adaptés, plus ou moins élaborés suivant les espèces, concernent la recherche de la nourriture, essentielle pour la conservation de l'individu, ainsi que la reproduction qui conditionne la survie à l'échelon spécifique.

Mais face au danger on observe aussi, au moins chez les animaux supérieurs, de remarquables possibilités d'*adaptation,* mettant en jeu des comportements *acquis,* et non plus innés, ce qui implique une manifestation d'intelligence, au moins rudimentaire : par exemple, quand on arrive sur une île déserte où l'on n'a jamais chassé, on peut tirer les oiseaux presque à bout portant et les premiers jours l'animal voisin d'un congénère tué d'un coup de fusil ne s'envole même pas ; mais cela ne dure guère : les survivants apprennent très vite à reconnaître ce nouveau danger. Le contraste est grand entre cette salutaire plasticité du comportement et le caractère automatique de réactions innées que, par exemple, j'ai pu observer chez des étoiles de mer : une très grosse *Marthasterias* fuyait au contact d'un petit *Crossaster,* espèce qui effectivement dans la nature se nourrit essentiellement d'autres astérides ; mais elle se laissait dévorer un bras durant des heures sans réagir par *Asterias rubens* qui n'est pas dangereuse pour elle en milieu naturel mais que la faim avait poussée au cannibalisme en aquarium.

Au-delà de la protection individuelle la survie de l'espèce est assurée notamment par toute une gamme de comportements d'alarme et d'alerte : des animaux supérieurs tels que beaucoup d'oiseaux, et aussi certains mammifères, émettent des cris d'alarme qui provoquent la fuite ou, dans certains cas, la mise en défense contre un prédateur. (Par exemple le harcèlement d'un rapace ou d'un serpent par une volée de passereaux...) D'autres espèces ont recours à une signalisation optique, comme l'antilope nord-américaine pronghorn qui en prenant la fuite hérisse la touffe de poils blancs située sur son arrière-train et qui devient alors très visible de loin.

Chez des animaux plus inférieurs on observe aussi, pour mettre en garde les autres membres de l'espèce, des signaux de divers ordres, et notamment de nature chimique : ainsi certains coquillages prennent la fuite jusqu'à une certaine distance lorsqu'un de leurs congénères est broyé par une tortue, ce qui libère dans l'eau un message chimique perceptible à distance. Le même phénomène se rencontre chez des poissons d'eau douce et a donné lieu à de très intéressantes études : la morsure d'un prédateur tel que le brochet provoque la mise en liberté, chez le goujon et d'autres espèces, de substances qui se trouvent dans les tissus lésés, peau et muscles, et déclenchent la panique, la fuite, chez les congénères du blessé ; et on a même démontré que l'efficacité de ces « substances d'alarme » peut s'étendre à des espèces voisines, mais décroît à mesure que l'on s'éloigne dans l'arbre généalogique tracé par l'évolution des poissons, et devient nulle lorsqu'il s'agit de familles trop différentes, d'une parenté trop lointaine. Jusqu'à présent on n'a observé ce phénomène que chez des poissons d'eau douce et on ne l'a pas signalé en mer ; cette différence peut s'expliquer ainsi, à mon avis : les eaux douces sont fréquemment troubles, et d'autre part les fonds sont souvent accidentés, encombrés de végétation, de rochers, de bois mort ; dans ces conditions un message chimique est nécessaire, car la vue ne peut porter loin, et même des vibrations de type infrasons ou ultrasons peuvent être arrêtées ou déviées par des obstacles : si le message chimique est de diffusion plus lente, il présente l'avantage de pouvoir se propager à travers les eaux les plus troubles et contourner les obstacles. Au contraire, en mer, l'énormité du volume liquide ambiant, brassé par de puissants courants, le diluerait très rapidement jusqu'à un seuil imperceptible : en revanche la transparence des eaux marines est en général bien plus grande, et en dehors du voisinage immédiat des côtes les vibrations peuvent s'y propager librement, sur de très grandes distances pour celles de type sonore.

Que ressent exactement l'animal ? Il est certes difficile de le dire. Mais quand on voit les réactions de fuite, de défense que présentent certains animaux même assez simples, on se rend compte que quelque chose d'extrêmement vital est en question, car elles sont souvent d'une intensité et d'une précision du même ordre que celles concernant la recherche de la nourriture ou la sexualité, et contribuent au même résultat, à savoir la protection de l'espèce.

Est-ce que l'instinct maternel chez les animaux offre certains aspects qui pourraient être interprétés comme une résistance à la mort ? Une mère, par exemple, qui ne défend plus sa propre vie mais celle d'un autre être vivant, au point d'être capable de faire abstraction de la sienne. L'oiselle qui défend ses œufs prend déjà la défense de la vie au-delà de sa vie personnelle. Et celle qui protège un poussin contre un prédateur défend très précisément la vie de l'autre.

C'est un autre problème fort intéressant. Il existe des degrés dans la mort et dans la survie, en liaison avec ceux de l'organisation des êtres vivants. Au niveau unicellulaire, lorsque l'être vivant se divise entièrement en deux, il est immortel, au moins potentiellement : c'est ce qui se produit pour les protozoaires et à un niveau encore plus simple pour les bactéries, tant qu'un élément extérieur défavorable n'intervient pas. L'être survit alors tout entier dans sa descendance. Mais chez les êtres vivants pluricellulaires dans le cadre de la reproduction sexuée il n'y a plus qu'une partie de l'individu qui survit, essentiellement son code génétique. L'espèce se trouve alors placée au-dessus des individus et, sa survie devenant indépendante de la leur, on observe souvent le sacrifice de l'individu à l'espèce. Le cas le plus proche de nous est celui de la mère, et parfois du père, qui défendent leurs petits. On observe une organisation familiale beaucoup plus complexe dans les sociétés d'insectes : ruches, guêpiers, fourmilières, termitières, où l'avenir de l'espèce est normalement assuré par le sacrifice des individus ; en effet la majorité de ceux-ci sont des *neutres,* ce qui constitue une des différences essentielles entre les sociétés d'insectes et les sociétés humaines : ces individus stériles, femelles chez les hyménoptères, des deux sexes chez les termites, présentent une atrophie génitale et ne peuvent participer à la reproduction, mais nourrissent et protègent les femelles fertiles, les œufs et les larves qui représentent l'avenir de la colonie. Dans un être pluricellulaire seules quelques cellules peuvent survivre, ovules et spermatozoïdes, les autres ne faisant que contribuer indirectement à la survie de l'espèce ; dans les sociétés d'insectes ce phénomène passe en quelque sorte au second degré : seules les cellules génitales de quelques individus sexués, parmi les milliers d'animaux constituant la colonie, survivront d'une génération à l'autre.

Chez les animaux, l'instinct de conservation, c'est-à-dire de vie, n'est lié qu'à l'espèce ; jamais à l'individu ? La mort est en quelque sorte occultée pour lui, dans la mesure où l'espèce survit à sa disparition ?

Dans la mesure où le monde animal et végétal paraît avoir une « volonté de vie », comme eût dit Schopenhauer, il semble qu'il l'ait très intensément. Et l'instinct de conservation a en effet pour résultat d'assurer la survie des espèces plutôt que des individus.

Vous parliez tout à l'heure de l'incident d'origine externe, de la mort qui peut venir de ce qui est extérieur au corps. Ce qui signifie donc qu'il existe, pour l'individu comme pour l'espèce, une mort venant « de l'intérieur » ? Et dans ce cas, quelle est la différence entre les deux ? Celle venant de l'extérieur brise ce qui sans doute avait encore la capacité de vivre, mais quelle est cette mort « d'origine interne » qui survient spontanément, que l'on porte en soi, à l'échelle de l'individu ou de l'espèce ?

Nous revenons au problème de l'immortalité à l'échelle de la cellule. On a beaucoup dit, dès le début des observations un peu précises, que les êtres « unicellulaires », bactéries, protozoaires, sont potentiellement immortels : de fait, c'est ce qui se produit dans les conditions artificielles d'une culture de laboratoire. En revanche, lorsqu'on a affaire à un être pluricellulaire, la mort paraît inscrite en lui, je dis bien *paraît :* l'organisation extrêmement complexe d'un être très évolué comme l'homme finit en effet par se dérégler. Il se produit en effet, déjà à l'échelon cellulaire, un vieillissement, une perte ou une détérioration de l' « information », d'abord à l'intérieur de la cellule, mais aussi, à des échelons supérieurs, entre les cellules constitutives d'un tissu, et entre les tissus et organes formant le corps vivant : c'est une perversion de l'organisation, une désorganisation au sens étymologique du terme. Est-ce inéluctable ? Dans l'état actuel des choses, oui.

J'ai évoqué plus haut le caractère *artificiel* de la culture « immortelle » d'êtres unicellulaires : en effet, au laboratoire il faut l'*entretenir,* ce qui implique donc l'intervention de *facteurs extérieurs.* Car si vous laissez une culture de bactéries à elle-même, elle épuise les ressources du bouillon de culture, et sécrète des déchets d'une toxicité variable, mais qui tôt ou tard finissent par freiner la multiplication bactérienne par division : en milieu *fermé* une culture de bactéries ou de protozoaires *vieillit* inéluctablement. On a cependant évalué par le calcul ce qui se produirait en l'absence d'un tel vieillissement : si un bacille, d'espèce fort commune, se reproduisait au même rythme qu'au début de la mise en culture, on obtiendrait en un mois une masse supérieure à celle de la Terre ! Or cela n'est jamais arrivé. Même en culture il y a toujours un « extérieur » : la taille du bocal est limitée, par exemple. Et que se passe-t-il dans la nature ? Ou bien on retrouve le même type de conditions très favorables au début, suivies d'un blocage, ou bien d'emblée les conditions sont défavorables et entraînent plutôt la suspension de la vie que la mort : par exemple s'il fait trop chaud, trop froid, ou trop sec, ne survivent que des spores, des kystes ou autre forme de vie latente attendant des jours meilleurs pour reprendre son activité. En milieu naturel les conditions sont loin d'être toujours favorables, ce qui limite considérablement l'expansion de la vie : citons aussi parmi les facteurs limitants le manque de nourriture, ou la compétition avec d'autres bactéries pour les ressources disponibles ; cette compétition peut être envenimée par des corps chimiques toxiques ou inhibiteurs de la reproduction. Il peut aussi s'y ajouter la *prédation :* ici nous abordons un phénomène capital quand on envisage la place et le rôle de la mort dans le monde vivant. Les conditions externes exercent de bien des manières un freinage qui impose toujours des limites à la pullulation des êtres vivants.

Quand on pense à la prédation on envisage d'abord l'utilité de la mort de la proie pour le prédateur qui s'en nourrit : ce fait, indéniable, entraîne déjà une diversification qualitative au cours de l'évolution. Mais il faut aussi considérer le rôle très important du prédateur dans le maintien de l'ensemble écologique proie-prédateur, c'est-à-dire d'un *écosystème* qui peut comporter un nombre variable d'espèces. On observe déjà ce phénomène au niveau d'écosystèmes d'une simplicité quasi schématique, y compris ceux créés par l'action de l'homme, pouvant constituer des « innovations écologiques » offrant des conditions écologiques qui n'existaient pas dans la nature, par exemple dans une station d'épuration : des particules plus ou moins grosses y sont maintenues en suspension dans l'eau par une machine qui brasse constamment le liquide et dans ce milieu fortement oxygéné les bactéries dégradent les corps chimiques qui pourraient être toxiques ou servir de nourriture à des bactéries pathogènes pour l'homme. Lors de cette « minéralisation » bénéfique il est très important que ces particules continuellement maintenues en suspension par une agitation artificielle portent fixés sur leur surface des protozoaires filtreurs, notamment des vorticelles, qui se nourrissent de bactéries : leur prédation maintient le milieu en état « juvénile », en quelque sorte. Si ces protistes ciliés ne dévoraient pas un certain nombre de bactéries on aboutirait rapidement, sur une plus grande échelle et dans un milieu plus complexe, à des phénomènes du même type que ceux observés dans la fiole de bouillon de culture, entraînant un « vieillissement » du milieu : les bactéries n'étant plus de la même espèce ou n'ayant plus la même vitalité on aboutirait à un blocage, puis à un arrêt de la fonction épuratrice, même si le brassage mécanique continue à s'effectuer parfaitement. Cet exemple est typique : tout écosystème qui ne comprend qu'une seule catégorie d'organisme risque d'aboutir au même état que le tube à essais que l'on abandonne à lui-même sans évacuer les déchets. Cette notion est fondamentale en écologie, aussi est-il très important de bien connaître ce qu'on appelle les chaînes alimentaires.

Leur premier niveau est constitué par les organismes autotrophes, représentés essentiellement par les plantes vertes, qui fabriquent de la matière organique à partir de l'univers minéral. En fait, si on laisse à lui-même un jardin clos de murs et dépourvu d'herbivores, on risque fort d'obtenir des résultats tout à fait opposés à la protection du milieu naturel que l'on se proposait pour but. Ainsi une prairie est entretenue par le broutage ou le fauchage, pour plusieurs raisons et d'abord parce que les espèces à longue vie et à grand développement sont éliminées ou maintenues sous une forme naine, ce qui évite qu'elles ne supplantent l'herbe plus tendre, nourriture nécessaire pour beaucoup d'espèces animales. Mais à l'inverse une trop grande densité de grands animaux brouteurs peut entraîner le ***surpâturage,*** qui donne la possibilité aux plantes que le bétail dédaigne en raison de leur toxicité, de leur mauvais goût ou de leur caractère coriace et épineux d'envahir le terrain dénudé, qui risque alors de perdre toute valeur nutritive pour ces herbivores : heureusement elles sont souvent dévorées par des insectes spécialisés qui se régalent de ces végétaux peu appétissants pour le reste du règne animal qui en limitent l'expansion, préservant ainsi la qualité des pâturages. Le maintien du milieu suppose ici une mort venue de l'extérieur du fait de la prédation : les prédateurs, aussi bien l'herbivore par rapport au monde végétal, qu'au troisième échelon de la chaîne le carnivore dévorant l'herbivore, et les superprédateurs au quatrième ou cinquième échelon, jouent un rôle essentiel pour maintenir les écosystèmes en évitant des déséquilibres écologiques.

L'équilibre écologique se réalise dans une interdépendance. Mais si la mort vient en quelque sorte de l'extérieur, la vie n'en viendrait-elle pas également ? Cette dépendance d'une vie par rapport à l'autre, d'une mort par rapport à l'autre, une vie entraînant d'autres vies, une mort entraînant d'autres morts, cela invite à considérer le vivant et la mort comme constituant un domaine qui n'est pas clos, mais ouvert. Ouvert sur quoi ? Ouvert sur qui ? Le règne du vivant est constamment soumis à l'imprévisible, celui-ci pouvant être une intervention extérieure d'un autre ordre que lui. Le règne du vivant n'est jamais clos sur lui-même.

C'est un règne constitué de sous-règnes, qu'on appelle des écosystèmes : par exemple une mare, une prairie enclose de murs, etc. Chacun peut être plus ou moins ouvert, mais il n'est jamais complètement clos et isolé. La Terre représente un super-écosystème clos sur le plan matériel, car il ne dépend de l'extérieur que sur le plan énergétique : il est vrai que notre planète reçoit constamment de la matière sous forme de poussières météoritiques, mais il ne semble pas que ce phénomène ait une grande importance dans le cycle de la vie.

La vie terrestre est pourtant immergée dans un univers.

Certes : il est vrai que la vie terrestre ne constitue pas un système complètement isolé de l'univers, mais actuellement elle en reçoit essentiellement de l'énergie et ne doit jamais en avoir reçu d'éléments vivants, quoi qu'en prétendent Arrhénius et Fred Hoyle. Si elle est née sur un agrégat d'éléments minéraux formés au cours de milliards d'années d'évolution cosmique, sur le plan biologique elle représente une création originale et un monde vivant isolé des autres... s'il en existe, ce qui est probable, mais ils ont toutes les chances d'être terriblement lointains.

Mais la lumière lui vient d'ailleurs, et privée de lumière la Terre serait privée de vie ?

Oui, elle serait privée de vie : elle s'y éteindrait faute de nourriture et d'oxygène, ou resterait à l'état de veilleuse à l'intérieur de spores inertes dans le cas de ses formes les plus simples et les plus résistantes.

C'est donc un système clos, mais qui dépend aussi de l'extérieur dans un domaine essentiel pour son développement ?

Le monde vivant actuel, fondé au moins à neuf cent quatre-vingt-dix-neuf mille pour un million sur la photosynthèse, est un système qui dépend de l'énergie lumineuse solaire en ce qui concerne l'immense majorité des espèces et la plus grande partie de la biomasse. Il faut cependant noter quelques phénomènes curieux tels que notamment les oasis de vie découvertes très récemment grâce aux appareils de plongée profonde dans les profondeurs glacées des abysses, autour de sources chaudes sous-marines : ce phénomène volcanique, d'origine purement terrestre, constitue le point de départ énergétique de chaînes alimentaires qui ne doivent rien à la lumière et cependant aboutissent à des êtres vivants assez grands et complexes pour être largement visibles à l'œil nu, parfois même gigantesques par rapport à leurs congénères vivant en d'autres milieux : à la base se trouve l'hydrogène sulfuré émis par ces sources thermales qui est utilisé pour la synthèse de la matière organique par des bactéries sulfuraires, consommées par des animaux filtreurs ou vivant en symbiose à l'intérieur d'autres organismes ; cette faune sert elle-même de nourriture à des prédateurs et des charognards. Mais ces animaux proviennent en fait de groupes zoologiques (mollusques, crustacés, vers, etc.) qui ont réalisé l'ensemble de leur évolution préalable dans des zones plus ou moins éclairées, dépendant en tout cas de la photosynthèse comme source première de nourriture. D'ailleurs une évolution assez longue pour aller d'êtres unicellulaires à des organismes complexes ne pourrait pas se produire dans ce milieu très particulier, en raison de son caractère très *limité* dans l'espace et surtout dans le *temps :* ces sources volcaniques sont en effet éphémères à l'échelle géologique et finissent par se tarir, on a déjà découvert des « oasis » fossiles relativement récentes, entourées de restes d'animaux tous morts de froid et surtout de faim. Certes d'autres sources thermales continueront à naître dans les zones tectoniques propices, mais ce phénomène n'arrive pas à constituer un milieu continu à la fois dans l'espace et dans le temps, nécessaire pour une évolution de longue durée.

On peut donc dire que la mort dans le monde vivant, et notamment dans le règne animal, est inévitable, qu'elle vienne soit de l'extérieur, soit de la structure interne de l'organisme lui-même. La mort est un élément nécessaire du couple mort-vie : il n'y a pas de vie qui ne soit liée à la mort ?

Dans le monde que nous connaissons : oui. Elle représente une nécessité, semble-t-il, pour le monde vivant. Nous avons jusqu'à présent envisagé son rôle surtout sous son aspect quantitatif, concernant le rajeunissement des peuplements d'êtres vivants, qui permet la coexistence des espèces. Plus celles-ci sont nombreuses dans un écosystème, plus il a de chances de se perpétuer harmonieusement, tout en subissant bien sûr des fluctuations : mais il est intéressant de noter que ces dernières sont beaucoup plus importantes dans les milieux très *simplifiés,* soit par les facteurs physiques naturels, soit par l'action humaine. En effet quand il y a peu d'espèces dans un écosystème il est en équilibre instable et subit des fluctuations extrêmement violentes : c'est le cas d'une part des milieux arctiques, par exemple, qui ne comportent, par suite de la rigueur du climat, qu'un petit nombre d'espèces dont les populations subissent des variations considérables d'une année à l'autre, et d'autre part des écosystèmes arbitrairement simplifiés par l'homme, dont les grandes surfaces soumises à la monoculture représentent l'exemple le plus frappant par ses fâcheuses conséquences écologiques.

Dans le grand jeu de la vie et de la mort, il faut bien considérer l'importance capitale des phénomènes d'interactions : d'abord entre les facteurs vivants tels que proies et prédateurs, et les facteurs chimiques et physiques non vivants du milieu, qui imposent leurs limitations à la vie. Mais il faut y ajouter le rôle des *parasites,* dont l'interférence est essentielle dans le couple mort-vie. Ainsi le prédateur peut-il diminuer l'incidence du parasitisme en dévorant surtout les sujets qu'il affaiblit. Mais il peut exister des systèmes « triangulaires » quand l'hôte provisoire du parasite est dévoré par l'hôte définitif qui héberge la forme adulte dans son organisme, les rapports entre proie, prédateur et parasite deviennent alors très complexes. (Surtout quand il y a multiplication du nombre des hôtes intermédiaires !)

Souvent ce système, qui nous paraît évidemment très défavorable, à première vue au moins, pour l'espèce proie, est profitable non seulement pour le parasite, mais aussi pour le prédateur : il capture plus facilement une proie affaiblie, ce qui du même coup donne plus de chances au parasite pour atteindre son stade adulte. Ce phénomène s'observe chez des poissons, par exemple le « loup » de nos lagunes méditerranéennes s'infestant en dévorant des poissons d'espèces plus petites, comme chez des mammifères : ainsi l'action pathologique de l'échinococcose met les ruminants à la merci des loups, les petits rongeurs à la portée des renards, alors que ces carnivores supportent relativement bien la présence de l'échinocoque adulte dans leur intestin. En revanche, un tel cycle peut être coupé par des prédateurs dévorant les mêmes proies, mais dans le corps desquels le parasite ne peut devenir adulte : ainsi dans l'est de la France il faut protéger les oiseaux de proie et les serpents chasseurs de rongeurs, et au besoin renforcer les effectifs de ces derniers par des espèces inoffensives importées du nord de l'Amérique et du Japon, afin de limiter l'extension de la redoutable échinococcose alvéolaire que l'on peut attraper simplement en mangeant des fruits sauvages et qui est trop souvent mortelle.

On observe même des cas étonnants où le parasite signale la proie au prédateur, par les modifications anatomiques qu'il provoque chez son hôte provisoire : ainsi une excroissance d'un ver parasite envahit un tentacule d'un petit escargot des marais, la succinée, entraînant son hypertrophie et lui donnant l'allure d'une chenille bigarrée et palpitante qui attire immanquablement l'attention d'un oiseau affamé, hôte définitif du parasite.

Il y a aussi des cas où une espèce est favorisée par un parasite qu'elle supporte sans trop de dommages, alors qu'il est très dangereux pour une espèce concurrente dont il limite les effectifs : ainsi en Amérique du Nord le cerf de Virginie constitue un réservoir de parasites auxquels un autre cervidé plus puissant, le wapiti, se montre plus sensible.

Enfin, le fait que le taux d'infection par beaucoup de parasites augmente avec la densité du peuplement peut éviter une surpopulation qui risquerait d'épuiser les ressources alimentaires de l'espèce parasitée : c'est le cas notamment de vers parasites des poumons des mouflons en Amérique du Nord.

On pourrait en tirer toutes sortes de prolongements philosophiques sur les êtres parasites et le rôle négatif ou positif qu'ils jouent aussi dans une existence humaine ! Mais passons ! La problématique de Bergson, du clos et de l'ouvert, s'applique en fait parfaitement au couple mort-vie. Un système ouvert essaie constamment de se refermer sur lui-même pour conserver la vie déjà acquise. Mais dans la mesure où il se referme totalement, il tue la vie, car celle-ci ne peut se développer en système clos. Et pourtant, elle tente de le faire indéfiniment. Mort-vie, clos-ouvert : ce sont des couples complémentaires.

En effet. Et nous arrivons alors au problème de l'adaptation. Lorsqu'il y a simple division, comme chez la bactérie, il y a immortalité potentielle. Théoriquement, rien ne s'y oppose à première vue : il y a conservation à la fois de l'ensemble de la cellule et de son génotype, sans les remaniements génétiques qui peuvent être liés à la sexualité. Mais, pratiquement, il peut quand même se produire des échanges de matériel génétique entre bactéries, et surtout des *mutations :* ce sont elles que l'on utilise dans le cadre des « manipulations génétiques ». Dans le cadre du monde vivant tel qu'il est, même dans les conditions quasi idéales du « vase clos », il se produirait tôt ou tard, selon toute probabilité, une détérioration génétique, un changement des caractères héréditaires qui ferait que la bactérie ne peut plus se contenter du substrat qu'on lui donne. On observe souvent de telles mutations dans l'univers bactérien. La survie purement génétique des espèces pluricellulaires sexuées paraît offrir de plus grandes possibilités d'évolution adaptative, en multipliant considérablement les occasions permettant des recombinaisons génétiques originales.

Il peut cependant se produire une multiplication asexuée chez des êtres vivants complexes, non seulement chez des animaux inférieurs comme les cnidaires (polypes d'hydraires, corail rouge, gorgones, madrépores...), mais aussi chez certains qui sont beaucoup plus proches de l'homme, les tuniciers : ce bourgeonnement peut aboutir à la création de véritables super-individualités coloniales, survivant aux individus éphémères.

Ces phénomènes de multiplication asexuée sont encore bien plus répandus et importants chez les végétaux, même supérieurs, et aussi bien dans les conditions naturelles que dans les pratiques artificielles de la culture : en effet, les variétés horticoles de fleurs et de fruits recherchées pour leurs couleurs, leurs formes, leur parfum ou leur goût ne se reproduisent pas à coup sûr identiques à elles-mêmes par le semis, car chaque génération sexuée se trouve soumise au hasard génétique, tel que J. Monod l'a décrit, en raison des possibilités de nouvelles recombinaisons des gènes préexistants et des nouvelles mutations qui peuvent apparaître. (Elles sont particulièrement fréquentes chez beaucoup de plantes cultivées...) Mais grâce aux marcottes, boutures, greffes, divisions de touffes ou de bulbes et même, maintenant, aux cultures de méristèmes en laboratoire, on multiplie une seule personnalité génétique à un nombre indéfini d'exemplaires, formant un « clone » dispersé dans de multiples jardins, éventuellement à travers le monde entier. Mais la conservation à travers le temps de ces lignées sans reproduction sexuée, qui à première vue pourraient prétendre à une immortalité potentielle comparable à celle des bactéries ou des protozoaires, n'est cependant pas toujours assurée : ainsi des horticulteurs ont observé plus d'une fois la disparition d'une variété de plantes bulbeuses, tous les plants dispersés sur de vastes territoires et représentant en somme les morceaux d'un même individu génétique dépérissent et disparaissent sensiblement en même temps.

Comment pourraient s'expliquer ces apparitions et ces disparitions purement naturelles ?

Les variétés nouvelles apparaissent au gré des hasards de la génétique. Leur disparition spontanée est plus difficile à expliquer, et ce phénomène très intéressant mériterait une étude très approfondie par des spécialistes : à première vue il doit s'agir de phénomènes comparables à ceux qui produisent le vieillissement chez un individu resté « d'un seul tenant », dont au premier chef une détérioration de l' « information » génétique ; rappelons-nous qu'une culture de cellules humaines cesse de se multiplier après un certain nombre de divisions, ce nombre diminuant avec l'âge du donneur, et cette diminution de la capacité de multiplication cellulaire constituant un indice du vieillissement physiologique : il faudrait rechercher si les clones de plantes cultivées présentent des phénomènes du même ordre.

Mais l'avenir d'une lignée *sexuée* n'est lui-même pas forcément garanti : supposons une population d'êtres vivants pluricellulaires, mise à l'abri de tout facteur extérieur qui puisse constituer une cause de mortalité. Que va-t-il donc se passer ? A première vue il n'y a pas de raison qu'ils changent d'une génération sexuée à l'autre. Mais à la longue les accidents génétiques s'accumulent et peuvent amener une détérioration du patrimoine héréditaire néfaste pour la lignée : l'espèce ne reste donc pas forcément identique à elle-même, fût-elle parfaitement protégée des influences extérieures. Mais si elle est exposée à celles-ci, dans l'hypothèse néo-darwinienne défendue notamment par J. Monod, la sélection naturelle alors va *orienter* cette évolution ; il est certes possible qu'elle n'en soit pas le seul moteur, ou qu'elle soit relayée et amplifiée par d'autres phénomènes dont nous n'avons actuellement aucune idée précise, mais il est indéniable qu'elle joue un rôle essentiel sur le grand théâtre de la vie et de la mort. En fait, ce n'est pas forcément la mort des individus qui est en jeu, il suffit qu'il n'y ait plus de reproduction efficace pour aboutir à une mort à l'échelon génétique, la seule qui compte dans l'optique d'une évolution se déroulant au long des ères géologiques : ainsi il suffirait que la température des Charentes et de la Gironde s'abaisse au niveau de celle de la côte septentrionale de Bretagne pour faire disparaître en au plus un siècle (longévité considérable pour un animal, mais durée négligeable à l'échelle géologique !) les tortues d'eau douce dont les œufs ne pourraient plus éclore... Les facteurs sélectifs, qu'il s'agisse de l'action du milieu physique ou des interactions entre êtres vivants, orientent ainsi l'évolution de la vie dans certaines directions.

Par exemple une étape très importante de l'histoire de la vie est celle où elle est sortie de l'eau pour coloniser les terres émergées. Quelle stricte nécessité a donc pu obliger des êtres vivants à sortir de l'élément liquide ? Je crois avoir trouvé les clefs de ce problème. (Ce qui ne veut pas dire que des recherches ultérieures ne viendront pas ajouter d'autres clefs à ce trousseau !) Prenons le cas des vertébrés, auxquels nous appartenons : on a écrit qu'ils étaient sortis de l'eau parce qu'ils avaient besoin de respirer une plus grande quantité d'oxygène, plus abondant dans l'air que dans l'eau ; mais beaucoup d'animaux, y compris des poissons vivant actuellement, respirent l'oxygène de l'air sans avoir besoin de sortir de l'eau : ils viennent simplement mettre la bouche à la surface ! On a dit aussi : en cas de grande sécheresse un batracien a plus de chances de survie, car un animal qui a une respiration aérienne et peut marcher sur la terre ferme est capable de gagner une autre mare lorsque celle où il vit se dessèche. C'est vrai : seulement, entre le fait de respirer l'air et celui de marcher d'une étendue d'eau à l'autre a dû nécessairement s'intercaler le stade de l'*émersion*. Pourquoi sortir de l'eau ? J'ai conçu une hypothèse explicative, fondée sur l'observation des animaux actuels : il est à première vue surprenant de constater que plus le climat est chaud, plus des animaux appartenant à des groupes aquatiques, poissons, crabes, bernard-l'hermite, tendent à sortir de l'eau ; or même sous nos latitudes une flaque d'eau de mer coincée dans une anfractuosité de rocher et chauffée par le soleil a une flore et une faune beaucoup plus pauvres que le même type de mare abrité à l'ombre d'une voûte rocheuse, en raison de l'échauffement solaire qui élimine beaucoup d'espèces. A fortiori il devient rapidement difficile de survivre dans une faible épaisseur d'eau exposée à la chaleur du soleil tropical ou équatorial : les animaux sortent de l'eau tout simplement parce qu'ils mourraient tués par une température trop élevée s'ils restaient dans les flaques d'eau à marée basse. Et la surface mouillée de leur corps est le siège d'une évaporation intense qui les rafraîchit, plus ils s'exposent au soleil, plus, en fait, ils se *refroidissent* par évaporation. Certes, à la longue, ils finiraient par se déshydrater : mais comme ils restent près de l'eau ils peuvent s'y retremper, se réhydrater, et renouveler cette alternance de comportements aussi souvent qu'il sera nécessaire. Or la paléontologie situe justement ce passage du poisson au batracien dans des lagunes soumises à un climat tropical : dans les plus échauffées, les vertébrés qui n'ont pas réussi à se hisser périodiquement sur les berges ont dû être tués par une chaleur excessive.

Sans doute ceux qui avaient le moins de vitalité, c'est-à-dire les moins jeunes. Mais d'autre part il est vrai que les plus âgés sont aussi ceux dont le comportement a été le plus enrichi par l'expérience et qui, grâce à cet apprentissage, savent se tirer le plus habilement des passes difficiles. Dans le cadre de l'évolution la durée de vie a certainement autant d'importance que la résistance vitale ? Ne pas mourir trop vite, c'est un point capital ?

En effet, la durée de vie joue un rôle très important dans le couple dialectique mort-vie. Deux grandes possibilités se présentent pour l'évolution du comportement : le perfectionnement des adaptations du comportement inné, ce qu'on appelait autrefois « l'instinct », est favorisé par une rapide succession de générations qui multiplie les possibilités de mutations affectant les bases *génétiques* de l'activité de l'animal (c'est d'ailleurs à cause de la rapidité avec laquelle se succèdent ses générations que la drosophile, la « mouche du vinaigre », constitue un matériel de choix pour l'étude des mutations affectant l'hérédité en général). La vie brève de la plupart des insectes favorise l'acquisition de comportements innés très perfectionnés et spécialisés, mais en revanche ne permet pas d'acquérir une longue expérience diversifiée, nécessaire au plein exercice de l'*intelligence*. Certes, la supériorité de l'homme sur les animaux est essentiellement cérébrale, mais elle n'aurait pu manifester pleinement toutes ses possibilités sans l'aide d'un certain nombre d'adaptations auxiliaires : d'abord le développement capital des capacités sensorielles, essentiellement la vue, fournissant une information riche, précise et variée au cerveau ; et aussi la station verticale qui offre le double avantage de permettre de regarder plus loin, et de libérer la main qui peut acquérir plus de souplesse, de finesse et de polyvalence sensorielle et motrice, n'ayant plus à supporter le poids du corps et à subir un constant frottement contre le sol. Mais l'importance de la durée de vie est encore plus grande, surtout avec l'apparition de l'activité technique et du langage : notre supériorité sur l'homme de Cro-Magnon ne vient pas du fait que nous sommes plus intelligents que lui, mais que nous bénéficions de tout un héritage de connaissances et de techniques acquises et transmises d'une génération à l'autre tout au long des siècles.

L'histoire est aussi une manière de tenir la mort en respect ?

Exactement. Alors apparaît la transmission de l'acquis culturel, qui constitue une des grandes originalités de l'espèce humaine. Or il faut le temps à l'individu d'acquérir et de « digérer » des connaissances de plus en plus nombreuses à mesure que l'histoire progresse. Et pour qu'il y ait transmission efficace à la génération suivante de cet acquis de plus en plus important, la *coexistence* des générations est évidemment nécessaire, ce qui implique évidemment une grande longévité : effectivement l'homme est, parmi tous les mammifères, celui qui possède la durée de vie la plus longue. Bien des auteurs de science-fiction ont imaginé diverses espèces animales remplaçant l'homme — la place pouvant se trouver libre si l'homme se livre à trop de folies, notamment dans le domaine nucléaire —, mais alors il faudrait que ces animaux bénéficient d'un considérable allongement de leur durée de vie. Les spéculations sur les pieuvres fondant une civilisation rivale de celle des hommes ou la remplaçant constituent d'aimables plaisanteries, non seulement parce qu'elles n'ont jamais réussi à sortir de l'eau de mer, mais surtout parce que leur vie est assez courte : elle s'étend d'un an à quelques années, et le recouvrement des générations est pratiquement nul.

Ce que vous savez du règne animal, au sein du monde vivant, éclaire-t-il davantage la différence radicale entre la vie de l'homme et celle de l'animal, ou au contraire leur similitude ? Certes l'homme est un animal ; mais l'animal n'est pas un homme. Ils n'ont apparemment pas la même vie ; ni apparemment la même mort ?

C'est un problème complexe. Dans la mesure où nous sommes mortels, nous sommes exactement comme les animaux. Quand, par exemple, on emploie le terme d'épidémie pour l'homme, et d'épizootie pour les animaux, c'est ridicule : l'homme est sensible aux épidémies justement dans la mesure où il ne s'est pas encore complètement dégagé de la condition animale, car son caractère spécifiquement humain l'amène fort heureusement à s'en affranchir le plus possible.

C'est en fait une différence de degré plus que de nature. La sélection naturelle par la mort, au moins sous sa forme génétique de non-perpétuation des lignées, oriente les êtres vivants dans diverses directions où l'évolution, du même coup, tend à s'accélérer. Ainsi le fait de galoper a donné au cheval plus de chances de n'être pas rattrapé par les loups, mais a aussi tendu à faire du cheval un animal de plus en plus galopant. De même, dans la mesure où l'intelligence s'est montrée un facteur décisif de survie pour l'homme, il est devenu de plus en plus intelligent.

Il ose même penser que son esprit lui assure une survie éternelle.

Oui. Grâce en grande partie à la mort, en fait, l'évolution devient de plus en plus complexe : au sommet se trouve actuellement l'homme, et il a acquis une série de particularités qui lui permettent d'accéder à un statut effectivement différent face à la mort. L'originalité la plus grande réside dans cette possibilité de transmettre d'une génération à l'autre un acquis culturel, c'est-à-dire une expérience plus profonde du vivre et du mourir : originalité partie d'un plan strictement biologique, mais qui tend à le dépasser. La conscience réflexive de l'homme qui s'appuie sur cet acquis culturel de l'humanité l'amène à penser à la mort d'une manière moins immédiate que l'animal qui a simplement faim, froid, ou qui est animé d'un réflexe plus ou moins instinctif devant un prédateur. D'autre part, elle l'amène à se poser des questions morales : l'une des plus importantes est née de la situation même de l'individu face à l'espèce, c'est le problème du perfectionnement de la vie fondé sur d'autres morts.

Et sur le meurtre même.

Et sur le meurtre qui sacrifie l'individu aux espèces. La conscience morale peut être choquée par le fait que le perfectionnement de la vie s'effectue par le meurtre, la souffrance et la mort. Il se pose là un problème propre à l'homme et inexistant pour l'animal.

La nécessité de mourir pour vivre : l'espèce l'accepte, l'animal paraît l'accepter. Mais l'interrogation humaine s'efforce indéfiniment de trouver la clef permettant de comprendre ce qui lui paraît un scandale. Et l'on en revient à la question : ne pourrait-il y avoir une vie, une évolution du vivant en dehors de la contribution de la mort ? Il semble que ce soit absurde de poser une telle question dans le monde animal.

Non. Il faut d'abord remarquer que certaines sociétés, certaines personnalités humaines acceptent cet état de choses. Elles ne s'en réjouissent pas pour autant, mais l'admettent comme faisant partie de l'ordre du monde. Et, peut-être parce que je suis croyant, j'accepte que la vie soit liée à la mort plus facilement que ne le font certains matérialistes athées. Il est des gens pour qui la mort de l'individu est certes regrettable, mais inscrite dans la nature des choses, mais pour qui la mort de l'espèce, ou de la lignée, paraîtrait bien plus désastreuse que la leur. Il est intéressant de noter que dans ce domaine essentiel l'attitude est souvent indépendante des convictions philosophiques et religieuses. J'ai le souvenir très vif d'une discussion passionnante avec les interlocuteurs suivants : un autre Français, catholique comme moi, un Tunisien de souche, assez fidèle au Coran pour lequel il professait un profond respect, et enfin un Vietnamien, très sensible dans son enfance à la pompe et à la beauté des cérémonies bouddhistes, mais devenu agnostique et tenté par le communisme jusqu'au moment où il fut heurté par la mauvaise foi de certains débats scientifiques en U.R.S.S., concernant justement la génétique. Sur des points essentiels comme ceux de la mort et de la perpétuation de la lignée, je me trouvais en parfait accord avec le Vietnamien, tandis que nous nous opposions aux deux autres interlocuteurs : pour eux la mort individuelle était une véritable catastrophe ; pour nous elle était inéluctable, et par conséquent ne provoquait ni angoisse ni révolte. En revanche, ne pas avoir d'enfants nous paraissait catastrophique : « Si nous avons des enfants, il restera toujours quelque chose de nous », déclara le Vietnamien ; pour nous la toute-puissance universelle de la vie avait bien plus d'importance que la mort individuelle ; d'ailleurs le fait de ne pas se sentir étranger au monde naturel, attitude typique de l'Extrême-Orient, doit prédisposer à considérer la mort comme un phénomène normal, qui n'est pas révoltant : l'Extrême-Oriental a peut-être plus que nous le sentiment de faire partie du vaste ensemble vivant avec toutes les transformations dont il est le siège. Je pense à cette réflexion, qui me paraît absurde, d'une Occidentale athée de la fin du XIXe siècle. Elle s'offusquait de ce qu'elle appelait « l'illusion » des croyants à propos de l'immortalité : « L'idée de la mort de mon père et de ma mère me désespère tellement, disait-elle, que je ne veux pas avoir d'enfants pour ne pas faire de “ la chair à mourir ”. » Or, même si j'étais athée, la parade face à la mort me paraîtrait résider dans la perpétuation de la lignée. Mais c'est peut-être une question de tempérament (génétique ?) qui explique cette différence d'attitudes...

Dans le dialogue que j'ai noué avec un couple marxiste, pour le livre Dieu existe-t-il ?, *c'est la réponse que Juliette et André Darle m'ont donnée : « L'enfant nous a consolés de la pensée qui nous inquiétait jusque-là, que notre amour aurait une fin avec notre propre mort. C'est dans l'enfant qu'il s'immortalise. » Et François Jacob m'exprimait sa totale tranquillité à la pensée de la mort individuelle, la sienne en particulier. Tandis que Jean Rostand criait sa révolte à la pensée d'un créateur qui fonde la vie des uns sur le massacre des autres. Même quand survit l'espèce, la mort ne paraît-elle pas avoir le dernier mot ?*

Cette question déborde le cadre purement scientifique. La guerre entre espèces animales est sélective, comme je l'ai dit : elle fait courir les chevaux plus vite, par exemple. Et au cours de mes recherches personnelles concernant des animaux beaucoup moins doués pour la course, à savoir les oursins, je suis arrivé à des conclusions très significatives : ainsi des oursins tropicaux peuplant les récifs coralliens, qui ont essentiellement pour ennemis des poissons, ont presque tous (sauf des espèces qui justement sont peu exposées à cette prédation...) un appareil d'injection du venin, une composition chimique de celui-ci et un comportement adaptés à la lutte contre les vertébrés, ce qui les rend dangereux pour les poissons et aussi, malheureusement, pour l'homme qui entre accidentellement en contact avec eux. Chez les oursins des régions tempérées, en revanche, les réactions des organes spécialisés injectant le venin et sa nature chimique sont adaptées à la défense contre les étoiles de mer qui depuis le nord du Japon jusqu'à l'Europe occidentale, en passant par les rivages atlantique et pacifique de l'Amérique du Nord, sont les principaux prédateurs de ces échinidés. Donc la survie des populations d'oursins se trouve assurée.

Dans cette perspective on apprécie toute la valeur lapidaire de cette phrase des *Mémoires* du général de Gaulle : « Depuis le commencement des âges, la vie ne cesse de livrer un combat qu'elle n'a jamais perdu. »

La guerre primitive sélectionne les qualités individuelles et certaines qualités de dévouement au groupe, comme on l'observe déjà au niveau des tribus de babouins : elles possèdent leurs héros patriotiques, de grands mâles qui assurent la défense contre les panthères et souvent meurent des blessures reçues au combat, mais après avoir mis en fuite ou même tué leurs ennemis ; mais cette mort « au champ d'honneur » ne présente pas d'inconvénients sur le plan génétique, car ces mâles dominants se sont auparavant abondamment reproduits.

La guerre homérique se situe encore dans le cadre de la sélection naturelle. L'attitude des hommes vis-à-vis de la guerre est d'ailleurs moins dictée par une conscience morale d'inspiration chrétienne que par un sens obscur mais très puissant de la survie de l'espèce : la guerre a paru exaltante, bien que redoutable et tragique, pratiquement jusqu'en 1914.

Du moins en Europe. Mais les peuples se libérant du prédateur colonialiste, ou du dictateur prédateur, considèrent encore la guerre comme nécessaire à leur survie, même sur le plan biologique, pourrait-on dire.

Bien sûr. Un aspect biologique me paraît d'ailleurs très intéressant dans la recherche apparemment suicidaire du danger, au niveau individuel. Les hommes ont plus peur de la mort quand ils sont malades ou âgés que lorsqu'ils sont jeunes et en plein baroud. En fait la crainte de la mort est surtout liée à un sentiment interne de diminution de l'intensité vitale et plus précisément, en termes de science matérialiste, d'abaissement du niveau du métabolisme : un homme malade ou vieilli ressent douloureusement cette diminution physiologique. Au contraire, chez un homme jeune en pleine vigueur, plongé dans une bataille homérique ou aux commandes d'un avion de chasse, la circulation très active irrigue abondamment le cerveau qui est le siège d'une activité biochimique intense, le métabolisme atteint un niveau très élevé : l'homme se sent, malgré le danger extérieur qui le menace, plus vivant que jamais, et c'est vrai sur le plan physiologique ; cela lui donne d'ailleurs les meilleures chances de surmonter ces circonstances périlleuses, car ses réactions motrices et intellectuelles atteignent leur maximum de puissance et de rapidité. Le sentiment de vie intense qui en résulte constitue à mon avis une des raisons pour lesquelles les hommes aiment malheureusement la guerre.

Mais alors, comment accepter que la guerre, qui tue justement de préférence les hommes les plus solides, puisse être considérée comme un facteur de mort favorable à l'espèce ? Ce sont les moins vigoureux qui survivent ?

Certaines guerres, comme celle de 1914, paraissent l'absurdité même sur le plan de la sélection, car on y envoie les hommes les mieux bâtis se faire tuer : lors d'un marmitage arrosant au hasard une tranchée, ce n'est pas forcément le plus intelligent, le plus fort, le plus adroit ou le plus courageux qui survit. La guerre homérique n'était pas aussi aveugle et absurde. Avec la guerre atomique on atteint le summum de l'horreur et du scandale biologiques, car elle menace non seulement une nation ou un continent mais l'espèce tout entière, et même l'ensemble du monde vivant.

Le dernier mot serait donc donné à la mort de l'humanité, de l'espèce humaine ? Il ne s'agirait pas d'une vie sans mort, mais d'une mort sans vie, d'un retour au néant ? Tandis qu'on aurait pu concevoir, ou du moins imaginer, une évolution aboutissant à des espèces, l'homme par exemple, qui surmonteraient la mort. Et même à des individus qui surmonteraient la mort ?

Beaucoup d'espèces ont disparu, soit définitivement — il y a des morts de génotypes, ceux des trilobites ou des dinosaures par exemple —, soit en se *transformant,* comme nos lointains ancêtres : lémuriens, reptiles, batraciens, poissons... Ces espèces n'existent plus sous leurs formes anciennes, mais elles survivent dans leurs descendants actuels, dont nous faisons partie. Cette évolution peut-elle se poursuivre : est-ce que l'homme pourrait aboutir au surhomme et quelles pourraient être ses capacités ? En arriverons-nous aux mutants imaginés par la science-fiction ? Si on envisage qu'il peut exister — ce qui reste encore à prouver — chez l'homme des pouvoirs supranormaux, des capacités « parapsychologiques », on pourrait expliquer ainsi que certains êtres humains, sans causalité logique dans l'état actuel de nos connaissances, et le plus souvent sans qu'ils en aient eux-mêmes conscience, puissent échapper à des dangers apparemment imprévisibles, par exemple en évitant de se trouver là où va tomber un obus. Les guerriers professionnels très expérimentés croient à ce qu'ils appellent la « baraka » : à savoir le fait que des hommes ont de la chance à la guerre non seulement parce qu'ils sont plus prudents, ou plus habiles, mais parce qu'ils ne se trouvent jamais là où va tomber un projectile, et sans que cela dépende de leur activité consciente ou des facultés actuellement connues de leur organisme. Ces étranges pouvoirs ne sont d'ailleurs peut-être pas limités à l'homme : on m'a rapporté à ce sujet un fait aussi intéressant que surprenant : durant la guerre de 1914, des chevaux attachés dans la cour d'une ferme située à l'arrière du front et jusque-là fort calmes ont été saisis soudain d'un affolement tel qu'en se débattant ils ont réussi à casser leur longe et à s'enfuir ; quelques instants plus tard un obus tombait à l'endroit précis où ils étaient attachés ! Il existe des phénomènes incompréhensibles dans l'état actuel de nos connaissances dont la science ne doit pas négliger l'étude, tout en les examinant avec un esprit particulièrement critique : il faut laisser ouverts, notamment, les problèmes posés par des observations comme celles que je viens de citer. Si une faculté aussi singulière peut se manifester chez un cheval, animal certes très évolué, assez intelligent, mais dont l'évolution cérébrale est loin d'avoir atteint le niveau de celle de l'homme, la valeur adaptative d'un tel comportement pour la survie donne beaucoup à réfléchir : dans cette optique la guerre apparemment absurde et révoltante de 1914 pourrait avoir constitué — du moins dans le cadre de cette hypothèse digne de la science-fiction — une étape décisive de l'évolution pour les populations humaines qui y ont pris part.

Vous voulez dire qu'auraient survécu, non les plus résistants, mais les plus préparés à affronter le monde nouveau, les sociétés nouvelles mécanisées à l'extrême ? Mais cela nous conduit-il pour autant vers une étape de l'évolution humaine où l'homme, plus intellectualisé, plus libre aussi, pourrait entrevoir une vie sans mort ?

Je réponds d'abord à votre première question : j'envisageais moins l'adaptation à une société technique que le développement de facultés situées sur un autre plan, télépathie et prémonition ; mais il se peut que ces pouvoirs hypothétiques soient liés à des caractères de la personnalité qui permettent justement de mieux maîtriser ce monde nouveau qui est en train de naître. Quant à la « vie sans mort », le professeur Kastler estime que s'il existait un Dieu tout-puissant, il aurait pu la créer. J'avoue que je n'en sais rien. Au-delà du monde tel qu'il est, peut-on imaginer l'étape d'un monde immortel ? Sur le plan d'une morale purement logique, il serait très important que les individus ne meurent pas définitivement, en raison d'un fait capital survenu au cours de l'évolution vitale, qui nous concerne ainsi que d'ailleurs les animaux supérieurs : la personnalité biologique de l'individu, son identité singulière, irréductible à aucune autre même sur un plan strictement matériel. C'est à cause de cette « personnalisation immunologique » qui apparaît à un niveau élevé de l'évolution que les greffes entre individus adultes ne sont possibles que grâce à toutes sortes d'artifices médicaux. Je me souviens du père Teilhard de Chardin me disant : « Étant donné que chaque individu est *unique* — il s'adressait à moi en me disant « Vous êtes unique » —, si l'on pense que rien ne peut être perdu à l'aboutissement des temps, au point oméga, il est alors nécessaire que les personnalités uniques, qui ne sont pas interchangeables comme les individus d'une espèce inférieure apparue bien antérieurement, survivent d'une manière ou d'une autre. Sinon la perte serait irremplaçable. » Ce qui implique évidemment que le monde vivant, que la vie aient un sens ! Personnellement, je pense qu'il y en a un, bien qu'il reste encore assez mystérieux pour nous.

Mais, biologiquement, la vie pourrait-elle s'affranchir de la mort ? Sans invoquer le passage dans l'ordre des croyances ou de la foi, que pourrait dire le biologiste à ce sujet ?

Nous débordons en effet le domaine purement scientifique. J'ai entendu un confrère zoologiste, marxiste, considérer qu'il y a un progrès indéfini du monde vivant à travers l'homme et dire que l'on pourrait même aboutir à l'immortalité. Le fait est que déjà dans les pays les plus évolués on observe un allongement de la vie et une considérable diminution de la mortalité « prématurée ». (Cette mortalité est d'ailleurs extrêmement variable à travers le règne animal, infiniment plus grande chez les animaux marins pourvus de larves planctoniques que chez les aigles ou les rhinocéros !)

Sur le plan de la science strictement matérialiste l'immortalité de l'âme après la destruction du corps représente une hypothèse difficilement concevable rationnellement... du moins dans les limites actuelles de nos connaissances et de notre raison. En revanche, la résurrection *simultanée* de l'âme et du corps n'apparaît pas impensable dans une perspective scientifique matérialiste. En effet celle-ci implique que la personnalité psychologique d'un homme est constituée par des éléments génétiques, où se conjuguent les caractères innés de l'espèce et de l'individu, définis par structures physico-chimiques précises et par des éléments acquis, d'ordre intellectuel et affectif, qui se sont inscrits dans de très fines modifications matérielles du cerveau : tout souvenir, toute émotion a dans cette perspective une base organique, et donc de nature physico-chimique. Dans ces conditions il devient théoriquement possible de ressusciter l'ensemble de la personnalité ; nous ne pouvons certes pas encore le réaliser pratiquement — reconstituer même une simple bactérie est hors de portée de la science actuelle — mais si, disposant de l'omniscience et de la toute-puissance de Dieu, on replaçait des éléments chimiques simples exactement dans la position où ils étaient placés pour former Victor Hugo, par exemple, on obtiendrait Victor Hugo, et même Victor Hugo à l'âge que l'on voudrait, celui des *Odes et Ballades* ou celui de *la Légende des Siècles :* connaissant le plan de l'édifice, Dieu pourrait le reconstruire avec ses briques élémentaires, quelle qu'en soit la complexité. La « résurrection de la chair » entraînerait celle de l'esprit.

Ce pourrait être une conclusion provisoire, en forme de point d'interrogation immense ?

D'autant plus que sur le plan scientifique l'honnêteté invite à poser de nombreux points d'interrogation, mais impose d'en laisser encore beaucoup sans réponse.

Visages de la mort à travers l'histoire de l'homme :

EMMANUEL LE ROY LADURIE

« Quand même l'univers entier s'armerait pour l'écraser, l'homme est plus grand que ce qui le tue, parce qu'il sait qu'il meurt. Mais l'avantage que l'univers a sur lui, l'univers n'en sait rien. » Pascal, une fois encore, exprime dans une formule lapidaire ce que des livres entiers ne diront jamais mieux : cette conscience de la mort, qui distingue l'homme du reste du monde, en particulier du monde animal. L'homme sait. Et son histoire atteste, dès l'origine, qu'entre lui et la mort, lui et les morts, lui et la conscience de la mort, se sont nouées des relations diverses et mémorables dans lesquelles il n'a cessé d'affirmer son humanité même. L'homme de tous les temps et de tous les lieux se reconnaît dans ces face à face avec la mort. Il n'est pas question, en quelques pages, de marquer toutes les étapes de cette rencontre indéfiniment renouvelée, mais plutôt d'apercevoir comment, dans la conscience occidentale, le visage de la mort et le visage de l'homme ont pu, à la fois se confondre mais aussi se distinguer dans un couple inséparable.

Qu'Emmanuel Le Roy Ladurie ait accepté de lancer avec nous cette interrogation n'est sans doute qu'une invitation à la pousser plus avant encore. Mais d'abord, de la bien poser, grâce à lui, d'en peser tous les termes, car nous ne pouvions rencontrer meilleur interlocuteur pour le faire. Même s'il se défend d'être allé aussi loin que Philippe Ariès ou Edgar Morin dans une recherche et une réflexion d'historien sur ce thème, il en aperçoit du moins l'intérêt profond, il en saisit la dimension universelle et nous situe d'emblée dans l'espace où il convient de la poser. Ni l'indifférence, bien sûr, mais ni le drame et ni l'obsession et ni le mépris. Simplement, la volonté de rester aussi serein que lucide, aussi attentif que libre.

« La mort, un terme ou un commencement ? », telle est la question que posera mon livre. Ce n'est, en fait, ni sur le terme, ni sur le commencement que je souhaiterais engager avec vous un dialogue, ni tellement sur les réponses que les hommes ont pu donner à la question de la mort à travers l'histoire de la pensée et l'histoire tout court, mais plutôt sur les visages que la mort, ou les morts, ont pu prendre dans nos sociétés à travers les âges. Qui est le mort, qui est la mort, aux yeux de l'homme occidental ? Y a-t-il des constantes, des ruptures, dans ces regards des vivants sur les morts ?

J'ai justement écrit un texte récemment sur le personnage de la mort en Occident : c'est un sujet fort intéressant. Il est écrit en anglais et n'a encore jamais été traduit, ce qui fait que nos propos garderont toute leur originalité. Mais vous me permettrez, bien sûr, de m'en inspirer au besoin, quoique ma question ne soit pas tout à fait la même.

Certes, mais la mienne débouche naturellement sur la vôtre. D'abord, en effet, qu'en est-il du personnage, non de la mort, mais du mort ?

J'ai peu de chose à dire à ce sujet, sinon à rappeler l'idée, vulgarisée par Edgar Morin, et qui est importante : *Homo sapiens* devient très vite, semble-t-il, *Homo religiosus,* au point que les deux sont peut-être inséparables. La première tombe impliquant une espèce d'idée de survie, ou du moins d'honneurs particuliers à rendre aux morts, remonte à trente ou quarante mille ans, c'est-à-dire pratiquement à la formation de l'*Homo sapiens,* de l'homme tel que nous le connaissons. La méditation sur la mort, la religion, la culture, au sens anthropologique, est d'une ère contemporaine. Le mort, si vous voulez, naît en même temps que le vivant. En ce sens il témoigne de l'apparition même de l'humanité qui ne se manifeste nulle part sans le culte des morts. La première œuvre d'art est une tombe. Cela dit, on ne saurait rien affirmer de plus sur le personnage du mort que ce qu'Ariès écrit dans ses livres sur la mort. Le regard de l'homme sur la mort, c'est celui des sociétés sur la mort. Le comportement individuel est solidaire du comportement de tous. En revanche, sur le personnage de la mort, j'ai plus à dire.

Le fait que l'on passe de l'un à l'autre n'est-il pas significatif ? Notre mort qui devient « la mort », un personnage, une entité, ne témoigne-t-il pas que cette conscience que l'homme a de sa mort personnelle, il veut la faire entrer dans une conscience universelle. Comment s'opère, en fait, le passage ?

Je vais vous en donner un exemple. En Bretagne, le personnage de l'Ankou — ce qui signifie « la mort » en breton — a une grande importance. Peut-être est-il une invention de la culture celtique locale, mais plus probablement une rémanence dialectale de quelque chose de très fort dans la culture occidentale. En Bretagne, donc, le personnage de la mort, l'Ankou, est souvent le dernier mort de l'année dans un village. Les deux se confondent : la mort, et une mort. Cela dit, il apparaît cependant une autonomie du personnage de la mort.

L'animal ne distingue certainement pas la mort d'avec le mort. Il ne la voit ni en dehors ni au-delà d'un congénère privé de vie. La femelle devant son petit inanimé voit davantage son petit que la mort même, si j'ose dire. Le fait que nous puissions dire la mort et le mort est déjà significatif du langage et de l'esprit humains.

Le propre de l'homme est d'honorer le mort, ce qui implique effectivement un certain concept de la mort. L'on n'assiste à rien de semblable chez l'animal, même s'il manifeste une certaine émotion devant un cadavre. La mort de l'animal suscite par exemple chez les siens de la terreur, ou de la tendresse. Vous avez peut-être lu le livre de Mme Goadal sur les chimpanzés : il semble que la mort provoque en eux de l'émotion. Mais autant qu'on puisse en juger, l'animal même le plus évolué ne distingue pas, en effet, la mort du mort. Et, en outre, n'a jamais inventé aucune manière d'honorer le mort.

Ce personnage de « la mort » auquel vous vous êtes particulièrement intéressé n'existe donc que pour des hommes, et d'ailleurs pas pour tous les hommes ?

Je m'intéresse en effet au personnage de la mort dans la culture occidentale. A distinguer du *thanatos* antique, lui aussi personnage de la mort. Pour le distinguer, j'ai procédé à l'étude d'un mythe — un petit mythe ! — celui de la mort-parrain. C'est un mythe qui, par certains côtés, ressemble à celui de Sisyphe, et qui, par conséquent, a peut-être une origine très lointaine, dans un folklore très ancien. Il peut remonter à l'Antiquité, non par dérivation savante mais par une transmission populaire : certains mythes survivent ainsi en Europe depuis deux mille ans. Mais il est tout de même différent. On voit apparaître, en fait, dans la culture occidentale, le mythe de la mort-parrain en 1300 environ, et en pays germaniques. Peut-être en Islande, mais essentiellement en Allemagne, à la suite, semble-t-il, d'un jeu de mots entre le mot *Tod* — qui signifie la mort en allemand — et *Tod* ou *Dot,* qui veut dire parrain en certains dialectes germaniques. Par-delà toutes les variantes d'une histoire dont les versions sont multiples, il s'agit d'un pauvre homme, très pauvre, à la recherche d'un parrain pour son enfant. Parce qu'on doit offrir des cadeaux au parrain, et que ceux-ci coûtent cher, l'homme n'arrive pas à trouver de parrain. En outre, il cherche un parrain juste, et il évince un certain nombre de prétendants qui ne le sont pas. Finalement, il tombe sur la mort, toujours représentée, du reste, les os apparents, une espèce de manteau sur les épaules, et tenant à la main un dard gigantesque, qui n'est pas la faux bien connue, mais plutôt une flèche, un épieu. Ce sont là des signes caractéristiques du personnage.

Le pauvre homme déclare à la mort : « Je te prends comme parrain, parce que tu es juste, que tu fais mourir tout le monde, riches et pauvres, sans distinction. » Et la mort accepte, ajoutant : « Je ferai de ton fils un homme riche. » La mort s'occupe désormais de l'enfant qui reçoit une bonne instruction, devient médecin, et un médecin célèbre par son diagnostic infaillible. En effet, la mort a convenu avec lui que, lorsqu'elle se tiendra à la tête du lit d'un malade, cela signifiera que le patient va mourir, et lorsqu'elle se tiendra au pied du lit, que le patient guérira. Mais un jour, il tombe amoureux de l'une de ses malades. Comme elle est condamnée, il tourne donc le lit, et la mort se retrouve au pied. La jeune fille va donc guérir. La mort, furieuse alors d'avoir été jouée, veut faire payer son audace à son filleul, et diverses péripéties s'ensuivent. La mort, cependant, pardonne d'abord au médecin cette première duperie. Mais comme elle est trompée une seconde fois — soit que le médecin n'en finisse pas de réciter son *Pater,* soit qu'il réussisse à l'enfermer dans une bouteille, etc. —, elle finit par tuer son filleul, et toujours de la même façon : en l'étranglant ou en lui tordant le cou.

L'intérêt historique de ce mythe réside dans le fait qu'il est très bien daté et qu'on le suit aisément à travers plusieurs siècles et plusieurs pays. Il part d'Allemagne pour se répandre bientôt dans tout le monde chrétien. C'est un mythe exclusivement chrétien puisque seuls les chrétiens pratiquent le baptême et ont besoin d'un parrain. Quand il se répand dans le monde latin, la mort devient une marraine puisque la mort est du féminin en latin, en italien, en français, etc. On en a recueilli à peu près trois cents versions, en Europe, en Amérique chrétienne aussi. Il s'est même répandu un peu chez les juifs où la mort devient une sorte de père, ou d'ange... Puis chez les Turcs, les Persans, où elle devient l'ange de la mort puisque le parrain n'existe pas.

Mais quel est exactement ce personnage de la mort, à quel univers appartient-il ? Quelle est, par exemple, l'étendue de ses pouvoirs ; d'où lui viennent-ils ?

En Bretagne, par exemple, où le mythe unit la culture celtique à la culture catholique, le personnage de la mort prend un statut presque théologique, alors que la théologie catholique n'a jamais considéré la mort comme un personnage, ne l'a jamais reconnue au même titre que les anges. Encore que le personnage de l'archange saint Michel se présente dans des versions grecques orthodoxes comme une sorte d'ange de la mort. Mais en Bretagne, les curés bretons l'ont pratiquement admis comme une espèce de personnage théologique, ou semi-théologique. La mort occupe une position intermédiaire entre les saints et le diable : elle descend du ciel vers la terre. Les saints sont au ciel, le diable est sous la terre, et la mort se tient entre les deux. Entre les trois, même : l'enfer, la terre, et le ciel. Elle est traitée comme un saint ou comme un diable, c'est-à-dire que l'on peut la prier, mais aussi lui faire des blagues. Elle devient personnage quasi officiel d'un certain christianisme populaire.

C'est d'une pratique assez constante dans le christianisme populaire qui se saisit des notoriétés du jour : on a vu apparaître le nom de Lénine dans certains missels contemporains ! Mais jamais la mort n'atteint à un statut théologique dans le christianisme universel, si loin que puisse aller, par ailleurs, la terreur de la mort, ou de l'enfer, ou du Jugement dernier, toutes choses que le christianisme a également abondamment cultivées ?

Il semble que ce soit une sorte de morceau de paganisme introduit dans le christianisme populaire. Deux mythes grecs ont en effet une certaine ressemblance avec ce personnage de la mort : Hermès de nuit, qui est le porteur des âmes ; personnage psychopompe qui véhicule le mort dans un au-delà, dans un enfer. Il évoque assez, dans le panthéon chrétien, le personnage de saint Michel. Mais celui du folklore des Balkans, de l'Eglise orthodoxe ; pas le saint Michel de l'Eglise d'Occident. La mort médiévale, elle, est à cheval ; quelquefois en charrette ; elle porte son fameux dard dont elle transperce la personne qu'elle veut tuer, et son manteau laisse apparaître ses os.

Au personnage psychopompe d'Hermès de nuit, on peut ajouter certaines versions du mythe de Sisyphe, très intéressantes aussi à cet égard. Par exemple, lorsque Zeus, afin de punir

Sisyphe, lui envoie Thanatos, c'est-à-dire la mort. Sisyphe, au lieu de se laisser faire, prend la mort par surprise et l'enchaîne. Alors, personne, sur terre, ne meurt plus. Zeus est obligé d'intervenir directement et de délivrer la mort afin qu'elle accomplisse son œuvre. Sisyphe meurt, mais toujours aussi astucieux, il a eu le temps de demander auparavant à son épouse de ne pas lui rendre les honneurs funèbres. Arrivé devant Hadès, au tribunal des enfers, il se plaint de l'impiété de sa femme et réclame de revenir sur ses pas châtier sur terre la coupable. Il obtient gain de cause. Lorsque enfin il mourra de vieillesse, les dieux des enfers, qui se souviennent de sa rouerie, le condamneront, vous le savez, à une tâche sans répit. Il doit éternellement rouler au sommet d'une pente un énorme rocher qui retombe sans cesse.

Cette histoire ressemble beaucoup à certaines versions de la mort-parrain. En effet, dans ces versions, le personnage du médecin, héros du mythe, pour survivre lui-même, trompe une première fois la mort, non en la ligotant mais en l'enfermant dans une bouteille. Et une seconde fois, non pas en laissant inaccomplis les honneurs funèbres, mais en ne récitant pas jusqu'au bout sa prière funèbre, c'est-à-dire son *Pater*. Autre ressemblance remarquable : il n'est pas tué. Mais portant le nom de bonhomme-misère, ou de mensonge, ou de haine et envie, qui sont des entités éternelles, il n'est pas condamné, comme Sisyphe, à rouler éternellement une roche, mais à tromper les humains, ou à les affamer indéfiniment. On a un peu l'impression que cette version du mythe de Sisyphe, je ne sais comment, a traversé les millénaires pour resurgir dans le mythe de la mort-parrain.

La mort, sous cette forme, devient bien un mythe chrétien, comme elle a été un mythe païen ?

Elle est plutôt l'introduction d'un personnage du christianisme populaire dans le christianisme officiel de Bretagne, sans que le christianisme officiel l'ait jamais officiellement acceptée. Les curés bretons s'en accommodent, mais jamais les évêques.

Cette introduction, qui semble provenir d'un mythe païen, et ce mélange, dans la pensée populaire entre l'un et l'autre, sont intéressants parce que c'est en eux que se projettent les terreurs et les malices populaires que la théologie officielle n'accepte pas.

Si le christianisme répudie le mythe, tout en flirtant avec lui, il est intéressant aussi de voir la mort-personnage survivre cependant à travers l'histoire comme un être qu'il faut combattre, qu'il faut duper et ligoter. Ce qui a l'air de survivre à travers l'évolution des mythes, c'est la mort-ennemie. Dans le christianisme, elle n'est pas un personnage proprement dit, elle n'est pas une personne, mais elle reste l'ennemie. Si elle n'est personne, on ne sait à qui s'en prendre du fait de mourir. Si elle est quelqu'un, elle est alors liée à une mythologie, à d'autres personnages mythiques qui mettent aussi l'homme en relation avec l'au-delà de la mort, avec l'univers dans lequel la mort ferait entrer. Quand elle est quelqu'un, elle n'est jamais quelqu'un d'autonome ? Elle n'est jamais toute-puissante par elle-même ? Et jamais une divinité ?

Non. Elle est prise dans une mythologie, et dans le cas du christianisme, elle est prise dans un système où il y a le ciel, les anges, saint Pierre, Dieu, le diable, etc. Elle est une sorte de médiateur entre les uns et les autres.

Elle est aussi un instrument des uns ou des autres ?

C'est une pièce du système. Mais en même temps une pièce qui n'est pas admise officiellement comme personnage. Le christianisme officiel n'a jamais admis la mort dans son panthéon.

Dans le christianisme, l'homme, mortel, est livré au pouvoir de la mort, mais celle-ci fait partie de lui, de son destin temporel. Elle n'est pas extérieure à lui et l'on ne prie pas la mort comme un personnage placé entre Dieu et l'homme.

Mais la vieille idée qu'il existe un personnage chargé de transporter les âmes dans l'au-delà a tout de même survécu.

L'idée du voyage dans l'au-delà en compagnie de quelqu'un qui ne serait pas encore Dieu ?

L'idée d'un voyage : il y a cela dans la mythologie grecque, avec le personnage d'Hermès de nuit, dans l'Église orthodoxe, avec l'archange Michel. Ce voyage des âmes est quelque chose d'assez ancien puisqu'on le trouve dans la mythologie égyptienne et qu'on le retrouve dans les contes populaires. D'après Popp, toute une partie des contes — les contes de Perrault par exemple — s'expliquerait par le fait qu'ils sont le reste d'une ancienne religion. L'une de leurs fonctions serait de décrire, de raconter le voyage de l'âme après la mort, le franchissement d'un certain nombre d'épreuves. L'idée d'un circuit de l'âme après la mort, à travers le purgatoire par exemple, figure chez Dante, mais sous d'autres formes que dans les contes.

En tout cas, même si la mort n'a pas toujours un visage, si elle n'est pas un personnage reconnu, il existe en permanence une sorte d'entretien de l'homme avec quelque chose, sinon quelqu'un, qu'il appelle la mort, entretien que les religions développent et déploient à leur manière.

Historiquement, en effet, cette relation a toujours existé, avec plus ou moins d'éclat. Assez discrète dans l'Antiquité, elle a repris énormément d'importance, en gros avec les épidémies de peste à la fin du Moyen Age. La première grande méditation sur la mort se situe en 1195 : celle du futur Innocent III, dans son petit ouvrage intitulé *Misère de la Condition humaine ou le Mépris du Monde.* Mais l'incarnation du personnage de la mort débute, au fond, avec la grande époque des pestes, à partir de la peste noire de 1348, de ces époques d'épidémies massives comparables à des bombardements, où cinquante pour cent de la population d'une ville pouvait disparaître. Les gens méditaient nécessairement sur la mort qui faisait partie de leur vie quotidienne, et, finalement, il s'est créé une incarnation de la mort dans un personnage qui a hanté assez longtemps la pensée occidentale.

Quel type de relations s'institue avec ce personnage : la terreur, la confiance, la complaisance, la déférence, etc ?

Bien sûr de terreur, mais empreinte tout de même de familiarité : on lui fait des blagues, on la plaisante. Il apparaît tout un côté farceur.

Est-ce une manière de l'exorciser que de jouer avec elle ?

On peut la tromper, lui jouer des tours, mais en principe elle gagne toujours au jeu. Excepté lorsqu'il s'agit d'une entité, par définition immortelle, comme la misère, la fausseté, etc. Elle ne peut plus exercer contre elle son pouvoir, à moins de promettre quelque chose en échange. Alors elle promet l'immortalité : par exemple au bonhomme-misère. Mais ce cycle du personnage de la mort est aujourd'hui terminé. En revanche, nous gardons une certaine crainte du personnage du mort.

Mais il n'est plus une entité ?

Non. Bien qu'il prenne tout de même une certaine existence : on dit par exemple que dans *Mort à Venise*, le personnage de l'enfant est une forme de la mort.

Il y a aussi, à travers les images qui nous sont imposées par l'information télévisuelle, une certaine mythologie qui se dessine. Si la mort n'a pas un visage, les morts lointains, en revanche, les morts à travers l'espace lui en confèrent un. La mort au Vietnam ou la mort à Dachau, c'est une forme d'entité à force d'être monstrueuse. Les morts de 1914 ou les morts du Goulag aussi. Le personnage de la mort au XX*^{e} *siècle, n'est-ce pas aussi cela ? On nous propose un certain nombre d'images qui sont la mort en même temps que des morts. La mort ailleurs et lointaine, bien sûr, mais cette distance et cette espèce de grossissement épique n'en font-elles pas justement une entité ?*

En effet. Autrefois, les gens avaient plus de rapports directs avec la mort, et le contact que nous avons avec elle par les média exerce une sorte de suppléance.

Sans doute parce que dans le même temps où nous parviennent ces images on évince par ailleurs la mort réelle de chez soi. On meurt de plus en plus à l'hôpital, les funérailles sont de plus en plus discrètes, la liturgie est de plus en plus laïque et neutre — les curés refusent d'accompagner les corps et les familles au cimetière —, et les signes du deuil, dans le vêtement par exemple, ont pratiquement disparu. Cette manière de traiter les morts est une autre manière de ne pas traiter de la mort. Les sermons sur la mort, par exemple, ne sont plus du tout de mise.
Il est significatif que, lorsque la mort devient un personnage, c'est bien sûr qu'elle est présente à l'esprit des hommes : ce personnage est le signe qu'une relation s'est établie entre elle et une société, sur un mode plus ou moins particulier.

Oui. Mais à ce propos, le fait que nous abandonnions les vieillards est aussi significatif. Ils sont en quelque sorte entre la vie et la mort, et plus près de la mort. Ils obligent, en fait, à penser à elle. Même si on leur consacre des sommes énormes, c'est souvent pour les mettre un peu plus à l'écart.

Peut-être imagine-t-on se débarrasser de la mort en même temps que des vieillards : c'est un rêve millénaire !

Il faut dire qu'autrefois, peu d'hommes atteignaient l'âge de vieillard. En fait, on admet mieux la vieillesse en situation : un grand-père, une grand-mère étaient à leur place. Le vrai problème, c'est la formation d'une classe d'âge de vieux qui, effectivement, est mise à l'écart. Le tabou, je crois, porte moins sur l'individu vieux que sur le fait d'être traité comme une classe. Par exemple, quelqu'un habitué à enseigner à des jeunes, et qui donne des cours à des gens du troisième âge, éprouve cette impression. Inversement, un vieillard au milieu d'un cours d'étudiants est traité de la même façon qu'eux, et devient même l'objet d'une sympathie particulière. Ce n'est donc pas contre l'individu vieux en lui-même que s'élève une défense que contre le fait que se forment maintenant des groupes de vieux du troisième âge. Mais, là encore, les textes d'autrefois sur la vieillesse des pauvres ne sont pas plus réjouissants. Il ne s'agit pas d'idéaliser le passé.

C'est très vrai. Et il n'y a pas si longtemps, les soi-disant familles chrétiennes de ma terre natale pressaient volontiers les vieillards de mourir après qu'ils avaient fait leur testament ! Mais aujourd'hui, on dirait que l'embarras devant la mort et l'embarras devant la vieillesse, antichambre de la mort, procèdent de la même répulsion.

Et c'est bien un autre aspect de la relation de la société actuelle avec la mort qu'on pratique l'acharnement thérapeutique pour les vieillards en les conservant indéfiniment, mais, qu'en même temps, on offre une passivité extraordinaire devant l'avortement. Je reconnais parfois la nécessité de l'avortement ; mais je reste étonné devant ce paradoxe. D'une part on repousse jusqu'à l'impossible la mort pour les gens très âgés, et d'autre part on la banalise totalement, on la désacralise pour des fœtus.

Avec, cependant, le débat sur l'euthanasie qui pointe à l'horizon. Le meurtre du fils et le meurtre du père se tiennent par la main. On mesure, au fond, qu'en même temps qu'une conception de la mort, c'est une conception de la vie qui se transforme et se dégrade. Il ne s'agit pas, là non plus, d'idéaliser le passé : notre siècle n'est pas le premier à donner l'exemple du mépris de la vie. Fabriquer de la chair à canon ne vaut pas mieux que la loi sur l'avortement, n'en déplaise à l'hypocrisie bien pensante. Envoyer des garçons de vingt ans se faire tuer pour les marchands de canons, avec les bénédictions adéquates, n'était pas plus noble. Mais il est vrai qu'une certaine conception contemporaine de la vie, un certain hédonisme qui ne considère avec intérêt l'existence qu'autant qu'elle apporte du plaisir, appelle la loi sur l'avortement — se débarrasser de l'enfant importun — et sur l'euthanasie — se débarrasser du vieillard importun. Se débarrasser surtout de la pensée de la mort dans sa propre existence. C'est d'une logique rigoureuse : celle d'une société suicidaire.

En réalité, l'euthanasie, sans être officialisée, est assez largement répandue. Dès qu'on l'officialiserait, la porte serait ouverte à tous les abus possibles.

Mais, là encore, ne met-on pas le doigt sur la relation contemporaine de l'homme avec la mort ? Dans ses contradictions mêmes. Le moment où la mort devient un personnage est celui où une population est menacée, une ville, une rue, etc. Nous parlons de nos sociétés occidentales relativement protégées — encore que le spectre de la mort atomique universelle commence à faire son effet —, mais à la même heure, en Afrique, en Amérique du Sud, en Asie, la mort est le lot quotidien d'hommes et de femmes qui vivent autant au XXe siècle que nous, et qui la regardent avec d'autres yeux.

Il y a un beau texte, d'un moine irlandais je crois, qui dit : « J'attends la mort au milieu des morts. » Et il se demande, d'ailleurs, en 1348, si ce n'est pas la fin du monde qui approche.

Comme se le demandent tous les esprits alarmistes de tous les siècles qui pensent toujours que le monde commence et finit avec eux. Mais si nos sociétés évacuent l'image de la mort, y a-t-il eu des sociétés, au contraire, qui ont connu, sinon une religion de la mort, du moins un culte, une forme de culte à son endroit ?

Oui. L'Ankou, en Bretagne, reçoit des offrandes. Alain Croix rapporte une anecdote sur un Ankou bien connu, celui de Ploumilio, surnommé Yves, très éclairante à cet égard. Une femme de la paroisse tente d'envoûter un fonctionnaire mécréant dont elle désire la mort. Pour l'obtenir, elle prie l'Ankou à grand renfort de neuvaines. Mais en vain. Comme elle pense que la statue de l'Ankou est en état d'abandon et, pour cette raison, ne répond pas à ses vœux, elle fait venir un peintre, qui habille l'Ankou d'un badigeon multicolore. Finalement, le curé est obligé d'intervenir, de mettre l'Ankou au rancart. C'est, évidemment, un cas extrême, mais vous voyez qu'à la limite, un culte peut être rendu à la mort.

Et il est certainement vrai, aussi, qu'on lui rend obscurément un culte en pratiquant d'autres cultes apparemment plus orthodoxes. Implicitement, sinon explicitement, c'est à la mort que s'adressent certaines invocations superstitieuses. « Jusqu'au pied des autels que je faisais fumer, j'offrais tout à ce dieu que je n'osais nommer », affirme la Phèdre de Racine à propos de son amant Hippolyte. On pourrait tout aussi justement le dire de la mort. Le personnage de la mort, de quelque chose devient facilement quelqu'un ?

C'est le cycle que l'on voit bien se dessiner dans la culture occidentale à partir de 1300-1350, et qui se termine en Bretagne vers 1950. Mais tout ce qui paraît se terminer garde parfois la faculté de renaître sous d'autres formes.

Vie et mort des civilisations.

PHILIPPE ARIÈS

Ce n'est pas un dialogue, mais vingt, ou cent, qu'à propos de la mort j'aurais pu engager avec l'historien français qui s'est le mieux attaché à la cerner à travers la société des hommes et leur histoire. Et chacun de ces entretiens aurait fait apparaître un aspect inédit, une perspective inattendue, dans une enquête inépuisable. Les pages somptueuses que Philippe Ariès a publiées donnent la mesure de cette pensée toujours en mouvement, loin des sentiers battus comme des schémas préparés. Une étonnante fertilité de l'esprit se saisit de l'événement, de l'anecdote même, pour lui faire dire, mieux que personne, son sens et sa portée. Il a bien fallu choisir un thème, et c'est celui-ci qui nous a arrêtés, prétexte, non à tout dire, mais à dire l'important : les civilisations sont-elles mortelles ? L'Occident qui se sent tellement menacé le proclame volontiers, et les ouvrages comme les déclarations solennelles sur sa décadence ne se comptent plus. Décadence ne signifie pas nécessairement mort. Il se dessine quelquefois de nouvelles naissances dans ce qui s'effondre : le christianisme est né dans les ruines de Rome. Mais rien n'est assuré de notre avenir. Aussi bien, parlant de civilisation et de mort, c'était aussi de nous-mêmes que nous parlions.

Je voudrais poser avec vous, non la question de la mort de l'homme dans les sociétés humaines, mais de la mort des sociétés devant l'homme. Non seulement des sociétés, mais des civilisations. Il ne s'agit plus de notre propre mort, mais, pour se référer à l'inévitable mot de Valéry : « Nous autres, civilisations, nous savons que nous sommes mortelles », de la mort des cultures dans lesquelles l'homme accomplit son destin.

Je suis un peu embarrassé pour vous répondre, parce que je ne crois pas que ce soit vrai. Les civilisations ne meurent pas.

Les, ou la ?

Je ne sais trop ce qu'est La Civilisation. A moins de considérer que nous connaissons une seule et même civilisation depuis quatre ou cinq millénaires. L'idée de la mort des civilisations est inspirée aux poètes et aux philosophes par des spectacles comme les désolations de la Mésopotamie ou des déserts égyptiens, lorsqu'ils savent qu'ils ont été le siège de très grands empires. Mais ce qui est mort, c'est l'empire, et non la civilisation. La civilisation mésopotamienne ou la civilisation égyptienne, d'une part a changé de forme, s'est modifiée, et d'autre part, a changé d'espace. Mais elle n'est pas morte : elle s'est transférée. Probablement a-t-elle été l'élément qui inspira plus tard des civilisations que nous disons nouvelles, comme la civilisation grecque, par exemple, ou la civilisation musulmane. Mais je ne pense pas qu'il y ait eu de hiatus entre ces moments différents d'une même civilisation.

Une cité qui meurt...

... ce n'est pas une civilisation qui meurt. Mon impression — un peu rapide et schématique — est que la civilisation qui est la nôtre est née à un moment donné, vers le quatrième ou cinquième millénaire, sinon un peu plus avant, entre le Tigre et l'Euphrate, dans le Proche-Orient, tandis qu'une autre civilisation, tout à fait différente, naissait sur le versant chinois de l'Asie. On observe très bien une continuité, à l'intérieur des civilisations chinoises, de leur naissance jusqu'à nos jours. On peut observer la même continuité dans nos civilisations, même s'il est vrai qu'elles ont apparemment connu beaucoup plus de changements qu'en Extrême-Orient. Mais il y a continuité de culture, de civilisation. Quand on affirme que les civilisations meurent, je crois que l'on fait un contresens.

Qu'est-ce donc qui meurt en elles pour qu'on puisse ainsi parler de mort ? Car il disparaît tout de même quelque chose d'elles ? Certaines heures brillantes n'en sont que plus éphémères : « *Le génie n'a qu'un siècle après quoi il faut qu'il dégénère* », *disait justement Voltaire. Peut-on affirmer, par exemple, qu'il y a seulement des successions de styles, donc des disparitions de styles ?*

Il y a des disparitions de styles, mais, surtout, des changements de siège.

Dans l'espace autant que dans le temps ?

Oui. Dans l'espace s'opèrent des changements, et ceux-ci impliquent des différences de styles, comme vous dites. Mais il demeure tout de même une extraordinaire continuité. Entre les portraits coptes, par exemple, et l'art égyptien, des millénaires avant le Christ, la continuité est évidente. Je pense qu'on la retrouve dans le monde musulman. Il existe des familles, dans la civilisation occidentale. Et la civilisation occidentale elle-même est peut-être l'une des familles issues de cette espèce de tronc commun des origines, comme Sarah et Rachel ont enfanté deux peuples en Abraham. Il apparaît des familles, et comme une sorte de séparation entre ce qui s'oriente du côté gréco-latin et ce qui se dirige du côté musulman, du côté de l'Islam.

L'identité d'une civilisation survit à ses métamorphoses ?

C'est ce que je crois. Voilà ce qui rend la continuité tellement importante, ou du moins, qui fait de la compréhension de la continuité une valeur tellement importante. Pour cette raison, on n'a pas le droit de faire table rase du passé. On ne peut — même si on le voulait on n'y parviendrait pas — faire table rase : on se néantiserait. Une civilisation se transforme, certes, très fortement. Et nier son changement serait une autre manière de la méconnaître et de la bloquer. Mais elle change dans une continuité absolue.

Comme un être qui n'a jamais qu'un seul destin dans la diversité de son aventure humaine ! Mais peut-être est-on plus sensible, aujourd'hui où le changement est plus rapide, à ce qui change et à ce qui meurt dans la civilisation qu'à ce qui demeure ? Peut-être est-on aveugle sur ce qui perdure ?

Je suis personnellement très sensible à cette continuité, et c'est pourquoi je ne suis pas tellement pessimiste sur l'avenir de notre civilisation, quels que soient les dangers qui pèsent sur elle. Sauf, bien entendu, s'il se produit une espèce de destruction du monde par une guerre atomique. Mais si nous évitons le déluge, la catastrophe cosmique, je pense que la civilisation continuera.

Ce que vous dites est certainement capital pour le regard que nous portons sur l'avenir : j'ai toujours trouvé bien légers ces gens qui affirment : tout va mal aujourd'hui, tout est perdu. Il y a eu à chaque époque des gens pour dire la même chose, et le monde ne s'en est pas plus mal ni mieux porté. Affirmer : la civilisation est immortelle, comme l'homme est immortel, et tant qu'il y aura des hommes il y aura de la civilisation...

... cela confère une importance extraordinaire à la naissance de cette civilisation. Ce qui s'est passé à un moment donné en Mésopotamie ou en Égypte est d'une importance essentielle, quelque chose à quoi nous devons tout. Chaque changement, dans ce lignage, se répercute jusqu'au fond de nous-mêmes, sans que nous en ayons toujours conscience. Et cela entraîne pour nous la nécessité de continuer.

Une exigence ?

Oui. Une exigence de continuité. Certes, nous ne pouvons pas, au nom de la défense d'une civilisation très ancienne, nous bloquer dans une sorte de fixisme, comme si nous étions sur le rempart, assaillis par les barbares. Nous ne devons pas chercher refuge dans une sorte d'attitude obsidionale qui dirait : la cité est menacée, il faut fermer les portes. Cette attitude est très fréquente chez les gens de droite, et je la rejette totalement, parce que je pense qu'elle est à l'opposé de la notion de civilisation, et même de tradition : une tradition ne s'arrête jamais.

Ce fixisme est l'aveu d'une impuissance à penser et à vivre le présent et l'avenir. C'est le meilleur moyen de tuer les civilisations.

Il y a un autre moyen de les tuer, qui est de les changer radicalement, de dire : nous arrêtons ici l'histoire, nous faisons table rase du passé, avec la volonté d'innover absolument. Or on n'innove pas, et le blocage se retrouve dans les deux cas : celui qui dit : défendons un passé en le momifiant, en le muséographiant, et celui qui dit : le passé est un boulet que nous traînons, pour réaliser un bond en avant, il faut couper tous les ponts. C'est faux, car s'il existe justement une sorte de moteur qui nous pousse en avant, c'est bien cette formidable réserve qui se tient dans notre passé. Elle n'est pas un boulet mais un moteur.

Et justement, à la source de cette civilisation, il y a la conscience de l'homme devant la mort et ses efforts pour répondre à un tel défi, au point qu'on se demande quelquefois si la civilisation n'est pas uniquement, au fond, une réponse de l'homme à sa mort. Cette conscience fait partie de son héritage, et peut-être en est-elle un des éléments les plus importants ?

Oui. Et c'est l'une des variables de cette ancienne culture qui s'est le plus modifiée dans les dernières décennies.

Quand vous dites que la civilisation se présente comme une invitation à accueillir le changement, mais en même temps comme la fidélité à quelque chose de plus profond et de plus vaste que les changements, il semble que nous allions ici à contresens, vers une sorte de culture de l'inconscience de la mort et du défi qu'elle nous lance ?

Une civilisation n'est pas mortelle, mais elle est menacée par des maladies. Il existe des maladies d'une civilisation. Elle s'en tire toujours, d'une manière ou d'une autre, mais elle est soumise à des menaces. Notre civilisation occidentale — appelons-la civilisation de la chrétienté latine, puisque c'est sous cette forme que nous l'avons reçue de nos ancêtres —, par une série d'avatars historiques très importants, s'est trouvée coïncider avec ce qu'on appelle aujourd'hui la techno-culture. Celle-ci est une conception de la civilisation basée, non sur la science, mais sur la technique, sur le progrès technique. La science est tout à fait en dehors de cette interprétation que l'on fait de ses découvertes. La techno-culture est basée sur une certaine conception de la rationalisation, assez sommaire, qui est loin d'être celle des véritables hommes de science, et d'autre part, sur les progrès de la technique. C'est un phénomène tout à fait saisissant que cette sorte d'identité apparente qui s'est opérée dans le temps, entre la civilisation dite occidentale et la techno-culture. Mais il s'agit aussi d'une sorte de transformation parasite, que nous avons — et c'est là le plus grave — offerte au monde en voie de développement, au tiers monde. La techno-culture et non la civilisation occidentale.

Un exemple typique est celui du Japon.

Le Japon est le modèle. Mais toute une partie du tiers monde est en train de s'armer économiquement et techniquement, et, dans très peu de temps, va devenir aussi importante que l'Occident industriel.

Je citais le Japon en pensant notamment à la réflexion d'un ami japonais, auteur d'une thèse sur Malraux et Pascal, qui s'étonnait que notre exportation tire sa gloire beaucoup plus de sa technique que de ses écrivains. Et le Japon nous l'a bien rendu : il a atteint sur le plan technique un développement supérieur au nôtre, mais il n'a évidemment pas reçu pour autant le sens et l'héritage profonds de notre civilisation. Ce que nous partageons avec lui est le plus superficiel, notre avoir plutôt que notre être, notre civilisation de l'avoir plutôt que notre civilisation de l'être.

On peut se demander s'il est possible d'exporter cela.

N'est-ce pas une autre manière de poser la question de la mort des civilisations ?

C'est le problème du transfert des civilisations. On peut se demander si une civilisation est capable de sortir du cadre historico-géographique où elle a vécu, et si, quand elle veut se transporter dans un autre cadre, elle ne tue pas les cultures antérieures à ce transfert, sans les remplacer. N'est-ce pas ce qui est d'ailleurs arrivé ? Nous ne sommes pas entièrement responsables du fait que le Japon ait été gagné par la technique occidentale, parce que celle-ci est sans doute la seule chose qui pouvait passer directement. Ce n'est pas rigoureusement vrai : la musique occidentale, par exemple, est très bien passée au Japon, et beaucoup d'autres choses. Mais on peut se demander si une telle adaptation n'est pas, chez eux, un peu superficielle.

Dans un premier temps. Mais toute acquisition peut s'approfondir. J'ai entendu aussi des sinologues affirmer que le marxisme était totalement étranger à la Chine profonde, et son exportation superficielle. Mais n'est-ce pas une manière de s'acheminer vers une civilisation universelle que cette circulation de plus en plus hétéroclite ?

Je n'y crois pas. On a pensé, certes, qu'avec une culture basée sur le rationalisme, la science et la technique occidentales, on créait une sorte de dénominateur commun, qui pouvait être valable et reconnu dans le monde entier. Il est certain que l'on arrivera, dans le monde entier, à fabriquer des machines-outils, des voitures et des ordinateurs. Mais je ne crois pas que le monde entier adoptera la même attitude devant les réalités essentielles de la vie.

Dieu merci !

Ah oui, Dieu merci ! Mais cette attitude constitue le fond d'une civilisation, justement.

L'euphorie occidentale a d'ailleurs fait son temps à cet égard.

Oui. C'est au moment où des Occidentaux pensaient qu'ils allaient pouvoir uniformiser le monde avec le béton, la voiture et la machine-outil qu'ils ont découvert l'art noir, les estampes japonaises, la peinture chinoise, l'art précolombien, c'est-à-dire des œuvres qui ne ressemblent pas du tout à leur civilisation. L'Occident a reconnu sa propre relativité par rapport au reste du monde au moment où, par ailleurs, c'est vrai, on croyait à une uniformisation culturelle du monde. Ce qui me laisse pressentir que notre civilisation sécrète des anticorps à ses propres virus. Au moment où la culture occidentale paraissait complètement étouffée, parasitée par la techno-culture, elle sécrétait des germes qui lui permettaient d'y échapper et de faire échapper le monde à sa propre conquête. Au moment où elle imposait ses colons avec ses marchands et ses techniques, elle jouait un rôle de reviviscence de certaines cultures qu'elle faisait par ailleurs mourir.

Peut-être est-ce une étape de la civilisation vers une sorte de reconnaissance réciproque et réelle des différentes identités culturelles ? Ne serait-ce pas cela, une civilisation universelle ?

Oui. La reconnaissance d'une diversité de civilisations qui représentent des lignages et se raccordent à des familles de civilisations.

Quand on entend le pape Jean-Paul II rappeler à l'Afrique qu'elle doit inventer une liturgie dans sa tradition culturelle, et tenir le même discours en Amérique du Sud, on se dit que la première étape avait été celle d'une exportation dans ces pays d'un christianisme — plus que du Christ — à l'occidentale. Le baptême de l'autre commence désormais à la reconnaissance de l'autre : il y a là, à la fois, l'idée de la différence, et l'idée qu'un dialogue essentiel se noue à travers et au-delà de la différence, dans une commune réalité fondamentale.

Il est certain que l'histoire du christianisme missionnaire serait extrêmement intéressante du point de vue qui nous occupe. Elle n'a jamais été faite : je m'en avise tout d'un coup. Lorsque les missions byzantines sont allées dans les pays slaves, elles n'ont pas transporté, du moins consciemment, la culture byzantine. Elles ont adopté, par exemple, la langue du pays où elles arrivaient et en ont fait une langue liturgique — je pense au slavon. Mais, lorsque, au XVIe siècle, les missionnaires — qu'ils soient catholiques ou protestants — sont allés dans le reste du monde, avec l'exception des jésuites en Chine (et ce n'est même pas une exception), ils ont transporté tout leur mode de vie et leurs représentations formelles du christianisme, exactement comme les Anglais ou les Américains transportent leur eau minérale et leurs boîtes de conserve partout où ils vont. C'est un événement tout à fait nouveau, à mon avis, dans l'histoire de l'Église. Les plus anciennes missions étaient beaucoup plus sensibles à l'osmose des autres cultures. Ce qui prouve qu'au XVIIe siècle se sont produits toutes sortes de raidissements de la culture occidentale, liés sans doute à l'idée qu'elle était en train d'acquérir sa supériorité scientifique. Et très probablement, du côté de l'Église, liés à une sorte de « fixisme » consécutif à la lutte contre le protestantisme, qui a fait que les dogmes, les langues, les rites sont devenus une chose à laquelle il ne fallait plus toucher, quelque chose d'encapsulé parce que trop menacé. Mais il doit se passer, au-delà même de ce que nous apercevons là, quelque chose de plus profond dans l'histoire de la culture européenne, qui explique que c'est à ce moment-là qu'elle a été le moins sensible aux échanges.

Et que, du même coup, elle est devenue meurtrière de civilisations.

Elle est devenue tout de suite meurtrière parce qu'elle n'a plus accepté les autres civilisations : les autres étaient des sauvages !

La conversion au Christ impliquait stupidement la conversion à un christianisme « encapsulé », comme vous le disiez. Et c'est lui qui s'effondre aujourd'hui.

Comme la médecine. L'Église s'est transportée comme la médecine et comme les techniques : il fallait les prendre tout entières comme elles étaient. Il s'agissait d'un envoi conditionné. C'est une forme nouvelle qu'a prise la culture occidentale à l'époque moderne, et qui a d'ailleurs assuré son pouvoir, mais très meurtrier pour les autres civilisations. Nous nous en rendons compte maintenant.

Une sorte de pouvoir sans rayonnement.

Exactement. Dans l'Angleterre élisabéthaine, les Maures par exemple — Othello — ne sont pas des sauvages. Il n'y a pas de phénomène de rejet, même s'il y a phénomène d'étrangeté. Il y a reconnaissance de l'étranger, il n'y a pas rejet. On pourrait en faire l'historique petit à petit. Ainsi, dans les romans de la première moitié du XVIIe siècle français — les romans qui se passent au Congo, etc. —, les rois du Congo qu'ils mettent en scène sont semblables à Louis XIV à Versailles. Il y a, bien sûr, un élément de convention, mais cela ne paraît pas absolument anormal de faire vivre le roi du Congo comme Louis XIV. Mais peu à peu, le changement se produit.

D'où la question de Montesquieu, ironique certes : « Comment peut-on être persans ? » Avec la conscience, au moins chez lui, qu'on manquait à la réalité du monde en privilégiant notre civilisation pour s'étonner qu'on puisse exister en dehors d'elle, comme Persan ou n'importe quel autre étranger.

Sûrement. L'idée que le Persan était ridicule était une idée admise au XVIIIe siècle, alors qu'au XVIe, il paraissait absolument naturel d'être persan. D'ailleurs, les villes de la Méditerranée étaient pleines de Persans ou de leurs cousins germains. Marseille est restée longtemps la ville des Levantins, du « teur », du Turc. La bigarrure de la civilisation occidentale a été éteinte à une certaine époque, et l'on est passé à un monde de plus en plus monochrome.

Le Moyen Age était à cet égard infiniment plus accueillant.

En effet. Et toute une partie du XVIIᵉ et du XVIIIᵉ siècles populaire.

Toujours dans cette problématique de la mort, l'accueil, à travers le temps et l'espace, est aussi le signe de la vitalité d'une civilisation telle que vous la définissez ? Elle meurt, faute d'être capable d'accueillir et d'intégrer ?

Je pense. Qu'elle ne prétende pas à des frontières extrêmement hermétiques est une condition de son développement.

Et dans le temps, et dans l'espace ?

Oui. Et les périodes vivantes de nos civilisations ont été celles où il y a eu des échanges spontanés. Les jésuites, à la cour de Chine, se sont demandé — comme on résout un problème — s'il fallait siniser les rites, quelle stratégie adopter avec la culture chinoise. Mais cela ne s'est pas fait spontanément. En outre, ils ont raté leur affaire. Mais l'auraient-ils réussie qu'elle restait un peu intellectuelle, rationnelle, et surtout vue par en haut, et non spontanément.

Les intellectuels sont souvent l'un des plus beaux fleurons d'une civilisation mais n'en sont pas nécessairement la substance. Mais n'êtes-vous pas frappé qu'à l'intérieur d'un certain nombre de nations se soit produite, sur les plans politique et culturel, une sorte de guerre de Sécession ou de croisade des Albigeois, d'un Nord contre un Sud ? A l'intérieur de ce qui est considéré aujourd'hui comme des nations quasiment indivisibles, et qui n'étaient il y a quelques siècles que la juxtaposition de plusieurs territoires, il s'est toujours produit, il se produit encore, une guerre Nord-Sud. Et très souvent, cela apparaît — sinon pour l'historien, du moins pour un peuple — comme une forme de guerre de civilisation. Il prévaut une certaine idée de l'homme dans une partie du pays, et une autre idée de l'homme, ou du pouvoir, ou de la vie, dans l'autre. Et l'unité est réalisée au prix de la mort de l'une des deux conceptions. Il y a dans toutes les nations des « régions » ainsi sacrifiées à l'unité nationale. Ainsi le nord écrasant le sud de la France au cours de la croisade des Albigeois a l'air d'une rupture de civilisation pour le Sud.

C'est vrai que le Nord a écrasé le Sud, et que, probablement, le Nord a été écrasé par autre chose qui n'a pas de nom mais qui s'est confondu avec le Nord, étant donné qu'il y a une sorte d'identité entre le Nord et la raison, et la science, et l'industrialisation. Mais ce ne sont pas Simon de Montfort et le Nord qui ont tué la culture méridionale, c'est la technique moderne. Au XVIIe siècle, tout le monde parlait encore occitan au sud de la Loire. Nous rencontrons là un autre problème, extrêmement important pour l'intelligence de nos cultures, occidentales en particulier, celui de la culture orale et de la culture écrite. La civilisation méridionale était essentiellement orale. Elle l'est restée beaucoup plus longtemps qu'on ne croit : tant qu'on n'a pas identifié la culture tout court avec la culture écrite et avec la culture de l'école.

Il est vrai que cette sorte de scolarisation de la culture, et d'identification entre la culture et l'écriture, s'est d'abord faite dans le Nord. Mais il n'était pas absolument nécessaire qu'elle se fasse dans le Nord. Il y a des régions du Nord qui sont restées très orales pendant longtemps : le nord de la France, les Flandres, la Belgique, si bien que l'on dit parfois que ces pays ressemblent au Midi...

C'est Michelet, je crois, qui parle de la Picardie comme d'une région « septentrionale qui a tout le feu du Midi dans ses veines » ?

Oui. Parce que ce sont des régions de bigarrure de mœurs de grande diversité. Ce qui a tué la civilisation occitane, c'est l'écriture. Et elle n'était ni du nord ni de l'est ni de l'ouest : elle était du haut, de ce qui vient d'en haut, c'est-à-dire des classes supérieures de la société. Étant bien entendu qu'en disant supérieures nous entendons aussi bien l'instruction que la richesse. L'Église a joué un rôle très important dans cette littéralisation de la société, aussi bien que la marchandise ou l'imprimerie. L'opposition entre le Nord et le Sud est une opposition factice sur ce point. Il faudrait la décoder et dire qu'il y a prise de conscience dans les pays méridionaux d'une culture orale qui a des traditions et une grande richesse, et qui se trouve menacée par une culture savante, technicienne, appuyée sur une organisation méthodique et bureaucratique de la vie.

Une espèce de hasard ou d'évolution géographique mystérieuse a voulu que cette transformation se soit faite dans le nord-ouest de l'Europe, dans un triangle qui va de l'Angleterre aux Pays-Bas et au nord de la France. Mais ce n'est pas une civilisation du Nord. Dans le film récent dont nous parlions tout à l'heure, Palermo, le cinéaste, met en scène un immigré sicilien qui vient travailler dans la ville de Volkswagen : il se produit, bien sûr, un formidable heurt de culture, et, superficiellement, on pourrait dire qu'une culture germanique s'oppose à une culture latine. Mais ce n'est pas du tout cela. C'est une culture de la technique, qui a complètement absorbé la vie quotidienne, et qui s'oppose à une culture de la liberté, de la convivialité.

Tout en vous inscrivant en faux contre l'idée que la civilisation est mortelle, vous invitez, cependant, à prendre conscience de ce qui est menacé, et même menacé de mort en elle ?

Je suis frappé, dans mon existence, par des phénomènes de résurgences inattendues ou de compensations. Nous en avons suggéré un tout à l'heure, et qui représente l'une des grandes richesses du monde moderne : le fait de pouvoir aimer à la fois une cathédrale médiévale, un palais baroque, un masque nègre, etc. Que la même personne soit en mesure d'aimer des œuvres aussi différentes était impensable il y a un siècle. Or c'est là quelque chose qui s'oppose à notre tradition monochrome, qui imposait une seule forme. Car il fallait se défendre contre les excès auxquels avait abouti cette monochromie de notre culture, et il s'est produit ce phénomène que j'appellerai de compensation.

Quant aux phénomènes de résurgence, je les vois naître autour de nous. Vous avez d'ailleurs fait allusion à l'un d'entre eux : cette importance que prennent, dans la France d'aujourd'hui, et même dans l'Europe d'aujourd'hui, les pays méditerranéens, le Midi. Prenons le cas de l'Histoire. Avant la guerre de 1940, l'histoire se faisait dans le Nord et dans l'Est, les exemples historiques étaient là et les jeunes historiens travaillaient sur des régions qui se situaient là. Or, depuis la guerre, notre historiographie est devenue méridionale ; tous nos bons historiens travaillent sur le midi de la France qui a inspiré les thèses, les lignes directrices de l'historiographie contemporaine et de l'anthropologie historique contemporaine.

Plus extraordinaire que cela. J'appartiens à une famille traditionaliste qui croyait détenir un certain nombre de valeurs, mettons régionalistes, que j'ai vues complètement disparaître dans les années 1950-1960, dans mon propre milieu, ma propre famille spirituelle. Or je les vois renaître, à peine changées, à peine époussetées, à gauche, et même à l'extrême gauche. Le succès de l'histoire anthropologique correspond en France, non seulement à un goût de l'élite, mais à celui d'un public très large pour ces valeurs qu'à un moment donné j'ai crues perdues, et qui, en fait, ont été perdues par ma propre famille spirituelle qui ne s'y intéresse plus. Elle se consacre à l'anticommunisme, à la lutte contre le chômage, à la prospérité économique, etc.

Le phénomène écologique est à cet égard très éclairant. Le retour à la terre, à la nature, était l'un des thèmes fondamentaux du discours de Vichy. C'est celui, aujourd'hui, du gauchisme.

Un autre phénomène qui va dans le même sens est le goût pour la généalogie, devenu un phénomène massif. Les archivistes ne savent plus où donner de la tête ! Leurs salles d'archives, qui étaient poussiéreuses et vides, sont peut-être toujours aussi poussiéreuses, mais elles sont maintenant remplies de monde. Les États-Unis, qui étaient le pays du melting-pot, sont devenus une sorte de culture de serre de certaines traditions archaïsantes.

Ces phénomènes illustrent ce que vous disiez en commençant à propos de la civilisation. Ce qu'on a cru mort et disparu n'était que provisoirement enfoui : on le retrouve un peu plus loin pour assurer la continuité de la civilisation.

Ce qui est plus alarmant et problématique pour les Français, c'est de savoir si la France restera un siège de la culture occidentale, comme elle l'a été pendant longtemps. Ce n'est pas du tout sûr. La culture occidentale peut se déplacer, par exemple aux États-Unis : il y a infiniment plus de souci de la culture dans ce pays que dans le nôtre. On dit qu'aujourd'hui, la littérature sud-américaine a pris le relais.

On le réalise de plus en plus. Dans les jeunes générations, c'est particulièrement frappant depuis dix ans. Autant les garçons et les filles que l'on découvrait il y a quinze ans semblaient des béotiens, riches d'avoir, pauvres d'être, sans culture réelle et d'une curiosité très limitée, dont le symbole, si j'ose dire, était l'appareil photographique, autant, aujourd'hui, la qualité d'attention, d'écoute, de recherche, est devenue considérable et intelligente.

On observe peut-être cela aussi en France chez de jeunes intellectuels, mais le phénomène est plus minoritaire, et de contestation. Alors qu'en Amérique, il est très étendu. J'entendais récemment à la radio une claveciniste française, spécialisée dans la musique baroque, revenant d'une tournée aux États-Unis, et qui s'étonnait du nombre de simples curieux qui étaient venus à ses concerts. « En France, disait-elle, je joue uniquement devant des spécialistes ou des amateurs très spécialisés, fanatiques de la musique baroque. Mais personne ne va à un concert de musique baroque pour savoir, au moins, ce qu'est cette musique. »

La non-curiosité n'est-elle pas une forme de la mort ? M. « je sais tout » et M. « je ne veux rien savoir » se tiennent par la main. Peut-

être le siège de la civilisation occidentale est-il occupé à changer de rivage, et peut-être nous faudra-t-il bientôt le rejoindre ailleurs ? Il n'est pas mauvais de conclure sur une interrogation qui est aussi un défi pour nous ?

Tout à fait.

P.S. Cet entretien a eu lieu bien avant qu'ait paru le livre choc où Pierre Chaunu dénonce les menaces d'une *décadence* de l'Occident provoquée en particulier par l'effondrement démographique. Pour lui, les avances et les reculs, les renaissances et les décadences, ou les longues périodes favorables de calme et d'équilibre sont liés à la démographie : collapsus des civilisations précolombiennes au XVIe siècle et c'est vrai que celles-ci furent, en apparence au moins et pour longtemps, remplacées par des cultures qui leur étaient radicalement étrangères. Il rapporte la vie des civilisations à leur capacité d'entretenir une mémoire : il m'arrive aujourd'hui de penser que l'histoire joue ce rôle de mémoire, de mémoire et non pas de musée !

TROISIÈME PARTIE

La mort au quotidien

Celui qui joue avec la mort

LUIS MIGUEL DOMINGUÍN

J'ai encore dans les yeux, et j'espère qu'elle y restera toujours, la vision de ce lieu parfait que Luis Miguel Dominguín a élu pour demeure. Près d'Andújar, dans une Andalousie brûlée par le soleil — la sécheresse devenait inquiétante au moment de mon séjour —, huit mille hectares de chênes, de chênes verts, de conifères, plantés sur des collines dont aucune n'est semblable à l'autre : un peu plus haute, un peu moins ; plus longue ou plus escarpée. Quelques chemins sillonnent le tout, au seul usage du maître des lieux et du personnel qui l'entoure. Au détour de ces chemins, où l'on avance en soulevant une poussière blanche, un cerf, parfois, ou deux, ou dix, s'arrêtent tout à coup dans leur fuite pour nous regarder longuement. Une vision immense et somptueuse, dans son dépouillement, comme la nature l'a faite, et que nul homme n'a jamais défigurée.

La finca de Dominguín est logée au sommet d'une des collines, sans rien altérer du silence, de la sauvagerie et de la beauté du site. Une sorte de pavillon de chasse, avec ses trophées et ses vastes cheminées, son mobilier rustique : un pavillon de chasse, mais sans chasseurs. Au pied des collines, et comme dans un vaste entonnoir, un lac de montagne, solitaire, et d'où s'élèvent les vols de canards sauvages, les poules d'eau, dont les ailes claquent dans le silence, et dont l'envol ride à peine la surface bleue, limpide et calme. Dix-sept kilomètres de long, quatre ou cinq de large, et des rives désertes comme aux premiers jours de la création. Le matin, tandis que la chaleur du jour commence à le disputer à ce qui reste des fraîcheurs de la nuit, on dirait, en effet, qu'on en est au premier matin de l'univers. Tout est neuf, et tout sera neuf, encore, avec chaque heure. L'impression est si forte, que je ne la sentirai pas un instant faiblir au cours de mon séjour.

Il est vrai que Dominguín et sa compagne sont à la dimension de cet espace : huit mille hectares d'intelligence pour habiter huit mille hectares d'Andalousie ! Et, au-dessus, un ciel immense. L'impression n'est pas moins forte auprès de lui que devant cet horizon grandiose et simple. J'ai rarement — peut-être jamais — éprouvé dans mon existence le sentiment d'un tel accomplissement, d'une telle plénitude : il coule ici des heures tout à fait quotidiennes qui sont des heures éternelles. On ne désire plus rien que ce que l'on possède. Et l'on y défie le temps, je veux dire celui des pendules, pour n'épouser que les rythmes mystérieux de l'univers. Rarement aussi, j'ai éprouvé une telle impression de noblesse, de grandeur naturelle et sans contrefaçon, auprès d'un homme. Comme s'il n'avait plus rien à gagner ni rien à perdre ; comme s'il était au-dessus, en même temps qu'au cœur des choses.

Celui que j'ai vu si souvent dans les arènes de Nîmes et d'Arles soulever l'enthousiasme des foules — quelquefois leur dépit, quand il n'en faisait pas assez ! — par un travail d'une puissance et d'une élégance qui font date dans l'histoire de la tauromachie, règne ici avec la même hauteur que dans l'arène. L'intelligence de la vie est le don suprême : il l'a reçu royalement. Qu'il parle ou qu'il se taise, sa compagnie élève la respiration à hauteur d'homme. « Ce qui se sent importe plus que ce qui se dit » m'a-t-il confié au cours d'une promenade, quand nous déjeunions sur un vieux banc, de deux œufs au plat et d'un morceau de lard rôti. Mais il n'est pas plus facile, peut-être moins, de bien sentir que de bien parler. Lui est accordé aux deux, et l'on s'y accorde avec lui.

J'ai le souvenir d'avoir ressenti comme un arrachement

lorsqu'il a fallu s'en retourner vers les villes où l'on fait semblant de vivre, au milieu des choses sans importance. Mais je sais que l'on ne regarde plus tout à fait le monde ni les hommes du même regard quand on a vu un tel monde et un tel homme. J'allais rencontrer un matador — et certes, nous approcherons aussi des taureaux, et il a fait aussi construire ses arènes, non loin de la maison —, mais c'est infiniment plus qu'un matador qu'il m'a été donné d'interroger. Je ne m'attendais pas, non plus, à être reçu par « la mort ». Mais elle aussi m'attendait là : « la muerte » est le nom de l'un des deux chiens qui accompagnent Dominguín à travers ses randonnées, et c'est elle — ô ironie ! — qui m'accueillera, la première, de ses jappements. Mais bientôt, aussi, de ses marques d'affection : nous sommes devenus amis, au fil des jours ! Et elle est à mes pieds tandis que j'écoute son maître :

Comme je te l'ai dit tout à l'heure, je réponds intuitivement à la question que tu me poses, ou à l'idée que tu me soumets, parce que, vraiment, ce ne sont pas des choses auxquelles je pense ordinairement. Je crois qu'il y a eu un moment, dans ma vie, où, en fait, il ne m'intéressait, pratiquement, de penser à rien. J'avais, bien sûr, toujours quelque chose dans l'esprit, comme je te l'ai raconté quand nous nous promenions ce matin à travers la finca : je ne pensais à rien, mais plutôt, un moment à une chose, le moment suivant à une autre complètement différente. Et en définitive, quand tu me parles de la mort, je ne me dis pas : je vais approfondir ce thème avec Christian. Je le fais plutôt intuitivement.

Parce que tu es déjà dans la profondeur : non seulement avec ta tête, mais avec tout ton corps, toute ta nature incarnée.

Avec tout le corps, oui, et avec tout l'esprit : exactement. Tu m'as demandé, par exemple, si je pensais que les animaux savent qu'ils vont mourir ? Je ne sais pas, mais je crois que non. Ils ont l'air de savoir qu'ils passent un moment difficile, qu'ils ne sont pas bien et qu'il leur arrive quelque chose. Mais sans savoir quoi, sans savoir qu'ils vont mourir. Je ne connais l'exemple d'aucun animal qui se soit suicidé. En revanche, ce que je peux te dire avec conviction, c'est que, si les hommes savaient ou croyaient qu'ils ne vont pas mourir un jour naturellement, ils se suicideraient bien davantage. Ils seraient des centaines de mille à le faire. Mais parce qu'ils savent qu'ils ont un temps limité à vivre, ils essaient de s'accrocher au peu qu'ils ont à vivre. Un fait notoire, c'est qu'il y a beaucoup plus de jeunes que de vieux qui se suicident, et cela me paraît d'une logique profonde. Quand on sait en effet que la vie va vous quitter, que le temps vous est compté et vous ôtera bientôt la vie, on s'y accroche davantage parce qu'il apparaît d'autant plus précieux. Ce qui paraît une contradiction : les vieux qui s'accrochent à la vie et les jeunes qui la sacrifient plus volontiers, ce n'est qu'une contradiction apparente. Les jeunes ont la vie devant eux et se comportent plus libéralement avec elle.

Tandis que les vieux n'ont bientôt plus que la mort devant eux. Et un reste de vie qui n'est même plus la vie, mais qu'ils n'ont guère envie de mettre en péril, en effet. N'est-ce pas l'instinct, en quelque sorte, qui réagit pour eux ?

Sans doute. Et je crois que les animaux réagissent aussi instinctivement. Ils ne savent pas qu'ils vont mourir, mais ils sentent qu'un problème se pose. Je t'ai déjà raconté l'histoire très curieuse qui s'est passée ici : celle de ce grand cerf qui vivait depuis toujours à la finca, et dont la tête est accrochée dehors, à l'entrée...

Comment ne pas la voir : elle est presque aussi belle qu'un visage !

Eh bien, un jour où j'arrivais ici, revenant d'Amérique où j'avais passé trois mois, je me suis arrêté sur le seuil. Il était trois heures du matin, et j'ai vu passer quatre cerfs qui se tenaient toujours assez près de la maison. Mais d'ordinaire ils étaient cinq, et je n'ai pas vu le cinquième. A huit heures du matin, j'ai appelé le contremaître de la finca, et je lui ai demandé : « Où est le grand cerf qui est mort ? » Il m'a répondu : « Et comment vous le savez ? » Je lui ai dit que le grand cerf était vieux, et comme j'avais vu les quatre autres sans lui, j'avais pensé qu'il était mort. Avant mon départ, je l'avais d'ailleurs vu plein de tristesse, comme s'il sentait venir la fin. Mais tu veux que je te raconte ses derniers moments ?

Bien sûr.

Eh bien, il est d'abord venu à la porte de la maison trois ou quatre fois dans la journée, et chaque fois, on a dû le repousser. Ici, tu le sais, les cerfs ne sont pas destinés à être chassés et tués : on ne les persécute pas, mais ils se tiennent cependant loin de l'homme. Il est impossible de les toucher et il est plus prudent de ne pas le faire : les cerfs sont presque plus dangereux que les taureaux, car ils s'acharnent davantage. Mais cet animal se sentait mal, il cherchait comme la protection d'un cerf supérieur, d'une puissance supérieure. Notre idée de Dieu ressemble à cela et le problème est un peu le même pour nous quand nous nous sentons incapables de résoudre une question : nous cherchons celui qui la résoudra pour nous, nous cherchons un défenseur. C'est l'idée que nous avons de Dieu : nous aimons Dieu, nous nous accrochons à Dieu, quand nous avons besoin de quelque chose ou de quelqu'un. C'est une pensée très humaine, dont je ne dis pas qu'elle est bonne ni mauvaise, mais simplement qu'elle est. C'est peut-être une réaction de l'égoïsme, mais nous reparlerons de cela une autre fois : ce n'est pas le sujet aujourd'hui ! En tout cas, le vieux cerf qui n'approchait jamais de la maison est venu jusqu'au seuil, et il est tombé devant la porte même, la tête sur la marche, comme s'il venait demander quelque chose. C'est curieux, n'est-ce pas ?

Il devait sentir que la maison veillait sur lui depuis longtemps et qu'elle le défendrait contre le mal qui le travaillait obscurément, comme elle le défendait déjà contre la faim et la soif. Et il ne se trompait pas tout à fait, au fond : s'il n'avait été que malade, tu te serais employé à le sauver. Tu as bien sauvé ton chien de la mort.

« La Muerte » te doit la vie, ce qui est tout à fait étrange aussi, alors que tant de taureaux te doivent la mort. Que des chasseurs aient voulu tuer un chien incapable de les aider à chasser, c'est tout à fait dans l'ordre des choses. Que tu t'interposes pour sauver ce chien et que tu l'appelles « la Muerte », c'est une marque de ce pouvoir de vie et de mort qui appartient à l'homme. L'animal tue un autre animal, mais il ne se suicide pas, comme tu le disais. L'homme peut tuer, se tuer ; il peut aussi sauver la vie d'un autre être. Quand le jeune torero est devant le taureau, n'est-il pas en quelque sorte ce diau qui a pouvoir de vie et de mort sur l'animal ? Il est devant le taureau ; il est aussi devant la mort. Peut-être la sienne, d'ailleurs...

Je crois que le jeune torero ne pense pas à la mort. S'il pense à la mort, il ne peut pas être un torero. Il pense plutôt que la tauromachie est son moyen d'existence, qu'elle va le rendre célèbre aux yeux de tous, lui apporter la réputation, la gloire, répondre à tous ses désirs et toutes ses ambitions, beaucoup mieux que n'importe quelle autre profession. L'argent, une position avantageuse, des commodités de vivre, etc. ; le torero qui pense qu'il peut ou qu'il va mourir...

... meurt ?

Non : il n'est pas un torero. Il ne peut pas être un matador. Bien sûr, il peut mépriser la vie et vouloir braver la mort. Mais alors, l'instinct de conservation le fait fuir, s'il pense qu'il va mourir. Il ne peut pas être torero. Plus tard, quand on est moins jeune et que l'on a acquis de l'expérience, on pense qu'on peut mourir. On se rend compte de problèmes qu'on ne voit pas quand on est trop jeune. Plus âgé, il arrive qu'on pense à la mort, mais alors on en sait assez pour se défendre plus habilement. On connaît les combines pour déjouer les dangers et la mort. La conscience est plus lucide, mais les risques sont moindres parce que le savoir est plus grand. Et d'ailleurs, le don de soi total dans le combat est bien moindre quand on prend de l'âge et de l'expérience. En général, on ne se donne plus aussi totalement, alors qu'on est bien meilleur, et, qu'en fait, les risques sont moins grands. Du moins à mon avis.

Mais le jeune torero, si brave soit-il, si intrépide et inconscient, ou si doué, ne connaît vraiment pas, quelquefois, la peur de la mort ? Ou, sinon de la mort, du moins d'un taureau particulier par lequel pourrait lui venir non la gloire, mais la mort ? Il pense toujours que c'est lui qui va tuer ?

Je crois que le cas est différent pour tous. Chaque torero est distinct, comme chaque homme est distinct. Et dans chaque homme, chaque moment crée aussi un homme distinct. Réellement, s'il arrive que cette peur existe, je crois qu'il n'y a qu'une formule pour la vaincre : avoir davantage peur d'autre chose. Avoir peur ne me plaît pas et me paralyse. Mais si tu me donnes encore davantage peur d'autre chose, tu me libères, en quelque sorte, de mon autre peur. Quand je vois un certain taureau, je peux avoir très peur ; mais le sentiment du ridicule, la crainte de l'échec peuvent me faire plus peur encore. Et alors, je peux devenir courageux, mais c'est le résultat du réflexe devant une peur plus puissante. Du moins je le vois ainsi.

Peut-on dire qu'il s'agit d'une sorte de jeu avec la mort, où l'on pourrait lui jeter : tu ne me fais pas peur ? Je crains bien plus que toi la médiocrité, la honte, etc. ?

Non, ce n'est pas un jeu. C'est un jeu pour le public, mais pour l'homme qui entre dans l'arène, ce n'est pas un jeu. Il est difficile de répondre à une telle question, et il faudrait, bien sûr, nuancer toute la réponse. Mais, à mon avis, le jeu, ce sont par exemple les jeux du cirque, à Rome, la lutte de l'homme contre les lions et les taureaux. Voilà un jeu où l'on marque les points.

Mais ce sont aussi des jeux contre la mort. Et les gladiateurs entrant dans le cirque disaient bien : « César, ceux qui vont mourir te saluent », en s'adressant à l'empereur.

Des jeux avec la mort, bien sûr, mais des jeux obligés. J'appellerais plutôt jeu avec la mort un jeu qui serait spontané, que quelqu'un ferait pour lui tout seul. S'il me plaisait d'aller toréer un animal, moi seul, et de le faire sans que personne ne le sache, sans que personne ne le voie et ne me porte une quelconque admiration, je l'appellerais jeu. Mais, dans l'arène, je ne parlerais pas de jeu avec la mort, parce que ça ne se passe pas ainsi.

Mais il t'est bien arrivé de toréer pour toi tout seul, sans témoin, pour le jeu, pour son plaisir et sa beauté ?

Oui. Il est arrivé, à un moment de ma vie, que la tauromachie soit devenue pour moi un jeu, parce que ça me plaisait de le faire. Et je le faisais même quand j'étais seul. Je prenais le cheval, j'allais vers un animal, et quand il m'attaquait, j'étais seul à toréer. Il n'y avait personne. Voilà des moments que je considère en effet comme un jeu. On peut les nommer ainsi et leur donner un tel sens, parce que le seul but est alors de savoir qui est le plus habile, le plus astucieux. Et alors, dans le fond, c'est jouer. Mais je trouve qu'il est difficile de définir les choses de la vie, parce que tout a tellement d'angles différents d'où on peut le regarder, tellement de points de vue d'où on peut le considérer, qu'il est inutile de tenter de le faire !

Et je dois dire que je l'ai rarement autant ressenti qu'ici, où la vie, justement, est si profondément présente. La vie coule dans les veines de la plupart des gens à si petite dose, d'ordinaire, ils se font un univers tellement absent de la réalité qu'il est presque facile de les réduire à une définition : ils s'y conforment très bien. Mais la vie en ce lieu, et auprès de toi, est d'une telle intensité, d'une telle dimension, et dans un si perpétuel renouvellement, qu'il paraîtrait énorme et ridicule, en effet, de vouloir en chercher une définition. Cependant, à qui demander à d'autre qu'à toi ce qu'est la tauromachie ?

Un jour, justement, Picasso m'a demandé : « Pourquoi tu n'écris pas une *Tauromachie* : je te l'illustrerai. Fais le livre, je te ferai l'illustration. » Et j'ai répondu à Pablo : « Si j'écris quelque chose, ce sera très honnête. Et si c'est très honnête, je pourrai dire, à la fin, que sur cette question de la tauromachie, je ne sais rien. » Or si, moi, sur les taureaux, je dis que je ne sais rien, que pourrais-je savoir à propos d'autre chose ? Je ne sais rien de rien : c'est la seule parole qui me paraisse convenable.

Mais cette parole est justement la parole de tous ceux qui savent. Tous ceux qui savent quelque chose, qui aperçoivent quelque lueur de vérité, disent qu'ils ne savent rien. C'est le mot de Socrate, et aussi la réponse de Platon quand on lui demandait : « Il circule actuellement dans Athènes un livre sur les Réalités suprêmes, mais il est sans nom d'auteur. En es-tu l'auteur ? » Et Platon de répondre : « Si quelqu'un à Athènes est capable d'écrire un livre sur les Réalités suprêmes, c'est bien moi. Je suis donc l'auteur de ce livre. Mais si quelqu'un, à Athènes, est en mesure aussi de savoir qu'on ne peut rien écrire de convenable sur les Réalités suprêmes, c'est encore moi. Donc, je ne suis pas l'auteur de ce livre. »

Superbe ! J'ai une explication, là-dessus. L'horizon, pour ceux qui sont situés plus haut, pour ceux qui montent, l'horizon est plus vaste et plus lointain. En même temps qu'ils voient davantage, que leur regard s'étend plus loin, ils voient plus encore tout ce qui leur échappe, tout ce qu'ils ne peuvent pas saisir. Les enfants, dont l'horizon est limité, croient tout connaître. Mais les hommes qui savent se rendent compte qu'ils savent peu.

Et quand tu étais un enfant toi-même, et que déjà tu te trouvais face aux taureaux, comme je l'ai vu dans tes albums de photographies, ce n'était pas un jeu ?

Non. Mais c'est là encore une chose très difficile à expliquer, du moins en peu de temps. Il faudrait prendre les choses de plus loin, peut-être. Ainsi je crois que tout arrive en vue de quelque chose, et je crois que tout le monde est fait pour quelque chose. Je crois, par exemple, que notre conversation n'a pas seulement un intérêt pour toi, pour le livre que tu dois écrire, mais pour quelque chose de plus qui nous intéresse l'un et l'autre. Je crois qu'un événement, dans la vie d'un homme, est comme le trou sur le chemin, pour un aveugle : il peut changer complètement sa vie. Il peut tomber, quelqu'un peut venir à son secours. Ou bien il peut rester là et mourir. Même ce qui nous paraît le moins important peut changer toute la vie, toute la psychologie, peut tout changer. Un soupir de trop, et nous ne savons pas comment notre cerveau peut en être affecté. Ainsi, en poussant les choses à l'extrême, je ne peux pas dire que je ne changerai plus, que je serai jusqu'à la fin identique à celui que je suis aujourd'hui : même un incident mineur peut tout changer.

C'est ce qui se passe quand on parle de conversion, et dans les deux sens, d'ailleurs : quand on prétend perdre la foi autant que quand on est trouvé et retrouvé par la foi. Certains incidents peuvent être décisifs alors qu'ils n'ont l'air de rien du tout, d'abord ; ils peuvent faire écran comme ils peuvent faire tomber l'écran, et la même chose qui a bouleversé quelqu'un laisse un autre indifférent. Et cela ne dépend pas de nous, bien souvent. Mais est-ce que tu voudrais dire par là qu'il a dépendu d'un incident mineur que tu deviennes torero ?

Quand j'étais un enfant, toréer n'était pas un jeu d'enfant. La situation était beaucoup plus complexe. Le problème est que j'avais deux frères, et que tous deux étaient plus grands que moi : l'un avait quatre ans de plus, et l'autre six. Aujourd'hui, que nous ayons quatre ou six ans de différence n'a pas d'importance : nous sommes adultes, et c'est égal. Mais quand on a huit ans ou cinq ans, si.

J'avais cinq ans lorsque j'ai toréé pour la première fois : or l'un de mes frères avait neuf ans et l'autre onze, et la différence était énorme. Et justement, à cause de cette différence, je craignais toujours qu'ils ne m'empêchent d'aller avec eux, parce que j'étais le gamin. Voilà, je crois, ce qui m'a stimulé d'une manière fondamentale dans la vie. Et cela ne m'a pas seulement stimulé à vaincre la peur : c'était véritablement de la panique que je devais vaincre. Mais, peu à peu, on s'accoutume, car la vie le veut ainsi : la vie est une habitude. La vie est une question d'habitude. Je vois des gens venir du nord, qui portent un pardessus quand nous nous baignons dans la mer. Mais, bientôt, on les retrouve en manches de chemise. Le milieu ambiant, l'habitude, font tout, et peu à peu, ce qui faisait peur, ce qui étonnait, finit par devenir familier.

Pour le meilleur comme pour le pire, d'ailleurs. Il est vrai qu'on s'habitue aussi au pire. « Vérité en deçà des Pyrénées, erreur au-delà », disait Pascal. On pourrait le répéter à propos du temps : vérité en deçà d'une époque, erreur au-delà, pour ce qui concerne notamment la coutume. Peut-être suffit-il en effet de s'accoutumer à la médiocrité pour qu'elle paraisse un jour aller de soi, et même pour en tirer parti. Mais penses-tu vraiment qu'on puisse s'accoutumer aussi à l'héroïsme quand on est naturellement porté vers la lâcheté ? Qu'on puisse vraiment vaincre la peur du taureau si l'on n'a pas reçu quelque don naturel de le faire ? Tout le monde n'est pas Dominguín, tout de même ! Si je pense à tel coquin qui est stimulé par les obstacles pour ajouter des manigances à ses mauvais tours, je ne l'imagine en aucune manière stimulé jusqu'à oser vaincre un taureau ! S'accoutume à l'audace celui qui est né, en fait, pour l'audace !

C'est le point de vue d'où l'on on se situe pour voir les choses qui est le plus important. La même chose peut être regardée sous des foules d'angles, sinon la vie serait toujours la même. Or la vie est tous les jours différente, et les gens comme les choses sont tous les jours différents.

La vie et la mort, alors. Parler de la mort, c'est aussi parler de la vie, et l'une et l'autre sont indissociables.

Pour moi, oui.

Mais, fondamentalement, c'est la vie qui compte davantage à tes yeux ?

Pour moi, oui. Envers la mort, j'éprouve parfois une certaine curiosité : j'aimerais savoir ce qui se passe. La seule question qui me semble intéressante serait de savoir s'il se passe quelque chose après la mort qui ne se passe pas avant. Mais j'ai décidé qu'il valait mieux attendre l'heure de la mort elle-même pour le savoir. Je ne suis pas pressé, et si un jour j'éprouvais une très grande curiosité, je quitterais la vie. Je le ferais sans tragédie, sans tenir de discours pour me justifier. Mais comme le dit un grand poète espagnol : « La vie est triste. Mais quoique triste, c'est encore ce qu'il existe de meilleur. » Ce qui n'est pas dans la vie n'existe pas pour nous, mais la mort fait partie de la vie. Il se produit un échange perpétuel en nous et autour de nous, entre la vie et la mort. Chaque fois que nous mangeons, par exemple, nous entrons dans cet échange. Nous devons nous alimenter, mais nous devons en même temps nourrir la terre, fournir des cellules nouvelles aux plantes et aux animaux. Nous formons tous une seule société vivante qui connaît peut-être des conflits, mais à l'intérieur de laquelle, même sans nous en rendre toujours compte, nous collaborons les uns avec les autres. Nous nous nourrissons les uns des autres, et nous formons une grande société, y compris quand nous rivalisons.

La vie est une sorte de société du vivant, en effet, mais nous mourrons seul.

Mais toujours à l'intérieur de cette société. Et si la fin de ce que nous considérons comme la vie est la mort, eh bien, en même temps que la mort de nous-même, c'est celle de cette société qui se produit, d'un certain visage de cette société. La seule chose que nous sachions vraiment, c'est que la mort est le stop. On dit qu'il y a une autre vie, mais nous ignorons en fait ce qui se passe : nous ne pouvons en parler qu'à partir de notre connaissance de la vie d'ici-bas; dans le contexte de notre propre mentalité. S'il y a une vie meilleure, je n'ai jamais vu aucun croyant, pourtant, qui préfère mourir en pensant à cette vie.

Une Espagnole, justement, Thérèse d'Avila, disait cependant : « Je meurs de ne pas mourir. » Elle ne s'est pas tuée, parce que la foi invite à ne porter atteinte ni à sa propre vie ni à celle de l'autre. Le « tu ne tueras point » s'applique aussi à soi-même. Mais la foi, si elle accueille la vie comme un don, accueille aussi la mort comme le don suprême d'une autre vie. Et Thérèse d'Avila est morte dans l'espérance.

Mais quand le pape était malade, on l'a soigné. Il est peut-être beau de dire qu'il souhaitait guérir pour servir encore dans le monde, mais la vérité est que personne ne veut mourir.

Le pape n'avait pas peur de mourir, j'en suis certain. Il m'a dit lui-même que s'il avait vécu huit jours d'une grande inquiétude après l'attentat, ce n'est pas à la pensée qu'il pouvait mourir, mais survivre en restant infirme, et devenir alors une charge pour l'Église, où l'on a besoin d'un pape aussi vivant que Jean-Paul II.

Je ne comprends pas cette crainte chez un homme dont je suppose, naturellement, qu'il croit en Dieu et en toutes ces choses auxquelles malheureusement je ne crois pas. J'aimerais croire, même si tout cela n'est pas vrai, mais ma tête, mon esprit ne me le permettent pas. C'est pourquoi je dis : malheureusement. Je ne comprends justement pas comment le pape pouvait être inquiet à l'idée d'être infirme. Il pouvait se dire : C'est mon destin, et puisque Dieu le veut, j'en suis encore heureux : rien ne devait l'inquiéter.

Je crois qu'il a très bien accepté l'attentat, qu'il a pardonné au coupable. Il ne s'inquiétait pas pour lui-même d'être infirme. Il accueillait la souffrance comme il accueillait la santé, avec la même simplicité. Mais il se préoccupait pour les autres, sur qui il redoutait de peser, alors qu'il essaie justement d'alléger le destin de tous.

Cela me paraît d'une grande vanité : le pape pouvait renoncer à sa charge.

Non, il ne le peut pas. Ou du moins pas comme un fonctionnaire qui abandonne sa fonction à un autre.

Mais il peut alors déléguer, sinon sa charge, du moins ses activités à un autre. On ne peut pas penser que personne ne peut lui être substitué.

Bien sûr, et il y aura après lui un autre pape. Mais personne ne peut être substitué à personne, et Michel-Ange à Murillo, par exemple. Et dans le temps où il remplit cette mission terriblement responsable, il vaut mieux évidemment qu'il puisse le faire en donnant toutes les forces dont il est capable. Mais toi, justement, qui as été blessé aussi, non dans un attentat, mais plusieurs fois, et grièvement, par les taureaux, as-tu connu l'angoisse ?

J'ai senti que je pouvais mourir. Je l'ai éprouvé très souvent. Mais j'ai une petite philosophie qui, par exemple, permet que je ne me fâche pas s'il ne pleut pas, alors que nous avons tant besoin de pluie en ce moment. Je souhaiterais qu'il pleuve, mais comme cela ne dépend pas de moi, j'accepte la sécheresse. Je me fâche beaucoup, en revanche, lorsqu'il s'agit de choses que je pourrais réaliser moi-même et que je ne réalise pas. Quand je pensais que je pouvais mourir, je me disais : Que pourrais-je y faire puisque cela ne dépend pas de moi ? Je vais mourir ? Eh bien, je mourrai. C'est une assez bonne philosophie pour maîtriser la peur. Au fond, je pense que nous pouvons tous parvenir à nous convaincre nous-mêmes de ce que nous voulons.

Mais tu peux parler ainsi parce que tu es capable d'assumer la solitude, c'est-à-dire de conduire seul ta destinée, ta vie, et même ta mort, avec une intelligence et une tranquillité d'esprit qui ne sont pas données à tous. La force de regarder aussi simplement les choses est certainement liée à ton pouvoir de rester seul et de vivre pour toi-même. Les hommes qui éprouvent de grandes peurs devant la vie et devant la mort ont d'abord peur de la solitude.

Moi aussi, j'ai peur de la solitude, et ici, je ne suis pas seul. J'ai une femme qui m'accompagne dans la vie, et c'est merveilleux. Regarde ces deux chiens : si je me lève, ils me suivront. Que j'aille prendre un verre, ou un bain, ils sont toujours avec moi, et je ne suis pas seul. Au moins ce matin ; demain, je n'en sais rien. Et puis il y a tous ces objets, tout ce monde naturel, qui m'entourent. Ce n'est pas le fait que j'en sois propriétaire qui compte : cela m'appartient, en fait, parce que je suis capable d'en jouir par la vue, par l'ouïe.

Bien sûr. Et dans le silence. Tu vis avec le silence, et tu ne le crains pas, ce qui est encore une force dont tout le monde n'est pas capable. En fait, tu n'as pas peur de toi-même, tu ne te fuis pas.

C'est vrai. Et pour cela, le silence est une merveille.

Mais c'est une solitude, d'une certaine manière.

Je ne suis pas d'accord. Ce qui est une véritable solitude, c'est un cocktail ! (Nous rions ensemble.)

Oui : la promiscuité sans l'intimité.

Être vêtu d'un costume que tout le monde estime très élégant, tenir une coupe de champagne à la main et être obligé de dire quelque chose, voilà la solitude. Si, à Cordoue, une fois par hasard, j'accepte de le faire, j'aurai peut-être quelque chose à dire ou à écouter. Mais quand se reproduit tous les jours l'obligation de se retrouver dans des lieux semblables, avec à peu près les mêmes gens, auprès de qui on a la réputation d'être sympathique, ou intelligent, etc., on se sent obligé de se maintenir à la hauteur de cette réputation. Et qu'arrive-t-il ? On parle pour rien ; on pratique, par exemple, la calomnie, sans mauvaise volonté, mais parce qu'il faut raconter quelque chose.

Parler pour parler.

Parler pour émettre un bruit. Je me sens plus à l'aise lorsque je pars tous les jours à travers ces collines qui nous entourent. Parfois tout seul. Même les chiens me dérangent, parce qu'ils bougent, s'agitent avec les lapins, le gibier et les cerfs. Je m'assieds sur une pierre, et je suis comme une pierre : je reste sans bouger, j'observe. Je regarde, par exemple, les animaux se conduire selon leur instinct. Un oiseau vient, et s'il y a une fourmi, il la mange. Mais la fourmi allait manger un grain. Tout est lutte continuelle dans l'existence, il vaut mieux regarder avec une certaine poésie. La lutte est la vie même : si la fourmi ne mangeait pas le blé, l'oiseau la fourmi, et la taupe autre chose, si chacun ne faisait pas ce qu'il fait et qu'il doit faire, nous n'existerions pas. La lutte est la vie, mais aussi la mort : il y a un équilibre dans tout cela. Les questions de la guerre qui préoccupent tellement l'humanité sont absolument nécessaires, et l'homme revient instinctivement à les poser lorsqu'il a faim. L'homme qui ne veut pas mourir, mange, mais du même coup, il est continuellement en lutte. La multiplication des êtres est, par exemple, tellement rapide aujourd'hui que dans quelques années il n'y aura même plus la place de se tenir debout. On inventera donc des armes qui tueront les gens en masse, et non plus individuellement.

C'est déjà fait ! L'espèce humaine est même en mesure de se suicider collectivement, si elle ne trouve pas une raison de ne pas le faire. Son destin est aujourd'hui entre ses mains, ou du moins entre les mains de quelques-uns de ses élus, qui ne sont pas les plus sages ! Mais il n'y a pas que cette lutte dans la vie et dans le monde : il y a aussi une très grande force de paix, une harmonie, qui se conjugue avec la lutte et qui la dépasse par moments. Est-ce que dans le combat avec les taureaux, justement, un animal a toujours envie de lutter comme l'homme qui le provoque ? Même s'il ignore qu'il va mourir, il a, en tout cas, envie de vivre ? C'est comme la lutte de deux personnes dont l'une n'a pas nécessairement envie de se battre, ni de jouer avec la mort.

La lutte de deux animaux.

Dont l'un est aussi une personne humaine. Mais en tout cas vous êtes deux, avec la mort entre vous ! Êtes-vous vraiment deux ? Est-ce qu'il arrive que le public de l'arène soit oublié et qu'il n'y ait plus que le face à face qui compte ?

Oui, parfois on oublie le public. Quand un ensemble de conditions et de circonstances sont réunies, telles que la sensibilité de la personne à cet instant-là, un bon taureau, etc. Mais il faut que ce concours de circonstances existe pour accomplir ce travail seul à seul.

Les peintres, les écrivains ont un travail différent de celui des toreros. Celui des toreros est très spécial, parce qu'ils doivent soulever l'enthousiasme à des dates, à des heures fixées d'avance. Si tu ne te sens pas en forme, tu n'es pas obligé d'écrire aujourd'hui, tu peux remettre à demain ou à plus tard ton travail. Je suppose du moins que tu agis ainsi, parce que dans la plupart des professions, c'est à peu près la condition habituelle. La lutte du torero doit au contraire se produire à dates fixes, à heures fixes, avec n'importe quel animal, et quel que soit l'état d'esprit du torero. C'est dans de telles conditions qu'on entre dans l'arène. Comme le disait Lorca : « *A las cinco en punto de la tarde.* » Cette lutte, qu'est-ce qu'elle représente ? Pour le torero, une manière d'être et de vivre. Et pour moi, si j'approfondis un peu, je dirai que pour le taureau aussi, elle est une manière de vivre, même s'il l'ignore. En fait, celui qui change la vie du taureau, qui lui fait une vie superbe avant de le mettre à mort en un combat loyal, son unique défenseur, en somme, c'est le torero. Si le torero n'existait pas, le taureau brave n'existerait pas non plus. Pourquoi ? N'importe quelle autre race de taureaux est plus rentable : avec la même quantité de nourriture, par exemple, elle donne plus de viande pour la boucherie ; elle pose moins de problèmes d'élevage, d'organisation, parce qu'il s'agit d'animaux qui se manipulent plus facilement. Il n'est pas nécessaire de faire pour eux tout ce que l'on fait pour les taureaux braves. Ainsi les deux seules bêtes de combat que j'ai ici exigent un homme spécialement attaché à leurs soins. Les taureaux de combat vivent une vie parfaite pendant quatre ans. Or la longévité d'un taureau étant de dix ans, on peut affirmer que durant quarante pour cent de sa vie, il a été heureux. Heureux du point de vue de ce que je considère être le bonheur du taureau !

Il est vrai qu'on ne lui fait pas n'importe quelle vie ni n'importe quelle mort. On lui assure une vie et une mort nobles, en quelque sorte, pas domestiquées ?

Si l'on parle de noblesse, il importe de savoir de quel point de vue on se place. Si l'on considère l'agressivité, la noblesse consiste à être capable, alors que l'animal est en train de mourir, de continuer à lutter. Le taureau brave, courageux, est prêt à mourir, et il attaque. Je ne crois pas qu'il existe un autre animal qui attaque alors qu'on lui laisse la liberté de fuir. D'autres animaux le font, mais ils ne maintiennent pas l'attaque continûment. Ils foncent, puis se reprennent et s'en vont.

Ce matin, quand nous sommes entrés dans l'arène, les deux taureaux ont fui, cependant, au lieu de nous attaquer ?

Oui. D'abord, tu t'en souviens, ils se sont immobilisés, et ils seraient venus. Mais il y a quelque chose qu'ils sentent. Je crois que l'on dégage une odeur différente quand on a peur et quand on n'a pas peur, et ils le sentent. Les chevaux aussi sentent la présence des chiens, par exemple. Ils n'ont pas attaqué ce matin, parce qu'ils sentaient que nous allions vers eux sans peur. Inutile alors d'insister : il aurait fallu les provoquer. Si l'on monte un cheval même très tranquille sans savoir monter, l'opération se passe mal. Tandis que le cheval qui se sent contrôlé se soumet. Les taureaux ont la même réaction, et d'ailleurs les hommes aussi : c'est un cercle vicieux où tout est égal à tout.

Non pas égal à tout, mais où toute vie tient d'une certaine façon à une autre vie, sans être identique à elle.

Il suffit de trouver le point de vue à partir duquel tout est égal à tout.

Dominguín n'est pas égal à un autre torero, même l'un des plus grands ?

Il lui est égal, sous un certain aspect.

Il n'est pas Manolete ou Ordoñez, ni le jeune torero qui ne fera jamais un grand matador ?

Au fond, si. Je suis égal à chacun d'eux, parce que nous détenons tous une compensation par rapport à ce que nous avons de différent. Quand quelqu'un arrive jusqu'où il pouvait aller, quand son effort le laisse là où son ambition s'était portée et limitée, alors il a réalisé toutes ses possiblités. Et c'est aussi bien le cas pour Manolete que pour moi et pour le jeune torero qui n'ira pas très loin. Ce jeune qui se dit : J'ai été torero, matador de taureaux, se sent aussi satisfait que moi disant maintenant : J'ai été pendant X années une figure de la tauromachie. Il n'y a rien qui soit exactement égal, mais tout est semblable, cependant.

C'est vrai, d'une certaine manière, que tout homme qui accomplit sa destinée, quelle qu'elle soit, est parfaitement identique à un autre homme. Qu'un très beau visage n'a que deux yeux, une bouche, etc., comme un autre qui est moins beau. Dans l'absolu, tout visage est égal à un autre visage. Mais ce qui n'est pas égal, justement, c'est que tous les hommes ne voient pas que c'est égal ! Et alors certains prétendent donner leur mesure en prenant le visage d'un autre, en essayant de vivre la destinée d'un autre, de se mettre à la place d'un autre au lieu de vivre leur destinée personnelle. Il en est peu qui voient que toute destinée est au fond, dans sa différence même, égale à une autre, pourvu qu'elle s'accomplisse vraiment selon ses propres possibilités et sans interdire à la voisine d'en faire autant. De ce point de vue, tout est à égalité devant la mort. Marc Aurèle empereur et Epictète esclave, parce qu'ils ont la même vue profonde sur l'homme, ont deux destinées, bien sûr, qui se valent au regard de l'homme. Mais quel autre empereur et quel autre esclave le savent aussi bien ?

Bien. C'est une bonne question.

C'est au fond la chose la plus rare que de voir, de ce point de vue, que tout est égal. La plupart l'entendent au sens que tout est indifférent.

C'est une bonne question ! En fait, rien n'est égal, mais tout est égal, selon le point de vue. Il y a des choses qui ne peuvent pas être, et que nous ne pouvons pas être, c'est-à-dire des choses impossibles pour nous. Mais je crois que c'est une redondance : puisque je suis, c'est que je ne suis pas un autre.

C'est vrai pour tous : donc tout est égal ; mais l'impossible n'est pas le même pour chacun, donc rien n'est égal.

Tu t'appelles Christian, et celui que tu es a fait aujourd'hui une longue promenade avec moi dans les collines. Parce qu'il y a ici une atmosphère particulière, tu as une psychologie particulière, distincte des jours où tu vis à Paris. Le même Christian, lorsqu'il est à Paris, heurte un jour un monsieur dans la rue et lui demande pardon. Un autre jour, tu heurtes un autre homme, mais tu te retournes pour te quereller ou même te battre. Tu es pourtant la même personne. Tu es égal à toi-même. Mais tout est égal et rien n'est égal. Tout est, et rien n'est. C'est le maximum que je puisse dire...

Il est vrai que les circonstances révèlent parfois en nous des possiblités de bien ou de mal que nous ignorions, mais dans une certaine identité tout de même. Il me semble que les Espagnols ressentent plus profondément que les autres peuples combien le tout et le rien se tiennent par la main. Le tout et le rien sont deux paroles complémentaires, mais là encore, il y a plusieurs points de vue auxquels on peut se placer pour le dire.

Tout et rien, c'est la même chose.

A condition d'avoir un point de vue d'où on puisse le voir : c'est le langage, en fait, de l'absolu. Toi, tu le dis à partir de la vie quotidienne, d'une attention et d'une observation des réalités concrètes et immédiates.

J'ai tout appris de la nature.

A laquelle tu ajoutes une réflexion digne d'elle, comme tu as ajouté à ce paysage une maison digne de lui. Ainsi, il y a souvent dans les maisons — et dans les vies ! — des bibelots encombrants, des ornements superflus qui empêchent de regarder au-delà. Mais, ici, tout est beau et nécessaire à la fois, comme s'il y avait dans les choses un ordre plus grand que les choses elles-mêmes.

Tout est souvenir : chaque objet, je sais pourquoi il est là. Même cette chaufferette de cuivre suspendue au mur : c'est celle qu'on employait quand j'avais quatre ans pour réchauffer le lit.

Et les têtes de cerfs ou de sangliers, le gibier empaillé qui décore les murs sont des trophées de chasse ? A la fois morts, tués, et immortalisés ? Est-ce que les taureaux que tu as mis à mort ont place aussi, dans ta mémoire, car je n'en vois aucune trace ici ?

C'est vrai : il n'y a rien, ici, qui rappelle les taureaux. Il ne m'intéresse pas de me souvenir en permanence. Cette sculpture de bronze que tu vois là, le seul objet qui rappelle les taureaux, a été faite à partir d'une photographie de moi dans les arènes. Mais il y avait un faisan empaillé à la place, tué d'ailleurs à côté de Paris, et qui a brûlé quand le feu a pris à la cheminée. Au moins le bronze ne brûlera pas !

Mais alors, ces animaux, ce gibier empaillé après sa mort, pourquoi sauver leur mémoire ?

C'est autre chose. Tous ont une histoire, et chacune différente de l'histoire du voisin. Celui-là, par exemple, on le voit à son expression, est un animal qui a vécu seize ans avec moi ! Je l'ai pris quand il était tout petit. Il s'agissait d'un cerf femelle, et il est mort le jour de mon anniversaire !

Il ne le savait tout de même pas ?

Il aurait pu mourir un autre jour !

Tu estimes que de telles coïncidences ne sont pas tout à fait fortuites pour celui qui vit dans l'intimité de la nature ?

Que savons-nous si c'est fortuit ou non ? Nous ne savons rien.

Nous ne savons rien, mais nous savons pourtant qu'il est mort le jour de ton anniversaire ! Nous ne connaissons pas les secrets de la nature, mais nous savons qu'elle détient une partie du secret de notre vie, qu'elle n'est pas une mécanique insensible. Un taureau n'est pas un tracteur ! Se couper de la nature en vivant dans les villes de béton, par exemple, n'est-ce pas se couper de cette réalité du monde, et par conséquent du mystère du monde ? La vie et la mort sont alors moins évidentes : on est comme absent de l'une et de l'autre, tandis que dans l'arène, face au taureau, de même qu'ici, tu as toujours été présent à la vie et à la mort ?

Certainement. Quand nous irons déjeuner dehors, tout à l'heure, tu verras les collines sous le soleil : elles sont complètement différentes de ce matin. Suivant le point de vue, le moment, l'angle où tu te situes, les choses se présentent différemment. C'est pourquoi, notamment, juger les gens est très difficile. Comprendre la vie, la mort de quelqu'un, est impossible.

Plus quelqu'un a du jugement, et moins il juge. Ce sont presque toujours des gens sans jugement qui jugent. L'Évangile même dit avec ironie : « Ne jugez pas ou jugez selon la vérité. » Ce qui revient au même : comme personne ne détient assez de vérité pour juger, cela revient à dire : ne jugez pas. Plus on entend et plus on voit de choses, et moins on parle catégoriquement. Toi-même, tu ne conclus jamais, comme la vie qui laisse à son mystère essentiel le soin de conclure ?

Exactement. Si tu me demandes en quoi je crois et en quoi je ne crois pas, je dirai que c'est la même chose. Croire en tout, ne croire en rien : deux moments dans une même attitude. Je ne pourrai honnêtement dire : Je jure — bien que l'acte de jurer n'ait pas d'importance pour moi —, je jure que ceci est la vérité. Non : de rien, et jamais, je ne dirai que c'est la vérité. Mais de rien, non plus, je ne pourrai dire : Je jure que ceci n'est pas la vérité. Et ni de moi-même. Honnêtement, je ne pourrai pas, non plus, le dire à propos de moi-même.

Celui qui meurt et qui tue :

GÉNÉRAL MARCEL BIGEARD

Le député de Meurthe-et-Moselle, l'ancien secrétaire d'État à la Défense nationale, mais surtout le général, est un peu prisonnier dans ce bureau de l'Assemblée nationale où se déroule notre entretien. Il l'était moins, sans aucun doute, dans l'enfer de Diên Biên Phû, où il trouvait un champ d'action à la mesure de son énergie, qui est tout à fait extraordinaire. Il se dépense comme d'autres — le plus grand nombre — s'économisent, et fonce dans notre entretien comme il devait faire en campagne : droit au but. Je me dis, en écoutant son sens civique, sa droiture innée, que la France a l'art — mais d'autres pays aussi, du reste — de faire de ses meilleures têtes, de ses meilleurs bras, des exilés de l'intérieur. Saisie par le démon de l'égalitarisme inférieur, qui nie tout plutôt que de reconnaître la vertu chez un autre, elle prend sa mesure au plus bas de l'étiage, elle réduit ses héros à tourner en cage, cet affaiblissement n'étant, du reste, pas perdu pour tout le monde. Et dans le même temps, elle va chercher de pseudo-héros ailleurs.

Je n'ai certes pas la vocation militaire, et j'ai vu avec satisfaction arriver la fin de mon passage sous les drapeaux. Cependant, je ne connais rien de plus inconsidéré que l'attitude des intellectuels qui transforment leur répugnance toute personnelle en doctrine universelle du refus ! J'éprouve à l'endroit du combattant, surtout quand il est de la dimension d'un Bigeard, ou d'un résistant des années 40, une franche admiration que m'inspire, non sa force, mais son courage. Pourquoi faudrait-il opposer ce courage-là à celui de l'esprit qui souhaite combattre avec d'autres armes pour la même liberté ? Pourquoi ne pas voir quelle fraternité profonde les unit quand ils puisent à la même source, je veux dire à la même civilisation, leur énergie essentielle ? Je n'imaginerais pas de rassembler des entretiens sur la mort sans qu'un soldat y prenne la parole de plein droit. Bigeard-le-légendaire ne s'est pas dérobé devant une interrogation qui le rejoint, en fait, sur le terrain même de sa vie et de sa destinée, et comme en plein combat. Il est donc là, avec sa gloire, mais avec le courage qui la lui a méritée. Tant mieux : la parole des vivants sur la mort y prend un accent que personne d'autre que le soldat ne saurait lui donner.

Le militaire, c'est beaucoup de choses, contradictoires parfois, mais c'est d'abord une vie qui n'a pas peur d'affronter la mort. Un homme qui se sait d'emblée appelé à la regarder en face, à la connaître de près, lui-même, et à l'infliger aussi aux autres. Il peut mourir, et il tue. Il meurt de main d'homme ; il tue des hommes de sa main. Vous-même, mon général, vous avez vécu en permanence dans cette compagnie, si j'ose dire.

J'ai fait la guerre pendant vingt-deux ans. D'abord les groupes francs, en 1940, contre les Allemands. Prisonnier ; évadé trois fois. J'ai repris l'entraînement avec les parachutistes anglais, et j'ai été parachuté en France. Chef de maquis : nous avons capturé mille deux cents Allemands ; quatre cents Allemands ont été tués, et cent combattants de nôtre côté. Ensuite, dix ans d'Indochine, avec des combats très durs, de plus en plus durs, et, pour terminer, le dernier combat à Diên Biên Phû, en 1954. Après, six ans d'Algérie. Donc vingt-deux ans de guerre presque continue, où j'ai vécu avec la mort. Où j'aurais pu cent fois mourir.

Blessé cinq fois, et quand on reçoit une blessure, si on s'en sort, c'est toujours beaucoup de chance : vous êtes passé pas loin du coup qui aurait pu vous descendre ! Une fois, un attentat même : trois rebelles, à Bône, me tirent par-derrière ;

une balle se loge près du foie, etc. Au moment où je tombais, le coup de grâce me brûle les cheveux : je croyais que c'était un camion qui m'était rentré dedans ! Mais je réalise que c'est un attentat ! Alors, je ramasse, avec mon bras gauche, mon bras droit qui pendait, et je file sur les trois rebelles qui se sauvent, parce que, pour eux, Bigeard, c'est la baraka ! J'ai vécu avec le corps dans le plâtre et le bras immobilisé pendant deux mois. Et je suis reparti.

La mort ? Oui, j'ai vécu avec. Je l'ai moi-même vue de près. Et tous les camarades qui ont été tués autour de moi l'ont vue aussi de près ! On l'a écrit, et c'est vrai : « Bigeard est économe de la vie de ses hommes. » Mais dans les combats de premières lignes comme ceux où nous étions toujours engagés, on a toujours des pertes. J'ai vu mourir de très bons camarades : quand on les perd, c'est comme si on perdait son frère ou sa sœur. J'estime que les paras que j'ai eus sous mes ordres étaient de la famille. Pour moi, vient d'abord la patrie, la France ; et la famille vient tout de suite après. Mes hommes faisaient partie de ma famille. Ils ont été toute ma vie ; je l'ai vécue pour eux.

La mort ? Je crois que j'y suis prêt, parce que je sais ce que c'est. Je sais que nous finissons tous par là. Quand elle arrive, l'important est d'abord d'être courageux vis-à-vis de soi-même, puis courageux vis-à-vis de ceux qui sont en face de vous, en tenant compte du fait qu'on ne sait jamais comment on finira, dans quel état on finira. Mais si je meurs avec des moyens intellectuels encore valables, je pense que je serai courageux, ou alors je me surprendrais. Je suis prêt : demain ou après-demain, il n'y a pas de problème. Cela fait partie de la vie : on sait qu'on doit disparaître, et il vaut mieux le faire correctement. Voilà en quelques mots ce que je pense. Ça vous convient ?

Bien sûr ! Mais après les moments où vous avez vécu la mort de très près, quelque chose a-t-il changé en vous, dans votre comportement, dans votre conception de la guerre ?

Jamais. Cela ne m'a absolument pas marqué. Je dirai qu'on croit soi-même en sa baraka.

La baraka, c'est quoi ? La confiance dans son étoile ? Dieu qui protège son soldat ?

Je ne suis pas pratiquant, mais je crois en Dieu. Je ne suis pas pratiquant parce que je n'ai pas le temps. Mais si vous sautez dans une mission difficile, Diên Biên Phû ou ailleurs, avant de sauter, vous regardez si vous avez votre petite médaille autour du cou. On croit en quelque chose, en quelqu'un, qui peut vous protéger au dernier moment : celui qui est décisif. J'ai frôlé la mort, j'ai vécu avec la mort, et cela a toujours été facile pour moi : j'ai toujours eu confiance.

Etre un exécutant, un homme qui part à l'assaut et qui n'a qu'à penser à lui, est peut-être plus difficile. Mais celui qui est responsable de la vie des autres ne peut pas penser à lui. Et il m'a toujours été facile de penser aux autres. Quitte à monter avec eux à l'assaut si ça n'allait pas assez vite. Du fait que vous êtes responsable, il faut réussir, et vous ne voyez pas la mort. Pourtant, elle est là : mais vous n'y pensez pas. Le courage est donc relativement facile quand on est responsable : on ne pense plus à soi, à sa vie ou à sa mort.

Mais vous savez que les autres peuvent penser, eux, à la mort, à la peur de la mort, et qu'ils ont besoin de se sentir entraînés au-delà de leur peur ? Comment les décider à penser comme vous, à partager votre confiance ?

Là aussi, le chef digne de ce nom entraîne des hommes plus loin qu'ils n'iraient tout seuls. Bien sûr, en temps de paix, l'armée devient un peu du fonctionnarisme : il n'y a plus de guerre prévue, il n'y en aura peut-être jamais plus, et il se crée un autre état d'esprit. Tandis que celui qui se trouve pendant vingt ans dans la guerre est quelqu'un d'autre. Il a une autre vue des choses. Il parle aussi un autre langage. Une formation morale se prépare : vous arrivez à inculquer vos idées à vos hommes. Vous leur dites : « Les gars, on part aujourd'hui ! Ce ne sera peut-être pas merveilleux ; vous tomberez peut-être, ou le copain. Mais il faut y aller ! » Et les gars — c'est triste à dire

— se lancent un peu comme dans une partie de football. Le moral y est ; le cœur y est : ils arrivent à penser comme le patron, et, comme lui, ne pensent plus à la mort. Ils pensent aussi à leur baraka. Puis, quelquefois, la baraka les abandonne et ils sont fauchés. C'est vrai...

Mais c'est grandiose aussi. On s'élève au-dessus de la pauvre vie de tous les jours ; on se dit que ce qu'on a fait est grand. Et si on s'en sort, on pense même qu'on sera malheureux d'être ramené à cette vie de tous les jours. Il est exaltant aussi de risquer sa vie pour des causes qui le méritent ! Vous le voyez, un état d'esprit comme celui-là construit ce que j'appelais des « boutiques », des gars qui sont prêts à aller partout, à vous suivre partout. Rien ne peut les arrêter : même pas la mort.

Une grande vie, et, au fond, la vraie vie, est celle qui se mesure à la mort. Sinon d'une manière quotidienne, au moins à l'heure des choix décisifs. Une vraie destinée en a pesé au moins l'éventualité avec franchise, afin de mieux prendre la mesure d'elle-même. Mais le militaire est amené d'office, pour ainsi dire, et tout naturellement, à la rencontrer. Et alors se pose l'autre question : le militaire meurt, mais le militaire tue. Il est capable de mourir, mais il est capable aussi de tuer, et ni l'un ni l'autre ne sont plus simples, a priori. Avec une différence, bien sûr, entre l'assassin qui tue pour tuer, et celui qui doit le faire parce qu'il a mission de tuer pour défendre son pays, défendre les siens, servir une cause, etc. Et le fait de tuer, qu'est-ce que c'est, pour vous ?

Les guerres ont malheureusement toujours existé. Mais plus on s'est battu, plus on en a fait, et moins on souhaite qu'il s'en reproduise d'autres. Ayant l'expérience de tant de combats sanglants, on se dit que si l'on peut arriver à un résultat sans se battre, c'est beaucoup mieux. Par exemple, si on a lutté contre les Allemands en 1940, on est bien obligé de découvrir aujourd'hui que ce sont des voisins et des amis. Mais le militaire est là pour défendre son pays contre n'importe quel agresseur. Quand le gouvernement, quand les responsables de la nation disent aux militaires : Vous allez à tel endroit, et vous vous battez, c'est le rôle du militaire d'obéir et de se battre. Il s'agit d'une mission : ou vous tuez l'autre, ou c'est lui qui vous tue et tue votre pays. Et le but est tout de même de gagner, non de perdre.

Je disais à mes hommes : « Soyez bien entraînés ; soyez prudents ; manœuvrez bien : dans la vie, il faut gagner. Si vous êtes tués, on vous fera un beau discours, et ensuite plus personne ne pensera à vous. Si vous êtes blessés gravement, handicapés à vie, on vous poussera dans votre petite voiture. Pendant huit jours, tout le monde sera peut-être autour de vous, puis on vous oubliera aussi. Alors évitez cela. Gagnez. Evitez de vous faire tuer. »

Vous le voyez : il s'agit d'un état d'esprit qu'on crée, qu'on entretient. Demain, si je savais le pays menacé, s'il était envahi — et quand bien même on nous dirait que les Français ne veulent plus se battre, comme en 1940 —, eh bien, je reprendrais le maquis ! Je ne pourrais pas me faire à un envahisseur, quel qu'il soit !

Il n'est pas exact que les Français ne veulent plus se battre : il semble même, si on les observe un peu, qu'ils ne sachent faire plus que cela, mais entre eux ! Comme les corps malades, ils ont transporté la guerre à l'intérieur de leurs frontières, et quand ils marquent des points, c'est contre un autre Français ! Ils aiment se battre contre le voisin qui a une voiture plus rapide que la leur, ou qui ne partage pas leurs idées politiques, ou qui ne chante pas les mêmes cantiques à l'église, etc. Le Français vit dans le cloisonnement. Il n'est pas vrai qu'il ait acquis un esprit généreux et pacifiste : quand vous regardez l'agressivité dont il fait preuve dans la rue, dans le métro, dans la vie quotidienne avec ses plus proches, vous vous dites au contraire que les gens ne pensent qu'à se battre. Mais il y a combat et combat ! Eux, c'est la guéguerre qu'il leur faut ; la guerre nerveuse. Se battre pour rien, pour des riens, contre des riens !

Exactement. J'ai un exemple quotidien : à l'Assemblée nationale, tous les jours, l'opposition et la majorité s'insultent, tapent sur les pupitres. Je n'ai jamais tapé sur un pupitre : je ne veux pas m'abaisser à cela. Si mes parachutistes me voyaient le faire, ils se diraient : A quel jeu joue-t-il ?

Vous avez raison, il y a plusieurs formes de combat, quand on refuse de mener le meilleur, on tombe dans le pire. Il faut un grand souffle pour mener le vrai combat, un souffle qui vienne de plus haut que l'intérêt particulier, qui fasse comprendre ce que nous avons à défendre en défendant la France. Retrouver la vertu civique, la sagesse, vivre dans la grandeur de notre pays, c'est recréer un état d'esprit qui nous élève et qui balaie, évidemment, tous ces conflits sordides de tous les jours. Et même, qui sait, nous prépare à mourir éventuellement pour la patrie. Voilà, bien sûr, ce qui est nécessaire, et non la guéguerre, comme vous dites, si l'on veut regarder la vie et la mort droit dans les yeux.

La résistance des Français, en 1914-1918, est née dans les institutions qui les formaient à l'esprit de résistance. J'ai fait des rédactions — cela peut paraître idiot, mais vous marque, quand vous êtes jeune — où nous avions à commenter des pensées comme : Le sort le plus noble et le plus beau est de mourir pour sa patrie. Quand on vous enseigne cela à six-sept ans, ces mots vous restent. Aujourd'hui, on dit plutôt le contraire. La patrie, qui s'en soucie ? Mais rien de grand, d'ailleurs, ne la remplace. Pas d'idéal. La vie est courte, et il faut la vivre avec un idéal, avec un certain esprit de courage et de grandeur, pour lui trouver du goût et tenir droit jusqu'au bout. Ou alors la vie n'est pas possible ; elle n'a pas de sens et pas d'intérêt.

C'est exactement ce que disent les jeunes qu'on a prétendu libérer d'un idéal patriotique : la vie est sans goût ! En fait, vous pensez moins à mourir, ou à tuer, qu'à vivre, et, s'il le faut, à vous battre pour vivre dans une certaine dignité ?

Tout à fait d'accord. Tuer ? Je suis incapable de tuer un poulet. Mais il faut bien comprendre ce qui se passe sur le terrain : le champ de bataille n'est pas un lieu de promenade. L'ennemi ne fait pas de cadeau : c'est lui ou c'est vous. Ou bien on le laisse faire, ou bien on se bat. Et il n'y a pas trente-six façons de se battre proprement : il faut détruire l'adversaire.

Même au cours de la bataille d'Alger, qui a fait couler beaucoup d'encre noire, nous étions en opération de combat au même titre que dans les Nementchas. Je ne peux pas dire que j'aimais ce travail, mais il fallait décider : ou on abandonnait la ville, ou on restait. Et alors, il fallait aller jusqu'au bout du combat. L'adversaire travaillait avec des méthodes révolutionnaires ; pour le vaincre, il fallait employer les mêmes armes. Mais proprement : on ne tire pas l'épée contre un canon ! Rien n'est facile dans la vie ; encore moins dans la guerre. Une mission avait été acceptée par le général : on devait la remplir totalement. Si on la refusait, il fallait quitter l'Algérie sur-le-champ.

Si on choisit la guerre, c'est évidemment pour en prendre les armes. Peut-être pas toutes, mais dans tous les cas, des armes qui tuent, et notamment les adversaires plutôt que son propre pays ! Mais sans doute est-il des combats plus loyaux que d'autres, et c'est ceux-là que vous préférez ?

Trouver les poseurs de bombes n'est pas un combat comme les autres. Mais il faut quand même le mener. Les gens, à Paris, ne pouvaient pas comprendre ! Mais quand vous arriviez dans un café où des jeunes dansaient un moment plus tôt, que vous découvriez trente garçons et filles de dix-sept, dix-huit ans, de jeunes petits Français, en train de râler, les membres arrachés, avec une bombe qui a éclaté au milieu d'eux, vous comprenez vite ce qu'est la guerre ! Puis une autre éclate au stade, et alors vous vous dites : Bien sûr que personne ne peut plus rien, qu'il faut s'en aller de l'Algérie, que c'est perdu. Mais vous continuez de vous battre parce qu'on vous l'a commandé. A l'époque, si on avait reconnu carrément : on quitte l'Algérie, la situation aurait été différente. D'un autre point de vue, si j'avais été algérien, j'aurais été aussi un rebelle ; j'aurais gagné mon indépendance.

Vous avez toujours estimé et compris vos adversaires ?

Quand ils le méritaient, oui. J'en ai connu, d'ailleurs, quelques-uns, après les combats. Azzedine, par exemple, est venu à Paris quand il a publié son bouquin : *On nous appelait les fellaghas*. En embuscade, il disait : « Y en a qu'un qui nous impressionne : c'est Bigeard. » Un jour, il y a de cela quatre ou cinq ans, Yves Mourousi m'appelle : « Mon général, Azzedine voudrait passer à la télévision avec vous. » J'ai répondu que je ne l'avais jamais rencontré, et qu'avant de me décider, il fallait que je le voie. Alors Mourousi m'a dit : « Nous dînons dans tel restaurant, tel soir, à Paris. » J'étais alors à Toul, je suis arrivé au restaurant vers neuf heures du soir, et ils étaient tous là. Azzedine me voit entrer ; il se lève, et au milieu du restaurant, il vient m'embrasser. Allez comprendre !

Dans un combat propre, on veut aller jusqu'au bout, jusqu'à l'élimination et même jusqu'à la mort de l'adversaire, mais on ne le méprise pas ?

On ne méprise que ceux qui se battent mal.

Dans un combat où chacun risque sa vie, c'est ce courage de risquer sa vie qui vous inspire une admiration réciproque ? Vous saluez toujours, chez l'autre, même le plus acharné, ce don de soi qui peut aller jusqu'au don de sa vie ?

Toujours. Et mes adversaires l'ont toujours su, d'ailleurs.

Ainsi, vous ne tuez pas comme l'assassin élimine sa victime qui le gêne, mais parce que vous défendez une cause ?

Une cause : voilà. Et tout est dit. Mais Bigeard est incapable de tuer un poulet ! A Dakar, il y avait des centaines de chats et de chiens abandonnés. Eh bien, j'allais à la pêche avec mon Zodiac, et je nourrissais dans la cour quarante chats ! Je serais incapable de faire du mal à une bête. Il est des gens qui voient un animal sur la route et qui disent, en ricanant : On va l'écraser ! Vous rencontrez des individus de cette espèce !

C'est la guerre des lâches ! Il y a ceux qui se servent de l'épée et ceux qui se servent du poison ! Les braves, et les autres, qui n'ont pas peur de tuer mais qui ont peur de mourir ! Quand vous sautiez à Diên Biên Phû encerclé, vous alliez au contraire davantage vers la mort que vers la victoire ? Vous alliez vous faire tuer plutôt que tuer ?

J'avais déjà pris Diên Biên Phû en novembre. Mais je commandais le bataillon d'élite, et on m'a envoyé me battre ailleurs. Quand Diên Biên Phû était sur le point de tomber, Cogny m'a rappelé et m'a dit : « Mon colonel, il faut aller redonner le moral là-bas ; il faut que vous preniez l'affaire en main. » J'ai donc sauté à Diên Biên Phû.

En sachant que...

Oui : je pensais que c'était foutu ! Mais j'ai remonté le moral. On a même fait des contre-attaques payantes, qui ont donné. Mais de neuf cents types, on est passés à huit cents, puis sept cents, et finalement, j'ai terminé avec quatre-vingts survivants. C'était incroyable ! Quand on est sortis entre les rangs des Viets, ils n'en croyaient pas leurs yeux ! Je me disais et je disais à mes hommes : « Il faut tenir ; on défend le monde libre. On verra bien si on survit : l'important est de garder le moral, de sauver l'honneur. »

On ne peut pas être un aventurier pendant vingt-deux ans de guerre. Ceux qui le croient ne connaissent rien au métier de militaire. On peut l'être pendant deux, trois ans, puis ça tourne mal : il y a les femmes, la boisson... Le type qui dure longtemps lutte vraiment pour quelque chose de plus grand que lui. Moi, je me battais contre le communisme. Je savais qu'après Diên Biên Phû, ils prendraient la Cochinchine, le Laos, le Cambodge, et, pourquoi pas, demain la Birmanie, la Malaisie... Nous savions que nous nous battions contre des hommes, mais d'abord contre le marxisme, qui est une force négative, mais une force. Des gens qui n'ont rien à bouffer, en Russie et ailleurs, sont tellement conditionnés qu'ils se battent comme de vrais soldats. Ils renouent avec la Russie des conquêtes ; le jeune soldat soviétique qui arrive à l'armée pour y accomplir son service militaire fait le serment de mourir et de tuer pour sa patrie. Allez demander la même chose aux jeunes Français : on passerait pour des fous ! Les conditions dans lesquelles il exerce son métier sont très complexes pour un chef français.

On dirait parfois que les Français ne sont fiers que des armées et des soldats des autres ; qu'ils ont honte des leurs ! Que la seule force impure est la nôtre ! Il n'osent plus chanter La Marseillaise *et admirer l'héroïsme français ! Rien qui les irrite davantage, d'ailleurs, que d'en parler !*

C'est vrai. Pourtant, il ne manque pas de héros dans notre armée. En Algérie, justement, nous nous battions pour que l'Afrique ne devienne pas marxiste. Il y a toujours une grande idée, un idéal, dans une vraie tête de soldat. Je le disais souvent à Ben Larbi, que j'ai arrêté et qui était devenu un copain. Numéro Un de la résistance, mes gars me l'ont amené un jour à mon bureau. Un beau type, un jeune fanatique. Il était lié par les poignets, et je lui dis : « On va vous enlever tout cela si vous me donnez votre parole d'honneur de ne pas vous évader, parce que je crois en la parole d'un homme comme vous. » Il me répond aussitôt : « Mon colonel, je préfère avoir été arrêté par vous... Mais ne faites jamais ça, parce que je saute par la fenêtre tout de suite ! » C'est des types, ça ! Vous ne pouvez avoir qu'une profonde estime pour eux.

Je l'ai gardé à mon P.C. pendant huit jours. On avait de longues discussions, et il me disait notamment : « Les méthodes que vous employez, on les emploierait aussi. C'est la seule manière de nous trouver. » Mais Paris et le haut commandement se sont interrogés : « Bigeard et Ben Larbi : qu'est-ce qui se passe ? » J'ai reçu l'ordre de le faire suivre, et je savais ce qu'ils allaient en faire. Je lui ai dit la vérité : « Ben Larbi, on vous demande au P.C. Massu. » Et il a répondu : « J'ai compris. Si je ne suis plus avec vous… » J'ai mis une section au garde-à-vous, et je lui ai fait rendre les honneurs quand il est sorti de chez moi.

Un pays a l'armée qu'il mérite !

Bien sûr ! C'est le reflet du pays, l'armée. L'armée française est le reflet de la France. Un pays lâche réclame une armée de lâches : le fond de la question, c'est l'esprit.

L'uniforme ne fait pas le soldat ! C'est beaucoup moins ce qu'il y a dehors que ce qu'il y a dedans qui détermine le courage, et qui, en fait, permet de ne pas craindre la mort ? Ce n'est pas une question de muscles, mais de tête ?

Exactement. Autrement, c'est foutu !

Quand un militaire reste debout, même au milieu de Diên Biên Phû et de la défaite, c'est à cette hauteur-là ? Celui qui n'a peur ni de mourir ni de tuer n'est pas un lâche, certes, mais il n'est pas davantage un sanguinaire ?

Bien sûr. J'ai connu des chefs de commando formidables, qui ont fait des coups sensationnels, mais ces types-là ne durent pas. Il est normal qu'ils finissent avec un poignard dans le dos. Je n'aime pas ce genre d'hommes d'action. Je préfère le Français solide, le Breton discipliné, qui croit en son affaire et qui est un parfait soldat.

Ce n'est pas, selon vous, agir pour agir, tuer pour tuer, non plus, d'ailleurs, que penser pour penser qui importe, mais que tout cela ait un sens, et sans doute un seul et même sens ?

Voilà. Non agir pour agir, mais agir pour quelque chose. Des militaires, il en faut pour défendre le pays : des hommes décidés et courageux. Si quelqu'un se pose des problèmes au moment de se battre, s'il estime qu'il ne peut pas aller jusqu'au bout, alors qu'il soit prêt à être tué. Bien sûr, il y a des militaires que j'appelle cons, des types qui n'ont pas d'idéal, qui ne réfléchissent pas, qui ne sont capables ni de mourir ni de vivre pour la grandeur du pays ! Vous voulez que je vous dise leur faiblesse ? Il leur manque un côté poète ! Dans tout cela, si on ne met pas la poésie, ce n'est pas possible !

Celui qui a tué :

CLAUDE CHARMES

Il y a quelques années, les « confessions » de Claude Charmes secouaient la place publique. La chute dans le crime, précédée d'une jeunesse âpre et violente, mais suivie d'une remontée mystérieuse vers la conscience la plus droite, étonnaient les jugements tout faits. En réalité — sans doute pour se conforter dans ses expériences personnelles et intimes —, nul ne croit vraiment au rachat, à la conversion, et préfère s'en tenir aux étiquettes collées une fois pour toutes sur les gens et sur les choses. Au mieux, on croirait plutôt aux « conversions » dans le sens du pire ! C'est pourquoi, au demeurant, l'indifférence à l'opinion est l'une des vertus les plus nécessaires à qui souhaite mener profondément sa destinée.

Je ne connaissais pas encore Claude Charmes, mais une lecture en profondeur le découvrait tout entier comme un être tendu vers la réalisation absolue de soi, vers la conquête de sa réalité essentielle et irréductible, fût-ce au prix des efforts les plus exigeants. Cette soif et cette faim de vivre, cette affirmation de l'existence comme un champ infini ouvert à toutes les révélations, m'avaient rendu d'emblée attentif à une voix aussi singulière. La rencontre personnelle n'a fait que confirmer cette appréhension : je compte aujourd'hui Claude Charmes au nombre de ces rares amitiés qui vous appellent au plus haut de vous-même, qui vous invitent à rivaliser perpétuellement avec le meilleur de soi, sans accepter aucun sommeil de l'âme ou de l'esprit. Et c'est en pensant précisément à lui que cette question : tuer l'autre, m'a paru devoir prendre place dans un livre sur la mort.

Être en puissance de mettre à mort un autre homme ou une autre femme, comme de se mettre à mort soi-même : quelle liberté offerte à l'homme ! Et pour quoi faire ! N'est-ce pas d'ailleurs Claude Charmes qui appela un jour mon attention — il n'en est pas fait mention ici — sur le caractère non moins singulier que prendrait cette même question posée à un bourreau professionnel ? Les relations de l'homme avec la mort, quelques formes qu'elles prennent, semblent faites chaque fois pour ramener au centre de sa vie le mystère qu'il s'emploie assidûment à écarter. Quand elles prennent ce caractère de violence, c'est le mystère lui-même qui nous fait violence.

Celui qui est capable de mourir mais qui est capable de tuer : c'est la question de fond que j'ai posée au général Bigeard. Capable de s'exposer à la mort sans la redouter, mais disposé aussi à tuer l'autre. Je lui ai demandé, alors, qui devient l'autre, qui est l'autre, en de telles circonstances : un homme encore, ou personne ? Avec toi, la question est encore la mort de l'autre qu'on tue, de sa propre volonté, ou du moins, de sa propre main. Et je te demande aussi : qui devient l'autre, quand on peut ainsi lui donner la mort ?

Dans mon cas, l'autre était un emmerdeur ! Simplement. Je n'avais pas voulu tuer, aussi, dans un premier temps j'ai eu besoin de stigmatiser ma victime, pour ne pas, moi, assumer mon crime. Car je t'assure qu'il n'est pas du tout confortable, lorsque tu es un petit voleur, de devenir, d'une seconde à l'autre, un assassin. La menace de la prison, de la guillotine, est alors inutile, et elle est stupide. On aurait pu placer des potences tout le long du chemin, on aurait pu mettre des bûchers : ça ne me concernait pas en y allant, puisque je n'étais encore qu'un voleur, et qu'on ne guillotine pas les voleurs. C'est en sortant que la guillotine aurait pu m'effrayer. Mais un peu tard !

J'ai donc eu besoin, non seulement de nier mon acte, mais

encore d'accuser la victime : c'était sa faute à elle si cela était arrivé, et, à première vue, c'était vrai ! Je n'avais certes rien à faire dans sa maison, mais avait-elle à vouloir rentrer chez elle alors que je l'avais vue monter dans l'autobus ? Elle m'avait donc mis dans une position qui a fait de moi un assassin. Et pendant un an ou deux, pour moi, c'était elle l'accusée, c'était elle la coupable. Ensuite, pendant près de dix ans, je l'ai gommée de ma mémoire. J'étais alors devenu une machine à apprendre, ma volonté tendue dans une seule direction, oubliant et mon crime et la prison.

Mais la mort que tu as donnée...

... Je n'ai pas donné la mort, j'ai ôté la vie... Non, non, je ne joue pas avec les mots. La mort ? Je ne sais pas ce que c'est. Bien sûr, elle est la dernière page du livre de la vie terrestre, comme la conception en est la première page. Mais en tuant quelqu'un, je ne lui ai pas donné la mort, je lui ai ôté la vie : c'est totalement différent. Même au plan du vocabulaire : si je donne la mort, ça a l'air positif ; si j'ôte la vie, je commets un acte négatif. C'est dans cette négation qu'est la vérité, et mon crime. Non dans du positif. A ce moment-là, on emploierait le même mot pour dire : je donne la vie en engendrant un fils ou une fille, et je donne la mort parce que j'ai gommé une vie ! Non ! J'ai ôté ; j'ai enlevé ; j'ai supprimé. Pour moi, la mort a été la suppression d'une vie. Et cela, il m'a fallu dix ans pour le réaliser. Il m'a fallu dix ans pour me retrouver, ou plutôt me trouver enfin, me regarder dans une glace et savoir qui j'étais réellement.

Je pense que ce temps était nécessaire. Il est possible que d'autres aient connu un parcours beaucoup plus rapide, aient rencontré le miracle. Mais pour moi aussi cela tient du miracle : en quelques minutes, ou en dix ans, on peut se transformer. Et en fait, d'une certaine façon, la transformation a été pour moi immédiate, elle s'est produite aussitôt après l'acte, mais il a fallu qu'elle mûrisse pendant dix ans.

Quand tu disais : j'ai pu me regarder dans une glace et me voir, est-ce que, dans le même temps, et d'une certaine manière, tu as pu aussi regarder l'autre et le voir ? Est-ce dans le même temps que le regard que tu as porté sur ta victime est devenu un autre regard ?

Pas tout à fait. Je me suis vu moi, d'abord. Car l'autre ne pouvait exister que par rapport à moi. Et la fin de sa vie ne s'était produite que parce que j'étais intervenu, moi, à ce moment-là. Il est probable qu'au cours de ces dix années dont je parle, l'autre serait morte, naturellement, mais c'est moi qui l'ai tuée. Et c'est d'abord moi que j'ai vu. Il m'a fallu bien plus longtemps pour considérer l'autre. D'abord, j'étais celui qui a pris la vie de quelqu'un, avec ce qu'il y a d'insupportable, d'horrible en cela, et, franchement, je ne sais pas si j'ai, à ce moment-là, bien considéré l'autre. L'autre est la victime, elle n'existe plus, donc elle ne souffre pas. Mais j'ai plutôt considéré l'autre à travers ceux qui restent, qui vivent, c'est-à-dire sa fille : j'avais ôté un être cher à quelqu'un de vivant. Le crime que j'ai commis n'est donc pas contre la morte mais contre la vivante : je lui ai enlevé quelqu'un qui était sa mère et qu'elle aimait. Je ne sais même pas, aujourd'hui, vingt-trois ans après, si je pense à ma victime morte. Ma victime, c'est sa fille.

Ce que tu dis à propos de la vie suppose de l'avoir considérée en profondeur. Pour dire que tu as ôté la vie, il faut savoir ce qu'est la vie. Il n'est peut-être pas important d'ôter la vie humaine, si celle-ci n'est qu'un agglomérat de molécules ? Tout dépend du sens donné à la vie, et alors, en effet, peut-être n'est-il pas indifférent de l'ôter ? Tuer un canard, est-ce important ? Tuer un animal ? Couper une fleur, c'est aussi couper la vie. Mais quelle vie ? Il existe une différence, évidemment, entre couper une vie humaine et couper une fleur.

Pas pour la fleur !

Justement : le point de vue de la victime, s'il relève du mystère de la mort, peut cependant être pris en compte par ceux qui lui survivent. C'est d'ailleurs ce que tu fais quand tu dis : ôter la vie n'est pas la même chose que donner la mort. Mais cela implique un sens profond de ce qu'est la vie, la vie de l'autre notamment. Pour en arriver là, une évolution de dix ans, et même de vingt ans, était nécessaire.

Mais ce regard que tu poses aujourd'hui sur les autres devrait être, en fait, celui de tous les êtres. Non seulement de ceux qui ont tué, mais de ceux qui n'ont pas tué et auraient pu le faire en des circonstances qui, heureusement, ne se sont pas présentées pour eux, alors que l'autre était aussi un emmerdeur. J'ai le sentiment, et même la certitude, que très peu de gens partagent avec toi ce sens désormais profond que tu as de la vie d'autrui. Tu es loin d'en faire « bon marché », comme on dit, alors que tant d'autres, qui n'ont pas tué, en font en réalité très « bon marché » !

Je le crains. Le suicide est par exemple une chose que je ne peux plus comprendre. Je reconnais aux gens le droit de faire ce qu'ils veulent, mais en fait, je ne suis pas sûr que je reconnais aux êtres le droit de disposer de leur vie. Il est cependant évident que ce cheminement est antérieur à mon propre crime. J'avais une connaissance instinctive de la vie, peut-être simplement parce que je suis venu au monde avec une exceptionnelle propension à vivre, une propension au bonheur. Ces mots sont sans doute scandaleux dans la bouche d'un assassin, mais c'est ainsi. Je le dis et je le répète, et je le crois sincèrement : j'ai toujours été heureux, heureux vitalement. La vie a toujours été pour moi bonne. Même quand je prenais des coups, même quand j'étais dans les cachots, et même, enfant, quand j'étais enchaîné, que mon beau-père, lorsque j'avais six ou sept ans, m'accrochait à la fenêtre pour me fouetter. La seconde d'après, j'avais une ridicule vengeance d'enfant qui donnait, c'est du moins ce que je dirais aujourd'hui, un sens à ma vie ; ou plutôt, qui me faisait trouver que la vie est douce et sensationnelle. Découper en petits morceaux le ceinturon qui m'avait fouetté, ou découper les lanières du martinet pour en faire une sorte de blaireau, c'était merveilleux ! J'avais probablement, comme un petit fauve, une propension instinctive à vivre qui m'a conduit, peut-être, au crime. Mais qui m'a permis, aussi, de comprendre un jour ce qu'était le drame d'ôter la vie. Car cette vie, je l'aime.

Et je crois que tu as raison, hélas ! quand tu dis que très peu de gens ont le sens de la vie. Les gens ne s'aperçoivent pas que cette vie est une bénédiction, et que l'on peut en faire une bénédiction ! Et que l'on est déjà mort quand on est pessimiste, quand on trouve que la vie est moche, qu'on a peur de la bombe atomique, du cancer, etc. Cela, je l'ai probablement toujours senti ; mais je ne le savais pas.

Il est certain que ce qu'on appelle la morale se borne souvent à interdire aux autres des actes qu'on n'est pas capable de commettre soi-même, donc que l'on n'a pas à s'interdire à soi-même ! Mais cette sorte de morale a aussi peur du bien comme du mal parce qu'ils la dérangent autant. Elle a peur du criminel, elle a peur du mystique et du saint, et tâche de se tenir entre deux eaux. Il est singulier que la première apparition de Jean-Paul II au milieu de son Église, inquiète et intimidée par les puissances du jour, ait été marquée par ces mots inoubliables, dont personne n'était plus capable : « N'ayez pas peur ! » N'ayez pas peur du mal, n'ayez pas peur du bien ; n'ayez pas peur de la vie. Et il a certainement, par ces simples mots, rendu à des millions d'hommes l'espérance que les timorés leur faisaient perdre. Qu'est-ce qui a donc permis, pour toi, que tu passes justement de cet instinct fondamental et irremplaçable de vivre à une conscience profonde de la vie ?

La pierre d'achoppement m'est apparue au bout de dix ans. Je faisais de la biologie, et j'étudiais alors dans un bouquin américain. L'auteur faisait état d'une expérience — il ne la citait pas comme certaine — d'un confrère qui aurait, disait-il, enregistré les vibrations des cellules peu de temps après la mitose. Les cellules sont encore indifférenciées, mais vont déjà vers leur point de conjugaison : les cellules qui formeront les viscères, qui formeront le cœur, etc. Bien entendu, ces cellules vibrent de façon totalement anarchique, chacune pour elle, mais déjà la vie est là. C'est une créature éparse : un milliard, deux milliards de cellules, chacune individualisée, et qui, pourtant, dans quelques semaines, vont se conjuguer à des points différents pour créer quelque chose de différent. Le biologiste disait donc : Mon collègue aurait enregistré la vibration des cellules, et, à partir de telle semaine — je ne sais plus laquelle —, en quelques secondes, un groupe de cellules s'harmonise et se met à battre. Non plus à vibrer, mais à battre. C'est-à-dire que des cellules qui sont encore à des milliards d'années-lumière l'une de l'autre sont déjà un cœur. Et là je me suis dit : mais c'est la vie ! Et en fait, je ne savais même pas si c'était vrai !

Si c'était exact, car c'était vrai. Quand on « prend l'exact pour le vrai », comme dit Victor Hugo, quand on réduit la vérité à l'exactitude, on est perdu pour la vérité.

Tout à fait d'accord. En effet, je ne savais pas si ce n'était pas une légende, mais d'un seul coup j'ai saisi, au-delà d'une expérience, la réalité. J'avais déjà commencé la biologie depuis plusieurs années, et je savais ce qu'était la mitose, notamment. Mais, en fait, ce n'était encore que des mots dans un livre : je n'avais jamais vu une cellule. Et je n'ai vu, encore aujourd'hui, la cellule du cœur qu'à la télévision. Mais d'un seul coup, cette « image » est devenue pour moi la réalité même. Ces cellules indifférenciées, déjà unies par un lien plus fort qu'un lien purement physique, sont déjà un être humain : voilà ce que j'ai « vu ». Le mystère fondamental. Alors qu'à l'époque, j'ignore si j'étais chrétien ou pas : mais cela n'a aucune importance. Mon cheminement spirituel était déjà en route depuis bien longtemps sans doute, mais ce n'était pas au niveau du conscient. Il n'est finalement pas nécessaire de savoir si je croyais à la vie éternelle : le fait est que la vie est devenue pour moi le mystère principal, la beauté principale.

Si on appliquait à la vie spirituelle ce que tu viens de dire de la vie, l'image ne serait pas fausse non plus. On peut ne pas avoir conscience que la vie est en route, dans la vie intérieure comme dans l'autre : les cellules de la vie intérieure peuvent être à des milliards d'années-lumière l'une de l'autre — au sens figuré s'entend —, mais l'on ignore que la vie spirituelle, que la grâce, est en train d'opérer, jusqu'au moment où il devient impossible de l'ignorer. La rencontre de Dieu est précédée par les cheminements les plus inconnus et les plus inattendus.

Je suis catholique français. Je dis bien français, en pensant à ce catholicisme extrêmement laxiste, qui s'arrange de tous les commandements.

Avec tous, comme tu le dis, mais ce n'est jamais le même dont chacun fait bon marché ! Mais chacun reproche d'ailleurs au voisin de faire bon marché de celui que lui-même ne transgresse pas : untel, très prude en matière de sexe, est laxiste en matière d'argent ; et réciproquement !

Je suis catholique parce que je suis né en France, que j'ai été baptisé. En maison de correction, comme je chantais convenablement, je faisais partie d'une chorale, catholique aussi, et comme j'allais souvent au cachot, qu'au cachot, le seul livre autorisé était la Bible, je suis devenu un petit monstre qui, à dix ans, avait déjà lu la Bible presque en entier. Pour moi, c'était un livre d'aventures absolument extraordinaire. Je servais aussi la messe, et j'assistais à peu près à dix messes par semaine : alors le personnage principal de ma religion n'était pas Jésus mais Paul. On parle presque tous les jours de Paul : au moins trois cents jours par an. Et en français. Et ce Paul, je le trouvais vivant ; c'était un être humain. Il pouvait être mon père, être toi, être moi. Lorsque j'ai commencé à écrire un livre sur saint Paul, c'était en fait mon bâton, mon appui. Je le sais, aujourd'hui, alors que je me figurais n'écrire d'abord qu'un roman. Mon cheminement intellectuel et moral passe par là. On ne peut étudier pendant treize ans sans recevoir énormément ; on ne peut étudier les moralistes, les philosophes, les historiens, les géographes, sans se remettre en question. Mais en même temps, on ne peut, pendant treize ans, lire la Bible sans en recevoir énormément. Il se produisait donc en moi un double cheminement : en même temps que je me disais, minute par minute : tiens, qu'est-ce que tu t'instruis, qu'est-ce que tu deviens intelligent, je me disais : mais tu crois, tu crois, tu crois ! C'est en découvrant la vie, la beauté et le mystère de cette vie, que j'étais devenu chrétien. Ta réflexion est tout à fait juste : cette connaissance de la vie biologique a été instantanément et en même temps la connaissance de la vie spirituelle. Ce n'était plus la foi du charbonnier, que je respecte infiniment, et qui est indispensable...

Et ce n'est pas non plus son contraire, car la foi du charbonnier est d'abord la foi. Mais les cellules se sont rencontrées et se sont mises à battre !

Oui. Il y a eu vraiment la conjugaison de tout mon être, de ma connaissance intime de la vie biologique, qui ne peut pas exister sans la vie spirituelle, et puis un jour, cette révélation : je crois. Et c'est tout. A partir de là, j'ai cherché, je cherche, à perfectionner ma foi, je veux dire à la vivre. Ma foi, c'est moi : une relation unique entre le Créateur et moi-même. Je ne peux pas la partager, la donner, parce que je ne peux pas l'expliquer comme on explique un théorème, mais je peux être en communauté avec ceux qui prétendent vivre dans la même foi.

En fait, quand on la partage tout à fait, c'est que l'autre est déjà dans la foi. Quand on commence à voir la foi de l'autre, c'est que notre regard est éveillé à la foi elle-même. Qu'on la reconnaisse signifie que quelque chose, en nous, déjà croit : sinon, on doute toujours de la foi. Il est des gens que les martyrs même ne convainquent pas. N'est-il pas déjà significatif de se demander : Que voit-il que je ne vois pas ? Celui qui se pose cette question ne voit pas encore ce que l'autre regarde, mais il voit qu'il regarde.

C'est en ce sens que j'ai dit : une foi ne se partage pas. Je ne sais pas ta foi. Je crois ce que tu me dis, mais je ne sais pas ce que tu penses, ce que tu ressens. C'est en ce sens-là que je disais que la foi est personnelle, parce que je ne peux pas l'expliquer. Mais je peux la vivre, et cette vie se voit.

C'est le « voyez comme ils s'aiment » des Romains à propos des premiers chrétiens, et qui a tant fait pour le rayonnement du christianisme. De même que le « voyez comme ils ne s'aiment pas » a tant fait, par la suite, pour le rejet de ce même christianisme. Mais tu serais plutôt en porte à faux avec ce qui se dit aujourd'hui couramment, que la foi est d'abord foi dans les autres ; croyez aux autres, et vous avez la foi. Comme s'il ne fallait pas avoir la foi pour croire, dans les autres, à quelque chose qui est plus que leur apparence misérable ou éphémère ! Pour toi, il y a d'abord une rencontre de personne à Personne, qui plonge dans le mystère ; la rencontre personnelle avec Dieu, sans laquelle il n'y a aucune rencontre avec l'autre ?

Je vais peut-être sentir le soufre quand je dis cela, mais d'une certaine manière, et j'espère être bien compris —, je n'ai plus besoin de revivre chaque jour, chaque dimanche, le Sacrifice du Christ, à la messe : il est tout en moi, j'y crois. Si je vais à la messe, c'est que sept cents millions d'êtres humains prétendent vivre de cette même foi que nous avons tous individuellement, la vivre épaule contre épaule. Nous disons les mêmes mots, et nous sommes des frères : la communion de saints, c'est cela. Mais nous devons pouvoir dépasser cette communauté. Jésus accomplit totalement sa destinée en quarante ans, nous, nous devons mettre combien pour atteindre au titre de fils de Dieu ? Nous croyons que nous sommes fils de Dieu, mais nous ne le sommes que sur la Croix et dans la Résurrection. Il faut dépasser l'anthropomorphisme, se retrouver comme Jésus sur la Croix : tout seul. Notre vie spirituelle, c'est cela. D'abord la foi du charbonnier : on regarde parce que nos parents, nos curés nous ont dit : « Regarde dans telle direction. » Et puis, si j'ai de la chance, si Dieu le veut, je vais regarder intérieurement. Un jour, peut-être, j'aurai vraiment la foi : alors je suis seul, comme au jour de ma mort, je serai seul.

Je pensais justement à celle que tu as tuée, à cette solitude d'une mort qu'elle n'attendait pas. Tu lui as pris la vie, mais tu lui as tout de même donné la mort, c'est-à-dire quelque chose qui n'était pas du tout dans son projet, au moins à ce moment-là. Elle aurait pu mourir, bien sûr, d'un accident : je ne pense pas à la brutalité de sa mort mais au fait que tu lui as donné une autre mort que la sienne. Tu es entré dans sa vie et dans sa mort, c'est-à-dire dans sa destinée, mais du même coup elle fait partie de la tienne. Maintenant, c'est avec toi qu'elle poursuit en quelque sorte sa destinée, et qu'elle n'est plus seule dans sa mort.

Bien sûr. Et c'est là où est l'horreur pour moi : j'ai commis un acte divin. La raison fondamentale de mon opposition à la peine de mort est là. Ce n'est pas pour des raisons biologiques ou philosophiques, car la vie, sociologiquement, n'a aucune importance : qu'est-ce que soixante ou soixante-dix ans au regard de l'éternité, et une vie au regard de quatre milliards de vie ? Mon horreur de la mort, à cause ou grâce à cette femme, c'est que j'ai commis un acte divin. J'ai décidé, par accident peut-être, mais j'ai décidé que sa vie allait s'arrêter là. Oui, j'ai arrêté sa destinée, et tu as raison, c'est moi qui la prends maintenant en charge. Je suis obligé d'assumer cette destinée.

D'ailleurs, je crois que même si je n'avais pas connu le cheminement intellectuel et spirituel dont je t'ai parlé, je n'aurais plus jamais été le même. Je serais devenu honnête : je le crois. Lorsque, le lendemain matin, j'ai appris que cette femme était morte, à ce moment-là, je crois que je suis devenu honnête. Je n'aurais jamais voulu me remettre dans la situation d'ôter la vie à quelqu'un. Or, la malhonnêteté en est toujours la porte.

Si je suis maître du coffre-fort que je force, je ne suis pas maître de cette femme qui entre et que je n'attends pas, ou du voisin qui va me trouver un air drôle, du policier qui me trouve un air louche. Le simple vol dans un grand magasin est la porte du meurtre. Cela s'est vu à Paris : un gamin surpris en train de voler ; le garde qui lui court après ; le gamin prend un couteau et le tue. Dans la délinquance, dans le simple vol, il y a déjà la mort, et de cela nous ne sommes pas maîtres. Ce dont j'aurais été maître, c'est de ne plus jamais me placer dans la situation d'ôter la vie à quelqu'un. Je crois qu'à la seconde où j'ai ôté cette vie, il s'est opéré en moi une rupture totale, et j'avais déjà choisi.

D'une certaine manière, nous sommes tous des assassins. Je m'explique. Il y a plusieurs façons d'ôter la vie : l'Évangile le dit explicitement. A travers ton geste meurtrier, tu as découvert ce que c'est que prendre la vie d'un être, physique et spirituelle. Tu l'as vécu visiblement. Quand on vous coupe un bras, on le voit, en effet. Mais si on vous prive de la moitié de votre âme, c'est-à-dire de votre vie, cela ne se voit pas, aucun sang ne coule. Et il n'est pas nécessaire de prendre un couteau pour le faire !

En prenant un stylo, on le fait beaucoup mieux !

En prenant un stylo ; en usant de vous comme d'un objet et non comme d'un être. Par exemple, en prenant le pouvoir politique, moins redoutable quand il convoite votre avoir que votre être. Mais d'ordinaire, on est plus sensible au premier vol qu'au second ! Il existe mille manières de vous ôter la vie dans la vie familiale, dans la vie d'une société, d'une cité, qui consistent à vous ôter une partie de votre destin. Oter la vie ne signifie pas toujours donner la mort : il suffit d'altérer la vie de quelqu'un de façon que cet être soit en réalité privé de ce qui est vraiment sa vie. L'exemple horrible du Cambodge, où l'on a séparé des familles, ôté leur identité aux gens en même temps qu'on les déportait vers des lieux inconnus d'eux, avec des gens inconnus d'eux, est un exemple extrême mais significatif de cette volonté de meurtre moral.

Et à l'échelle privée, nous connaissons tous des exemples semblables, d'une sorte de mise à mort de quelqu'un, dans sa réputation, dans sa dignité, dans ses moyens de vivre et de s'exprimer, etc. Et c'est toujours de bons sentiments, de sentiments religieux même, que se recouvre cette tentative de réduction à l'esclavage ! N'est pas meurtrier, seulement, celui qui vous égorge. Quelqu'un de désarmé dont on abuse, c'est un meurtre, c'est toucher au cœur de la vie. Bien des honnêtes gens pourraient se dire : Comme je n'ai jamais donné la mort à personne, je n'ai jamais ôté la vie à personne. Mais la différence que tu soulignes entre les deux expressions nous conduit plus loin que cette bonne conscience hypocrite. Nous sommes tous, en fait, en puissance d'assassiner, nous avons tous une manière d'ôter la vie qui est d'empêcher quelqu'un d'exister pleinement. Non dans le sens où une société dite permissive affirme que tout est permis (sauf la noblesse), mais dans la vie quotidienne. Il est des mots, des réponses ou des silences avec des êtres, qui les empêchent d'exister, et le meurtre est parfois si bien fait que le meurtrier est insoupçonnable. Or tout ce que tu as dit ne permet pas de se délivrer aussi facilement de la question. Quand on intervient dans la vie de quelqu'un — et Dieu sait si les institutions, si les individus interviennent ! —, à partir de quel moment devient-on un assassin ? Comment, sans donner la mort, peut-on ôter cependant la vie ?

Je dis bien : j'ai ôté la vie. Empêcher d'exister est tout de même une chose différente. Un proverbe affirme : « Tant qu'il y a de la vie il y a de l'espoir ! » Je crois que mon crime est plus fort que le crime des nations, le crime des totalitarismes, le crime des bourreaux. S'ils empêchent d'exister en partie, tant qu'ils n'empêchent pas de vivre, la vie peut être plus forte que l'État et que les bourreaux. Cette vie a donc des chances de se refaire, se reconstruire dans le bonheur. On a pu, et on le fait depuis la nuit des temps, assassiner des âmes. On n'a pu que les étouffer en partie, les contraindre momentanément, mais ces âmes existent toujours, parce qu'elles sont immortelles. Si l'emprise se relâche une seconde, la vie est tellement forte, tellement belle, qu'elle reprend le dessus. On voit des gens fuir l'Union soviétique, fuir les asiles psychiatriques et le conditionnement en six mois : ils récupèrent leur équilibre psychique. On ne peut pas droguer les gens à vie.

C'est vrai. Il est vrai aussi que les témoins qui survivent à de tels traitements sont les héros et les saints de l'humanité contemporaine : il n'y a qu'à voir combien nos vedettes font pâle figure devant eux !

On ne tue jamais tout à fait l'espérance car elle ne vient pas de l'homme.

Dans ma connaissance instinctive de la vie, c'est cela qui était contenu : j'ai toujours su que la vie est plus forte que tout, avant même de savoir ce qu'est la vie. C'est pourquoi je dis autour de moi, à ma femme par exemple : acharnement thérapeutique ? D'accord. Je veux boire jusqu'à la dernière goutte. Et c'est en ce sens que je ne me suiciderai jamais. Je n'ai pas le droit de disposer de ma vie, de la vie, car j'ignore ce qu'elle sera à la seconde suivante, et je veux le savoir. Dans la noirceur ou dans la beauté.

La noirceur, je l'ai connue ; maintenant, j'essaie justement de faire partager mon idée de la beauté de la vie. On cherche à écraser les êtres : c'est vrai. Des copains sont passés sous ce rouleau compresseur et sont devenus de parfaits métro-boulot-dodo. Si dans ce que je viens de dire on sent une moquerie, je sais cependant qu'ils vivent, qu'ils ne sont pas des végétaux ! Leur vie reste aussi respectable que ma vie. De même que je te disais l'autre jour, en déjeunant, que c'est à travers mon expérience que je suis opposé à l'avortement. Si je n'ai pas aimé ma mère, car je n'ai jamais vécu avec elle et l'amour est un apprentissage, je la bénirai toujours, pourtant, parce que précisément, elle ne s'est pas fait avorter. Elle avait des raisons et le moyen de le faire. Infirmière, abandonnée par son mari, avec déjà un autre enfant, elle m'a laissé vivre cependant. Elle m'a donné la possibilité de respirer, de savoir que la pluie est froide, que l'herbe est verte, que les roses sentent bon, que les gens ont une sale gueule ou une belle gueule, que le métro ça pue mais que c'est plein d'hommes et de femmes comme moi ; elle m'a permis d'exister, et pour moi, là est la bénédiction. Ma mère aurait pu être un bourreau : elle m'a permis de vivre.

Encore une fois, ton sens de la vie est devenu si profond qu'il ne s'arrête pas aux apparences défavorables ; il va plus loin que les distinctions utilitaires auxquelles s'arrêtent aujourd'hui nos sociétés et ceux qui s'y meuvent à l'aise.

J'ai un couple d'amis qui a un enfant mongolien. Parce qu'ils sont riches, ils ont une infirmière à domicile, et six ou sept enfants mongoliens comme lui vivent chez eux dans la journée, au lieu que leurs parents, qui eux sont pauvres, les mettent dans une institution. Je les vois assez souvent : ces mongoliens sont heureux. Leur cerveau n'a pas atteint le stade du discours cohérent qui caractérise l'humanité mais il suffit que je pose la main sur leur épaule ou sur leur tête, et ils se frottent contre mon blouson. Est-ce que ce n'est pas cela, la vie ? Sensation, chaleur, un mot, un regard ? Et les gens ne le savent pas, parce qu'ils sont pris par d'autres intérêts. Ces mongoliens vivent, alors que beaucoup d'hommes et de femmes ne font qu'exister. On ne peut pas les empêcher de vivre. Mais j'ai toujours su, d'instinct, qu'un homme est plus fort qu'une institution, qu'une loi, au moins dans nos régimes aimables. La prison, la maison de correction, c'est relativement aimable : on ne m'a pas mis une balle dans la tête ! Si j'avais été emprisonné en U.R.S.S. ou en Argentine, eh bien, j'aurais été un chien, j'aurais été un pourri, j'aurais rampé où il fallait, mais je serais sorti vivant ! J'aurais tué les autres, s'il le fallait, mais je serais sorti vivant ! L'assassin que j'ai été par hasard aurait pu le devenir, là, volontairement, et en connaissance de cause : car ma vie a plus d'importance que celle des autres ; c'est la mienne, et c'est ma destinée de l'accomplir. J'aurais peut-être porté atteinte à la destinée des autres, et j'aurais alors été obligé de faire je ne sais quoi, ensuite, pour payer le prix de ces vies que j'aurais ôtées, de ces existences que j'aurais brisées, mais je n'aurais pas pu, ni par faiblesse, ni par abandon, ni par peur, laisser anéantir ma vie.

Et c'est parce que je sais ce qu'est ma vie que j'en suis venu à respecter la vie, et celle des autres. Parmi ceux qui font de beaux discours sur la vie et la mort, rares sont les hommes qui respectent leur propre vie et qui l'aiment réellement. Or, si l'on ne s'aime pas, comment peut-on prétendre aimer les autres ? Les autres ne sont que la projection d'un moi, un moi multiplié à l'infini, aussi singulier et aussi différent que le mien, aussi unique. Mais ils sont quand même moi.

« Tu aimeras ton prochain comme toi-même » : la seule mesure qui soit donnée à l'amour de l'autre par le commandement divin, c'est l'amour de soi-même. L'invitation évangélique n'est facile ni à comprendre ni à pratiquer, mais elle est claire.

Exactement : « Comme toi-même ! » Si tu ne t'aimes pas, quel amour peux-tu donner à l'autre, comment peux-tu l'aimer ? Tu n'accomplis alors que des gestes sociaux.

Quand tu parles de l'élan instinctif de vivre qui est en toi, il est bien évident qu'il faut passer par cette reconnaissance pour le reconnaître aussi chez l'autre. Si l'on a de soi-même une image sordide, et sur la condition humaine un regard misérable, l'autre en fait les frais : les désespérés tentent de désespérer, les aigres de nous aigrir, les médiocres de nous médiocriser, si j'ose dire, et les grands, ceux qui se regardent avec noblesse, de nous élever.

C'est encore un des paradoxes de l'être humain, mais un paradoxe n'est jamais qu'un truisme : j'ai toujours aimé les êtres humains. Même si je les volais. Tout simplement : je m'aimais plus que l'autre. C'est tout. Et c'est aussi monstrueux et fondamental que cela : ma vie avait plus d'importance que celle des autres. Donc, je prenais. Je prenais le pain, je prenais l'argent de l'aveugle parce que j'étais borgne ; je prenais à ma hauteur : je ne pouvais pas prendre à Rothschild ! Mais j'ai toujours aimé l'être humain. J'étais xénophobe, comme tout animal, mais le jour où j'ai dû penser la xénophobie, j'ai cessé d'être xénophobe. Aujourd'hui j'aime toujours ma vie, mais j'aime autant celle des autres. J'aime l'autre à la mesure de l'amour que je me porte. Ainsi, je trouve beaux tous les êtres humains. Tous, sans exception, ont quelque chose de la beauté humaine. Et quand j'ai été condamné à mort, si j'avais été exécuté, je pense que ça n'aurait eu pour moi aucune espèce d'importance, mais la monstruosité réside dans le fait que ce regard sur les autres aurait été aboli. Pour moi, cela n'avait pas d'importance ; pour les autres, peut-être si.

Et comment as-tu reçu la condamnation à mort, alors que tu avais toi-même condamné un être à la mort ?

Colère ! Simplement colère : le rat dans sa cage, et l'on vient de fermer la cage. D'autant que l'enquête avait été si mal menée que tout aurait dû prouver mon innocence ! Grâce à la sottise des magistrats et à ma propre sottise, ce procès n'a pas débouché sur une erreur judiciaire. Mais ma condamnation, sur un plan purement technique, était une erreur : aujourd'hui, je me ferais acquitter, avec un tel dossier ! Ma colère était presque de la déception : comment pouvez-vous être aussi stupides, alors qu'il y a tellement de contradictions dans cette affaire ; les témoins se contredisent, l'expert se contredit... Il ne restait qu'une seule vérité : j'étais réellement coupable, donc il ne s'agissait pas d'une erreur judiciaire. Mais je n'ai ressenti d'abord que cela.

Finalement, il n'est pas important de savoir comment j'ai reçu la condamnation à mort. En revanche, il est intéressant de se demander comment j'ai vécu six mois dans la cellule des condamnés à mort. J'ai prétendu, pendant très longtemps, n'avoir jamais eu peur que l'on interrompe ma vie. Je crois que c'est vrai. De toute façon, je ne l'avais pas décidé moi-même. Si tout à l'heure, en sortant de chez toi, je suis écrasé par une voiture, qu'est-ce que je peux y faire ? Bien sûr, je prends les précautions d'usage : je regarde à gauche, à droite, mais si on me tue, je n'y peux rien. Une fois mort, quelle importance ? Mais j'étais certain d'être exécuté. C'est si vrai, qu'ayant commencé un roman avant ma condamnation, je voulais absolument le terminer avant de mourir. Je pensais n'avoir jamais rien fait dans ma vie ; avoir tout commencé sans jamais rien terminer. Je désirais absolument achever ce roman. Or, les semaines passaient, je pouvais être guillotiné d'un jour à l'autre, chaque matin pouvait être mon dernier matin, et je voulais mettre le mot fin à quelque chose. J'ai alors copié deux chapitres d'un bouquin. Parce que je ne connaissais rien aux courses d'automobiles, et qu'une partie de mon roman se passait dans ces courses, j'ai pris un bouquin de l'ingénieur Grégoire, sur les Vingt-quatre heures du Mans, et j'en ai copié deux chapitres. J'ai donc triché avec moi-même, mais pour terminer quelque chose. Ce qui prouve que j'étais sûr de mourir et que je n'avais réellement pas peur, c'est ce désir de terminer le roman commencé.

Mais, dans le même temps, je commençais aussi à écrire mon livre sur saint Paul. Or je n'avais ni la connaissance, ni l'intelligence, ni le temps présumé nécessaire pour mener à bien cette œuvre. Au niveau du subconscient, c'était une manière de mystifier la mort. Tu connais cette blague ? On demande à un condamné à mort : « Quel est votre dernier vœu, il sera exaucé ? » Et il répond : « Je voudrais apprendre le chinois. » Ce livre sur Paul, c'était mon chinois. Si je commence une œuvre de longue haleine, alors que je n'ai ni les documents, ni l'intelligence, ni la connaissance du sujet, il me faut du temps. Je dois donc vivre pour la mener à bien.

En fait, tu le vois, toute une partie de moi-même ne craignait pas la mort, et aujourd'hui encore ne la craint pas. Je ne peux pas la craindre précisément parce que j'aime la vie. Si j'avais dû être exécuté, j'aurais bu jusqu'à la dernière goutte de cette vie, et ce sont les autres qui auraient décidé à tel moment : Il a assez vécu. Mais en même temps, une partie de moi, et probablement la part animale, c'est-à-dire la plus fondamentalement vitale, voulait vivre. Ma façon de mystifier la mort était donc de commencer une œuvre impossible à mener à bien si je ne vivais pas.

Si l'on considère l'ensemble des condamnés, même à des peines légères, on se dit que ce degré de conscience — et pas seulement de conscience morale —, qui est devenu le tien, est rare. C'est d'ailleurs aussi vrai des gens qui ne sont jamais passés devant un tribunal, et qu'on appelle honnêtes. L'inconscience est la chose du monde la mieux partagée, aussi bien chez des hommes qui ont été emprisonnés que chez les autres ! Inconscience à des degrés divers, d'ailleurs. Des hommes qui regardent leur vie et qui se regardent eux-mêmes avec une acuité égale à la tienne sont l'exception. Tu parlais du déclic qui s'est produit en toi dès le premier matin qui a suivi ton crime : n'est-ce pas exceptionnel aussi ? Quels que soient le crime ou la faute que l'on commet, il est assez rare que les gens prennent conscience d'une faute, surtout dans une société dite permissive, qui n'a pas besoin d'absolution pour s'absoudre elle-même de tout !

Tout simplement parce que les gens n'ont pas conscience de vivre. Et c'est l'éternelle question : a-t-on le droit d'éveiller les esclaves ? Je fais de la formation continue, après avoir enseigné dans une école d'ingénieurs. Personnellement, cela ne me pose plus aucun problème : j'aime la vie, j'aime la partager avec les autres. Chaque fois que je communique une connaissance à quelqu'un, je lui donne une parcelle nouvelle de liberté, donc une parcelle de vie. Bien sûr, cette vie peut être source de souffrance ; savoir, par exemple, commencer à savoir, c'est immédiatement découvrir qu'on ne saura jamais tout. Donc, c'est l'occasion d'une occasion supplémentaire et nouvelle de souffrir. Mais cette souffrance même est la vie. Il est possible que donner une parcelle de liberté aux gens, une parcelle de connaissance de la vie, leur soit souffrance, mais cette découverte est aussi beauté.

Quand tu parles d'inconscience : effectivement, tout le monde existe, peu de gens vivent. Le petit enfant, par exemple, ne sait pas qu'il croit, mais il croit. Ce n'est pas suffisant. Il est nécessaire pour lui de passer par là, puis de dépasser ce stade, de prendre connaissance de la foi qui est en lui, de la vie qui est en lui, et à travers elles, de se regarder et de regarder l'autre. Le mythe des sept cercles de la connaissance, dans la réincarnation bouddhiste, donne une image de ce que je veux dire.

Mais concentré sur une seule existence, où tout se joue alors pour toujours ?

Exactement. Une seule vie, avec des cercles différents et concentriques. Il faut que j'élargisse sans arrêt mon attention et ma connaissance. On peut, certes, rester sur place. Mais l'existence instinctive n'est que le premier cercle, le cercle central, la création sensible sans laquelle il n'y a rien. La foi du charbonnier, du petit enfant, se tient là aussi. Puis, lorsqu'il a la chance, non seulement d'exister mais d'être, l'homme parcourt les autres cercles. Et tous, en fait, vont le ramener à un point central : la foi est l'expansion, mais aussi la contraction, pour revenir à l'origine. Y revenir avec une certaine connaissance qui lui vient précisément de chacun des cercles parcourus. La vie se vit par étapes.

Ce sont aussi de telles étapes qu'évoquent les « nuits » de saint Jean de la Croix. Mais justement pour revenir à cette limpidité souveraine dont parle le Christ quand il dit : « Si vous ne devenez semblables à cet enfant, vous n'entrerez pas dans le Royaume... » La foi adulte est la foi de l'enfance intérieure retrouvée.

Mais les âges de la vie eux-mêmes évoquent ces cercles successifs et complémentaires, à la fois irremplaçables et irréductibles l'un à l'autre. On ne peut penser ni vivre à vingt ans comme à quarante ou à soixante, même s'il existe pourtant, au-delà des âges différents, une vérité suprême commune à tous, et qui les dépasse. On n'a qu'une vie, mais on ne dispose pas d'un seul âge pour la vivre. L'expérience, négative et positive, est justement une découverte permanente de soi, des autres, de l'univers. C'est pourquoi il importe tellement de laisser leur enfance aux enfants, leur vieillesse aux vieillards, sa mort à l'homme.

Si je ne franchis pas en pleine conscience chacune des étapes, je ne peux comprendre vraiment l'étape suivante, ni regarder vraiment ceux qui sont sur la même marche que moi. Mais des gens existent, hélas, qui ne se voient jamais ! Il faut se regarder ; il faut regarder l'autre. Si tu ne me regardes pas, je n'existe pas, à ce stade supérieur d'exister dont nous parlions, c'est-à-dire la connaissance de ma vie, de ta vie, de la vie. J'ai peut-être parcouru plus rapidement certaines étapes, à cause de ce drame d'un jour : j'ai ôté la vie. Il est vrai qu'il m'a conduit à prendre davantage conscience de la vie, conscience de vivre. Et la mort n'est devenue pour moi qu'un mot : l'important est la vie. Celle qui ne s'arrête plus. Et je l'aime infiniment.

Celui qui condamne à mourir :

PRÉSIDENT FRANÇOIS ROMERIO

La peine de mort est abolie en France. Il faut dire qu'elle n'était appliquée depuis longtemps qu'en des circonstances très exceptionnelles. En revanche, des pays qui l'utilisent avec moins de ménagements et où la justice est pour le moins expéditive ne s'interrogent guère sur la possibilité de l'abroger : c'est là où il faudrait imposer certaines questions qu'on se les pose toujours le moins. Quand on fait bon marché de la vie, la peine de mort ne se pose plus en termes de justice. Le monde contemporain offre assez d'exemples d'exécutions sommaires, d'exécutions massives, d'exécutions arbitraires, et tout simplement d'exécutions capitales, pour qu'il vaille de maintenir une telle interrogation : de quel droit et en quelles circonstances extrêmes, un homme, des hommes, peuvent-ils condamner un autre homme à mourir ? Est-ce un geste barbare ou un geste sain ? Est-ce la marque d'une société évoluée ou primitive ?

J'aurais certes pu rencontrer maints adversaires de la peine de mort : ils ne manquent pas, en France, pour poser ces questions. Il m'a paru cependant plus intéressant de le faire avec un homme qui a au moins le courage de parler à contre-courant et qui ne se laisse pas émouvoir par le bruit qui est fait autour de certaines thèses qui ne sont pas les siennes. Le président Romerio n'est pas un homme sanguinaire, ni un cœur barbare, ni un homme hostile à tout esprit d'innovation : il est cependant partisan de la peine de mort. Il a déjà eu l'occasion de l'affirmer publiquement. Mais peut-être pas toujours à la profondeur où se situait notre entretien, ainsi qu'il a bien voulu le dire à la fin de celui-ci. Il ne s'agit pas de rouvrir un débat, mais plutôt de montrer que ce débat ne sera jamais refermé dans le monde, y compris par les dernières lois françaises.

L'exercice de charges aussi importantes que celles qui ont été les vôtres, implique-t-il de faire abstraction de sa personnalité ? Est-ce que le président Romerio n'était plus que le délégué de notre société et de ses lois, chargé de les faire appliquer, ou quelqu'un, aussi, qui entrait en communication personnelle, et d'homme à homme, si j'ose dire, avec un de ses semblables menacé de mourir ?

Au cours de ma carrière, le magistrat et l'homme se sont trouvés en général en accord. Et notamment pour ce qui concerne la peine la mort. J'ai eu à l'appliquer puisque j'ai été pendant douze ans président de la cour d'assises, puis pendant dix ans premier président de la Cour de Sûreté de l'État. Lorsque cela a été mon tour, j'ai été chargé, par mes premiers présidents respectifs, d'accompagner, par trois fois, des condamnés à mort à la guillotine. Chaque fois, j'ai eu l'impression, non seulement d'accomplir un devoir, mais de faire une action salutaire à la société. Et cela, en raison de l'état d'esprit qui a toujours été le mien, que je n'ai manifesté — par respect de l'obligation de réserve — qu'à ma retraite, de considérer le crime, non pas à travers le criminel mais à travers la victime. Chaque fois qu'un individu criminel a été exécuté, j'ai pensé : Je sauve des innocents. C'est ce sentiment d'hostilité envers la peine de mort infligée aux innocents qui m'a permis de supporter et d'accepter volontiers la mort du coupable.

Vous n'avez jamais éprouvé le sentiment que le coupable lui-même pouvait être ou devenir à son tour victime ? Vous voyez dans sa condamnation et son exécution un acte de justice à l'endroit de ses propres victimes, et non d'un acte dont se rendrait coupable la société ?

Bien sûr. Et je voyais en outre les victimes futures. Les assassins récidivistes sont nombreux. Je pensais toujours, je pense encore, qu'en étant partisan de la peine de mort, je m'évite de faire un mea-culpa chaque fois que je lirai dans le journal du matin qu'un nouveau crime a été commis. Je considérerais, si j'étais plus indulgent envers les assassins, que j'aurais une part de responsabilité dans la mort des victimes. Serais-je le seul à être partisan de la peine de mort, je le resterais pour être d'accord avec ma conscience.

Le président Romerio se retrouve donc dans une longue tradition de justice, à travers le temps et l'espace, qui n'hésite pas à condamner à mourir ?

C'est une longue tradition, en effet, et il est à remarquer, comme vous le faites, qu'elle s'est appliquée de tous les temps et en tous lieux, à de très rares exceptions près. Quand on affirmait que la France était l'un des seuls pays où l'on connaissait encore la peine de mort dans un certain périmètre, je répliquais qu'il s'agissait d'une sorte de racisme. Si on considère toutes les nations, quelles qu'elles soient, nous voyons que la France se tenait dans une majorité de pays que je me refuse à considérer comme sauvages. Je suis un ancien colonial — et non colonialiste —, je connais quelques-unes des autres cultures, notamment la civilisation extrême-orientale, très différente évidemment de la nôtre, mais qui n'en a pas moins le sens des valeurs. Je me refuse à traiter avec mépris ces gens qui n'ont pas la même culture que nous et à créer une sorte d'apartheid, affirmant que la Belgique, la Suisse, l'Italie, l'Allemagne, et la France aujourd'hui, sont les seules références en la matière, et que le reste n'est rien. Je situe mon pays dans le concert de toutes les nations et toutes les civilisations.

Et vous étiez pour la peine de mort parce que vous estimiez que, lorsqu'elle était appliquée dans notre pays, elle l'était en toute justice ? Selon des critères et des garanties qui vous assuraient que celui qui mourait devait mourir ?

Certainement. Notre droit accumule les garanties. Un crime est commis : la police, d'abord, mène son enquête. Si la police n'est pas convaincue de la culpabilité d'un suspect, la procédure s'arrête là. Si elle en est convaincue, elle envoie le dossier au parquet. Le parquet examine l'affaire : si le procureur de la République ou le substitut n'est pas convaincu, il classe. S'il est à son tour convaincu, il envoie l'affaire au juge d'instruction. Celui-ci fait à son tour une enquête très complète : témoins, experts, reconstitution, etc. S'il n'est pas convaincu, il peut rendre une ordonnance de non-lieu et l'affaire s'arrête là. S'il est convaincu, il renvoie le dossier devant la chambre d'accusation composée de trois magistrats de robe rouge et d'un avocat général. Si cette formation n'est pas convaincue à son tour, elle peut infirmer l'ordonnance du juge d'instruction et rendre un non-lieu. Sinon, elle renvoie devant la cour d'assises.

En cour d'assises, il y a trois magistrats et neuf jurés tirés au sort, pour juger. L'accusé jouit d'un droit supérieur à celui de la victime, et même de l'avocat général, en ce sens qu'il peut récuser jusqu'à cinq jurés, alors que l'avocat général n'a droit qu'à quatre récusations, et que la victime n'en a aucun. On peut dire que l'accusé choisit ses jurés. Si, à l'issue d'un procès complet, au cours duquel on reprend toute l'affaire, il y avait cinq jurés ou magistrats, sur douze, qui décidaient l'acquittement, l'acquittement était prononcé. Il faut au moins huit voix sur douze pour qu'une condamnation, quelle qu'elle soit, puisse être prononcée. Et il faut encore huit voix sur douze pour refuser les circonstances atténuantes. Ce n'est qu'à ces seules conditions, et suivant cette procédure, que la peine de mort pouvait être prononcée. Mais ce n'est pas fini.

Le condamné a encore la possibilité de se pourvoir en cassation. La Cour de cassation réexamine la procédure. S'il y a le moindre défaut dans cette procédure, c'est la cassation, et le renvoi devant une autre cour d'assises, qui statue dans les mêmes conditions que la première, avec les mêmes garanties. Bien entendu, l'accusé a partout des défenseurs. Et lorsque l'arrêt de la cour d'assises était devenu définitif quant à la peine de mort, il y avait encore le recours en grâce auprès du président de la République, assorti d'une enquête faite par le garde des Sceaux, les directeurs de son ministère, après avis du président de la cour d'assises qui a rendu l'arrêt et du Conseil de la magistrature. Je ne vois pas ce que l'on pouvait faire de plus.

Il faut ajouter que chacune de ces étapes ne s'additionne pas à l'autre. Chaque fois, une décision de rejet peut être prise, et une seule juridiction peut prendre une décision de condamnation : la dernière. J'ai vécu toute une existence de magistrat pénaliste, je n'ai jamais eu l'impression de commettre une erreur judiciaire. Jamais. En revanche, j'ai éprouvé cette impression pour certains acquittements au bénéfice du doute. Nous nous disions presque toujours : il y a quatre-vingt-dix-neuf chances sur cent pour qu'il soit coupable, mais comme il en existe une pour qu'il ne le soit pas, alors nous l'acquittons. Là, oui, j'ai commis des erreurs judiciaires, sans doute un certain nombre. Mais jamais dans l'autre sens. Je suis formel. J'attends la contradiction de tous ceux qui voudront me l'apporter.

Si vous vous éleviez contre la peine de mort, je suppose, après ce que vous venez de dire, que ce serait dans les pays où de telles garanties ne sont pas assurées, dans les pays où la condamnation et l'exécution restent arbitraires ?

Bien sûr. J'approuve entièrement la législation française qui donne toutes les garanties que je viens de vous énumérer.

En fait, vous invitez à rendre la législation aussi juste que possible pour assurer les droits de l'accusé comme de la victime. Ce n'est donc pas en France que l'on pouvait dire, selon vous, que la peine de mort menaçait des innocents. Et en fait, les seuls pays où il n'est pas question de discuter du bien-fondé de la peine de mort sont ceux où elle est appliquée arbitrairement, hélas !

L'arbitraire du juge, ou de quiconque, en matière de peine de mort, est une chose horrible. Une dictature qui se donne le droit de vie et de mort, et qui l'exerce aveuglément, ne peut plus se réclamer de la justice. Elle ne fait que rendre le crime pour le crime, et souvent le crime pour l'innocent. J'ai toujours été un démocrate convaincu.

Il existe des types de législation sommaire, dans des pays totalitaires, ou dans des périodes totalitaires de notre histoire, où ces garanties ne sont pas assurées, évidemment.

Mais il n'y a pas de législation de pays en état de paix intérieure et extérieure qui soit dans le cas de prononcer des condamnations arbitraires. Les garanties sont plus ou moins grandes, mais elles existent toujours. En revanche, des tribunaux populaires comme ceux du début du règne de Mao Tsé-toung relèvent de l'arbitraire. Ou nos tribunaux révolutionnaires, devant lesquels les « pétroleuses » criaient : « A mort », simplement parce que l'accusé portait une particule, sont un autre exemple d'arbitraire.

Rendre la justice doit revenir, selon vous, à des hommes et à des femmes compétents, c'est-à-dire habilités à cela, autrement dit des professionnels ?

Il y a une compétence préparatoire. Il doit s'agir de gens qui connaissent bien le droit pénal et ses accessoires pour préparer le dossier, mais je suis tout à fait partisan du jury français, tel qu'il existe. Toutes les questions de droit sont résolues, y compris les questions du doute, par une procédure préparatoire, et l'on pose au peuple français représenté par son jury la question : Que faut-il faire de cet individu sur lequel nous avons tous les renseignements que nous vous donnons. Je trouve que notre organisation judiciaire est satisfaisante. Il y a toujours, bien entendu, des améliorations à lui apporter, et je souhaite par exemple que la victime jouisse un jour des mêmes droits que l'accusé, sans retirer à celui-ci une virgule à ses droits dans le procès pénal. J'ai toujours souffert, dans ma vie de magistrat, de voir la partie civile pratiquement sans aucun droit, hormis celui de se taire dans son coin. Cela dit, si la victime avait, dans le procès pénal, les mêmes droits que l'accusé, je dirais que notre organisation judiciaire en matière criminelle est parfaite en France.

En tout cas dans son esprit. Vous avez le sentiment que dans cette juridiction de cour d'assises, il s'opère un équilibre entre la compétence des juristes et une certaine réflexion simplement humaine des jurés qui représentent le peuple français.

C'est exactement cela, et cet équilibre est excellent. Pour ma part, je me suis toujours gardé de faire pression sur les jurés. On le dit quelquefois : le président a usé de son autorité pour impressionner les jurés. Je puis dire que ce ne fut jamais mon cas. Dans les cours d'assises que je présidais, j'entrais avec mes assesseurs et les jurés dans la salle de délibération, et je disais aux jurés : « Eh bien, messieurs, à vous ! J'ai parlé toute la journée ; si vous le permettez, je vais enfin me reposer, et c'est à vous de jouer. Monsieur le premier juré, vous avez la parole... » Et le deuxième enchaînait, le troisième également, jusqu'au dernier. Moi, je me tenais tranquille et j'écoutais. S'il se manifestait une erreur de droit, je rappelais simplement le droit. Comme à ce juré qui proposait un jour une condamnation de vingt ans de prison avec sursis, je lui ai appris que la loi ne permet qu'un maximum de cinq ans si l'on applique le sursis. C'est vingt ans ferme ou cinq ans avec sursis. Mais je m'en tenais là. Et quand la délibération était terminée, que toutes les idées avaient été échangées et discutées, je faisais passer l'urne et je posais la première question : Untel est-il coupable ? Oui ? Non ? Et nous comptions les bulletins.

Lorsque les accusés risquaient le châtiment suprême, est-ce que vous avez assisté à des crises de conscience aiguës chez certains jurés, ou même chez des magistrats, ou encore en vous-même ?

Je n'ai jamais vu de jurés dire par exemple : Je voterai les circonstances atténuantes parce que je suis personnellement hostile à la peine de mort.

Et certains de ces jurés éprouvaient-ils cependant de l'angoisse devant un verdict de mort, au point de s'y refuser ?

Les jurés prennent leur rôle très au sérieux. Je suis un partisan résolu de notre jury, parce qu'à l'expérience, j'ai toujours constaté qu'il s'agissait d'hommes et de femmes responsables, qui ont une conscience très équilibrée. Lorsqu'on met les gens en face de leurs responsabilités, ils les assument. J'ai présidé la cour d'assises du Nord, et j'ai vu des mineurs de fond retraités remplir leur rôle avec une grande pertinence. Ils réfléchissaient aux problèmes comme des philosophes généreux : ils s'élevaient au-dessus d'eux-mêmes.

Quand la vie de quelqu'un est entre les mains, et de la justice, et des hommes qui constituent un tribunal, on peut dire que la question est vraiment posée, selon vous, au plus haut degré de conscience humaine et de réflexion ?

Oui. Je suis formel. Je n'ai jamais vu une négligence. Quelqu'un qui lisait son journal pendant les délibérés : c'est évidemment impensable. Ou quelqu'un qui ne soit pas absolument présent.

Et du côté de l'accusé maintenant. Vous avez accompagné des condamnés à mort jusqu'au lieu et au moment de leur exécution. Est-ce que vous étiez aux côtés du même homme que vous aviez eu devant vous au long du procès, ou bien un homme différent, et sur lequel vous portiez, peut-être, un jugement différent ? Et vous-même, étiez-vous le même homme ?

Je n'ai jamais constaté de modifications entre le condamné et l'exécuté. J'ai commencé ma carrière de magistrat en Indochine, où l'usure, à l'époque, était d'une pratique courante. Un homme avait ainsi prêté de l'argent à un paysan modeste, et avec l'accumulation des intérêts, le paysan ne pouvait plus le rembourser. L'usurier est allé le voir une fois, deux fois, trois fois, sans récupérer sa créance. Il est entré un jour en fureur, s'est muni d'un coupe-coupe, et s'est rendu chez son débiteur. Celui-ci était avec sa femme et un de ses enfants, l'autre travaillant à la rizière. L'usurier a tué le paysan, sa femme, leur enfant, et il est allé vers la rizière tenter de tuer le second. Fort heureusement,il a été arrêté avant, déféré devant la cour d'assises, condamné à mort et exécuté. Je l'ai conduit à l'échafaud, l'exécution se faisant alors publiquement. Je comprenais un peu le vietnamien, mais j'étais surtout assisté d'un interprète. Au moment où il a été poussé sur la guillotine, il a prononcé une phrase et mon interprète a jeté une exclamation de surprise. Je lui ai demandé ce qu'avait dit le condamné, et savez-vous ce que c'était ? « Quel dommage que je n'aie pas trouvé le deuxième fils. » Il n'avait pas changé.

Mais d'autres expriment au contraire un vrai repentir, et loin de se révolter contre les peines qui sont prononcées à leur encontre, certains les accueillent même comme un acte de justice. En fait, sans doute le problème de la peine de mort se pose-t-il autant en considération de la peine que de la mort ? Notre attitude à son égard est fonction de notre attitude générale à l'égard de la mort. Elle dépend de la réponse que nous donnons à la question : « Qu'est-ce que la mort ? » autant que de notre notion de la justice. Nous sommes tous, en fait, des condamnés à mort. Condamner à mort un criminel, et l'exécuter, ne fait évidemment qu'anticiper sur sa destinée ultime et ne porte certainement pas atteinte à sa dignité. C'est donc dans une considération sur la vie et sur la mort que s'inscrivent sans doute plus profondément toutes les considérations sur la peine de mort. Il n'est pas infamant de mourir, et ce peut être même un témoignage suprême de dignité et d'amour.

En effet, nous sommes tous mortels, et la peine de mort ne fait que réduire la durée de vie d'un individu qui pourrait en user encore pour faire le mal.

Et la société est fondée à préjuger de cet avenir d'après un passé ?

Oui. La société a le devoir de se protéger. Elle le fait par les moyens dont elle dispose. En temps de guerre, c'est également par la mort des ennemis.

Qui menacent notre propre vie. Il arrive, en effet, qu'il soit préférable, dans l'optique d'une société, de tuer que de mourir. Il arrive aussi qu'il soit préférable de mourir que de vivre, et la mort n'est pas nécessairement ce qui nous prive, elle pourrait être aussi ce qui nous donne, et davantage encore qu'elle n'ôte. Les héros préfèrent la mort à l'infamie ; le martyr de toutes les causes témoigne par sa mort, et la société n'hésite pas à demander aux meilleurs de sacrifier parfois leur vie pour elle. Mais elle hésite maintenant à demander aux criminels de payer leurs crimes de leur propre vie, comme s'il n'y avait pas une dignité aussi pour eux dans la mort.

Et si nous nous plaçons sur le plan religieux, on peut ajouter que la mort est rédemptrice. Le christianisme est en quelque sorte fondé sur la rédemption par la peine de mort. On n'a jamais prétendu que la condamnation à mort du Christ était une erreur judiciaire. Bien au contraire. Le Christ a réparé en quelque sorte le désordre de la création, le mal introduit dans le monde, en donnant sa vie. Il a pris sur lui le péché, il s'est présenté comme le seul coupable, et il a expié les fautes humaines par sa mort. C'est cela la Rédemption. Dieu lui-même a accepté la mort pour racheter les péchés du monde ; un homme ne peut-il racheter ses propres fautes en mourant ?

Le Christ pouvait ne pas mourir. On pouvait concevoir le rachat des péchés par une longue période d'esclavage, d'expiation, jusqu'à la mort naturelle du Christ. Un Christ chargé de chaînes, outragé, frappé, n'aurait-il pas suffi ? Il est mort de mort violente sur la croix, parce qu'elle est la condition suprême et nécessaire de la Rédemption. Sortez les croix des églises si vous considérez que la peine de mort n'a pas une vertu purificatrice.

Et toute une tradition chrétienne s'inscrit d'ailleurs dans cette perspective. Elle ne désespère pas pour autant du salut éternel du condamné puisqu'elle l'accompagne jusqu'au bûcher et à la guillotine, pour l'encourager à mourir dignement et dans la pensée du rachat que vous dites. Mais elle ne s'élève pas contre le jugement qui a été rendu, lorsque celui-ci l'a été avec justice. L'Église a d'ailleurs donné le tragique exemple de débordements trop singuliers sur ce point pour oublier aujourd'hui ce qu'elle louait hier : les bûchers de l'Inquisition ne sont pas éteints dans les mémoires. Et c'est peut-être faute d'un pouvoir comparable à celui dont ils disposaient hier, que certains clercs et certains laïcs d'Eglise se débarrassent aujourd'hui plus doucement de leurs adversaires ! Certes, les pages noires ne sont pas exemplaires de ce qu'il convient de faire, mais elles illustrent une mentalité chrétienne qui est loin d'être hostile au rachat du coupable par son exclusion et par la mort. La mort, du point de vue chrétien, n'est pas une réalité infamante; la mort n'est pas dégradante.

Certainement pas. Et il est quelquefois plus dégradant pour un coupable de survivre à son crime.

Et quand vous avez vu des coupables, reconnus tels par un jury, échapper à la peine de mort, graciés par exemple : vous reconnaissez qu'il s'agit encore d'un acte de justice. Vous ne réclamez pas une peine de mort automatique, si j'ose dire ?

Si, dans les délibérations et le vote d'un jury, je me trouvais dans la minorité, par exemple, qui souhaitait la peine de mort, contre une majorité qui l'écartait, j'acceptais la décision démocratiquement. Je me disais : Peut-être ai-je tort puisque le plus grand nombre paraît voir les choses autrement et me donne tort ? Je n'étais pas pour autant toujours convaincu, mais j'acceptais la décision. Je vous l'ai déjà dit : je n'ai jamais fait pression, en vertu de mon rôle de président, pour infléchir un vote. Certains présidents d'assises, dit-on, accentuent les raisonnements des jurés pour gagner une ou deux voix à leurs idées. Je me suis toujours refusé à le faire.

Vous avez eu le singulier privilège d'être celui qui a condamné à mort, mais d'avoir été aussi vous-même condamné à mort, conduit jusqu'au peloton d'exécution. Cette expérience n'a pas entamé vos convictions de magistrat que la peine de mort, c'est bien du côté du jury, moins bien du côté du condamné ? Vous avez été aussi déterminé après qu'avant à faire appliquer la peine de mort ?

Exactement. Pendant l'occupation japonaise de l'Indochine, en effet, j'appartenais à la Résistance française. Je m'occupais d'un réseau de renseignements qui passait des informations aux Anglais. Informations assez importantes puisqu'il s'agissait de la navigation des navires japonais qu'il convenait d'envoyer au fond ! J'ai été arrêté par la police politique japonaise et enfermé dans les cages, qui sont restées célèbres, de Saigon. Lorsque j'ai été arrêté, j'ai éprouvé un sentiment de très grande paix. Je me suis rendu compte qu'il n'y avait plus aucune chance que j'en sorte vivant. Et en effet, un jour, une sentinelle japonaise a fait l'appel de quelques-uns des Français qui se trouvaient dans les cages. Les noms appelés avant le mien m'apparaissaient comme ceux des plus coupables, et le mien est naturellement venu. J'ai compris que je vivais mes derniers instants.

On nous a mis dans un camion et emmenés dans la cour de la caserne où avaient lieu habituellement les exécutions capitales. J'ai été placé, avec mes camarades, le long d'un mur, face à un peloton d'exécution. Et soudain, au dernier moment, l'ordre est venu de surseoir à l'exécution. Mais je l'ignorais au moment où je me trouvais face au peloton. Eh bien, ce qu'aurait été ma dernière pensée n'était pas adressé à ma femme et à mes enfants avec qui je vivais pourtant dans une harmonie sans nuages, ni pour mes parents, ni pour mes amis. Ma dernière pensée aurait été celle-ci : « Quel dommage que je sois si fatigué : je n'aurai pas la force de chanter *La Marseillaise.* »

Ce n'était pas là — je m'en rends compte maintenant — de l'héroïsme, mais quelque chose qui remontait du plus profond de moi-même, de ce que j'avais appris depuis mon enfance, lorsqu'on enseignait au petit garçon que j'étais qu'il fallait délivrer l'Alsace et la Lorraine. Tout un passé remontait en moi dans cette dernière pensée qui aurait été la mienne si j'avais été exécuté. On ne peut donc préjuger, avant le moment fatidique, quelle sera la réaction ultime. Dans les semaines précédentes, je m'inquiétais uniquement du sort de ma femme après ma mort, de savoir comment elle allait vivre avec les enfants. Or ce n'est pas cette pensée qui s'est présentée à moi, dans ce que je croyais être mon dernier instant.

Vous vous êtes en quelque sorte haussé à la hauteur d'une mort plus civique. Mais dans cette double expérience de condamné à mort et de condamneur à mort, vous considérez toujours que la société qui condamne accomplit un acte salutaire à la fois pour elle-même, pour les victimes éventuelles, et enfin pour le coupable lui-même ? Vous n'y voyez jamais un geste de vengeance ou de mépris ?

Certainement pas. C'est un acte de justice, un acte de protection des plus faibles et des victimes. Je me considérerais comme coupable moi-même si j'étais contre la peine de mort dans certains cas très précis. Je me dirais : Par lâcheté, je vais sacrifier des vivants innocents. Par lâcheté.

Mais que pensez-vous du rachat du coupable et de la protection de la société autrement que par la mort des criminels ? N'existe-t-il pas des moyens à la fois plus humains et plus dissuasifs ?

Ce ne pourrait être qu'un acte volontaire de la part du coupable lui-même. Je ne crois pas aux éducateurs, aux aumôniers, qui transformeraient automatiquement la volonté de tuer, et le goût de tuer, en bonne volonté. Si l'individu est suffisamment intelligent, s'il a suffisamment de sens moral — et il y en a — pour se rendre compte de ses actes, il est possible de développer cette conscience. Et parfois, il est vrai que de grands criminels, ceux qui sont passibles de la peine de mort, sont plus accessibles à la morale que le petit voyou qui fait un chapardage tous les jours. Celui-là chapardera toute sa vie avec la même inconscience. Le grand criminel a accompli un acte qui parfois a pu bouleverser sa conscience. En ce sens, il arrive qu'il soit récupérable. Vous connaissez Claude Charmes : c'est son cas. C'est un homme qui a fait ce rétablissement. Son sens moral retrouvé a été aidé par une très rare intelligence, ce qui n'est pas à négliger.

Mais le rachat à long terme étant si rare et si difficile, vous estimez donc que la peine de mort est la forme la plus adéquate du rachat, l'invitation à payer en quelques secondes ce que toute une vie ne parviendrait éventuellement pas à expier ?

C'est cela. Vous avez abordé la question sur un plan très élevé qui n'invite nullement à évoquer des arguments de réunions publiques houleuses. Sur ce plan-là, il me semble que nous avons fait le tour d'une telle interrogation.

Avortement et euthanasie sont-ils des meurtres ?

PROFESSEUR JÉRÔME LEJEUNE

Dans son laboratoire de l'Institut de progénèse, qu'il dirige, le professeur Jérôme Lejeune est le même homme, chaleureux et profond, rigoureux et lucide, qui préside un peu plus tard à une table familiale nombreuse et enjouée. Pas de rupture entre le savant et l'homme, la discipline et la vie, mais une harmonie rare, au contraire, qui confère, à ce qu'il dit comme à ce qu'il fait, une dimension lumineuse. Bien avant de nouer avec lui une rencontre d'amitié, j'avais, il y a bien des années, rendu visite à son frère, l'admirable peintre Philippe Lejeune, l'un des premiers artistes de ce temps, non dans un laboratoire bien sûr, mais dans un atelier empli de la beauté du monde. Or le biologiste Lejeune ne tient pas un autre langage sur le monde que le peintre Lejeune.

Le professeur de génétique fondamentale, le directeur de recherche au C.N.R.S., spécialisé dans l'étude des chromosomes humains, et auquel on doit la description des anomalies qui provoquent le mongolisme et les premières victoires de la médecine sur ce terrible mal, le savant, en un mot, parle d'un monde dont il a saisi la beauté profonde. Dont il respecte infiniment la beauté. Jusqu'à la découvrir, justement, là où d'autres regards, indifférents ou hostiles, ne la voient pas ou ne la voient plus. C'est pourquoi j'ai souhaité engager avec lui l'entretien sur un sujet qui appelle à la fois une connaissance de spécialiste et une réflexion au-delà des réactions élémentaires contradictoires et déroutantes. La question de la mort et de la vie humaines, posée à travers des êtres que certains hésitent à appeler encore ou déjà des êtres humains, ne met pas seulement en cause ces êtres, mais nous-mêmes.

Vous êtes un homme de science, précisément biologiste, donc un homme dont l'esprit s'efforce de considérer objectivement le réel. Vous savez, comme les hommes de science le savent et le disent aujourd'hui, que l'espèce, dans le règne animal — mais l'homme n'est-il pas un animal ? —, prime sur l'individu. Il semblerait donc aller dans le sens de l'espèce, d'écarter des individus qui ont fait leur temps, ou d'autres qui ne l'ont pas encore commencé, afin que survive l'espèce sous son meilleur jour. Euthanasie et avortement, dans cette perspective, seraient-ils aussi condamnables qu'on a pu le dire, serait-ce vraiment des meurtres, puisque, après tout, ils ne s'en prennent qu'à des éléments dont la vie n'est pas celle de l'individu accompli ?

Ce n'est pas une question mais plusieurs, que vous posez. D'abord, l'espèce l'emporte-t-elle sur l'individu ? Ensuite, supprimer un individu qui ne satisfait pas à certains critères de fonctionnement est-il un meurtre ? Je répondrai d'abord à la seconde question, si vous le voulez bien.

Je ne sais pas si c'est un meurtre de tuer un enfant in utero, ou d'éliminer un vieillard accablé par diverses vicissitudes. Mais je sais, avec certitude, qu'il s'agit d'un homicide. La notion de meurtre est une notion légale, qui dépasse, si je puis me permettre cette expression, la juridiction scientifique. Mais, en revanche, nous savons, avec une très grande certitude, que chaque membre de notre espèce est un individu qui possède exactement les mêmes qualités fondamentales que chacun des autres membres de la même espèce, avec cette particularité, qu'il détient des caractères innés génétiques qui lui sont propres. Cela est une des merveilles de l'invention de la reproduction sexuée.

Lorsque les bactéries se reproduisent, chaque bactérie, descendante, par scission, d'une bactérie antérieure, est une copie conforme, aux mutations — c'est-à-dire aux erreurs — près, de la bactérie originale. Du fait de la reproduction bi-parentale, chacun de nous reçoit la moitié du patrimoine véhiculé par son père, et la moitié du patrimoine transmis par sa mère. Ces moitiés sont choisies suivant des systèmes de combinaisons extrêmement compliquées, qui font qu'on peut dire, à notre échelle, que la moitié des caractères génétiques du père ont été choisis fortuitement comme la moitié des caractères génétiques de la mère l'ont été aussi. Il en résulte que chaque individu, dans une espèce à reproduction bi-parentale, est une réussite personnelle, en ce sens que la constellation des gènes qui le constituent ne s'est jamais produite depuis que le monde est monde, et n'a pratiquement aucune chance de se reproduire. Je passerai sur la démonstration algébrique qui est extrêmement simple : le nombre des combinaisons possibles, tout simplement avec les gènes des groupes sanguins que nous connaissons, dépasse, par plusieurs puissances de dix, le nombre des hommes ayant déjà existé sur cette planète. Ce qui permet d'affirmer qu'il est vrai, au sens scientifique du terme, que chaque individu est unique.

Ce processus bi-parental a un énorme avantage : il maintient la cohésion de l'espèce, parce que les gènes ne sont pas répartis comme des boules dans une urne, mais soigneusement localisés à certains endroits de longs filaments que nous appelons les chromosomes. La disposition de ces filaments eux-mêmes définit l'espèce. Ce qui permet ce phénomène a priori invraisemblable que chaque individu soit unique, et que, cependant, tous les individus soient membres de la même espèce, parce qu'ils possèdent la même syntaxe, la même façon de construire les phrases à partir de mots qui sont tous à peu près les mêmes, à de petites variantes près. Ainsi chacun d'eux a sa personnalité, bien qu'il soit pleinement membre de l'espèce.

Cette accession à l'individualité irréductible à aucune autre n'est pas seulement vraie de l'espèce et de l'individu humains, mais des espèces et des individus animaux ?

Ceci est vrai de tous les animaux à reproduction bi-parentale, à partir des individus complexes. Pour reprendre alors votre seconde question : est-ce un meurtre..., je dirai que la définition juridique du meurtre dépasse ma compétence. Est-ce un homicide ? Indiscutablement. La seule définition que nous ayons d'un être humain consiste à dire qu'il est un membre de notre espèce, donc qu'il est notre semblable. Il importe peu que ce semblable soit petit ou grand, vieux ou jeune, il reste notre semblable. Là-dessus, la biologie n'a aucune hésitation.

Et cette singularité de l'individu-animal comme de l'individu-homme établit-elle un rapport inédit entre l'espèce et l'individu ?

C'est votre première question : l'espèce l'emporte-t-elle sur l'individu ? Elle appelle plusieurs distinctions. Je serais assez fondé à croire que cet extraordinaire génie qui a présidé à l'installation des espèces sur notre planète — pour l'instant, permettez-moi de ne pas définir ce génie : j'emploie le mot en fonction de sa ressemblance avec le mot gène, c'est-à-dire l'art du devenir —, ce génie, donc, a probablement privilégié, en effet, l'espèce par rapport à l'individu. Mais je crois que la découverte extraordinaire de l'espèce humaine est d'avoir tout d'un coup réalisé que l'individu est premier par rapport à l'espèce. Et cela fait la différence — une des différences fondamentales — entre l'homme et les animaux. Nous savons que tout homme est un être individuel, respectable parce qu'il est *cet* homme-là. Les animaux ne savent pas que tel chien est digne d'attention, non seulement parce qu'il est un chien, mais parce qu'il est ce chien-là. Les biologistes qui proposent de préférer l'espèce humaine, au sens théorique, à l'individu humain — la « chevaléité » au cheval, comme on aurait dit au Moyen Age — me semblent justement des biologistes qui raisonnent comme des vétérinaires, non comme les serviteurs d'une espèce très particulière. Celle qui, justement, a inventé que l'individu en lui-même est aussi respectable que l'espèce.

Ce sentiment d'être unique a d'ailleurs précédé toutes les découvertes biologiques : l'observation quotidienne le pressentait déjà. L'homme est tellement persuadé, sans aucune démonstration, d'être unique, qu'il étend ce sentiment aux objets mêmes qu'il possède. Il a un art de rendre uniques son habitat, son lieu, son existence, qu'il met tous ses efforts à y atteindre. Même quand il existe une mode vestimentaire, par exemple, une femme est extrêmement embarrassée de porter la même robe que sa voisine dans une réunion à laquelle elles sont invitées ensemble. Si par hasard cela arrive, le fait qu'elle se considère comme unique l'amène à se sentir vexée qu'on puisse la confondre avec une autre, et, dans un deuxième temps, à transformer sa robe, à y ajouter ou retrancher quelque chose, qui fait qu'elle redevient unique comme elle.

Votre réflexion est tout à fait judicieuse. Je crois que cette propension qu'a tout être humain, et pas seulement les femmes, à personnaliser ce qui lui appartient est strictement liée à la particularité d'être un *Homo faber*. Quand l'homme commence à casser un caillou, il imprime sa marque dans le caillou. Ce qui nous répugne le plus, dans le monde moderne, dans la production en chaîne d'objets sans valeur, c'est de devoir acheter par exemple un briquet à jeter absolument semblable au briquet jetable que le voisin a pu sortir de sa poche. Mais que les hommes aient quelques loisirs, et ils commencent à graver leur nom dans le plastique du briquet. Cela ne présente aucun intérêt pour le briquet lui-même, mais il n'est plus une sorte de bactérie reproduite indéfiniment : il devient leur briquet.

Et ce qui est vrai des objets l'est encore davantage des êtres que nous aimons — ou que nous n'aimons pas. Aucun ne saurait nous tenir lieu d'un autre.

La nature nous a pourvus d'un système de reconnaissance absolument prodigieux. Avez-vous remarqué que, lorsque vous vous promenez dans une foule, vous reconnaissez d'un coup d'œil le visage d'un ami parmi des milliers de gens. Comment faisons-nous cela ? Aucune opération dont vous soyez conscient ne vous a permis d'analyser la couleur des cheveux, la forme du visage, etc. Il faut donc que nous ayons profondément inscrit un système de reconnaissance, capable de différencier chaque individu, et qui nous donne cette faculté de ne pas douter un instant de l'identité de nos amis. Les neurologistes ont montré que nous possédons, à la partie inférieure du cerveau, une zone de dimension importante, qui a pour seule fonction d'enregistrer les particularités du visage et de nous donner une mémoire formelle, qui nous dispense d'analyser pour reconnaître les individus.

Les animaux jouissent-ils de cette faculté de reconnaître immédiatement l'individu ? Un chien distingue un chien d'un chat et son maître d'un autre maître, mais leur faculté de reconnaissance est-elle aussi individualisée que la nôtre ?

Nous ne savons pas si cela existe chez les animaux. Cette région du cerveau reste très petite, même chez les primates supérieurs, alors qu'elle est très importante chez l'homme. On a bien l'impression que notre nature même nous a fourni le moyen de reconnaître le prix singulier de chaque homme, puisque nous pouvons saisir leurs différences immédiatement.

Dans cette perspective, chacun ayant ses traits et sa destinée, il est permis de penser aussi que chacun a sa mort, la sienne en propre, inscrite quasiment dans ses gènes, si aucun incident extérieur ne vient, si j'ose dire, lui enlever cette mort et lui en donner une autre. Ce caractère unique de l'être fait que notre vie est irremplaçable, du moins pour nous. Peut-on dire que notre mort aussi est irremplaçable ? Chacun aurait droit à sa mort comme chacun a droit à sa vie. Et sa mort personnelle, non celle que lui imposerait une société ou une espèce. De ce point de vue, euthanasie et avortement ne sont-ils pas une manière de voler non seulement la vie mais la mort de l'individu ?

Sitôt que vous parlez de droit, je ne me sens plus dans mon élément. Mais je renverserai en fait votre proposition : nous n'avons pas droit à la mort. La mort est un impôt, un tribut, que nous versons à la constitution matérielle de notre être. Je ne serais pas éloigné de considérer que la mort est une sorte de preuve de l'imperfection des systèmes vivants. En revanche, je pense que chacun de nous a droit à la vie. Et la société n'a pas le droit de la lui retirer. Ce n'est pas que l'individu ait droit à sa mort particulière : il a droit à sa vie. Là est le droit. La mort arrivera de toute façon, et nous n'avons aucun droit à la mort, puisque nous y sommes condamnés.

Je voulais surtout souligner que chacun a droit à cette mort-là, qui lui arrive dans sa propre vie, et non à une mort qu'un autre déciderait arbitrairement pour lui.

C'est très exactement le corollaire de ce que je vous disais : chacun a droit à sa vie...

... et donc à sa mort...

... et la société n'a donc pas le droit de lui infliger une mort...

... qui lui ôterait le droit de vivre sa vie et sa mort ?

Exactement.

Et vous considérez que l'avortement est homicide parce qu'il supprime une vie absolument singulière ? Vous considérez que la vie est vivante dès la première seconde de la conception, comme les Chinois qui ne fixent pas l'âge de l'homme à partir de sa naissance mais neuf mois plus tôt ? Ce que vous affirmez du caractère unique de l'être se manifeste dès la fécondation, et le moment initial est déjà un instant unique d'une vie unique ?

Le moment initial est difficile à préciser avec toutes les connotations qu'on voudrait. Je vais vous dire à peu près ce que nous savons, et sur quoi il n'y a pas de discussions. La personnalité d'un être vivant — et quand je parle d'un être vivant supérieur je veux parler aussi bien d'un chat, d'un chien, d'un éléphant, d'une baleine : je ne fais pas de différence, pour l'instant, entre les vertébrés complexes —, le caractère unique d'un être vivant tient dans la rencontre de ses caractères géniques qui lui viennent de ses deux parents. Cette rencontre ne se produit probablement pas au moment où le spermatozoïde pénètre dans l'ovule, mais au moment où les chromosomes qui sont dans le spermatozoïde et ceux qui sont dans l'ovule commencent à se diviser. Finalement, ils se rencontrent et deviennent, pour la première fois, fonctionnels à l'intérieur d'une seule cellule. Cela conduit à une notion qui n'est pas classique dans les livres, mais dont nous sommes tout à fait certains maintenant : l'homme ne passe jamais par le stade d'une seule cellule.

Vous avez probablement appris que la fécondation, réunissant les chromosomes du spermatozoïde et les chromosomes de l'ovule, fait de la première cellule une sorte de grosse amibe. Nous repasserions alors par un stade ancestral. Il n'en est rien. La mise en commun des caractères génétiques se fait seulement lorsque la première cellule s'est déjà divisée en deux. Au moment de cette division, les deux lots chromosomiques se rencontrent dans chacune des deux premières cellules. La vie d'un être supérieur, de cet être supérieur-là, ne débute qu'au stade de deux cellules.

Et cette division s'opère combien de temps après la fécondation ?

Entre la pénétration du spermatozoïde, et ce qui peut être considéré comme le point de départ origine de l'individu, il se passe peut-être vingt-cinq minutes. C'est vous dire qu'il s'agit de peu. Mais si nous raisonnons en scientifiques, c'est pour essayer de cerner la réalité du plus près possible.

A partir du moment où les deux premières cellules, les deux premières blastomères existent, elles commencent à se diviser chacune par deux et construisent tout de suite l'organisme. Il est possible de prélever des embryons très précoces, de séparer les cellules qui se divisent — on le fait aisément chez les souris —, et de prendre des cellules d'un autre embryon pour les associer aux premières. Si l'on choisit ces embryons de telle façon que les parents des uns soient de pelage jaune, des autres de pelage noir, d'autres de pelage blanc, et qu'on mélange ces cellules, on obtient parfois des souris dites composites et qui portent, côte à côte, des cellules d'origine génétique différente. Vous allez voir tout de suite où je veux en venir.

Un phénomène étrange, qu'on a eu beaucoup de peine à expliquer, tient au fait qu'en mélangeant les cellules de deux embryons, on obtient un adulte composite ; on peut même obtenir des sujets qui présentent trois souches cellulaires différentes, provenant de trois embryons différents. Mais on ne peut dépasser trois. On a essayé des mélanges de quatre, cinq, six, et le résultat est nul. Cela est extrêmement intéressant, parce qu'on savait depuis très longtemps, en embryologie, que les deux premières cellules, dont je vous parlais tout à l'heure, sont enfermées dans une membrane, une sorte de petit sac, la zone pellucide. Curieusement, après la division en deux cellules, l'une des deux cellules se redivise en deux, mais pas l'autre. Ce qui fait que nous passons par un stade ternaire. Quand ces trois cellules existent, la cellule qui ne s'était pas divisée commence alors, et alors seulement, à se diviser, et on retombe dans la division par deux.

Le phénomène ternaire est d'une importance extrême. Nous le retrouvons quand nous faisons des mélanges de cellules embryonnaires. On arrive ainsi à définir l'individualité lorsqu'on atteint ce point où l'on ne peut couper le sujet, sous peine, par exemple, de faire deux moitiés de cadavre. On ne peut plus faire un bourgeonnement. L'individualité se referme sur elle-même au stade de trois cellules. Ce qui nous amène à dire : l'individualité biologique, définie par le capital génétique dont je parlais tout à l'heure, est bien réelle dans tout le fonctionnement normal. Nous pouvons briser cette règle si nous intervenons très précocement et que deux cellules coopèrent ; trois le peuvent encore ; au-delà, ce n'est plus possible.

Nous pouvons alors affirmer deux choses. Dans les conditions normales, l'être humain est défini par son capital génétique. Il n'est défini qu'au stade de deux cellules. Quand l'une des cellules se coupe en deux et qu'il passe par le stade de trois, son individualité, c'est-à-dire son insécabilité — si je puis proposer un néologisme aussi abominable ! — est totalement définie elle aussi. Même en utilisant, pour fabriquer de faux individus, les techniques les plus éloignées des voies de la nature, on se heurte immédiatement à cette notion : la mise en place de l'information se passe au stade de deux, et c'est le stade de trois qui définit l'individu. On peut ultérieurement le mutiler ou le tuer, mais on ne peut plus changer son être.

Quand on voit le résultat de ces manipulations géniques — dans la nature, elles se produisent en quelques heures — on est amené à être extrêmement ferme. Nous savons expérimentalement que l'être, l'être poulet, par exemple, commence au stade de trois cellules. Si vous faites cuire un œuf embryonné ayant dépassé les trois cellules, vous avez tué un être poulet. Bien entendu, cela n'a pas beaucoup d'importance de le tuer très petit puisque de toute façon vous le mettriez à la broche plus tard ! Mais vous n'êtes pas cannibale, et manger des êtres humains est tout à fait différent ; les tuer aussi. Or l'être humain est tout entier présent dès l'étape des trois cellules. On ne peut pas échapper à ces lois de la biologie. C'est pourquoi, si vous me demandez : éliminer un enfant, ou un fœtus — vous savez qu'on parle de fœtus tant qu'il est in utero —, ou encore un embryon, quand il a moins de deux mois in utero, est-ce éliminer un être humain ? Je vous réponds : il n'y a aucun doute. En disant qu'il s'agit d'un homicide, je ne fais que traduire ce que le long cheminement de la biologie nous a démontré progressivement.

Mais fermons cette parenthèse ; la longue démonstration par l'embryologie, par le clivage des cellules, est parfaitement inutile. N'importe quelle personne n'ayant pas de connaissances biologiques particulières sait parfaitement que si on retire quelque chose de l'utérus d'une femme enceinte, ce quelque chose est indiscutablement un être humain. Ce que l'on ne veut pas, c'est justement qu'il apparaisse dans sa forme totalement développée. Cela veut dire que même les gens qui ne se soucient absolument pas des lois de la biologie savent que ce qu'ils retirent ainsi n'est pas une tumeur, une dent de sagesse ou un animal, mais bien un membre de notre espèce, encore extrêmement jeune.

Mais n'est-ce pas la pensée qui fait la différence ? vous objecteraient certains. Cet être unique, certes, mais qui ne vit pas encore ou qui ne vit plus de la vie de l'esprit, peut-on dire qu'il s'agit déjà ou encore d'un être humain ? Celui qui a perdu la tête ou ne l'a pas encore acquise, celui qui ne participe pas complètement à l'activité des hommes, celui qui ne jouit pas de la faculté de connaître, est-il en fait vivant de la vie humaine ?

Non seulement je crois qu'on peut le dire, mais qu'on y est contraint. Prenons un sujet endormi — un opéré sous anesthésie générale —, autant que nous puissions en juger, il ne pense pas, ne sent rien : il est absolument inerte, et, je dirai, inintelligent. Pensez-vous que, durant le temps où on l'opère, il n'est plus un homme ? L'idée, bien sûr, est absurde. Pourquoi ? Parce que vous savez que l'anesthésie a été réalisée de telle façon que le sujet a toutes les chances de se réveiller, de reprendre son fonctionnement normal, donc de manifester à nouveau l'esprit qui l'habite. Et là, vous touchez à quelque chose qui m'impressionne beaucoup, et en quoi tient, pour moi, la définition de la vie et de la mort : tout simplement, l'espérance. Parce que vous savez que le malade se réveillera, vous dites : c'est toujours un homme, et je le protège jusqu'à ce que son esprit se réveille. Vous espérez simplement qu'il va le faire.

Or le fœtus, l'embryon, est dans un long sommeil qui dure quelque neuf mois in utero. Je sais parfaitement que, si je ne le tue pas, il va s'éveiller. C'est la même chose lorsque je vois un enfant nouveau-né. Il ne me parle pas ; il crie, il sent : c'est indiscutable ; il a des passions extrêmement vives et très localisées, essentiellement au tube digestif et au confort cutané. Pourquoi est-ce que je considère — tout à fait empiriquement — qu'il est un être humain ? Parce que je sais que dans un an il va dire papa-maman, que dans sept ans, il aura l'âge de raison. C'est très exactement une expectative fondée que de dire alors : il est digne d'être respecté par ses congénères puisqu'il est déjà l'un d'eux. Je ne vois pas, dans la logique pure, de différence entre le sommeil embryonnaire et le sommeil anesthésique. Si vous en faisiez une, cela voudrait dire que tout individu qui n'utilise pas actuellement son esprit n'est plus un homme. Vous auriez alors le droit de tuer aussi toute personne profondément endormie ! Cela me semble tellement absurde que je suis obligé d'en conclure : les prémisses sont fausses.

Vous avez tout à l'heure parlé d'espérance : est-ce une donnée biologique ?

Je vous ai dit, en effet, que la définition de la vie et de la mort nous amenait à la notion d'espérance. Cela est expérimentalement très fort, parce que c'est indubitable. Vous savez que nous sommes capables de cultiver des cellules dans nos petites bouteilles. Nous sommes même capables, avec des techniques relativement simples et fort bien cofidiées, ajoutant par exemple de la glycérine, du diméthyl sulfuxyde, et en abaissant progressivement la température, de descendre au-dessous de zéro, à quelques degrés du zéro absolu dans l'hélium liquide. Ici, au laboratoire, nous n'avons pas d'hélium liquide : c'est trop coûteux pour de pauvres biologistes, et bon pour des physiciens. Mais nous avons de l'azote liquide qui est déjà à moins cent quatre-vingts. Lorsqu'on descend des cellules vivantes à ces températures, on obtient, en ajoutant dans le milieu les produits que je vous ai cités, que toutes les molécules soient arrêtées dans leurs mouvements. Comme l'eau ne peut pas cristalliser, la structure fine est entièrement prise comme dans une gelée. Nous ne cassons rien, et l'ensemble de la cellule est en quelque sorte arrêtée dans son mouvement, elle est endormie. Plus exactement, je dirai que le temps est suspendu, car, dans le froid intense, il ne reste que quelques infimes vibrations des noyaux, mais plus de vibrations électroniques. Ces cellules ne croissent pas, ne respirent pas : elles sont figées comme si, pour elles, l'écoulement du temps s'était arrêté. Il n'est pas indifférent que le langage courant utilise la même racine pour le temps et la température. Dans le zéro absolu, le temps n'existe plus. Je peux vous amener à l'étage au-dessous, et vous verrez, dans de petites bouteilles, des cellules qui sont congelées à l'azote liquide, à moins cent quatre-vingts degrés. Elles peuvent rester ainsi pendant dix, quinze, vingt ans. Au bout de vingt ans, vous réchauffez très lentement, et les cellules vont progressivement perdre leurs structures de gelées, revenir à trente-sept degrés, se remettre à foisonner comme auparavant. Sachant cela, je vous pose une question : les cellules qui ne bougent pas sont-elles mortes ou vivantes ? Et, bien sûr, vous me répondrez qu'elles ne sont pas mortes. Pourtant nous sommes incapables de rien déceler d'une activité qui ressemble à la vie. Pourquoi avez-vous conclu qu'elles n'étaient pas mortes ? Parce que vous savez que le processus qui les a mises dans cet état a été suffisamment bien fait pour qu'elles aient une possibilité de se réveiller. Vous avez défini la vie par la notion d'espérance de reprise des phénomènes vitaux. Si je vous avais dit : ces cellules ont d'abord été mises dans un milieu fixateur d'alcool, d'acide, qui a détruit leurs structures, puis je les ai gelées, penseriez-vous aussi qu'elles sont vivantes ? Certes non. Vous penseriez qu'elles ont été soumises à une destruction qui empêchera toute reprise de l'activité. Ce qui nous amène très exactement à définir la mort par l'abandon de l'espérance. Tant que je garde l'espérance que ce système peut manifester à nouveau sa vie, je ne dis pas qu'il est mort. Et l'on arrive bien à cette définition qui est, je crois, la seule que nous possédions en science, une définition opérationnelle de la mort : l'abandon de l'espérance.

N'est-ce pas une notion qui tient aussi en suspens le déterminisme mécanistique, une sorte d'échec à la nécessité et au hasard ? L'espérance transcende la nécessité et le hasard pour introduire, dans la multiplicité des possibles, la possibilité du meilleur ? C'est-à-dire, au fond, de la vie ?

Ceci nous amène à une autre évidence : ce que nous appelons la vie est très exactement une information de la matière qui permet à celle-ci de conformer le hasard à ses propres nécessités. Vous mettez un système vivant dans un milieu qui contient diverses molécules, et ce système transforme le milieu, utilise ces molécules pour reconstruire d'autres édifices, selon son plan propre qui n'a rien à voir avec ce que vous avez mis dans la soupe, soit pour constituer un nouvel être comme lui, ou simplement pour accroître son propre être. L'information génétique est une forme imprimée à la matière ; cette matière, animée par cette forme, devient capable de soumettre le monde extérieur en désordre, c'est-à-dire le hasard, au nouvel ordre qui lui est nécessaire : celui qui définit son propre être.

Quand on regarde dans le détail, on s'aperçoit d'ailleurs que la façon dont nous prenons les molécules du monde extérieur — je dis nous, mais je pourrais dire cela aussi bien des bactéries que d'un homme et de tout être vivant —, pour les façonner selon notre propre être, s'opère en décortiquant les molécules à leur niveau le plus petit. Le système vivant trie les particules une par une, les protons un par un — l'hydrogène par exemple —, et les électrons un par un. La vie prend l'étoffe de l'univers à son grain le plus fin. Nous descendons même au-dessous du grain que connaissent les physiciens, c'est-à-dire au-dessous de l'électron. La configuration des molécules fait que la répartition statistique de l'endroit où peut se trouver un électron est modifiée légèrement : en quelque sorte, nous sculptons des molécules biologiques, non pas à un électron près, comme si on mettait une bille à un endroit ou à un autre, mais à une fraction d'électron près. C'est dire que la biologie, le système vivant prennent la matière à un grain encore plus fin que les physiciens ne savent la prendre.

Cela mérite réflexion, parce qu'ici nous est donnée la clef d'un extraordinaire paradoxe que vous connaissez, celui du petit démon de Maxwell. Vous vous rappelez que Maxwell avait dit : si un petit démon possédait une trappe pour ouvrir ou fermer un pertuis, dans une paroi qui sépare deux gaz, et qu'il ouvre sa trappe quand une molécule arrive très vite, dans le sens de gauche à droite, et la ferme au contraire quand elle arrive lentement, il parviendrait, au bout d'un certain temps, à réunir toutes les molécules rapides d'un côté et les molécules lentes de l'autre. Il aurait mis de l'ordre dans l'univers et remonté l'entropie.

Ce paradoxe de Maxwell a intrigué très longtemps les physiciens. Ils se demandaient comment inventer un système qui, effectivement, remettrait de l'ordre de façon gratuite. Il a pris longtemps de démontrer que pour ouvrir et manœuvrer sa trappe à bon escient, il faudrait que le petit démon réalise un certain travail, et que cette quantité de travail, utilisée à ouvrir sa trappe, se trouvait justement égale à la quantité de travail qu'il pourrait récupérer une fois qu'il aurait fini tout son labeur, c'est-à-dire lorsqu'il aurait séparé le gaz chaud du gaz froid. La quantité de travail qu'il obtiendrait en plaçant une machine à vapeur fonctionnant sur son opération serait exactement égale à la quantité qu'il aurait utilisée à manœuvrer sa petite trappe. Or, si l'affaire est blanche au sens du bénéfice, pendant un temps, le démon a tout de même remis de l'ordre dans l'univers. C'est exactement ce que font les êtres vivants. Ils remettent de l'ordre dans l'univers, mais leur ordre.

Chaque espèce a sa façon d'organiser les molécules pour constituer les êtres qu'elles sont. Elles utilisent exactement le paradoxe de Maxwell, à savoir que nous trions une à une les particules, les atomes, et nous les reconstituons un par un en mettant au bon endroit tel proton et tel électron. Il est tout à fait admirable que, ce qui était le paradoxe absolu, c'est-à-dire que les êtres vivants marchent à l'encontre de l'entropie, corresponde très exactement à ce qu'avait découvert Maxwell par le raisonnement. Pour atteindre à cela, il fallait prendre la matière à son grain le plus fin.

Je ne serais pas surpris — mais ici je m'aventure, car c'est pour l'instant inconnu —, que l'on s'aperçoive, d'ici quinze ou vingt ans, que ce que je disais tout à l'heure sur la répartition électronique, où nous avons l'air de couper, non les cheveux en quatre mais les électrons en dixièmes d'électron, soit effectivement un phénomène physique que les physiciens ne connaissent pas exactement à l'heure actuelle. Mais la nature vivante l'a depuis très longtemps découvert, allant rechercher l'endroit où la matière et l'énergie sont tellement imbriquées l'une à l'autre, qu'on peut quasiment prendre soit de la matière, soit de l'énergie, et refaçonner le monde. Je ne serais pas étonné que des lois physico-chimiques encore inconnues, et qui seront dans quelques années aussi claires que l'électron et le proton, sous-tendent justement cet extraordinaire génie de la vie, à savoir de manipuler la matière et l'énergie à l'endroit où elles se réunissent. Je suis peut-être allé un peu loin...

Certes pas : un livre sur la mort est un livre sur la vie. Mais j'ajouterai une autre manière de poser la même question. J'ai d'abord parlé de l'espèce, puisque c'est en son nom qu'on évince parfois l'individu indésirable. Mais il arrive aussi qu'au nom de l'individu on répudie les exigences de l'espèce, suivant les besoins de la cause et les moments du plaidoyer. Il y a l'autre face de la question : que m'importe l'espèce, que m'importe l'autre individu, même s'il est proche, seule compte ma propre vie. Ma vie plus que la vie. L'autre introduit dans ce qu'il y a d'unique en moi, même s'il représente l'espèce, une atteinte intolérable, une altération inadmissible.

Vous décrivez là très bien la schizophrénie, c'est-à-dire la rupture de l'esprit. Au nom de l'espèce, en effet, on propose d'éliminer ceux qui ne sont pas conformes à la norme acceptée, et en même temps, au nom de l'individu, on propose d'éliminer des membres tout à fait normaux de cette espèce. Parce qu'il va gêner, pour des raisons qui peuvent d'ailleurs être très angoissantes pour la mère à ce moment de sa grossesse, on sacrifie le bien-portant à l'individu, de même qu'on sacrifiait le malade à l'espèce. La schizophrénie coupe ainsi l'esprit en deux et tire la même conclusion de deux postulats totalement différents. Je crois que c'est la maladie de notre époque.

Au cours de l'histoire, le monde a été fou de diverses manières. Il a été maniaque, dans l'expansion extraordinaire de certaines populations qui soumettent les autres parce qu'elles ont une vitalité extrême. Telles civilisations ont été dépressives, et se désolant sur elles-mêmes, se sont plus ou moins suicidées par leurs actions tournées contre elles-mêmes. Nous avons connu aussi les mégalomanes, les grands conquérants, où tout un peuple, d'ailleurs, devenait à travers eux conquérant. Les maladies mentales existent au niveau des sociétés, et la nôtre, à l'heure actuelle, est schizophrène : ayant perdu l'unité de l'esprit qui fait le sens du réel, le réel est défini suivant le désir de chacun. Si l'on pense à l'enfant, cela se traduit par : puisqu'il me gêne, j'ai le droit de l'éliminer. On ne voit pas pourquoi on mesurerait, d'ailleurs, l'importance d'un acte au kilogramme de matière vivante éliminé ! Dans ce raisonnement schizophrénique, l'individu prétend en outre que plus l'être lui est proche et moins il a de devoirs envers lui. Au sens physique du terme, l'enfant ne peut pas être plus proche, en effet, que lorsqu'il est en sa mère. Et c'est justement ce prochain qu'elle pourrait théoriquement évincer lorsqu'il la gêne.

Vous connaissez cette chanson très simple et si belle de Claude Nougaro, je crois, où le père rappelle à son épouse le temps où elle attendait leur enfant : « Ce moment où tu étais nous trois... »

Très beau. Très vrai. C'est un résumé poétique : il n'y a guère que les poètes qui soient vraiment réalistes ! Le détour de la science est très long. La poésie fait appel à des réseaux neurologiques qui sont plus profonds que les réseaux abstraits, lesquels sont purement corticaux. L'art nous permet de dire en quelques mots, en quelques phrases musicales, en un trait de pinceau, ou d'un coup de burin, des choses que les pauvres savants s'évertueront toute une vie à définir de façon parfaitement hermétique, ou du moins compréhensible pour eux seuls.

Je vous trouve sévère : ce que vous venez de me dire est extrêmement limpide et passionnant, et je connais assez d'hommes de science qui parlent, comme vous, de leur connaissance de l'univers, du règne vivant, en termes rigoureux mais chaleureux aussi, tant leur sujet est admirable et les passionne.

Non, je ne suis pas sévère. Je dis la vérité : il n'y a de réalistes que les artistes. L'art sincère, bien sûr, pas l'art fabriqué, qui est intolérable. Mais l'art sincère parvient à exprimer la réalité profonde que l'analyse logique, verbale, arithmétique, géométrique, mettrait un temps fou à cerner. Et heureusement que nous possédons cette manière de raccourci, sinon, comment nous conduire ? Si nous ne possédions que l'intelligence abstraite, ce serait impossible. Le premier exemple qui me vient à l'esprit est celui de la conduite automobile : si vous raisonniez à chaque instant, vous seriez incapable de piloter. Un automatisme fonctionne pour vous : vous avez un pilote automatique, et, sitôt que vous savez conduire, vous ne pensez plus à appuyer sur votre pédale. De même, aussitôt que nous arrivons à des conceptions profondes de la vie, aussitôt que nous laissons parler ce qu'il y a de plus profond en nous, honnêtement, sans essayer de le tronquer, nous retrouvons immanquablement ce que la science mettra des années, des millénaires et des volumes à nous démontrer.

Certainement. Qui donc disait que le poète donne une parole au silence éternel des choses ? En fait, il découvre leur parole intime et secrète, il les entend, avant de les faire parler. En ce sens, il est au cœur de la vie. Mais ce que vous disiez de l'avortement concerne un être pour lequel un autre être s'arroge le droit de vie et de mort. C'est une sorte de paternité ou de maternité inversées, où père et mère ne donnent plus la vie mais la mort, enfantant la mort, en quelque sorte. L'enfant n'a évidemment aucune part à cette décision. Mais dans l'euthanasie, il arrive au contraire qu'un malade, un vieillard, fassent comprendre qu'ils ont besoin qu'on les aide, en quelque sorte, à se suicider. L'autre n'est qu'un instrument : le suicide se fait en quelque sorte à deux. Mais il y a évidemment aussi la décision, prise pour quelqu'un, d'abréger une vie dont la souffrance est devenue intolérable. Mais l'attitude est différente suivant que l'on décide avec quelqu'un ou pour quelqu'un. Ici, l'individu revendique le droit de mourir ou de tuer, soit pour lui qui souffre, soit pour un autre qu'il souffre de voir souffrir. Il invoque la douleur et la liberté !

Il faut établir une différence, en effet, dans le langage déjà, puisque nous disposons de mots différents, entre euthanasie et suicide. Il y a peu de suicides parmi les grands malades, car lorsqu'un patient s'adresse à son médecin ou à ses proches en disant : tuez-moi — cela arrive —, il ne demande pas qu'on le tue, il appelle au secours. Parce que sa souffrance physique, et parfois morale, est si grande, il se dit qu'il ne peut plus y résister, il dit : tuez-moi. Mais en fait, il ne dit pas : enlevez-moi la vie, il dit : enlevez-moi mon mal (et je ne pense pas faire une interprétation). Si vous m'enleviez mon mal, je ne demanderais qu'à vivre...

On s'aperçoit ici que notre société, qui a tellement peur de la mort, manifeste à nouveau la même schizophrénie, celle de Gribouille. Celui-ci se met à l'abri de la pluie en plongeant dans la rivière ; pour ne pas voir la mort, on propose de tuer les gens ! Sitôt qu'un malade gravement atteint, et même qui se sait condamné, peut être soulagé, il ne demande plus qu'on le tue. Mis à part les souffrances morales très graves de la dépression aiguë, celle qui pousse les gens au suicide, il n'y a pas demande de mort, il y a demande d'aide. Et pratiquement, dans toutes les situations où le malade est entre les mains de praticiens compétents et d'une famille aimante, on peut réellement, non pas supprimer le mal totalement, mais l'atténuer suffisamment pour que ce cri de détresse absolue : tuez-moi, ne soit plus poussé par la personne qui souffre.

On parle beaucoup des souffrances terribles de certains cancers, de certaines maladies neurologiques, et ces souffrances sont très réelles. Mais ceux des médecins qui se sont penchés sur ces douleurs terminales, spécialement en Angleterre où des ordres religieux se sont adonnés à réaliser des sortes de mouroirs, ont démontré que même durant les douleurs les plus intolérables, on pouvait conserver le patient conscient, écarter la douleur suffisamment pour que le malade ne demande pas que l'on fasse cesser sa vie. Celle-ci s'arrête lorsqu'elle doit s'arrêter, sans que personne n'ait pratiqué l'euthanasie.

Le plus à redouter, à propos de l'euthanasie, et surtout de sa légalisation éventuelle, c'est moins qu'un individu s'unisse à un autre individu pour décider d'une mort, que le fait qu'une société, au lieu d'aider ses membres à vivre, décide que tel ou tel qui lui est à charge doive mourir.

L'euthanasie est un mot qui a malheureusement été écrit en lettres de sang. Tous les dictionnaires font une faute d'orthographe : on devrait l'écrire *nazi. Euthanazi.* Autrefois, on appelait ainsi, au contraire, la « bonne mort ». Le devoir consistait à donner à chacun des êtres humains qui souffrent une mort aussi belle que possible, à écarter le mal autant que l'on pouvait le faire.

Simone Weil, morte elle-même si jeune, remarquait qu'il n'y a de tout à fait réelles que les souffrances physiques, et que dans la plupart des souffrances morales, l'imagination jouait toujours un grand et mauvais rôle. Cependant, il est resté vrai que le plus redoutable est d'avoir à soulager une détresse morale apparemment irrémédiable.

Il reste, en effet, ces détresses effroyables que nous appelons des grandes dépressions, où les individus sentent un tel dégoût d'eux-mêmes qu'ils se suicident parfois. Dans ce cas, si l'on écoutait leur demande, quand ils vous disent vraiment : je veux me suicider, on commettrait vis-à-vis d'eux la plus grande injustice. Si on les protège contre eux-mêmes, si on les traite, on arrive à combattre cette dépression. Aussitôt qu'ils ne sont plus déprimés, ils s'aperçoivent qu'ils n'ont aucune raison de demander qu'on fasse cesser leur vie. On s'aperçoit, là aussi, que cet appétit de la mort était simplement un besoin exacerbé d'échapper à une douleur mentale extrême, douleur que nous pouvons éliminer parfois en quinze jours avec des antidépresseurs. Même dans ces cas où le sujet est parfaitement conscient, où vous pouvez discuter avec lui, il vous dira absolument : je veux me tuer. Si vous arrivez à rétablir l'équilibre dans son système nerveux central, il gardera la même conscience et dira alors : je vous remercie, docteur, de ne pas m'avoir écouté. A ce moment-là, je ne pouvais penser à autre chose qu'à l'envie de faire cesser cette douleur extrême, et je ne voyais d'autre solution que de me supprimer.

Le suicidaire impénitent retombe souvent dans sa pente dépressive, alors que le suicidé « repentant » a quelquefois repris pour toujours le goût de vivre, non seulement par un traitement approprié, mais lorsqu'il revient d'un suicide manqué. Quelquefois, hélas ! l'entourage pèse plus qu'il n'encourage, et devant quelqu'un qui souffre, ce sont les siens qui s'arrogent le droit, ou qui se font un devoir d'abréger ses souffrances. Veillant de très grands malades, il m'est arrivé d'accueillir leur dernier soupir avec soulagement.

L'entourage a le devoir d'abréger les souffrances, pas la vie. Cela revient à ce que nous disions tout à l'heure pour les souffrances physiques : il est difficile, parfois, pour l'entourage, de supporter la déchéance d'un être aimé, de voir combien son organisme est miné par un mal souterrain, ou même sa personnalité détruite par une maladie neurologique. Mais, dans ce cas, l'éliminer pour l'empêcher de souffrir n'est pas seulement l'empêcher de souffrir lui-même : c'est nous économiser à nous une certaine compassion qui peut être épouvantablement difficile à supporter.

Avorteurs et euthanasistes se rejoignent ici : le prochain le plus proche n'est pas autorisé à devenir un fardeau ; sitôt qu'il le devient, sa vie n'est plus protégée. N'est-ce pas le contraire de la compassion, qui se devrait d'être d'autant plus aiguë que la personne nous est plus proche ? On retrouve encore la même schizophrénie : des gens apparemment sensés prendront fait et cause pour les bébés phoques et proposeront en même temps de tuer les vieillards et les enfants ! C'est, réellement, la rupture avec la réalité.

Et cela reste vrai pour un enfant qui, dès la naissance, ou même avant, présente des signes certains qu'il ne sera pas un être humain accompli ? Quand on a vérifié qu'un enfant est normal, on pense, justement, qu'il pourra remplir une destinée d'homme ou de femme. Mais quelqu'un qu'on a vu, non pas s'altérer, mais voué à ne jamais entrer dans une vie normale, faut-il tout faire pour le garder en vie, comme c'est justement votre travail quotidien de le faire ?

Il est vrai qu'un enfant atteint gravement dans son corps ou dans son esprit, que ce soit par une tare génétique, une anomalie chromosomique, une atteinte virale au cours du développement, une atteinte toxique comme la thalidomide, il est vrai qu'un tel enfant sera une charge pour la société — une charge financière —, et pour ses parents, une charge morale très lourde, car on ne s'habitue jamais à voir son enfant anormal. Il est très vrai aussi que beaucoup de parents aiment énormément leurs enfants handicapés. Ils assurent avoir appris beaucoup de choses sur la vie grâce à eux. Tout cela est vrai. Mais ces affirmations ne compensent pas la douleur qu'ils ont ressentie et qu'ils ressentent. Tous les parents d'enfants anormaux sont des écorchés vifs, car ils souffrent que la chair de leur chair, les os de leurs os, aient une maladie contre laquelle nous sommes encore impuissants. Il y a donc un prix énorme à payer, et qui peut être mesuré très exactement.

Le fait d'être humain, au sens noble du mot, ne se limite pas au fait purement biologique d'appartenir à l'espèce humaine. Quand on dit d'un homme : « celui-là, il est humain », cela ne signifie pas seulement qu'il est membre de notre espèce (ce qui est l'évidence), mais qu'il possède de plus une certaine qualité vis-à-vis des autres, qui permet de le dire « humain ». Cette qualité est très précisément d'accorder du respect à ceux qui ne seraient pas capables de nous contraindre de le faire. Autrement dit, la qualité d'une civilisation se mesure exactement à une seule chose : l'attention qu'elle porte aux plus faibles de ses membres : tout l'argent, tous les soins, tout l'amour dispensés aux plus démunis sont le prix très exact que doit payer une société pour rester vraiment humaine. Il n'y a pas d'autre définition. Ce n'est pas le nombre des frigidaires et la puissance des fusées qui changent quelque chose à cela.

Contre une telle affirmation, nul ne peut s'élever. L'irrespect, d'ailleurs, n'a pas de limites, pas plus que la faiblesse, ou ce qu'il est convenu d'appeler une faiblesse. Si vous n'avez pas les cheveux blonds, si vous n'avez pas les yeux noirs, que sais-je : on peut toujours trouver une raison de mépriser l'autre, et ensuite de l'éliminer. L'humanité ne s'en est pas privée, hélas ! y compris l'humanité chrétienne. Si vous n'avez pas assez d'esprit, ou si vous n'avez pas tel esprit, etc. L'intolérance ne s'arrête jamais, et très vite, on passe d'ailleurs du rôle de méprisant à celui de méprisé, ou vice versa : tel qui vous méprise pour une chose le sera lui-même pour une autre ! Je souhaite écrire un jour un livre sur ce thème, pour tenter de montrer sur quelle pente il entraîne les hommes quelquefois les plus remarquables.

Cela n'a plus de limites pour une raison très simple qu'a très bien dite un jour Virgil Gheorghiu : la dialectique diabolique ne fait aucune erreur. Ce sont ses prémisses qui sont fausses.

La logique infernale est conduite par un maître en la matière : Satan mène le bal !

La logique infernale est parfaite. A partir du moment où vous vous arrogez le droit, dans certaines conditions, d'éliminer un être humain, il suffira que vous changiez la définition des conditions pour que tout être humain soit menacé. Il n'y a aucune limite possible : l'erreur est dans les prémisses. « Tu ne tueras pas » ne se démontre pas. On arrive à prouver que, si les hommes étaient des loups les uns pour les autres, l'espèce humaine disparaîtrait et que : « Tu ne tueras pas ton semblable », a une signification biologique et sociale. Mais on ne parvient pas à démontrer pourquoi il n'y aurait pas d'exception. C'est seulement lorsque l'homme atteint un niveau de réflexion assez profond qu'il découvre, par la simple lumière naturelle, ce qui est enseigné par la Révélation : à savoir, tu ne tueras pas est un absolu. Si ce n'était pas un absolu, il faudrait que j'aie une connaissance prodigieuse de tout pour ne pas me laisser entraîner par la dialectique diabolique. Or nous n'avons pas cette connaissance. Autrement dit : tu ne tueras pas n'existe, au au sens opérationnel du terme, que pour les hommes. Il n'existe pas pour Dieu qui connaît tout. Si nous avions un ordinateur surpuissant, qui nous rendrait présente toute connaissance, nous pourrions éventuellement décider : tel individu doit être tué. Mais les hommes n'ayant pas cette faculté de tout connaître, s'ils n'acceptent pas, au début, l'absolu du précepte, ils sont incapables de tenir un raisonnement convenable.

C'est ma dernière question. A travers ce que vous avez dit, nous avons cerné quelque chose qui est le mystère central : celui de la vie. Vous avez évoqué à ce propos l'espérance. Mais la question qui me vient encore est celle-ci : qu'est-ce que la vie — la vie humaine bien sûr — mais la vie en général, pour qu'elle mérite un si grand respect, pour qu'elle ait un si grand prix ? Quand le biologiste parle, quand l'homme — le biologiste est aussi un homme — parle, il y a dans le fondement de tous ses propos un sens de la vie, qui fait justement que toute manifestation de cette vie lui devient précieuse. Qui est cette vie ? Je dis maintenant : qui ? et non plus seulement : qu'est-ce ? Et je m'adresse à vous personnellement.

Oui, je vous entends bien. Il m'a toujours frappé que les seuls hommes qui n'aient pas peur de la mort soient ceux qui respectent la vie avec le plus grand soin. Vous savez qu'autrefois les Grecs voyaient dans les premiers chrétiens ceux « qui n'ont pas peur de la mort ». Et justement, les chrétiens préservent avec le plus grand respect, la plus grande attention, la vie du fœtus, la vie du vieillard, la vie du blessé, la vie du débile mental. La Bible parle clairement : quand ton père commencera à perdre son esprit, tu lui conserveras ton respect. La pensée chrétienne est fondée sur le fait qu'un jour, l'esprit a animé la matière. Ce n'est pas pour rien que l'Evangile de Jean débute en disant : « Au commencement était le Verbe. » Si on le traduisait dans le langage moderne, on dirait : Au commencement était l'information, au sens des informaticiens. Au temps de saint Thomas d'Aquin, on aurait dit : Au commencement était la forme. Tout cela signifie la même chose. Je crois que c'est la seule pensée qui nous permette d'appréhender un peu ce qu'est la vie, ou pour parler comme vous : qui est la vie.

Nous savons, nous chrétiens, qu'un jour toute l'information s'est incarnée dans la matière. Un jour, tout le Logos s'est tenu dans un être qui paraissait vraiment notre semblable. Cela n'a rien de choquant pour un biologiste. La vie est un miracle absolument prodigieux. Elle nécessite, pour pouvoir persister, des modifications tellement fines et tellement multiples, tellement intégrées de la matière, qu'elle constitue un tour de force permanent dont nous sommes totalement incapables d'expliquer le centre. Bien sûr, nous commençons à percer de très près certains mécanismes ; nous commençons à savoir comment se presente la bande magnétique de l'A.D.N. et comment cette information se transmet, un peu comme les microfibres qu'on transfère de la bibliothèque pour en tirer des positifs qui remplacent les livres. Mais notre conception générale de ce système est encore balbutiante ; il est trop compliqué pour être totalement démonté. Nous arrivons à étiqueter les pièces du réveille-matin, si je puis dire, mais une fois que nous essayons de les replacer dans l'ensemble, il en apparaît tant d'autres, que nous restons confondus.

Finalement, on découvre que, dans tout être vivant, une fantastique ingéniosité a modelé, façonné la matière, pour qu'elle devienne brusquement perméable à l'esprit. C'est encore plus éblouissant chez l'être humain. Nous sommes, avec lui, en face d'un système biologique apparemment fort comparable aux autres : nous avons quarante-six chromosomes et le gorille en a quarante-huit. Si on regarde dans le détail, il apparaît d'énormes similitudes, y compris dans la structure des chromosomes, bien que les différences soient assez importantes pour nous permettre de distinguer une cellule de gorille de celle d'un homme au premier coup d'œil. Mais, dès le départ, quand l'information génétique se trouve réunie au stade de deux cellules, puis quand l'individu se trouve entièrement défini lui-même au stade de trois cellules, si ces trois cellules ont un patrimoine humain, il en sortira, sauf accident, un cerveau capable de comprendre le monde. Et cela est stupéfiant.

On n'a jamais vu un chimpanzé contempler un coucher de soleil, ou un chien humer une rose. Indiscutablement, il y a, inscrite dans l'homme, et dans chaque homme, j'entends expérimentalement, sans aucune amplification poétique, une possibilité de reconnaître brusquement dans la nature, dans la biologie — c'est pour cela que j'ai évoqué le coucher de soleil et la rose —, ou dans le regard d'une femme ou celui d'un enfant, quelque chose qui est la trace de l'esprit. Il faut bien que nous portions en nous-mêmes cette marque, pour la reconnaître si facilement.

La mort volontaire :

GABRIEL MATZNEFF

« Gabriel Matzneff est, avec quatre livres, le plus considérable de nos jeunes écrivains. » Je persiste volontiers et je signe encore ce que j'écrivais en 1970, dans la revue *Synthèses,* aujourd'hui où les quatre livres de Matzneff sont devenus treize, et le jeune écrivain un écrivain accompli. Et je répète aussi qu'un écrivain c'est un style, et qu'un style est loin d'être le fait de tous ceux qui publient des livres, mais le privilège de quelques rares phénomènes, bénis des dieux. Il n'est pas nécessaire d'aller bien loin dans l'œuvre de Matzneff pour saisir, dès la quinzième ou la vingtième ligne, que l'écriture est sa première vertu. Par là s'expliqueront toujours, et les admirations, et les adversités qu'il suscite, parce qu'il n'est que deux attitudes, en effet, devant une supériorité évidente : ou de se réjouir pour celui qui en est doué, ou de lui en vouloir, la seconde attitude étant la chose au monde la mieux partagée. Les remous qu'il a provoqués, par ailleurs, en prenant des positions personnelles qui ne vont tout à fait ni avec les conventions ni avec les convictions du jour, ne sont rien, en réalité, auprès de cette jalousie qui discerne si bien sa vraie supériorité : c'est qu'il l'a fait avec un style qui n'appartient qu'à lui. Notamment quand il justifie le suicide. Justifier dit un peu rapidement ce que Matzneff écrit avec plus de profondeur, mais la question est là.

Comment n'aurais-je pas songé aussitôt à lui pour engager un entretien qui n'était pas des plus faciles dans ce livre. Pour l'engager au nom, bien sûr, de sa position originale et d'une certaine expérience personnelle, mais aussi d'une amitié d'esprit qui ne s'est jamais démentie malgré toutes les traverses de l'existence. C'est toujours un bonheur de s'entretenir avec Matzneff, comme de le lire ; à bâtons rompus, certes, mais dans le souci aussi de s'en tenir au thème que l'on a fixé d'avance, comme c'était ici le cas. Il y a bien longtemps que je connais sa « librairie », un peu étroite et brûlante en ces journées torrides, mais dont l'espace est employé on ne peut mieux. Entre les icônes, les livres, un vaste lit et la machine à écrire, il y a fort à faire pour un seul homme, dans ce lieu où d'autres, cependant, tourneraient en cage dès les premières minutes. Quand il a fini d'arpenter la planète, Matzneff revient se poser là, mais il ne faut pas longtemps pour que le petit espace s'ouvre sur des perspectives superbes, que viennent hanter en foule les grands aînés de la littérature romaine, russe, française aussi, et tout simplement universelle. Le tête-à-tête reconstitue une sorte de société idéale, qui pourrait être les véritables champs-élysées. Nous étions seuls et nous n'étions plus seuls, ce jour-là, au sixième étage : les présences qui nous ont visités, au long de notre échange, ont fait que ce dialogue qui aurait pu nous inviter seulement à répéter ce que nous avons dit ailleurs l'un et l'autre, a pris par instants des tournants inattendus. Ensemble, nous nous en félicitons.

Devant la nécessité de mourir, il est deux réactions possibles : ou laisser la mort venir à nous, ou aller au-devant d'elle ; ou se laisser faire quand elle viendra, ou décider de l'heure où elle doit venir. Le suicide est en quelque sorte une manière de dire à la mort : « Ce n'est pas toi qui m'en imposes. » Face à l'inexorable, face à l'inflexible, à ce qui ne dépend pas de nous, c'est affirmer que la mort peut cependant dépendre encore de notre liberté, et que jusqu'au dernier instant de vie, notre destin nous appartient. Est-ce cette idée de maîtriser sa vie jusqu'à la mort comprise qui t'inspire, à l'endroit du suicide et des suicidés — tes livres le prouvent —, une si haute estime ?

Ce qui dans le suicide est important, ce n'est pas la réflexion, mais l'acte. Il ne s'agit pas de ratiociner sur la mort volontaire, mais d'acquérir une telle maîtrise de soi que, le jour où l'on décide de se détruire, le suicide passe, si je puis dire, comme une lettre à la poste. Dans la tradition du Bushidô japonais, le calligraphe s'exerce pendant trente ans, cinquante ans, pour que, le jour venu, il fasse, sans même y penser, un dessin qui atteigne à la perfection. Ce qui compte, c'est le soleil, et non le doigt qui désigne le soleil. C'est pourquoi tout bavardage sur le suicide est indiscret, et vain. Seul est fécond l'acte lui-même, cet acte de destruction de soi qui paradoxalement manifeste la suprême possession de soi. Un homme qui, sa vie durant, s'est mal conduit, a commis des vilenies, des lâchetés, rejoint, en décidant de se donner la mort, la part la plus haute de soi ; il est soudainement rendu à lui-même. Ce n'est qu'à l'instant où il cesse d'être, qu'il parvient enfin à une plénitude de vie

Ce n'est pas seulement à propos du suicide mais de toute mort que la discussion semble d'abord vaine. Cependant, il est vrai que de toutes les formes de mort, le suicide est sans doute celle qui pose le plus de questions insolubles, et qui prête le plus à des interprétations hasardées.

Lorsque quelqu'un se suicide, beaucoup de bassesses sont dites et sont écrites, des méchancetés, des sottises. Mais dans le même temps, les gens sentent bien, ou devraient sentir...

... que la personne échappe à ces jugements et n'en dépend plus. Qu'elle s'est échappée, pour ne plus tomber, peut-être, sur le coup de ces bassesses.

... Oui, qu'elle échappe aux jugements, et aussi qu'elle se lustre dans la mort, qu'elle se purifie comme dans l'eau baptismale. On peut penser ce que l'on veut du caractère, de l'œuvre, de la vie d'un Mishima ou d'un Montherlant, mais tout cœur généreux sent bien que leur suicide est le paraphe de sang qui authentifie leur destin. La mort volontaire nous grandit ; elle nous met hors d'atteinte.

Dans le cas de ce type de suicide. Tu parles de maîtrise, et tu en parles comme d'un accomplissement. Dans leur cas, en effet, le suicide apparaît comme une forme ultime d'accomplissement de soi. C'est très vrai de Montherlant, et je l'avais d'ailleurs en son temps écrit dans La France catholique *qui l'avait publié sans hésiter : si les chrétiens avaient le courage de vivre jusqu'au bout leur foi, comme Montherlant est allé, dans le suicide, jusqu'au bout de l'idée qu'il se faisait de lui-même, la face du monde en serait peut-être changée ! Mais ce qui est vrai de tels suicides ne l'est pas de tous.*

Je te citerai une phrase extraite de la lettre d'adieu écrite à sa fiancée par un kamikaze de vingt-deux ans, la veille de sa mort au combat, en 1945 : « Si seulement nous pouvions tomber comme les fleurs de cerisier au printemps, si pures, si lumineuses. » Les kamikazes ne parlent jamais du sacrifice qu'ils s'apprêtent à faire de leur vie comme d'un suicide, et pourtant c'est bien d'un suicide qu'il s'agit, de même que, dans les premiers siècles de l'ère chrétienne, les croyants qui allaient délibérément à la mort, et qui souvent la provoquaient en confessant, au plus vif des persécutions, leur foi en Christ, commettaient, eux aussi, un suicide sacrificiel, un suicide d'accomplissement.

Mais une autre mort que le suicide peut témoigner du même accomplissement. En écoutant la confession de ce jeune pilote, je me disais qu'une mort naturelle, assumée en pleine lucidité, en pleine maturité — une mort acceptée mais non pas cherchée — peut atteindre à la même forme de consécration de son existence. Si l'on compare la mort de Montherlant à celle de Cesbron, la mort-suicide à la mort qui fait violence mais qu'on finit par attendre d'une attente profonde, par « regarder en face », eh bien, cette dernière manière de vivre la mort, si j'ose dire, n'en fait pas moins un dernier geste d'accomplissement. N'est-il pas aussi remarquable, peut-être plus, de maîtriser ce que d'abord l'on ne voulait pas ?

Qui a raison, la fleur du cerisier qui, lorsqu'elle se sent mourir, disperse ses pétales au vent, ou la rose qui, quand elle se meurt, s'accroche désespérément à sa tige ? Je n'oserai pas affirmer qu'une jeune femme qui se tue pour ne pas survivre à son amant est supérieure à celle qui, maîtrisant sa douleur, continue de vivre dans le souvenir et le culte de l'être aimé. Qui peut mesurer l'amour ? Je reste néanmoins fasciné par Henriette Vogel accompagnant Kleist dans la mort, ou par la jeune femme qui s'est tuée avec Stefan Zweig. De toutes les preuves d'amour, le don de sa vie est la plus grande, assurément.

Si je mets l'accent sur la beauté du suicide, c'est parce que l'Occident contemporain, oublieux de son patrimoine stoïcien, juge souvent la mort volontaire de façon péjorative, dénigrante. Cela est dû sans doute à l'influence d'une certaine tradition ecclésiale. Une spécialiste de la littérature japonaise, Mlle Jacqueline Pigeot, me faisait observer un jour que les chrétiens japonais ont beaucoup de mal à comprendre cette condamnation du suicide par l'Église. L'un d'eux lui disait qu'alors que Pierre et Judas ont également trahi le Christ, il était surprenant que ce fût Pierre qui ait été canonisé. « C'est tout de même Judas qui s'est pendu ! » ajoutait-il naïvement. D'évidence, les larmes de Pierre lui semblaient être un repentir de deuxième classe, une piètre expiation. Pourquoi, en effet, ne rêverions nous pas à un saint Judas ? Dans sa monumentale thèse sur *Le Suicide et la Morale,* Albert Bayet souligne que ni le Christ, ni les Apôtres, ni les Pères de l'Église des trois premiers siècles n'ont prononcé un mot contre le suicide, et qu'il faut attendre le IVe siècle et saint Augustin pour lire sous une plume chrétienne des attaques violentes contre les suicidés. De fait, ce sont Lactance et Augustin qui, les premiers, ont formulé une condamnation du suicide conçu comme un acte de rébellion contre le Dieu créateur qui nous a donné la vie, une vie dont nous ne sommes pas libres de disposer.

La prière par excellence, le Notre Père, *dit justement : « Que ta volonté soit faite, non la mienne. » Le suicide est un acte de notre volonté qui s'inscrit directement contre la volonté divine, laquelle nous désignait pour une autre mort.*

Je te fais remarquer que le *Fiat voluntas tua* des chrétiens est très proche de l'*Amor fati* des stoïciens. Cette doctrine de l'*Amor fati*, de l'abandon à la volonté de Dieu, n'a pas empêché les stoïciens d'élaborer dans le même temps une véritable philosophie du suicide. Dans son traité *De la Providence*, Sénèque va jusqu'à placer un éloge du suicide dans la bouche de Dieu lui-même. Je crois pour ma part que les Pères de l'Église ont été, à l'époque où les grandes hérésies commençaient à se développer, contraints au durcissement et à la polémique. Ce sont des raisons d'ordre pédagogique, pastoral, qui ont incité les théologiens des premiers siècles à combattre l'influence néo-platonicienne et stoïcienne qui était alors très vive dans les cercles chrétiens cultivés. Il leur a fallu affirmer la singularité, l'originalité du message du Christ. D'où, entre autres, cette tardive condamnation du suicide : c'était la seule façon de soustraire les âmes à l'empire exercé par Socrate et Sénèque.

Quand les Pères ou les conciles ont énoncé des définitions, c'est pratiquement toujours pour répondre, en effet, à des propositions qu'ils jugeaient dangereuses ou hérétiques, mais ils ne tiraient jamais ces définitions de leur propre pensée : ils ne faisaient que rendre explicite ce qu'ils estimaient contenu dès l'origine dans la Révélation. Tant qu'une position allait de soi, elle ne demandait pas à être définie, mais que tout à coup elle soit mise en doute, ou contestée, ou menacée, et l'on jugeait nécessaire de rappeler ou même d'énoncer pour la première fois ce qu'impliquait d'adhérer au christianisme.

Il est certain, aussi, que l'Évangile se présente comme une parole de vie et non de mort. Dieu est le maître de la vie et de la mort, mais au nom de la vie : l'homme n'est pas le maître de la vie et de la mort. Puisqu'il s'agit d'une parole de vie, on voit mal, en dehors de l'invitation au martyre, dans les cas extrêmes, qui a pu être quelquefois, d'ailleurs, ambivalente et appeler aussi certaines rectifications, comment cette doctrine de vie pourrait inviter à se tuer soi-même, à accepter qu'on se supprime. Le texte des Béatitudes aurait pu louer ceux qui donnent leur vie terrestre pour entrer plus tôt dans la vie de l'au-delà : or cela n'est jamais fait. Il se dégage au contraire de l'Évangile un respect de la condition humaine transfigurée par la réalité surnaturelle. Quand Thérèse d'Avila dit : « Je meurs de ne pas mourir », son être soupire après l'autre vie, mais elle ne se tue pas.

Oui. Cependant le Christ dit, évoquant sa mort future sur le Golgotha : « Personne ne m'enlève la vie, mais je la livre de moi-même » (saint Jean, x). Au IIIe siècle, Tertullien affirme que Jésus s'est tué lui-même, sans attendre que le bourreau fît son office ; et dans son enthousiasme pour la mort volontaire, Tertullien cite en exemple les héros oblatifs du paganisme, Lucrèce, Regulus et beaucoup d'autres.

Mais avec Tertullien, c'est aussi une hérésie qui parle, et il faut bien reconnaître que la parole du Christ est ici nettement infléchie pour lui faire dire ce qu'elle ne dit pas. Le Christ ne s'est pas tué lui-même ; il ne s'est pas condamné à mort lui-même. Il est vrai qu'il a donné sa vie, et il le dit ; qu'on ne lui a pas pris sa vie contre son gré, sinon, comme il le rappelle à Pierre qui veut s'interposer au moment de son arrestation, son « Père lui eût envoyé douze légions d'anges ». Il accepte la mort comme il a accepté la condition humaine, il a même voulu cette mort pour la rédemption de l'homme, mais il dit quelques heures avant son arrestation : « S'il est possible que ce calice s'éloigne de moi. Mais que ta volonté soit faite, Père. » On est loin de la mort du stoïcien. En outre, il est bien tué d'une autre main que la sienne, et l'Islam trouve d'ailleurs cette mort si scandaleuse qu'il la refuse, et affirme qu'au moment du sacrifice, Jésus a été dérobé à ses bourreaux et élevé au ciel. En fait, il s'en remet à ses meurtriers pour que les prophéties s'accomplissent, mais il ne se donne pas la mort.

C'est vrai. Et je ne suis pas de ces gens, tu le sais, qui passent leur temps à opposer le Christ à la Tradition de l'Église ; pas du tout. Mais d'une manière générale, dans l'Évangile, le Christ ne parle pas des suicidés. Il ne parle d'ailleurs pas d'un tas de choses : il écrit sur le sable, silencieusement, comme pour la femme pécheresse. Et précisément, il adresse à cette femme l'un des mots les plus mystérieux de l'Évangile. Cela n'a pas un rapport direct avec notre propos, mais m'a toujours beaucoup touché. Lorsqu'il lui dit : « Va et ne pèche plus », il ne dit pas : va et ne trompe plus ton mari, va et ne couche plus à droite et à gauche, mais : va et ne pèche plus. Peut-être fait-il allusion à un tout autre péché qu'il est le seul à connaître, et que la femme, elle aussi, connaît. Peut-être ne s'agit-il pas des coucheries apparentes, pour lesquelles les gens sont prêts à la lapider. Peut-être est-ce une dureté de cœur, un manque de charité. Le Christ sait quel est notre vrai péché, et garde le secret. On se suicidait aussi à son époque, et il devait être pris d'une immense pitié, d'un immense amour pour ces désespérés. J'aurais bien voulu savoir quelle était l'opinion du Christ sur le suicide de Caton, qui se tue pour ne pas survivre à la liberté républicaine, et pour ne pas devoir sa grâce à un général factieux. Toute l'Antiquité a considéré la mort de Caton comme le modèle du suicide philosophique, et aujourd'hui encore elle en demeure l'archétype. Caton se tue au nom de la très haute idée qu'il se fait de l'homme, de la liberté, de la République. Son suicide par idéal préfigure celui des martyrs chrétiens et des samouraïs japonais.

Je redis que j'admire ces suicides d'accomplissement. Je dirai même que je n'ai pas besoin de me souvenir de l'Évangile : en soi, il s'agit de gestes dignes de l'homme, qui ressemblent à l'homme quand il se tient debout, qu'il est capable de vivre à une certaine altitude de cœur et de pensée. Donc de mourir pour rester à cette altitude. Puisqu'il essaie de maîtriser ce qu'il est et ce qu'est sa vie, pourquoi ne chercherait-il pas à maîtriser aussi sa mort ? La médiocrité à tout prix, c'est-à-dire la vie à tout prix, est infiniment au-dessous d'un tel étiage, et j'éprouve la plus grande admiration pour ceux qui préfèrent la mort à la bassesse. Justement, si la maîtrise à laquelle invite l'Évangile — et qui est d'un tout autre ordre — se situait au-dessous de celle-là, du simple point de vue humain, je dirais qu'il s'agirait d'un piètre idéal. Mais l'Évangile, s'il est le lieu du pardon de toute faiblesse — la miséricorde descend plus bas que la faute —, est aussi le lieu de l'horreur de la bassesse : s'il propose de vivre, ce n'est pas de n'importe quelle vie, comme tu le rappelais tout à l'heure à propos de la femme pécheresse.

Je trouve, quand on parle de la dignité à laquelle invitent les Béatitudes, que l'on a intérêt à la comparer à ce qu'il y a de plus admirable en dehors d'elle. Il ne s'agit pas de diminuer une autre dignité pour que celle-là paraisse plus grande, mais de montrer justement où réside la différence radicale. Et notamment que tous, et non pas quelques-uns, sont appelés à la partager. Lorsque j'avais écrit mon admiration pour la mort de Montherlant, j'avais reçu, au milieu de lettres d'approbation, certaines autres m'objectant : est-ce que vous songez à ces êtres qui attendent la mort dans les hôpitaux, au milieu des pires souffrances, et qui les acceptent. Et je répondrais justement encore que ces deux dignités sont en effet à comparer, parce que l'une ne diminue pas l'autre. J'ai une profonde admiration pour la mort qu'a choisie Montherlant, même si, lorsqu'il vivait encore et qu'il évoquait devant moi le suicide, je lui opposais des arguments contraires. Mais je l'admire quand c'est lui qui choisit cette mort en conformité avec une vie dont la logique était de finir ainsi. Il a eu le courage d'aller jusqu'au bout de sa logique, ce qui n'est pas courant : les êtres jouent d'ordinaire sur tous les tableaux. Tu as parlé d'une mort préparée, maîtrisée : il n'est pas nécessaire d'aller chercher du « stoïcisme » — entre guillemets — dans l'Évangile ; un certain sens de la dignité humaine y suffit.

Il y a des thèmes stoïques dans l'Évangile, et des échos évangéliques chez les stoïciens. L'amitié qui aurait uni saint Paul et Sénèque est une légende, mais une légende qui mériterait d'être vraie.

Tu employais, avec le mot maîtrise, celui de sacrifice. Il est vrai que dans la mort de Caton, par exemple, il y a l'idée que l'on ne survit pas à certaines choses : le respect de soi dépasse la vie et la mort, et l'on peut sacrifier l'une et l'autre à ce respect. Certaines choses valent plus que sa propre mort et sa propre vie.

Le récit de la mort de Caton, chez Plutarque, c'est, par sa beauté, la Nuit de Gethsémanie du paganisme romain ; et les *Annales* de Tacite en sont les Actes des martyrs. Le suicide était alors, pour les âmes nobles, la seule façon de résister à l'oppression et de se délivrer de la peur. Ces gens étaient politiquement vaincus, mais, en échappant à l'esclavage par la mort volontaire, ils transmutaient leur défaite en victoire. A Pharsale, César a vaincu Pompée, mais le vrai vainqueur de Pharsale, c'est le pompéien Caton. Ce n'est pas César, c'est Caton qui, à travers les siècles, est demeuré comme un exemple, et une lumière. Jusqu'à la fin des temps, Caton restera un modèle d'humanité accomplie, car, ainsi que l'écrit justement Sénèque, « le courage devant la mort est la seule vertu dont nous sommes sûrs d'avoir besoin un jour ».

D'une certaine manière, c'est moins le suicide que le courage qu'on cherche aujourd'hui à déprécier dans l'acte des stoïciens ; c'est lui qui est étranger, car je suppose qu'on ne se suicide pas moins qu'avant, mais pour des raisons moins nobles. C'est le courage devant la mort — quelle que soit cette mort — qui n'est pas aimé. Et donc le courage devant la vie.

Dire que le suicide est une lâcheté, quelle crétinerie ! Seules quelques rares personnes auraient le droit de le dire : celles, par exemple, qui ont été torturées et qui ont néanmoins surmonté la tentation du suicide. Il faut être quelqu'un de tout à fait extraordinaire pour oser formuler un tel jugement, et d'ailleurs quelqu'un d'extraordinaire ne le formulerait jamais : ce sont toujours les médiocres qui prétendent que le suicide est une lâcheté. En réalité, se tirer une balle dans la bouche, comme Montherlant, s'enfoncer un sabre dans les intestins, comme Mishima, se tirer une balle dans le cœur, comme Jean-Louis Bory, exige un courage extrême. Le vouloir-vivre est ce qu'il y a de plus fort en nous. Si dans les camps de concentration, les prisons, les hôpitaux, il y a peu de suicidés — il y en a beaucoup, mais peu par comparaison à la foule immense de ceux qui devraient s'y donner la mort —, c'est parce que les gens préfèrent souffrir à l'idée de n'être plus. C'est le désir d'exister, l'élan vital, qui est le fondement de la nature humaine. Maîtriser ce désir, cet élan, et atteindre au suicide réfléchi, délibéré, au suicide, si je puis dire, à tête reposée, est ce qu'il y a de plus difficile au monde. Pour vivre, il suffit de se laisser porter par les événements ; pour se tuer, il faut prendre une décision sans remède. Qui peut affirmer qu'il aura le courage de se tirer une balle dans la bouche ? Moi, je ne le puis. Je ne suis pas sûr d'être capable d'un courage aussi fabuleux. C'est un acte affreux et fabuleux : rien que d'y penser, on a froid dans le dos.

En effet. Parce qu'il y a aussi la manière de le faire qui compte : soit de se tuer de façon indolore, si j'ose dire, soit de braver la mort, d'accomplir un acte de courage et non de démission. Il est certain que bien des gens ne se suicident pas, non pour des raisons nobles, mais par la peur qu'ils éprouvent de le faire, par horreur du geste lui-même.

Dans mon essai sur le suicide chez les Romains, recueilli dans *Le Défi,* j'ai déroulé toutes les raisons pour lesquelles les Anciens se donnaient la mort : chagrin d'amour, lassitude de vivre, volonté de ne pas être dégradé par la maladie, refus de la servitude, acte oblatif, etc., ainsi que les diverses manières qu'ils avaient de se tuer : le poison, la corde, le glaive, d'autres encore. Alors comme aujourd'hui, la peur de la souffrance et de la mort était le grand obstacle au suicide. Vaincre cette peur, c'était être à jamais vainqueur. Le glaive était, pour les plus héroïques d'entre ces Romains, l'instrument parfait de cette victoire, comme le sabre l'était pour les samouraïs. De nos jours, c'est le revolver, ou le fusil. J'ai lu avec plaisir, dans la revue *Tel Quel,* cette observation de Malraux à Tadao Také-moto, à propos de la mort de Mishima : « Le revolver, aujourd'hui, c'est l'ancien poignard romain, qui n'est pas tellement loin de votre sabre. » C'est exactement ce que je pense. Et puisque je suis en veine de citations, je te citerai ce fragment inédit des *Carnets* de Montherlant, que celui-ci m'avait communiqué peu de temps avant son suicide : « La société moderne étant ce qu'elle est, nous ne pouvons pas exposer un ami aux tourments judiciaires qui l'accableraient s'il vous donnait le coup de grâce, pourtant bien souhaitable pour nous épargner une interminable agonie ou une horrible survie, si nous nous sommes ratés un peu ou tout à fait. Si j'avais dû me suicider, j'aurais souhaité que ce fût Gabriel Matzneff, familier de ces choses, qui me donnât le coup de grâce. Mais comme nous venons de le voir, il n'en est pas question. »

Nous parlions du Christ qui a accepté la mort, bien qu'il ne se soit pas tué. Mais c'est vrai aussi de Socrate, dont la mort est cependant douce, comparée à celles dont nous parlions. Douce, et courageuse encore.

Quand je parlais des excès polémiques des Pères de l'Église contre le stoïcisme ambiant, et contre le néoplatonisme, je pensais aussi à Socrate.

Tu l'as même nommé. Lui aussi pouvait éviter la mort. Il avait assez d'amis pour organiser son évasion, et cela lui fut d'ailleurs proposé. Mais il refuse. Sans se suicider, il accepte cependant la mort qu'il peut éviter. Il préfère courir, comme il dit, « le beau risque de l'immortalité ». Mais ce n'est pas lui, non plus, qui se condamne à mourir : il accepte un verdict qu'il n'a pas rendu lui-même. Je pense ici à ce que me disait Dominguín : « J'ai une grande curiosité de la mort. Mais si je l'avais vraiment grande, je me tuerais pour découvrir ce qu'elle est. Je préfère, pour le moment, dit-il, vivre, car de toutes les choses bonnes qui m'intéressent, c'est la vie qui m'intéresse le plus. » Socrate aussi aimait la vie, et le beau risque de l'immortalité ne l'a jamais poussé à se tuer, parce que le beau risque de la vie quotidienne l'occupait davantage. Mais quand la mort lui est imposée, ou même proposée, il l'accepte au nom de cette ultime aventure.

Le mot de Dominguín sur la curiosité me conduit à dire que, pour moi, il n'est qu'une seule objection au suicide. Ce n'est pas la condamnation de Dieu, mais la brièveté de la vie. La vie d'un être humain, notre vie, le temps dont nous disposons pour faire fructifier notre talent, réaliser toutes les possibilités qui sont en nous et accomplir notre destin sur cette terre, sont terriblement courts. Ce temps, même si nous atteignons l'âge de Mathusalem, même si nous devenons, toi et moi, de beaux vieillards de quatre-vingt-dix ans, n'est qu'une étincelle de secondes, par rapport à l'immensité du temps qui nous a précédés, où nous n'étions pas, et à l'immensité du temps qui nous suivra, où, quelles que soient les idées que nous ayons sur l'immortalité ou le néant, sur la survie ou la non-survie, nous savons que la modalité d'être sera totalement différente. Ce temps très bref qui nous est donné, il est dommage de le raccourcir délibérément. C'est pourquoi la plupart des suicides nous attristent, nous mettent mal à l'aise. Lorsque nous apprenons qu'un enfant s'est tué pour avoir été grondé par ses parents, nous songeons avec mélancolie à tous les bonheurs qu'il aurait pu connaître et dont son acte fatal le prive à jamais. Les gens qui aspirent au repos doivent se dire qu'ils auront l'éternité pour se reposer. Qu'ils attendent donc paisiblement, surtout s'ils sont athées, le terme fixé par la nature.

Mais il est vrai aussi que s'ils sont athées, que la vie ou leur vie soit insupportable, ils peuvent se dire qu'il n'y a aucune raison pour ne pas en finir au plus vite ! Si le monde n'a rien à faire d'eux, ils n'ont rien à faire du monde ! Quand il n'y a aucun contrepoids au désespoir — même la foi ne parvient pas toujours à en être un — on s'explique l'autre suicide, celui qui n'accomplit pas une vie mais qui la brise.

J'ai fait, à l'âge de vingt-quatre ans, une tentative de suicide qui m'a valu de passer deux mois dans un service de neuropsychiatrie. Les médecins ne voulaient plus me relâcher, parce qu'on avait trouvé dans mes papiers mon essai sur le suicide chez les Romains, alors inédit, et ils en avaient conclu que j'étais un monomaniaque du suicide : ils pensaient que, si je sortais de l'hôpital, j'irais me jeter dans la Seine. En fait, j'étais ravi de m'être raté, et je n'avais aucune envie de remettre ça. Je n'avais qu'un désir : vivre ! Vivre ! Depuis lors, même aux pires moments, je n'ai plus jamais succombé à la tentation de me tuer. Je pense souvent au suicide, comme à une éventuelle issue de secours en cas de catastrophe, mais, en attendant, je jouis à fond de la vie, qui est une aventure passionnante.

Qui donc disait qu'on ne sait rien d'un homme avant qu'il soit allé jusqu'au bout de sa destinée, c'est-à-dire avant que la mort n'ait posé sur lui le mot fin. Notre destinée est imprévisible jusqu'au bout, et trancher arbitrairement que la fin doit se situer à tel ou tel moment, c'est peut-être s'amputer d'un moment important qui devait suivre celui-là. Quand on est dans le meilleur, on ne croit plus au pire ; et quand on est dans le pire, on ne croit plus au meilleur, mais en fait, tout arrive, à tout instant, jamais exactement selon nos prévisions, ou pour nous rendre le meilleur, ou pour nous replonger dans le pire. Tu parlais de maîtriser la mort et de s'accomplir en elle : il y a aussi une manière de maîtriser la vie et de s'accomplir en elle qui n'est pas moins admirable quand on considère ce qu'elle comporte d'inattendu.

Si l'on possède cette forme d'intelligence et de courage qui permet de se voir mourir avec hauteur, on peut l'appliquer à se regarder vivre. Quand Montherlant est mort, j'ai admiré ce suicide, et je l'ai écrit. Mais quand j'ai vu Marie Noël perdre totalement la vue à quatre-vingts ans, j'ai admiré qu'elle me dise, en souriant d'ailleurs : « J'ai attendu cet âge pour, la première fois de ma vie, trouver la paix. » La jeune fille tourmentée qu'elle était restée a rencontré la paix quand, au fond, elle ne l'attendait plus. Et en même temps qu'elle perdait la vue. Ce qui étonne, justement, car elle avait souffert jusque-là de son emmurement, et l'on aurait pu penser qu'elle allait considérer la cécité comme un emmurement suprême et plus insupportable encore. A la limite, on se dit que l'intelligence de Montherlant — mais c'est une éventualité absurde et vaine — aurait peut-être découvert quelque chose que Montherlant ne savait pas encore de lui-même et du monde. Rien n'est jamais fini, en fait, même quand on pense le contraire. Peut-être aurait-il pu écrire alors quelque chose au-delà de tout ce qu'il a écrit. Sa mort était dans une sorte de logique intérieure à lui-même, mais en même temps, je me dis qu'il aurait pu pousser encore plus loin une manière de maîtriser sa vie, quelle qu'elle soit.

Ce que tu dis là me fait penser à la critique bouddhiste du suicide. Pour le Bouddha, le suicide est un acte métaphysiquement inutile, car il ne nous délivre pas du cycle des naissances et des morts, du *samsara.* La libération par le suicide est une libération illusoire, car se tuer volontairement, c'est accomplir un acte passionnel, et c'est précisément de la toile d'araignée tissée par les passions que le Bouddha souhaite que nous nous affranchissions. On peut lire une critique analogue du suicide chez Schopenhauer, qui fut un des premiers introducteurs de la pensée bouddhique dans la littérature d'Occident. Les écrivains européens nourris de pessimisme bouddhiste — Schopenhauer, Cioran, moi-même — donnent d'ailleurs envie de vivre, et non envie de mourir. Ce sont les niaiseries optimistes qui sont déprimantes. La lucidité, elle, est toujours tonique. Je ne sais quelle impression font mes livres sur mes lecteurs, mais je sais que, pour ma part, je sors toujours de la lecture de Lucrèce, de La Rochefoucauld, de Chamfort, de Schopenhauer, de Baudelaire, singulièrement ragaillardi. Cioran ne m'assombrit pas, mais, au contraire, me fortifie.

Moi aussi. Je le trouve décapant et salubre. Il ne s'en prend qu'aux illusions. Bien sûr, les gens redoutent qu'on s'en prenne à leurs illusions.

Cioran qui, dans le privé, est l'homme le plus vivant, le plus impétueux, le plus amoureux de la vie qui soit, n'est pas, dans ses livres, un maître de désespoir, mais un maître de courage. Ceux qui lui reprochent de pousser ses lecteurs au suicide sont des imbéciles. Ils n'y ont rien compris.

Une œuvre intelligente est une œuvre qui ne peut que vous rendre plus intelligent. Il est donc impossible qu'elle accule au suicide. Hormis ceux qui n'avaient pas besoin de cette œuvre pour le faire et à qui n'importe quel autre livre aurait également servi de prétexte. C'est aussi bête que d'accuser Nietzsche d'être le père du nazisme !

Toute vraie rencontre, qu'elle soit d'ordre amoureux, intellectuel ou artistique — ce qui est d'ailleurs la même chose, car les vraies rencontres sont toujours des rencontres d'amour, des coups de foudre —, implique un risque. Le philosophe cyrénaïque Hégésias, qui vivait vers l'an 300 avant Jésus-Christ, célébrait le suicide philosophique avec tant de fougue que nombreux étaient ceux qui, après l'avoir entendu, se donnaient la mort. Plus récemment, la publication du *Werther* de Goethe fut, paraît-il, suivie d'une vague de suicides. Aurait-il fallu pour autant interdire à Hégésias de parler, à Goethe d'écrire ?

Il faudrait interdire aussi la publication des dictionnaires médicaux, parce qu'ils donnent à certains, sinon des maladies, du moins l'idée qu'ils ont ces maladies ! Il faudrait peut-être interdire la lecture ! On l'a fait.

Au début de *Trois hommes dans un bateau*, un personnage, lisant un dictionnaire médical, se découvre les symptômes de *toutes* les maladies, à l'exception de l'hydarthrose des femmes de chambre. Si tu m'avais demandé si cette espèce d'apologie du suicide qui coule, tel un fleuve souterrain, à travers mes livres, par le truchement de mes personnages dans les romans, et en mon nom propre dans les essais et le journal intime, engage ma responsabilité, je t'aurais répondu que je reconnais que mes livres sont, en effet, de la dynamite.

Et tant mieux. L'Évangile aussi est de la dynamite. Ce qui fait qu'aujourd'hui les religions sont souvent si peu crédibles, c'est qu'elles ont tellement compromis les superbes vérités qu'elles détiennent, elles les ont tellement masquées qu'on ne les reconnaît plus et les confond avec ces compromissions et ces hypocrisies. Leur vérité passe pour des mensonges, parce qu'elles ont voulu faire oublier la dynamite.

Cela dit, et pour en revenir à l'enseignement du Bouddha, il existe une tradition bouddhiste du suicide : suicides sacrificiels, tels ceux de ces moines qui s'immolèrent par le feu pendant la guerre du Vietnam, pour protester contre les atrocités que commettait la soldatesque ; suicides d'accomplissement de moines qui avaient le sentiment d'avoir atteint un degré insurpassable de perfection spirituelle. La vie débouche alors dans la mort comme la rivière dans l'océan. L'erreur, lorsqu'on parle du suicide, consiste à disserter sur la vie et la mort comme s'il s'agissait de deux états hétérogènes...

C'est exactement la pensée que j'avais au moment où tu as commencé à la formuler !

... alors que la mort et la vie sont des chambres communicantes.

Celui qui accomplit l'acte de se tuer porte évidemment sur la mort et sur la vie un regard très différent de celui qui le regarde l'accomplir. Quand nous disons : « Il s'est suicidé », même si nous tentons de nous situer dans la perspective de celui qui l'a fait, de nous mettre à sa place, notre regard sur la vie et sur la mort soupçonne à peine ce que l'autre a pu voir et regarder.

Certainement. Mais ce que je voulais dire, c'est que la vie et la mort sont deux modalités d'être. Il y a là un passage, et passage est la traduction du mot hébreu qui signifie « pâque ». Or tout passage est un mystère, et la mort et la vie sont les deux visages d'un mystère unique. Que l'on se donne la mort ou que l'on meure de mort naturelle, ce mystère est le même. D'ailleurs, il n'y a pas de mort naturelle : toute mort est surnaturelle, finalement, parce que la vie est surnaturelle et que la mort l'est aussi. Cela, quand on y pense, est assez extraordinaire. Et les jugements d'ordre moral que l'on porte sur le suicide n'ont pas grand intérêt.

Comme ceux qu'on porte sur la vie, sur l'homme, sur l'amour, etc. Faute de pouvoir juger sur le fondement, qui est surnaturel comme tu le dis magnifiquement, c'est-à-dire selon la vérité, on juge selon la morale qui n'est qu'un réflexe social. D'ailleurs nécessaire dans son ordre, il faut en convenir, comme la société est nécessaire sans être l'absolu qu'on prétend nous imposer aujourd'hui.

On ne peut pas empêcher les gens de porter des jugements. Tu n'empêcheras jamais les gens de condamner.

Et cela relève de l'ordre du social, qui est un ordre inférieur.

Et nécessaire, comme tu le disais : il faut bien avoir des codes, des usages, mais ce n'est pas l'essentiel. Il y a eu des sociétés, que ce soit la société romaine stoïcienne, ou la société japonaise nourrie du Bushidô, qui ont élevé les gens dans l'exaltation de ce sacrement du suicide comme accomplissement. Nous ne vivons plus au temps du Bushidô et du stoïcisme, mais la vie spirituelle n'est tributaire ni de l'actualité ni des modes, et nous avons le droit, du moins je l'espère, de nous référer à ces traditions oubliées, de fleurir des autels devant lesquels plus personne ne ploie le genou.

Le stoïcisme et le Bushidô étaient autrement exigeants, bien sûr, qu'une certaine médiocrité contemporaine ambiante. Il y a d'ailleurs des actes — et le suicide en est un — assez révélateurs sur l'esprit qui inspire les jugements des sociétés et des hommes. C'est moins de condamner ou de louer qui est significatif, que de savoir au nom de quoi on condamne ou on loue.

On peut certes se complaire à creuser entre les païens et les chrétiens un fossé infranchissable. Pour ma part, je suis comme les enfants : j'aime à sauter par-dessus les fossés. C'est Cicéron qui écrit dans *Les Tusculanes :* « On ne doit point quitter la vie sans un ordre exprès de Dieu, qui a sur nous un pouvoir souverain. » J'ai plaisir à rapprocher cette phrase de celle-ci, qui est de saint Thomas, dans son traité *Des dix commandements :* « Il est défendu de tuer et de se tuer, si ce n'est sur l'ordre de Dieu ou sur l'inspiration du Saint-Esprit. »

Lorsque tu as toi-même accompli cet acte, autant que tu puisses et veuilles le dire, était-ce un geste délibéré, justement capable d'inquiéter tes médecins pour l'avenir, ou un geste d'abandon ? Ce que nous venons de dire du suicide était-il vrai du tien ? A vingt-quatre ans, tu possédais déjà une maturité d'esprit qui pouvait faire envie à des gens de cinquante : était-ce dans un esprit d'accomplissement que tu as réalisé ce geste ?

Mon suicide n'avait rien d'un suicide philosophique, absolument rien. C'était un suicide dû à un amalgame de chagrin d'amour et d'extrême fatigue. J'étais dans un très mauvais état physique, et les ennuis, les tristesses que j'affrontais alors ont pris des proportions démesurées, un tour insurmontable. J'ai, comme on dit, craqué nerveusement. De romain, mon suicide n'avait que la technique : j'ai tenté de m'ouvrir l'artère radiale, selon la méthode que j'ai décrite dans *Le Défi*. De cette façon, tu te vides de ton sang en un quart d'heure, comme un lapin qu'on égorge. Bon, j'ai été sauvé, mais je ne peux pas prétendre...

... que ta volonté était entièrement engagée dans ton acte ?

Non. On m'aurait proposé ce jour-là un billet d'avion pour aller me reposer un mois dans une île du Pacifique, j'aurais pris le billet d'avion. Cela est très banal : ce que désirent la plupart des suicidés, ce n'est pas mourir, c'est que la situation où ils se trouvent se modifie, prenne une autre forme.

Cyrille Razvratcheff, le héros de L'Archimandrite, *se donne la mort en se jetant du haut des falaises de Dieppe. Depuis, tu as déclaré que tu regrettais d'avoir « suicidé » ce personnage. Pourquoi ?*

Parce que je n'ai plus la possibilité de le mettre en scène. J'aime bien faire revenir dans un roman les personnages des romans précédents. Tous ces personnages, les anciens et les nouveaux, constituent un petit monde, un univers matznévien. Je reste fidèle à mes personnages, comme Hergé aux siens, dans les albums de Tintin. Mais cela, je ne pouvais pas le savoir quand j'écrivais *L'Archimandrite,* car c'était mon premier roman. J'ai tué Cyrille, mais j'aurais pu aussi bien le faire partir en voyage. Au début du roman, il dit d'ailleurs à son ami, le Père Philippe Carderie, son intention de partir aux Indes. Peut-être ne parle-t-il des Indes que parce qu'il ne veut pas dire à son ami prêtre qu'il songe à se tuer. Mais le suicide ou les Indes, n'est-ce pas en définitive la même échappée, la même fuite ?

Le suicide d'accomplissement est une arrivée, tandis que celui que tu évoques maintenant est plutôt un départ. Arriver ou partir.

Exactement. Mon dernier roman, *Ivre du vin perdu,* s'achève par le départ aux Philippines de Nil, le principal personnage masculin. Partir pour Manille, c'est-à-dire de l'autre côté de la planète, ou partir, en se donnant la mort, de l'autre côté du miroir, la démarche est au fond identique.

C'est aller vers l'autre face des choses.

L'autre face des choses : c'est très juste. Nous tenons là une idée que je n'avais encore jamais eue. Il est donc vrai que de la conversation peuvent jaillir des lumières nouvelles !

Je crois que Socrate a dû le penser avant nous ! Et je ne publierais pas cette sorte d'ouvrage si je ne le croyais pas.

En effet, Socrate a dû le penser avant nous !

L'authentique démarche philosophique est, à mes yeux, une démarche à deux ou à quelques-uns ; elle n'impose pas une pensée, mais elle place dans les conditions favorables à une découverte, ensemble, de la pensée.

Je comprends mieux, maintenant, tes réserves touchant le suicide qui est, par excellence, l'acte solitaire, je n'ose dire : le plaisir solitaire. Même lorsque deux amants se donnent la mort ensemble, chacun d'eux doit être seul, terriblement. Mais revenons à notre distinction entre le suicide qui est un accomplissement et celui qui est un départ. Il est exact que Cyrille, qui se jette du haut des falaises de Dieppe, et Nil, qui prend un Boeing 747 pour Manille, ont une semblable démarche de fuite, un identique désir de rupture. Les fins de ces deux romans ne sont pas aussi différentes que l'a cru la critique.

On devrait toujours laisser une porte ouverte, une possibilité de partir, ne serait-ce que pour montrer que le départ n'est souvent, hélas ! qu'un miroir aux alouettes. un château en Espagne !

C'est ce désir de rupture, de modification, qui faisait dire à un des neuro psychiatres qui m'ont jadis soigné qu'il n'y a que des vrais suicides, et que même les simulateurs — par exemple la vedette de cinéma qui prend trois cachets de perlimpinpin et convoque aussitôt les photographes — sont animés par cette volonté de créer une situation nouvelle, vierge, impollue, qui est le ressort de toutes les conduites suicidaires. Simuler un suicide, c'est être transporté à l'hôpital, être entouré de gentillesse, de soins, devenir soudain le centre des attentions, susciter peut-être (dans le cas d'un chagrin d'amour) le remords de *l'autre,* et son retour, bref rompre avec la solitude, se mettre à exister aux yeux d'autrui.

Lorsque quelqu'un juge qu'il lui est impossible de faire un pas de plus, nous devons en effet lui ouvrir une porte, soit pour l'accueillir, soit pour le libérer. La seule réponse au suicide n'est pas un argument moral, mais l'ouverture d'une porte, quelque part, à l'intérieur de soi ou à l'intérieur des autres.

Un suicide est toujours un appel. L'*attentat* sur soi est toujours une *attente.* C'est pourquoi le billet d'avion est souvent intérieur. Ce serait trop simple, si le départ dont nous parlons n'était qu'un départ dans l'espace.

C'est bien sûr à l'intérieur que s'ouvrent les seules portes qui comptent. Aussi arrive-t-il que l'interdit moral emprisonne encore davantage quelqu'un qu'il s'agissait de libérer de soi. Il y a certainement des gens qui se sont suicidés parce qu'un interdit moral les empêchait de s'ouvrir aux véritables dimensions de la vie : ce qui est le comble. Mais interdit et exigence n'ont pas le même sens, et la vraie réponse est là : le billet pour Manille, et Manille même, sont intérieurs. A cet égard, l'entrée au monastère qui est une mort au monde, un choix de vie intérieure, est comme un suicide aux yeux de la place publique. En fait, c'est le choix d'une autre face de la vie, qui est aussi mal comprise que peut l'être le suicide.

Dans mes romans, j'ai souvent décrit des situations douloureuses, en particulier dans l'ordre amoureux, où un déplacement dans l'espace a des effets lénitifs et salvateurs ; mais j'ai également écrit sur l'illusion qu'est le voyage, puisque, si loin qu'on aille, on n'échappe jamais à soi-même. La vraie délivrance est intime, et le billet pour Manille n'est qu'une image.

Justement : où est l'ailleurs ? Au fond, le suicide d'accomplissement ou le suicide de détresse paraît une solution quand on a le sentiment qu'il n'y a plus de paradis ailleurs ni là où l'on se trouve, et que le paradis, c'est la mort. On ne peut plus aller ailleurs, parce que ailleurs, c'est nulle part.

Ce que tu dis là me fait prendre conscience d'une curieuse contradiction à laquelle je n'avais jamais songé : les stoïciens ont fait du suicide la pierre angulaire de leur philosophie, ils l'ont exalté, sanctifié ; et, dans le même temps, ils n'ont cessé de nous mettre en garde contre les courses absurdes et vaines, contre les inutiles déplacements, qui nous font ressembler à des fourmis allant et venant le long des arbres, mais qui ne font pas de nous des hommes libres, car cette liberté, ce n'est que dans la paix de notre cœur que nous pouvons la rencontrer. Donc, à la fois, les stoïciens justifient cet ailleurs émancipateur qu'est le suicide et nient qu'un ailleurs puisse exister. Quelle extraordinaire contradiction !

Mais qui n'en est peut-être pas une ? Quand on a supprimé tout ailleurs, comme soupape de sûreté ou comme réalité complémentaire de la réalité présente, il faut bien que le seul ailleurs soit la mort. Les quelques suicides que j'ai connus autour de moi, si j'y réfléchis de ce point de vue, étaient le fait de gens qui avaient le sentiment de n'avoir plus d'ailleurs, qu'ils étaient pour toujours et partout emprisonnés, et que leur seule issue était donc de se tuer. Et même des croyants, qui oubliaient tout d'un coup que le seul ailleurs de l'homme, le seul Autre radical, n'était pas une autre face de leur destinée, mais Dieu, auquel ils affirmaient pourtant croire. Quand tout est clos, la mort est la seule porte.

Ce qui me gêne dans la condamnation du suicide par l'Église, c'est que les théologiens qui la formulent font du Dieu chrétien une sorte de couvercle sur la marmite des passions, comme pour empêcher la vapeur de s'envoler. Or, la vapeur, c'est le Saint-Esprit. Un très fameux philosophe croyant a dit récemment à un de mes amis ceci, que je trouve horrible : « Si notre Sainte Mère l'Église autorisait le suicide, il y aurait longtemps que je me serais fait sauter la cervelle. » Ce Dieu couvercle de marmite n'est pas le Dieu de la liberté et de l'amour ; ce n'est pas le Dieu de l'Évangile. C'est un Dieu éteignoir, un Dieu Père fouettard.

C'est si vrai qu'un tel Dieu n'emprisonne plus seulement de ce côté-ci du monde, mais de l'autre. L'Inquisition l'avait entendu en ce sens : détenir les clefs des deux royaumes, celui de la terre et celui du ciel, pour les fermer tous les deux, exercer une autorité abusive et sans appel. C'est à donner envie de se suicider non seulement en ce monde mais dans l'autre ! Comment sortir des mains d'un Dieu ainsi conçu ? Ces sortes d'adjudants refleurissent périodiquement dans les églises, et vous excommunient un jour pour une raison, leurs successeurs pour une raison contraire ! Il n'y a plus, alors, d'issue possible, hormis le néant, dirait Marie Noël, et la mort apparaît comme un néant bienfaisant, non comme la porte de la vie. Quand on dit par exemple que le social est sacré, il n'y a plus qu'à se flinguer devant un sacré qui emprisonne de tous les côtés, comme un océan informe ! Le seul moyen de sortir est de ne plus exister et le social l'entend bien d'ailleurs ainsi.

Or, en ce sens, justement, l'Évangile manquait au stoïcisme : quand l'univers intérieur ou extérieur paraît complètement clos, et, à la limite, quand il semble qu'il n'y ait plus que la mort pour « s'en sortir », il reste de savoir, et c'est là l'objection fondamentale qu'à mon avis on pourrait adresser au suicide au nom de l'Évangile, il reste de savoir qu'il existe tout de même un ailleurs autre que la mort, un ailleurs qui est au-delà de la mort mais qui est déjà en deçà. L'espérance dit alors à la foi : tiens bon, malgré toutes les apparences contraires, il y a un univers de la liberté dans lequel réside le véritable accomplissement. Et il ne consiste pas à sortir de cette vie pour trouver mieux ailleurs, mais de discerner dans cette vie les prémisses du véritable ailleurs, qui existe. Si l'ailleurs existe, la mort n'est pas cette fin que voit en elle le suicide, ni comme accomplissement ni comme fuite : il faut alors regarder au-delà de la vie et au-delà de la mort.

Prolongeant ce que tu viens d'exprimer, j'observe que la nouveauté inouïe apportée par la révélation chrétienne, c'est la descente du Christ aux enfers, c'est la nuit de Pâques. Un tel événement n'existe ni dans l'univers de Socrate ni dans l'univers de Caton. Certes, le paganisme gréco-romain a connu des descentes aux enfers : celle de Pluton allant chercher Proserpine, ou celle d'Orphée désireux d'en ramener Eurydice, par exemple. Mais le rachat du genre humain, la victoire sur la mort, la délivrance de l'enfer — un enfer qui n'est pas un lieu géospatial, mais le secret de notre propre cœur, cela n'appartient qu'au Christ. La véritable icône de la Résurrection n'est pas celle du Christ sortant du tombeau, vêtu d'un slip de bain et brandissant sa croix comme une raquette de tennis. La véritable icône de la Résurrection figure la descente aux enfers : le Christ Sauveur, nouvel Adam, tendant la main à Adam et Ève, et délivrant du sommeil de la mort toute l'humanité déchue.

Les mythes antiques que tu évoques expriment les intuitions fondamentales qu'ont eues les païens. « Ce Dieu que vous adorez sans le connaître », dit saint Paul aux Athéniens.

Oui, des intuitions fondamentales, et c'est une des raisons pour lesquelles, dans mes livres, je me fais toujours le défenseur du paganisme gréco-romain, si injustement méconnu ou calomnié. Il est pour moi, depuis mon adolescence, une source inépuisable de beauté, de poésie, de vie.

Certaines traditions connaissaient si bien l'homme et ce qu'il y a dans l'homme, qu'elles ont découvert en lui la place qui n'est faite que pour Dieu, sans pour autant reconnaître toujours Dieu. Même quand cette place est encombrée d'idoles, de chimères, de vanités. L'ailleurs, dans le christianisme, n'est pas seulement le lieu où je me découvre enfin moi-même à moi-même, quoique saint Paul affirme « un jour je connaîtrai comme je suis connu », non, l'ailleurs c'est d'abord Quelqu'un que nous avons peut-être cherché dans tout le reste sans le savoir. Dans le suicide, sauter dans la mort, c'est sauter dans l'anonyme. Tandis que si l'on en croit l'ailleurs chrétien, on sait que dans la mort Quelqu'un nous attend, qui est, Lui, le véritable maître de la vie et la mort. Ce n'est plus le trou noir.

Oui. Cependant, on peut aussi imaginer quelqu'un qui serait amené à se donner la mort, par exemple quelqu'un qui se trouverait dans une prison, prêt à être torturé et qui risquerait de trahir ses amis : il se jetterait alors par la fenêtre, dans le vide...

... mais se jetant alors dans les bras de Quelqu'un.

Voilà. Sachant qu'il ne trouverait pas le trou noir, que le vide n'est...

... pas vide !

Voilà. Ce type de suicide fait partie des suicides d'accomplissement dont nous parlions au début de notre conversation. Je crois vraiment qu'il faudrait cesser de faire du suicide un acte d'athéisme. Le suicide n'a rien à voir avec l'athéisme, ni d'ailleurs avec la foi. Le seul sentiment antichrétien, dans ce domaine, serait plutôt la peur de la mort, le refus de la mort. La mort volontaire, elle, exprime un abandon confiant au jugement de Dieu.

Ce serait en tout cas juger le suicide de l'extérieur que d'affirmer qu'il est incompatible avec la foi, mais compatible avec l'athéisme. Il ne se résume pas à cela. S'il l'est, c'est que la foi est avant tout : foi en la vie et non en la mort, foi au Vivant. Mais encore faut-il préciser ce que sont vie et mort aux yeux de la foi, pour saisir ce qu'à ses yeux peut être le suicide.

Qu'ils soient thomistes, kantiens, marxistes ou autre chose encore, les intellectuels ont la rage d'établir des catégories et de prétendre nous y enfermer. Le Saint-Esprit chrétien, le *Logos spermaticos* stoïcien, c'est le souffle libérateur qui pulvérise les catégories, ouvre les fenêtres, arrache les étiquettes. Au pis, le suicide est une illusion, une erreur ; il n'est jamais une impiété.

En tout cas, même si l'on regarde le suicide sans complaisance, le point de vue moral ne suffit pas.

Scipion, le beau-père de Pompée, voyant son vaisseau capturé par l'ennemi, se perce la poitrine de son épée. A ce moment, on demande où est le général. « Le général, répond Scipion expirant, se porte bien, *Imperator, inquit, se bene habet.* » Montherlant, qui avait lu cette parole dans mon essai sur le suicide chez les Romains, m'en avait proposé la traduction suivante : « Ne vous en faites pas pour le général. »

QUATRIÈME PARTIE

La mort et son scandale

L'horreur de mourir :

LUC ESTANG

Un écrivain. Mieux encore : un poète, et c'est le poète Luc Estang que j'ai rencontré, avant d'aller au romancier Luc Estang. J'allais aussi à l'homme de foi, à l'ami de Bernanos — « C'est Dieu qu'il me fallait », conclut le poème *Coquillages* —, avant de découvrir qu'en réalité il était en rupture avec la foi et le christianisme depuis bien longtemps. Cette rupture n'entraîne pas la mienne avec lui : j'aime la vitalité de son esprit qui empêche de s'endormir dans le sommeil des préjugés ; je ne rechigne pas devant ses provocations intempestives ni ses doutes profonds, et ni ses négations. J'ai trop appris combien le monde de certains croyants est fait de bassesse pour confondre celle-ci avec le refus de Dieu. Ceux qui ont menacé ma foi — et en tout cas l'espérance et la charité — sont plus des croyants que des athées ! Mais le débat n'était pas là, entre nous, du moins en cette occasion. L'horreur de mourir : Luc Estang l'éprouve comme tant d'êtres que j'ai rencontrés et qui se sont effrayés même que j'ose traiter un tel sujet, celui qui les fait trembler, qui les révulse, qui leur répugne et les fait fuir. Qu'il y ait la mort : voilà qui provoque en eux le plus considérable des remous, jusqu'à jeter parfois une ombre sur tout le reste de leur activité et de leur vie. Ils retrouveront ici leur refus : impossible en effet de parler de la mort sans faire place à cette protestation viscérale, mais ontologique aussi, qui traverse les âges et qui est loin de s'éteindre aujourd'hui.

Parlons donc de la vie ! Mais la vie, c'est aussi la mort ! Bien sûr, vous m'avez dit que ce n'est pas la mort elle-même qui vous fait horreur ?

Non : c'est le fait de mourir. La mort comme telle est pour moi un mystère : j'ignore ce qu'il peut y avoir, mais cela ne m'a jamais fait question. Même quand j'essayais de vivre une foi, ce n'était pas du tout — comme je sais que cela existe pour certains — les appréhensions de l'au-delà qui comptaient. J'avais seulement besoin, à ce moment-là — mais cela est tombé de moi et donc je me suis rattrapé à autre chose—, d'une raison de vivre. Les consolations de l'au-delà, toutes ces choses, que vous connaissez, m'ont toujours laissé froid, et même, j'y voyais déjà une escroquerie. Ça me semblait comporter trop de ressemblances avec ce que nous sommes dans la vie.

L'ici-bas continué et éternisé en ce qu'il a de plus agréable ?

Exactement. Il y a bien sûr dans saint Paul la fameuse phrase : « Surtout ne pleurez pas comme ceux qui n'ont pas d'espérance. » Mais je me suis toujours dit que l'espérance, on l'a étendue, à mon avis abusivement, à des retrouvailles. A je ne sais quel paradis, qui, sans s'en rendre compte, était très paganisé.

La terre en mieux.

C'est cela. Une terre en mieux où l'on n'aurait plus de soucis, où les méchants seraient punis, et où chanteraient les saints et les anges toute la vie, etc. Quand on me parlait de consolations, je savais déjà, à ce moment-là, que ça n'était pas vrai. Et je me référais à l'Évangile. Je voyais par exemple Jésus pleurer sur le tombeau de Lazare, alors qu'il savait qu'il pouvait le ressusciter, ce qui ne nous est pas donné à nous ! Ailleurs, le même Jésus, à qui on posait une colle : celle de la femme qui avait eu sept maris, duquel serait-elle la femme là-haut, répondait — je traduis en langage d'aujourd'hui — : « Espèce de crétins, pourquoi me posez-vous cette question, vous devriez savoir qu'au paradis il n'y a plus ni hommes ni femmes, on est comme des anges ! » Par conséquent, si je perds la femme que j'aime, et même si on me dit que je la reverrai au ciel, je sais que je ne la reverrai pas : ce ne sera ni elle ni moi ; ni moi charnel. Du reste, les théologiens ne s'en sont jamais sortis. Je lisais encore cela dans Julien Green : un prêtre agitait cette question, et elle reste dans le vague. Jésus ressuscité, qui est-il ? Il a un corps qui passe à travers les murailles, il fait semblant de manger, Madeleine ne le reconnaît pas au tombeau et le prend pour le jardinier, etc. Ce sont des indications.

Alors, à plus forte raison maintenant, où je suis respectueux mais ignorant, dans l'attente de je ne sais quoi, ma répugnance devant la mort c'est, d'abord, une peur que j'avoue, une effroyable appréhension pour ce qu'on appelle le passage. Je ne sais pas du tout comment ce sera, mais j'en ai une peur bleue.

Qui oserait dire comment ce sera ! Mais ce qui vient ensuite, en revanche, ne vous a jamais inquiété et ne vous inquiète pas ? C'est seulement ce qui se passe ici qui vous fait peur ?

De deux choses l'une : ou bien il n'y a rien après, c'est le néant, donc ça ne peut pas m'affecter ; ou bien il y a quelque chose, et quel qu'il soit, à l'échelle de l'éternité, à l'échelle de ce qu'on peut imaginer qu'est la transcendance, qu'est-ce que ça pourra bien nous fiche encore toutes ces petites choses ?

C'est une sorte de pari de Pascal inversé : si Dieu est Dieu, quelle importance pourrait avoir dans l'éternité ce que j'ai fait dans le temps ? Beaucoup d'esprits agnostiques glissent aujourd'hui vers cette forme de pari. C'est déjà beaucoup d'évincer l'au-delà de la mort, pour quelqu'un qui a peur de la mort ?

Inutile de vous dire que, du même coup, les cimetières et toutes ces choses-là, je n'éprouve envers eux aucun culte, aucun primitivisme.

Mais ça vous inspire quoi ? De l'horreur ?

Je n'aime pas. Je ne vais jamais sur les tombes, et surtout des êtres que j'ai aimés, pour l'excellente raison que ce qui est là, que je préfère ne pas imaginer, n'a plus rien à voir avec ceux que j'ai aimés. La tombe est dans mon cœur. Dans mon esprit. Je pense beaucoup à ceux que j'ai aimés et qui ne sont plus là, mais j'y pense comme à des vivants. Je ne peux pas y penser comme à des morts. Je perpétue leur état de vivant, comme dans la vie, quand ils n'étaient pas toujours près de moi et que je pensais à eux. C'est absolument pareil. Mais l'état de mort, le cadavre, la charogne, ça ne m'intéresse pas, c'est fini, c'est rayé. Et s'il faut penser au mort que, par hypothèse, on pourra soi-même devenir, il y a quelque chose qui me frappe beaucoup et qui me fait dire que l'au-delà, s'il existe, n'a plus rien à voir avec ici-bas. Je crois avoir aimé, avoir été aimé par des êtres qui sont morts. J'ai pu voir également autour de moi des gens qui ont perdu des êtres dans les larmes, et pas du tout d'une manière conventionnelle. Eh bien, qu'il s'agisse de moi, ou de ces gens, traversant des passes difficiles, exposés à des dangers, il deviendrait inconcevable, s'il y avait la survivance avec ce que nous sommes de meilleur, de laisser s'exposer quelqu'un qu'on a aimé et qu'on voit de là-haut encore en difficulté sur terre. On interviendrait, sinon ce serait pour moi monstrueux. Mais je crois que la question ne se pose pas dans ces termes-là parce qu'on est autre, si l'on est encore. On est donc bien mort.

De quelle manière il pourrait y avoir une jubilation collective — appelons cela comme vous voulez —, je n'en sais rien, mais je sais que nous autres charnels, pour parler comme Péguy, nous ne serons plus de la même chair. La résurrection des corps ? Quels corps ? Quand on se projette à ce point dans l'éternité, ce qu'il y a d'écrasant, c'est que le sort de l'être qui vous aurait été le plus proche n'aurait plus la même signification. Que ce soit le rapport avec une mère ; le rapport avec un amour : l'homme pour la femme ou la femme pour l'homme, et sur terre, qu'y a-t-il de plus grand que l'amour ? Rien, même cela vous sera pour toujours ôté. Et pour ma part, je ne peux pas dissocier l'amour de la chair. C'est pourquoi j'appréhende fort ce passage, quelle que soit son issue.

Certes, la mort c'est la mort : celle de notre corps, mais peut-être aussi celle de notre cœur, et la mort de notre esprit. Le Christ lui-même tremble devant la mort : « S'il est possible que ce calice s'éloigne de moi... » Il ne fait pas semblant de mourir. Mais vous vous êtes approché vous-même de ce passage et de la mort ? Vous avez été exposé à mourir, ou bien est-ce seulement une appréhension terrible ?

J'en ai eu deux ou trois sensations, avant qu'on n'ait inventé, pour les interventions chirurgicales, cette merveilleuse chose qu'est la piqûre. Tout enfant, la première fois, et encore deux fois par la suite, j'ai été endormi au chloroforme : le masque qu'on vous posait sur le visage, alors que vous étiez allongé, horizontal, créait la sensation d'une disparition. Je me voyais filer horizontalement, avec un bruit de cloches, etc. Et puis l'arrachement, la chute dans le néant. C'est de cela que j'ai peur. Je sais bien qu'on dit : Il s'éteignit doucement comme une lampe. C'est bien possible !

Vous avez assisté déjà un mourant ?

Ah non ! Je n'ai jamais vu mourir quelqu'un. Je voudrais ne jamais le voir. J'ai eu un chagrin, il n'y a pas très longtemps : la mort de mon meilleur ami, qui était comme mon frère. Je n'ai pas voulu le voir. On me l'a proposé, mais j'ai refusé. A plus forte raison pour quelqu'un que j'aime : être penché sur lui, le voir rendre le dernier soupir, ce doit être affreux, atroce. Je n'aimerais pas cela parce que je ne l'aimerais pas pour moi-même. La mort, c'est un état inconnu. Mais mourir, c'est une activité de vivant ; c'est un vivant qui meurt. Et ça peut durer !

Est-ce la souffrance du mourant qui vous fait peur ? Et d'ailleurs la souffrance tout court ?

Oui. Parce que, comme vivant, je déteste souffrir, je souffre très mal. Je souffre d'autant plus mal que je ne me suis jamais évanoui de douleur, ou autre chose du même genre. C'est ma ressource, justement : j'ai mal, je crie. Je dis à mon entourage :

ne vous en faites pas, je tiendrai le coup mais laissez-moi crier, laissez-moi gémir, laissez-moi me plaindre. Ça me fait un exutoire. Mais je ne sais pas ce que c'est que s'évanouir de douleur. Et je me demande : qu'est-ce qu'on ressent au moment de mourir ?

Impossible de vous le dire ! Mais je sais seulement qu'il s'agit d'un instant auquel on ne peut pas échapper. Même s'il existe des moyens puissants, aujourd'hui, d'adoucir toute douleur et peut-être de détruire toute conscience.

Bien sûr. Ce qui me frappe aussi, c'est que le sentiment vis-à-vis de la mort change beaucoup avec l'âge. Comme, je crois, pas mal de gens jeunes, en pleine crise d'adolescence et d'adolescence prolongée, en pleine révolte, etc., j'ai fait joujou avec l'idée de la mort. Toute la part suicidaire qu'il y a dans l'adolescence, je l'ai connue. Je suis allé au bord, mais je me suis dégonflé, justement. Je n'ai pas fait le dernier saut, parce qu'avec le mélange de bonne foi et de tricherie qu'il faut pour dire : ça y est, tu passes de l'autre côté, au dernier moment : non, arrière !

J'ai continué alors de jouer : de là mon pari sur la foi, mon espèce de reconversion. Car j'avais été élevé non pas au petit sens du terme, parce que ma famille s'en fichait, mais éduqué chrétiennement. Révolte classique de l'adolescence : on envoie tout promener, et ce qui a beaucoup contribué à ce que je mette les pouces, c'est justement cette prise de conscience, cette constatation que j'avais été trop lâche pour sauter de l'autre côté. Si j'avais été trop lâche, c'est que peut-être je jugeais que la partie n'était pas complètement jouée ? Encore fallait-il trouver la raison de vivre, et une justification par rapport à moi-même. Ça se transfère, et pour moi, le saut dans la foi — je suis très kierkegaardien à cet égard — était une espèce de suicide métaphysique.

Pour échapper en fait au mourir, une fuite dans l'idée du suicide, une fuite dans la foi, mais tout cela restant d'un ordre assez intellectuel. Dans la Résistance, en revanche, vous n'avez pas fui le risque de mourir ?

Je me suis aperçu que, quand au risque actif, au combat de la Résistance, etc., je pouvais, bien sûr, y penser — pas beaucoup, je dois dire : j'aimais mieux ne pas y penser, mais je savais tout de même que j'étais exposé comme tous les copains, même sans faire de prouesses —, mais on fait ça plus facilement que quand on a pris de l'âge. Pourquoi ? Quand on est jeune, on a beaucoup moins goûté à la vie, à ce qu'elle a de bon malgré le mauvais ; on a moins d'attaches ; on est plus désintéressé. Il y a un apparent scandale — que j'ai pu partager — dans le fait que c'est la jeunesse qu'on envoie au sacrifice. Mais c'est fatal. Non seulement à cause de la force physique mais à cause de son désintéressement spontané. C'est beaucoup moins pénible — et ça paraît monstrueux quand un septuagénaire le dit, mais je crois avoir toujours été lucide là-dessus. On parle du spectacle hideux du vieillard qui s'accroche à la vie : mais parbleu qu'il s'y accroche, parce qu'il sait ce qu'il lâche. Non seulement sous l'aspect sordide, mais aussi le meilleur.

J'ai vu mourir en paix plusieurs vieillards. Et j'ai connu un homme, le grand-père de ma femme, mort il y a deux ans à l'âge de quatre-vingt-quinze ans, qui soupirait à partir. Toute sa vie, en quelque sorte, était déjà morte avant lui : sa femme, ses fils, ses amis... Il était las de vivre, même s'il était toujours heureux de nous voir.

On peut espérer — parfois je me dis cela pour me réconforter — qu'il arrive un moment, en effet, où l'on voudrait mourir. Par exemple au spectacle de gens qui sont morts dans un âge convenable et que j'ai pu entendre — chaque fois c'étaient des femmes, du reste, non des hommes — dire : c'est long ! C'est pour moi un espoir, à cause de cette épouvante que j'éprouve toujours au fond de moi. Et l'épouvante, d'ailleurs, grandit pour le moment, d'autant plus qu'on sent la mort plus proche. Très longtemps — c'est une banalité de le dire — l'animal qui sait qu'il doit mourir n'y croit pas.

La mort, c'est pour les autres ! Comme le malheur ! Il n'est que le bien des autres pour lequel on se croie fait !

Exactement. Sauf, peut-être, si on a pour profession de s'exposer au danger.

Et encore ! Un militaire ou un torero qui ne penseraient qu'au risque de mourir ne feraient pas leur métier. Ils n'y pensent pas en pleine action, et seulement s'ils se retrouvent à l'hôpital avec une blessure.

C'est vrai. Mais pour ce qui est de l'âge, je me dis que, puisque je me porte bien encore, il arrivera pourtant un moment où il y aura une baisse de tonus — j'aime mieux ne pas penser aux infirmités ou aux accidents — qui pourrait m'amener au détachement comme à une grâce. Qu'on ait le sentiment que ce qu'on avait à faire, on l'a fait. Bien ou mal, mais comme on l'a pu.

Qu'on a fait sa vie, en somme ?

Oui. Et que l'on n'a plus l'espèce d'âpreté — que j'avoue garder encore à mon âge — pour vivre. Apreté sur tous les plans : besoin d'être heureux, besoin de jouir, tout au moins pour les choses qui me sont agréables. Ou sur le plan moral : quand je cesserai de bondir pour des oui ou des non ; quand je ne verrai plus l'utilité de m'indigner : ça voudra dire peut-être qu'au fond de moi je n'y croirai plus. Mais je me dis que, lorsque ce qu'on appelle d'un mot qui est de la même racine que vieillesse : la sérénité, m'aura gagné, quand j'arriverai au serein, au soir, j'espère que je dominerai alors les choses, y compris l'angoisse du mourir. *Le nunc dimittis,* conçu comme une grâce de cessation de vivre.

Mais c'est évidemment projeter sur la fin de sa vie une sorte de paradis anticipé : il y a des vieillesses qui sont plus amères que des maturités ou des enfances, et s'il fallait ne compter que sur la clémence des jours pour se faire une sérénité, ce serait une sérénité bien menacée. Il y a des gens qui souffrent longuement de la vieillesse, sans même parler de maladie.

Quand on souffre, évidemment, c'est une autre affaire. S'il vous tombe dessus un mal horrible, je serais pour l'euthanasie. Que quelqu'un qui vous aime bien, qui voit votre souffrance, et qui peut délivrer la conscience d'un médecin prenne la décision de vous soulager. Je ne veux pas trop l'affirmer, mais j'ai l'impression qu'il s'était passé une chose de ce genre auprès d'un excellent ami, qui était à la fois parfaitement lucide, qui ne souffrait pas trop physiquement, mais qu'une attaque avait laissé aphasique. Il appelait les mots, qui ne venaient pas, et l'état dans lequel il était représentait pour lui une profonde humiliation. Je l'ai vu autant que j'ai pu, puis l'été est venu, et j'ai su qu'il était mort en des circonstances significatives. Je n'étais pas en état de la faire, mais je crois que quelqu'un, beaucoup plus habitué à lui que moi, qui avait des possibilités que je n'avais pas, s'est décidé, et en toute conscience, lui l'acceptant. J'ai senti moi-même, parfois, qu'il me regardait avec une insistance qui disait bien ce qu'elle voulait dire. Mais il y avait des choses que je n'osais pas aborder ; je me contentais de dire : « Ça va aller mieux, etc. » Quand, par hasard, il arrivait à sortir deux mots entiers, on se récriait : « Voyez, vous êtes arrivé à dire ça. Il n'y a pas de raisons pour que vous ne retrouviez pas l'usage de la parole ! » La souffrance, on ne demande qu'à la soulager, et de toutes les manières.

En fait, vous n'acceptez l'idée de la mort que si elle n'est pas tout à fait la mort, la rupture, celle qui brise même l'accompli. Vous la voudriez, même s'il s'agit de la fin ultime, comme une sorte d'accomplissement. Le scandale de la mort, s'il y a scandale pour vous, c'est qu'elle soit ce qui altère, ce qui ôte tout ce en quoi la vie trouve son prix et sa saveur ?

Oui, c'est ça.

L'horreur, c'est que la mort vous prive de vous-même, des autres tels que vous les aimez et que vous en jouissez ici-bas, qu'elle vous prive de la possibilité d'être vous-même dans votre seule destinée. Ce qui proteste en vous, c'est l'être ?

Oui. D'ailleurs, un point du catéchisme — du grand catéchisme : je parle du temps où l'on était déjà de grands garçons, à partir des Humanités —, qui m'avait beaucoup éclairé, concernait justement la mort. A la mort considérée comme un châtiment, telle que la présente le début de la Genèse, nous avions opposé l'objection inévitable : mais si personne n'était mort, combien serions-nous aujourd'hui ? Et le professeur avait répondu : la mort en tant que fin d'une vie était dans l'ordre naturel, mais elle n'aurait été accompagnée d'aucune angoisse. L'animal aurait su qu'il devait mourir, mais il serait mort en beauté, si l'on peut dire. L'Ancien Testament se plaît d'ailleurs à présenter l'image de la mort des Patriarches, entourés de toute leur postérité : Yahweh les a bénis de A jusqu'à Z, et ils s'éteignent glorieusement. C'est le mot.

J'ai été frappé aussi par ce que rapporte Philippe Ariès à propos de la mort des chevaliers au Moyen Age, disant qu'il faut prendre au pied de la lettre les récits des épopées. Ou bien ils meurent d'un coup au combat, ou bien, plus âgés et malades, ils sentent leur mort venir. Alors ils s'installent, et c'est Socrate en langage chrétien : Mes amis, au revoir ! Ça a l'air, aujourd'hui, d'une convention, mais Ariès affirme que ça se passait exactement ainsi. Les hommes acceptaient leur mort. Peut-être y en a-t-il aujourd'hui, parmi les spiritualistes, de suffisamment fervents pour l'accepter aussi, mais c'est l'exception. Je suis très frappé que de très saintes gens se fassent un devoir urgent de se soigner comme tout le monde.

Vous connaissez les derniers mots qu'on prête à Paul Claudel : « Laissez-moi mourir tranquille : je n'ai pas peur. » Mais Bernanos s'est débattu avec cette question de la mort : le Dialogue des Carmélites *en témoigne douloureusement.*

A cause de la séparation. Sa dernière invocation a été pour sa femme, Jeanne. Je n'y étais pas moi-même, mais Pézeril me l'a raconté. C'est moi, vous le savez, qui lui avais envoyé Pézeril. Quand on a ramené Bernanos de Tunisie à l'Hôpital Américain, à Paris, je suis allé aussitôt le voir. Ça n'allait pas du tout, et ça n'allait pas du tout avec l'aumônier. Il était tombé sur un de ces prêtres qui n'y vont pas par quatre chemins et qui vous prennent à bras-le-corps : allez, mon gaillard, et des trucs semblables. Je déteste ce genre, et lui aussi le détestait. Il m'avait dit : « Je ne peux pas le voir ; quand il vient, il ne sait me parler que de sa prochaine tombola. Trouvez-moi un bon vieux prêtre. » Je lui ai répondu : « Je ne connais pas tellement de bons vieux prêtres, mais j'en connais au moins deux jeunes, que je trouve bien. » Il s'agissait de Berrar et de Pézeril. J'ai appelé Pézeril, qui n'était pourtant pas très bernanosien à l'époque, et je lui ai dit : « Il y a un gros poisson, ça vous va ou non ? » Bien sûr, ça allait, et ils se sont très bien entendus. Vous avez lu le récit de la mort : le fameux « à nous deux ». Mais avant cela, la part d'abandon, ça a été Jeanne...

Vous connaissez peut-être aussi l'admirable mot de Gaby Morlay à son mari, qui pleurait à son chevet de mourante : « Ne pleurez pas, voyons ; je ne m'en vais pas, enfin j'arrive ! »

Je ne connaissais pas. En fait, le scandale, c'est d'abord de vieillir, qu'on s'abîme dans la vieillesse. Je sais bien qu'il y a beaucoup d'améliorations. J'ai des contemporains et des amis très chers qui ont cinq, dix ans de plus que moi, qui connaissent certaines petites misères : les uns, c'est les yeux, les autres les jambes, mais, tout de même, ils tiennent debout. Et leurs épouses de même. Il n'y a pas de raisons que l'on ne fasse pas encore des progrès. Du point de vue de la démographie, c'est une autre histoire, mais je crois que d'une manière ou d'une autre, compte tenu des progrès de la science, il faudra bien que s'opère — je ne sais pas sous quelle forme acceptable moralement — une méthode sélective, sinon, ça deviendra impossible. Avant, la sélection terrifiante de la maladie jouait son rôle : quand on regarde simplement Montaigne et le nombre de gosses qu'il a ! Il lui en reste deux, ou même un, sur douze !

Pour les bons chrétiens de « laissez-les vivre », c'est un bon exemple : s'ils croient qu'il faut s'en remettre au Père Éternel bravo ! Vive la foi ! Je trouve ça dégoûtant ! Il faut intervenir. Mais comment ? Ce n'est pas encore au point.

Mais ne disiez-vous pas, tout à l'heure, que la mort vous paraissait révoltante quand la vie n'a pas eu le temps de s'accomplir ? Qu'une seule mort, à la limite, vous semble tolérable, celle qui vient quand on a perdu le goût de vivre, quand on a le sentiment d'avoir vécu toute sa destinée ? Vous ne trouvez pas que nous risquons d'être encore plus maladroit que le Père Éternel en intervenant à sa place ? En tranchant de la vie et de la mort des enfants, des vieillards, peut-être des infirmes, etc. Si la mort et la vie restent des inconnues, oserons-nous les traiter comme du connu ?

Je trouve que mourir est de toute façon horrible ! C'est l'horreur ! Et tout ce qui peut empêcher que ce soit le plus sale des moments, je trouve que c'est un bienfait pour l'humanité. N'importe quoi !

L'obsession de la mort :

PROFESSEUR HENRI BARUK

L'œuvre du professeur Henri Baruk est une des plus considérables de ce temps aussi bien sur le terrain de la recherche psychiatrique que sur celui des écrits qui rendent compte de ces recherches. Ancien médecin-chef de la Maison nationale de Charenton, il a marqué la pratique psychiatrique depuis cinquante ans d'un certain nombre d'évolutions — et même de révolutions — dont tous ses successeurs — et tous les malades — bénéficient aujourd'hui. Directeur à l'École pratique des Hautes Études et professeur à la Faculté de médecine de Paris, il a aussi marqué, par son enseignement, des générations de psychiatres. Mais à son autorité scientifique s'ajoute un rayonnement moral et spirituel qui tient à la profondeur de sa foi judaïque. D'elle aussi, il porte témoignage dans des pages d'une intensité souvent bouleversante. Si bien qu'il n'est pas possible d'interroger le psychiatre sur un sujet aussi essentiel que la mort — l'obsession de la mort précisément — sans que l'homme tout entier réponde : le savant et le croyant. Et notre dialogue prend alors la dimension qui convenait : il ne concerne plus seulement un aspect dérivé de la question, mais la question dans son ensemble et dans ses prolongements suprêmes. On le verra d'emblée.

La conscience de la mort, professeur, relève-t-elle d'une obsession, comme certains le disent avec agacement et légèreté, ou simplement d'une maturation de la conscience humaine, qui prend acte de la destinée de l'homme dans tous ses aspects et toute son étendue ?

La conscience de la mort ne relève pas de l'obsession. L'obsession ne pourrait être qu'une obsession de peur de la mort, par exemple une peur pathologique de la mort. Mais tout être humain doit considérer l'existence humaine en face, et savoir qu'elle se termine par la mort. Il est donc bien obligé d'envisager les questions qu'elle pose. S'il ne l'envisage pas, c'est qu'il se détourne des réalités et n'a pas le courage de les aborder. Il s'agit simplement d'une fuite devant les réalités, qui, elle aussi, peut devenir pathologique. La dignité humaine et la santé de l'esprit exigent d'envisager toutes les réalités en face, même les plus redoutables ; et de le faire avec courage. Envisager la mort, c'est d'ailleurs envisager la vie : les deux sont liées, et notamment dans l'esprit du croyant.

Mais à quel moment, justement, cette conscience nécessaire et saine peut-elle devenir obsessionnelle ? Il arrive, en effet, soit par peur, soit parce que la conscience n'est pas assez claire et tranquille devant la réalité, que la pensée de la mort se mette à glisser, si j'ose dire, qu'elle devienne l'idée fixe ou l'idée folle.

Il faut alors donner quelques précisions psychiatriques. Qu'est-ce qu'une obsession ? Une maladie admirablement définie et décrite par Pierre Janet : une idée-force, étrangère à la personnalité du sujet, qui cherche à le dominer et qu'il ne parvient pas à éluder. C'est une idée qu'il sait fausse, qui n'a rien à voir avec sa personnalité et qui vient le tourmenter dans sa vie propre. Mais l'idée est étrangère. Il y aurait, par exemple, obsession de la mort, chez quelqu'un qui n'est pas du tout terrorisé par la mort et qui n'y pense pas tellement, mais qui est obsédé par l'idée de la mort qu'il ne parvient pas à chasser, ou l'idée qu'il va mourir, qu'il se croit menacé par la mort, alors qu'il est bien portant, ou l'idée qu'il va être conduit à tuer quelqu'un et accomplir un geste qu'il ne veut pas faire.

L'obsession du meurtre est liée à une idée malsaine de la mort ?

Très souvent. Mais c'est une forme d'obsession qui ne se réalise fort heureusement généralement pas. C'est une obsession cependant terrifiante : le sujet est envahi par une idée qu'il considère comme affreuse et tout à fait contraire à sa personnalité, et qui vient le menacer, le torturer et l'épouvanter. Voilà ce qu'est l'obsession, c'est-à-dire une affaire pathologique qu'il faut bien distinguer de l'idée obsédante ou de l'idée fixe, qu'on peut avoir normalement, mais qu'on ne peut pas résoudre et à laquelle on pense sans cesse. Nous ne sommes plus, alors, dans la pathologie.

Tout homme peut, par exemple, se demander ce qu'il va devenir après la mort, quelle sera pour lui la conséquence de la mort, quelle est la nature de la mort. S'il y a une survie, quelle est la vie éternelle, etc. Ce sont là des problèmes de philosophie, de foi, de croyance, qui sont tout à fait normaux chez tout sujet qui pense.

La conscience de la mort relève donc de la conscience même de l'homme, et c'est plutôt la fuite devant cette pensée qui serait signe d'une altération de la conscience ? La conscience de la mort est liée à la conscience même de la vie, comme vous l'avez souligné tout à l'heure ?

Absolument. Il faut examiner ensuite, suivant les différents degrés de conscience, suivant les différentes philosophies, suivant la foi religieuse, comment on conçoit la mort, comment la conscience maîtrise cette interrogation, ou au contraire se sent impuissante à y répondre. Ainsi la doctrine biblique hébraïque, par exemple, a-t-elle parfaitement étudié cette question, sans céder aucunement à l'obsession. Il y a, dans la Bible, quantité de choses sur la mort. Mais la conception générale du monothéisme hébraïque donne priorité à la vie. Celle-ci est représentée par l'âme vivante du monde qu'est le Créateur, le Dieu-Vivant. En lui est la Vie éternelle, et l'idée de l'éternité de la vie. Mais cette idée est en quelque sorte détachée chez chaque être humain pendant un temps limité et s'insère dans le corps, celui-ci étant comme une sorte de vêtement de l'âme. Quand vient la mort, l'âme retourne à sa source, c'est-à-dire à la vie éternelle de Dieu. La mort n'a pas le caractère dramatique d'une disparition totale. Et le corps même mort, dont l'âme s'est retirée, garde un certain prestige dans la doctrine hébraïque. Ainsi doit-on respecter un corps mort, ne rien planter sur une tombe, etc. La langue hébraïque emploie le mot *nefech* pour désigner l'âme, or on l'emploie aussi pour désigner un corps mort, comme s'il était encore magnifié par l'âme qui l'a habité.

Est-ce que la connaissance qui vous vient de la lecture de la Bible vous a aidé dans la pratique de votre discipline médicale ? Ainsi, devant des malades qui n'avaient plus une saine conscience de la mort, avez-vous été tenté d'utiliser, au-delà d'une thérapeutique purement médicale, les lumières que la foi vous offre sur cette question de la vie et de la mort ? Ou bien est-ce que la biologie vous suffisait ?

La Bible m'a beaucoup aidé dans les soins des malades. Devant un malade grave, menacé de mort, le médecin doit faire preuve, jusqu'au dernier moment, d'une patience inlassable. Pour l'aider, il ne doit jamais lui donner l'impression que la vie, chez lui, est condamnée. C'est une grave erreur, même devant des malades irrémédiablement voués à la mort, de considérer que ceux-ci n'ont plus rien à voir avec la vie. On peut soigner encore des quantités de symptômes de façon à donner au malade le sentiment que l'on défend la vie jusqu'au bout. On peut aider le malade, par la foi dans la vie que l'on manifeste auprès de lui. Il ne faut certes pas détruire la conscience, mais il faut l'aider et l'apaiser. J'ai d'ailleurs vu dans ma vie des cas de guérison de malades condamnés par la médecine.

Je me souviens, par exemple, d'un malade mental qui avait un cancer de l'amygdale et que tous les médecins condamnaient. Il me disait toujours : « Les médecins sont des ânes et ne connaissent rien du tout. » Je ne l'ai pas contrarié. Je lui ai même apporté mon appui complet et sincère. Chose curieuse et que personne n'a pu médicalement expliquer, au bout de quelques mois le cancer a commencé de diminuer, et quelques mois après, l'amygdale était redevenue normale. Je l'ai envoyé au médecin qui l'avait condamné et il m'a dit : « C'est un défi à la science. » Il ne faut jamais qu'un médecin perde l'espoir en la vie, et la foi en Dieu soutient cet espoir. Il n'y a pas de triomphe absolu de la mort sur la vie. Et particulièrement dans mon domaine, la psychiatrie : les erreurs de pronostic sont innombrables. Le nombre de malades qui sont condamnés comme schizophrènes et qui guérissent admirablement est considérable. Il ne faut jamais abandonner la foi dans la guérison. Le médecin doit être un homme de foi dans la guérison de son malade et lui donner une idée de la vie bien au-delà de la maladie. Il est bien évident que ce n'est pas seulement sa discipline qui peut lui donner une telle idée.

Il est donc important que le psychiatre ait lui-même une conscience profonde de la vie et de la mort, une réflexion à l'épreuve des moments les plus difficiles de la maladie, une idée de la vie qu'il puisse communiquer même aux mourants, ainsi que vous le disiez ?

Voilà où la foi peut jouer un grand rôle dans la médecine. Autrement, on est lié au domaine purement matériel, on fait des pronostics où le pessimisme l'emporte et se communique au malade qui prend une vue noire de la vie et de la mort.

Avez-vous eu à traiter des malades que la mort désespérait et à qui vous êtes parvenu à rendre une vue saine des choses ?

Il est certaines maladies où le malade se croit un mort-vivant. On les a décrites sous divers noms : la dépersonnalisation, la cénesthopathie, etc. J'ai soigné plusieurs malades de ce genre, notamment une dame qui répétait sans cesse qu'elle était morte, que son cerveau était mort, qu'elle n'avait plus de cerveau, qu'elle n'avait plus de vie, que c'était la mort définitive, qu'elle était perdue. Elle avait un regard absolument tragique et effrayant. Un certain nombre de mes confrères la regardaient comme une chose étrange et comme si elle était, en effet, perdue définitivement. Jamais je ne cède à cette pente, et dans ce cas, mon espoir a été récompensé. Après un temps assez long, la guérison a été complète. Il y a de cela un certain nombre d'années, et elle a maintenant près de quatre-vingt-dix ans : elle est superbe, s'occupe de ses enfants et petits-enfants avec enthousiasme.

Et son mal tenait à quoi ?

On ne le sait pas très bien. Ce sont des formes de dépression avec perte du sentiment de l'existence. On appelle cénesthopathie la sensibilité générale qui est le sentiment de vivre, le sentiment de la vie. Il est des maladies dans lesquelles le sujet perd ce sentiment, tout en vivant. Cette situation tragique de mort-vivant peut n'être qu'une forme de dépression qu'on guérit. Alors la vie reparaît.

Est-ce qu'une telle situation peut déboucher sur la volonté de se détruire ?

Quelquefois. Le malade découragé peut avoir des idées de suicide. Mais une forme plus terrible de dépression apparaît avec le syndrome de maladie de Cotard, dans lequel le malade se croit perdu, mais, de plus, se croit voué à l'éternité de la souffrance sans pouvoir mourir. Cette forme de dépression peut aussi guérir, mais elle est tragique.

Autour de la réalité de la mort, il y a, à la fois la conscience saine de cette réalité, et quantité de formes dépressives ou oppressives de l'idée de la mort ?

Les cénesthopathies, décrites autrefois par Dupré et Camus, prennent toutes sortes de formes. Le malade, par exemple, tout en vivant, sent la mort de ses organes. Un malade de ce genre disait : « Je parle, je pense, mais tout mon corps est mort, n'est que du béton ; je ne suis plus qu'une pensée sans corps : c'est la mort du corps. » Quelquefois, la mort de l'esprit aussi : une sensation de mort de l'esprit et c'est alors un mort qui parle. La maladie peut nous montrer des choses extraordinaires en ce domaine, et l'observation nous découvre tous les jours des formes particulières de ce que vous appelez relations malsaines ou maladives avec la mort.

Est-ce que la mort de l'autre, quand elle est mal acceptée, ne risque pas de provoquer aussi des dérèglements qui dépassent les limites de la douleur et du désespoir ?

La mort de l'autre est un événement toujours terrible quand l'autre est aimé. J'ai soigné beaucoup de gens, par exemple, qui avaient perdu leur conjoint. C'est peut-être la mort la plus redoutable de toutes, et pour l'homme plus encore que pour la femme. L'amour conjugal est une force considérable. Il faut, pour le comprendre, se rappeler l'histoire de Jacob, disant qu'il avait travaillé sept ans pour obtenir Rachel, et que ces sept ans ne lui ont paru que quelques jours, tant il l'aimait. La perte d'un être cher est l'événement le plus tragique qui soit, mais peut-être l'amour conjugal, l'amour qui atteint les plus hauts sommets de l'existence, est-il plus fort que la mort ? C'est l'histoire du *Dibouk*, la célèbre pièce de théâtre juive : une femme qui a perdu son mari et qu'on essaie en vain de remarier. Elle est fixée à son mari pour l'éternité. Dibouk vient du mot *davok*, en hébreu, et veut dire « plus qu'attaché : collé, ne faire qu'un ». L'homme quitte son père et sa mère et « se colle » à sa femme, et « ils ne sont plus qu'une seule chair ».

Quand la mort de l'autre n'est pas surmontée, peut-elle conduire jusqu'à une altération de la raison et de l'être même ? Il y a plusieurs manières de ne pas l'accepter : se donner la mort à soi-même, se mutiler d'une partie de sa vie, etc.

J'ai vu le cas d'une dame très âgée, qui soi-disant avait perdu la mémoire et semblait mentalement très affaiblie. Mais il lui restait l'amour intense pour son mari. Elle était dans mon service où celui-ci venait la voir tous les jours. Aussitôt qu'elle le voyait, elle se ranimait. Bien qu'elle ne jouît apparemment plus de mémoire, cet amour la transfigurait. Un jour, son mari a été victime d'une pneumonie et n'a pu venir la voir. Elle s'est rendu compte qu'il était malade. Dès que la fièvre est tombée, il s'est levé, et son premier geste a été de venir voir sa femme. Mais il était sorti trop tôt, a repris froid, et il en est mort. On ne l'a pas dit à sa femme, mais elle l'a sentie. Alors le désespoir l'a saisie. A cet être qui ne pouvait s'exprimer, qui n'avait plus de mémoire, et dont les mécanismes intellectuels étaient profondément altérés, il était resté ce que Scipion Pinel a appelé « la conscience du cœur ». Elle s'est rendu compte de la mort de son mari, et elle est morte très peu de temps après lui.

Le couple mort-vie est une réalité si mystérieuse que l'on n'en saisit jamais que des aspects très relatifs. La mort nous touche inévitablement, si ce n'est pas directement et immédiatement la nôtre, qui nous ôte notre propre vie, celle des autres, d'un autre, nous contraint de mesurer que toute vie est liée à la mort.

Encore plus que liée.

D'ailleurs, il est certainement plus sain que la mort de l'autre nous touche plus que la nôtre ?

Oui.

Peut-on dire que, dans les désespoirs liés à la mort que vous avez rencontrés, le fait de l'incroyance, l'idée que la vie éternelle n'existe pas, jouait un rôle déprimant ?

Bien sûr. Quand on croit que tout est fini, la disparition paraît plus tragique. Mais dans la période où nous vivons, où tout est regardé sous l'angle technique et matérialiste, seul compte ce qui est accessible aux sens. On ne prête pas attention aux facteurs profonds et cachés qui commandent en réalité les événements, facteurs psychologiques, mais spirituels aussi. On ne voit plus que des problèmes apparents et qui ne baignent pas dans la vérité profonde. Au niveau politique comme au niveau international. Or c'est de la vérité profonde que vient le ressort qui permet de vivre. Dans une époque où l'on ne nourrit pas chez les êtres cette part essentielle, quand la vie rencontre un événement tragique, ils sont totalement désorientés. Il y a des gens désabusés, et qui ne luttent plus. Or le fait même de se laisser mourir peut activer la mort. Ils abandonnent la lutte pour la vie, et pour la vie éternelle. La vie humaine est lutte, mais pour mener cette lutte, il faut un but qui dépasse la vie même, pour lequel, justement, on puisse donner sa vie. Sinon, quand la vie sous son aspect agréable se dissipe, on se laisse aller.

Se laisser mourir n'est-il pas déjà un état maladif, voire pathologique ?

Je n'emploie pas trop le mot pathologique : on en abuse. On fait trop de psychiatrie pathologique. Ne mettons pas tant de différences entre le pathologique et le normal : c'est artificiel. C'est une question de conception morale : si l'on confond la vie avec la force matérielle, on met au premier plan la jeunesse, la force corporelle, les sports, les plaisirs, etc. On méprise les gens malades, les vieillards, et tous ceux qui tombent. Cette philosophie biologique est féroce, y compris pour ceux qui l'adoptent quand ils sont en pleine vie et qui en deviennent les victimes quand la difficulté les touche. Ils ne trouvent alors aucun secours dans leur philosophie pour soutenir leur jeunesse qui s'en va, la mort d'un être cher, etc. Ils perdent jusqu'à ce qui leur reste de force physique, car la force morale est le seul ressort de toute force. C'est de cette force-là que parle le prophète Isaïe lorsqu'il affirme que, si on la possède, si on a cet élan spirituel, alors il n'y a plus de vieillesse, alors la fatigue est dissipée chez ceux qui sont fatigués, tandis que les adolescents, les jeunes gens fiers de leur force physique, fléchissent et échouent. L'opposition de ces deux conceptions est particulièrement tragique à notre époque, où bien des défaillances morales viennent d'une philosophie de la vie incomplète et erronée.

Mais choisir de mourir plutôt que de vivre indignement, donner sa vie pour une cause sacrée, est à l'opposé de cette démission devant la mort ? La mort du résistant, la mort du martyr...

Est une mort saine. La mort héroïque pour défendre un idéal est une mort pour la vie. C'est le respect de la vie et la foi en la vie qui est l'élément principal de toute santé physique et morale.

Si, dans l'attitude de l'homme devant la mort, l'on avait à établir une ligne de démarcation entre ce qui relève d'un traitement et ce qui est sain, elle passe sans doute entre ces deux extrêmes : le suicidaire, le déprimé, décide de se supprimer, alors que le héros, le martyr, décide de vivre même au prix de la mort ?

Exactement. Il est tout à fait différent de mourir pour la vie et de se laisser mourir de désespoir. La mort du héros et du martyr n'est pas du tout un acte pathologique, mais plutôt ce qui élève l'homme au-dessus de sa condition et qui témoigne que la mort n'a pas le dernier mot. C'est la vie qui lui donne le courage et la vigueur de mourir. Si un acte de ce genre était considéré comme pathologique ou anormal, on ne ferait plus qu'une humanité de caricatures, de gens sans convictions qui s'effondrent dès qu'on leur ôte le petit plaisir de vivre. Leur insuffisance et leur insignifiance les prépareraient à des morts infiniment plus misérables.

Le moment où la mort menace et détruit une conscience n'est pas celui où la vie embrasse la mort — par la pensée notamment —, mais où la mort embrasse la vie ?

Exactement. C'est la vie qui est au commencement et à la fin. En hébreu, on distingue toujours deux mondes ; le *Olam hazé,* le monde dans lequel nous sommes, et le *Olam huba,* le monde futur. Quelqu'un qui dès ce monde est conscient de l'autre monde, prend la vie dans toute sa dimension et ne s'arrête pas à la mort comme à un obstacle irrémédiable. Un acte héroïque est immortel, un véritable amour ne meurt pas, les grandes pensées sont de toujours, et ceux qui ont vécu ainsi, survivent. Il n'y a pas de mort.

Une phrase comme celle-là, vous est-il arrivé de la prononcer pour un malade ?

Il faut se mettre à la place du malade et ne jamais lui faire la morale. Il faut l'entourer de dévouement, d'attention, de soins, comme s'il n'était jamais menacé, pour lui donner foi en sa guérison. Il n'y a pas à lui faire de philosophie sur la vie et la mort. Et s'il s'agit de l'obsession de la mort, on s'en tient au traitement de l'obsession. Trop souvent, ce traitement est appliqué en s'inspirant de la psychanalyse, qui consiste à rechercher les origines de l'obsession et à la rattacher à des idées inconscientes que le sujet aurait dans son subconscient. A mon avis, c'est une erreur, et l'on ne guérit pas d'obsédés par cette méthode. On les guérit en leur montrant que l'obsession ne vient pas d'eux-mêmes, qu'elle n'est qu'une émergence de la nature animale de l'homme et qu'elle n'a pas de valeur. Si l'homme ne croit pas à son obsession, il a des chances de s'en débarrasser. Si on le convainc au contraire que l'obsession vient de lui, il risque d'en être toujours obsédé. La psychanalyse échoue le plus souvent parce qu'elle enferme le malade en lui-même.

Vous manifestez une grande confiance, et dans votre discipline, et dans votre foi hébraïque, pour ramener les malades, et aussi la société contemporaine, à une conscience saine de la vie et de la mort. Vous n'avez pas le sentiment que nos sociétés où règnent les idéologies matérialistes, ni vos malades, sont à jamais prisonniers, sur ce sujet, d'idées fausses ou d'idées fixes, et vous pensez qu'on peut toujours triompher de celles-ci ?

Pour un médecin digne de ce nom, il n'y a jamais de cas désespérés, et il doit toujours lutter contre le désespoir. Certains cas peuvent paraître au-dessus de toute ressource, mais la confiance consiste à ne jamais se décourager en n'importe quelle situation. Très souvent, on voit des malades déprimés, désespérés, et que tout le monde considère comme tels ! Il ne faut pas épouser leur désespoir. Il y a quelque temps, un ouvrier est venu me voir. Il avait demandé un jour de congé à son sous-chef pour assister à une fête religieuse, et celui-ci a refusé. Mais le chef de l'entreprise, vexé et humilié qu'on ne lui ait pas donné ce congé, au lieu de s'en prendre au sous-chef, s'en est pris à lui, l'a injurié en public, l'a renvoyé, et même l'a fait chasser par la police, vraiment comme un voleur ! Il est tombé dans une dépression d'une extrême gravité. Rien n'y faisait : pendant des mois, on l'a soumis à des médicaments des plus efficaces, sans résultat. Il faisait des cauchemars dans lesquels il se voyait tuer son patron, et tout le monde redoutait qu'il ne cède à une dépression dont rien ne pourrait le sortir. Or il a guéri en quelques jours simplement parce que j'ai eu l'idée de prendre sa défense et d'intervenir auprès du patron. J'ai terrifié celui-ci par mon indignation et ma colère, au point qu'il a été saisi par le remords de ce qu'il avait fait. Dès que le malade a eu conscience de ce remords, l'étranglement et l'angoisse qui lui serraient le cou ont disparu instantanément, et en cinq jours il était complètement guéri.

Eh bien, vous avez eu affaire à un patron singulièrement honnête ! J'en connais au moins deux ou trois, catholiques pratiquants de surcroît, qui n'auraient pas cédé à un si bon mouvement, et qui couvrent leurs injustices moins noblement ! Or il est certain que l'injustice a conduit beaucoup d'êtres au désespoir, et que tous les beaux discours, même religieux, et tous les traitements ne font rien pour les en tirer. Le seul traitement, en la matière, consiste évidemment à réparer l'injustice, et c'est ce que vous avez amené fort heureusement ce patron à faire. En réalité, c'est toujours une intervention inattendue de la vie elle-même qui rétablit l'équilibre.

Le pessimisme et le découragement sont les éléments les plus pernicieux pour une conscience profonde de la vie et de la mort. C'est cela qui est la mort : le pessimisme et le découragement.

Pour saisir la dimension profonde de la vie, il faut avoir traversé des combats et passer au-delà. La vie n'est qu'une lutte perpétuelle contre la mort.

Mais « tout ce qui ne me tue pas me rend plus fort », disait Nietzsche.

La mort de l'enfant :

PIERRE CHAUNU

« Le malheur, je l'ai connu un certain jour dans la seconde quinzaine d'août 1963. Je venais d'avoir quarante ans... En fait, cela n'avait pas de nom et je ne l'ai jamais nommé avant qu'un ami ne m'ait dit son nom onze ans et demi plus tard. Dans une vieille maison du Quartier latin, tout en haut sous les toits, dans un studio-atelier, j'entre à l'heure dite, fin mars 1975. Deux jeunes enfants devant une télé portative, mon hôte, son frère, une jeune femme. Une extrême gravité règne dans cette pièce [...] il y a quelques jours, quelque peu après la naissance d'une petite fille, la jeune mère des deux petits enfants est morte [...] Mon hôte [...] après m'avoir expliqué ce drame en quelques mots, s'arrête... et lentement prononce trois fois avec l'intonation chaude du pays d'oc : le malheur... c'est le malheur. A l'instant même, j'ai fait un bond en arrière, plus exactement dans ma mémoire, le moment d'août 1963 est remonté. Je n'avais jamais su le nommer. Mon hôte, mon ami m'avait dit son nom : cela s'appelle le malheur. »

Je n'ai jamais oublié non plus cette visite de Pierre Chaunu, très exactement le 26 mars 1975, dans le studio-atelier que j'habitais alors, et qu'il relate dans son superbe livre : *La Mémoire de l'Éternité.* Nous avions en effet à « travailler ensemble », et malgré les circonstances, je n'avais pas repoussé ce rendez-vous : Pierre Chaunu arrivait à la fin d'un déjeuner familial déchirant : quelques semaines plus tôt, ma jeune belle-sœur, Nicole, était morte, laissant trois petits enfants et un jeune époux. Le malheur... c'est en effet ce que nous ressentions avec cette mort. Avec le caractère irréparable de ce qui blesse sans retour. La plus transparente de nous tous venait brutalement de disparaître, et nous étions encore devant cette évidence impossible, à nous regarder les uns les autres, atterrés. Il me semble que la mort n'a plus jamais eu le même visage depuis lors : elle a pris celui de cette belle jeune femme que nous n'avons même pas eu le temps de retenir... Et tout d'un coup, aussi, Pierre Chaunu est devenu, à jamais pour moi, un autre que l'historien de génie auquel ne cesse d'aller mon admiration, le chrétien des plus difficiles et plus courageux témoignages : nous sommes entrés dans une sorte de fraternité, car, dans le même temps, ce qu'il avait lui-même traversé me touchait alors comme si c'était mien. « Un certain jour de la seconde quinzaine d'août 1963... » Je lui ai demandé de consentir à revivre ici ces terribles heures et celles qui les ont suivies. Et qu'il ait accepté ne m'inspire pas seulement de la gratitude...

La manière dont se pose à mes yeux la question de la mort de l'enfant, c'est celle du scandale absolu. La mort de l'innocence en qui réside pourtant l'image la plus limpide de la vie. C'est la mort de la vie, à sa source. Dans la foi, l'impossible prend un sens, mais la sensibilité ne s'accorde pas nécessairement à ce sens. C'est le scandale. Et quand je lis sous la plume d'écrivains athées leur révolte, ou quand je me retrouve auprès de parents frappés par un tel malheur, je mesure ce scandale à mon impuissance totale à trouver une parole adéquate à ce malheur. La mort de l'enfant, comme la mort d'une jeune mère, est en opposition apparemment absolue avec l'amour de Dieu. C'est le lieu où le destin de l'homme paraît se clore totalement sur lui-même. Mais pour vous qui avez vécu, qui vivez cette épreuve, mes propos sont sans doute d'une vanité puérile ?

Je vais vous donner une réponse qui vous surprendra peut-être et risque de vous scandaliser. Je ne crois pas que la mort de l'enfant soit le scandale absolu, mais la mort elle-même. Cependant, c'est peut-être à travers la mort de l'enfant que l'on mesure mieux ce qu'est la mort. Elle est en quelque sorte la mort sans phrase, la mort absolue. Avant de toucher au point douloureux, je voudrais — peut-être pour rester historien — rappeler que dans les sociétés qui nous ont précédés, la mort de l'enfant était une chose courante. Je ne peux pas oublier que, jusque vers le milieu du XVIIIe siècle, dans ces civilisations pourtant déjà favorisées que sont les nôtres, un être sur deux atteignait l'âge adulte. Quand je lis, par ailleurs, sous une plume d'historien, que les hommes ne souffraient pas, ou peu, de cette mort habituelle, je suis pris cependant d'un profond mépris à l'endroit de ceux qui avancent des jugements aussi ineptes. Je n'ai pas besoin de documents pour comprendre intuitivement que ce n'est pas vrai. Mais je suis tout de même obligé de me souvenir de ces époques où l'on était nécessairement confronté, et plus souvent que nous ne risquons de l'être aujourd'hui, à ce drame. J'ajoute que cela n'a pourtant guère d'importance, car ce n'est pas une question quantitative : n'y aurait-il qu'une mort d'enfant, elle serait totalement de trop.

Mais quand le malheur n'est pas seulement le fait d'un seul, qu'il est multiplié et partagé avec beaucoup, on jette sur lui un autre regard. On y voit une sorte de loi inexorable de l'humanité et du destin, qui invite peut-être à davantage de résignation ou même de sagesse, et surtout à entrer dans une fraternité universelle ?

Certainement. Mais je voudrais dire aussi que ce qui est peut-être pire que la mort elle-même, c'est toute la souffrance qui précède. Je ne veux pas aborder tout de suite l'expérience que nous avons connue : la mort d'un être qui n'est pas encore totalement accompli, puisqu'il s'agissait d'un enfant de quatorze-quinze ans... Cependant, je dois distinguer déjà la mort subite de celle qui est précédée d'une très longue agonie. Pour répondre directement à votre question, je dirai que je ne sépare pas mon expérience de celle — chiffre absurde — des trois cents milliards de destins depuis quarante mille ans. Avec des passages à la limite, et c'est l'historien qui parle. Dans la mémoire que nous pouvons avoir de la mort, il y a eu 1720 ou 1348. Lorsque la mort a frappé comme en 1348 — je pense à la petite ville d'Orvieto dont la moitié de la population a disparu dans l'espace de vingt jours, ou à Marseille, dont cinquante mille habitants, sur une ville de cent mille, sont morts en un mois —, alors il n'y a plus de comportement humain, de comportement social : une sorte de folie s'empare de tous. Mais s'il y a 1348, il y a aussi 1960, où se produit une autre folie. C'est le moment où, par suite d'un concours de circonstances — l'arrivée des antibiotiques, une population relativement jeune, la croissance des pays industrialisés —, des gens qui seraient morts à soixante-dix ans sont morts à quatre-vingts. C'est la période où il n'y a plus eu de morts. Lorsque la navette spatiale est revenue vers la terre, il s'est produit cet instant singulier où elle est entrée dans la « zone de silence ». Ainsi s'est-il produit une sorte de silence sur la mort. Le thème est cher à Philippe Ariès : à ce moment-là, on a cru que la mort n'existait pas. Période atroce. Or c'est précisément dans cette période où la mort était occluse — 1963-1964 — qu'elle s'est présentée pour nous sous la forme tragique de la mort de notre fils.

Il est remarquable de voir comment vous inscrivez votre destinée dans celle de l'univers et de l'humanité ; comment vous replacez un événement personnel dans l'univers, qui est déjà une façon d'en percevoir un certain sens.

L'historien que je suis ne peut pas distinguer la mort de l'enfant de la mort. Dieu nous a donné la mort de l'enfant pour que nous sachions ce qu'est la mort. Ce qu'il n'a pas voulu pour nous, ce qu'il s'est efforcé d'écarter de notre destin — la mort —, il nous est donné d'en prendre pleinement conscience dans la mort de l'enfant. Avec elle, on ne triche pas. Dans la condition où nous sommes, la vie est indissociable de la mort. Il y a d'ailleurs des degrés dans la conscience de la mort : certaines sociétés ont vécu dans sa hantise et son horreur, et la relation s'est même déréglée deux fois en 1348. Mais l'histoire se dérègle aussi un court moment quand on imagine follement que la mort n'existe pas, qu'elle n'est pas toujours présente. Il ne s'agit pas de faire l'éloge de la mort, mais — peut-être pour ne pas aborder tout de suite le cœur du sujet — de la remplacer dans sa densité. Et il se trouve que dans mon expérience...

Pour moi, la mort de Marc est d'abord un jour du mois d'août 1963. (Il est mort le 20 décembre 1964.) Cela s'est passé en l'espace d'une demi-journée, lorsque j'ai appris qu'il était frappé d'une manière qui serait inexorable, implacable, et qu'il n'y avait plus à attendre que la souffrance dans une lutte perdue. Le même jour, j'ai reçu un coup de téléphone qui m'a appris la mort de mon père, après une terrible agonie. La mort de l'enfant et la mort de mon père, c'est la même chose : je ne crois pas qu'il y ait des degrés. Vous évoquerez dans votre livre la mort de l'être cher dans le couple, m'avez-vous dit : je vis dans cette hantise que l'un de nous devra partir avant l'autre, et c'est atroce, comme la mort de l'enfant. Il y a la mort, toute mort, et elle est une terrible épreuve. Quand la chose vous arrive, on pense que l'on n'aura pas la force. Et pourtant, on s'installe dedans. Alors, à chaque jour suffit sa peine. On vit avec une intensité extrême ces instants qui deviennent d'un prix infini.

Mais notre regard sur la réalité de la mort — et de la vie — en est radicalement changé ? « Nous savons que nous allons mourir mais nous n'y croyons pas », dit Bossuet. Alors, nous y croyons. Elle devient une de ces évidences, comme Dieu, autour desquelles la plupart des discours relevaient du flattus vocis, ***mais qui prennent tout à coup leur sens. La mort, ainsi que vous le disiez, est le premier degré de la conscience humaine.***

Il est certain qu'avec une expérience comme celle-là, il y a un avant et un après. Il n'y a plus rien de comparable et tout prend une autre dimension. Ces choses se marquent d'une manière dérisoire, et chez moi, d'une manière stupide : je vais vous en faire le court aveu. Dieu sait que je ne suis pas du tout l'homme des cimetières ! Lorsque Dieu nous a donné ce que nous ne méritons absolument pas, la grâce de croire, cela ne fait pas, lorsque nous recevons un coup de marteau sur les doigts, que le coup soit moins dur. Simplement, nous l'accueillons différemment. Je ne suis pas l'homme des gestes et j'appartiens à une tradition protestante où, excessivement même, on a essayé de se déporter des gestes. Il y a à cet égard plus de sagesse et de mesure — et donc moins d'orgueil — dans la tradition catholique qui accepte l'incarnation avec ses nécessités...

Qui acceptait ! C'est beaucoup moins vrai aujourd'hui où le catholicisme tend à devenir une religion d'intellectuels ! Un Christ revu et corrigé non par les bien-pensants mais les bien-instruits !

Hélas ! Or, parce que c'est une coutume dans mon pays, le 20 décembre, j'ai mis une cravate noire.

Et vous ne la quittez plus ?

Cela me paraîtrait impossible, même si j'ai compris que cela n'avait pas de sens. Il n'y a que moi qui sache cela, mais, finalement, je ne peux plus la quitter. Il y a un avant et un après.

N'est-ce pas une des raisons pour lesquelles vous êtes si attentif au meurtre des enfants dans l'avortement généralisé ?

Si en 1973 je suis sorti de mes gonds, alors que j'étais un homme d'études qui n'avait finalement pas vocation du tout à monter sur les estrades, qui trouvait cela choquant et inutile ; si je me suis battu comme je l'ai fait contre l'avortement, je me rends bien compte en effet que la causalité profonde en est là. Et si je vous dis tout cela, c'est, vous le voyez, parce que j'ai envie de parler d'autre chose avant d'en arriver au point douloureux. Mais cette cravate noire, je l'ai pourtant utilisée une fois comme élément rhétorique. Le 29 juin 1973 est une date historique, et c'est pourquoi j'ai l'élément de référence. Nous avions décidé, un certain nombre de professeurs de Sorbonne, de faire savoir notre hostilité à l'avortement. Je me vois dans cet amphithéâtre de Sorbonne banalisé, les journalistes arrivant, et notamment cette femme du *Figaro* qui s'est approchée de moi pour me dire : « Comme c'est curieux, cette histoire de l'avortement devenant une histoire d'hommes ! » J'ai pensé à Marc. Et je lui ai répondu : « Figurez-vous que les enfants, c'est aussi des histoires d'hommes. Ils appartiennent aux deux. » Et très instinctivement, je lui ai montré cette cravate : « Voyez-vous ceci ? » J'ai compris, par mon geste, que ce signe avait un sens pour moi. Il y a un avant et un après, et rien n'est plus, après, comme c'était avant. Ce n'est ni mieux ni plus mal, mais simplement différent. Ce n'est pas seulement une souffrance, une douleur... Certes, quelquefois, vous vous réveillez au milieu de la nuit...

Et sur la nuit ? C'est peut-être cela qu'instinctivement refuse l'homme lorsqu'il tente d'occulter la mort. Non seulement la mort elle-même mais l'après. Une autre conscience de la vie après cette rencontre de la réalité nue, une conscience plus difficile à dissiper.

Les autres morts ont l'air plus simples à accepter. Pourtant, si vous réfléchissez bien...

C'est-à-dire qu'ici la mort est nue. Les sociétés et les hommes s'emploient d'ordinaire à ne pas la considérer dans sa nudité. Si nous refusons davantage la mort de l'enfant c'est qu'elle nous dit sans détour ce qu'est la mort, comme vous le faisiez remarquer. Nous ne pouvons pas éviter qu'elle nous touche. On peut se protéger contre certaines morts en disant qu'elles viennent — celles des vieillards, des grands malades — comme une délivrance. Mais la mort de l'enfant crée une réaction d'horreur et de détresse, c'est-à-dire de défense plus vive que tout autre.

Elle nous fait en effet découvrir que la mort est perpétuellement en nous et autour de nous. Je ne peux pas ne pas penser à un mot de saint Augustin que je crois très fort : « Je me souviens que j'ai oublié. » Là est le point de départ. Je repense aussi à Bergson lorsqu'il dit, dans le même sens, que « notre mémoire est ce qui nous permet d'oublier », qui repousse les instants cruels et nous permet, dans le fond, de vivre l'instant qui se présente. Si notre mémoire ne chassait pas les souvenirs, dont Bergson a pourtant le sentiment qu'aucun n'est perdu, nous ne pourrions cependant pas vivre l'instant qui vient. La mort, en fait. commence à partir du moment où vous avez oublié, et quand vous avez perdu précisément un enfant, il y a un moment où vous avez le sentiment que même ses traits commencent à s'effacer, et vous ne savez plus si c'est bien lui, ou quelqu'un d'un peu différent qui vous revient en mémoire. Vous touchez, à travers la mort de l'enfant, que la mort est en vous, dans votre vie, dans la vie et qu'il faut cohabiter avec elle.

Mais, en ce sens, elle apparaît comme une trahison radicale de la vie. Perdre le souvenir d'un visage, d'un être aimé, d'une heure capitale de notre destinée, c'est en effet mourir. Vivre, en ce sens, continuer de vivre, c'est trahir, c'est mourir à tous les instants auxquels on est incapable de s'arrêter.

Et en ce sens, elle a un caractère propédeutique. C'est pourquoi, après, plus rien n'est comme avant. Vous mesurez alors un certain nombre de choses que vous ne mesuriez pas, notamment les choses enfuies à jamais. Et finalement, toutes choses sont beaucoup plus égales que nous avons quelquefois tendance à le croire. J'ai été hanté, à partir de ce moment surtout, par l'idée de tous les enfants morts. Toute la peine des hommes qui nous ont précédés m'a pris à la gorge.

« Il faut que le cœur se brise ou se bronze. » Mais s'il se brise, que son courage, au moins, ne soit pas entamé. Brisé, mais plus fort qu'un cœur de bronze.

A travers ma propre douleur, j'ai pensé qu'effectivement les hommes et les femmes du passé avaient aussi vécu cette douleur. Je suis à la fois bouleversé mais presque heureux de penser que Dieu, dans sa bonté, fait que les choses sont beaucoup plus égales que nous le croyons. Si je reviens au drame de la mort de Marc, je me dis que, finalement, si cela a été aussi douloureux, la médecine en est en partie responsable. D'une certaine manière, dans la lutte contre la mort que nous devons mener sur le plan du droit naturel, ce que nous retranchons d'un côté nous l'ajoutons de l'autre. Je me souviens de ce combat. Je m'en souviendrai toujours.

C'était en 1963. J'avais accepté — chose que je n'aurais peut-être pas dû faire : on croit toujours qu'on a des obligations — de participer à un jury d'agrégation. J'ai donc quitté mon foyer et Caen où j'habitais, et je me suis installé à Paris, dans la Cité universitaire, absorbé du matin au soir par le travail que représente le jury d'agrégation. Marc a été fatigué à ce moment-là. Une chose apparemment banale : il avait quatorze ans, et il a fait une rougeole. Mais très forte parce qu'il avait quatorze ans. Nous communiquions avec ma femme par téléphone et nous avons connu un moment d'angoisse. Mais il s'est remis de la rougeole.

Tous les ans, il allait en Allemagne. Il avait fait de l'allemand, et il aimait aller dans une famille amie, du côté de Düsseldorf. Lorsque ma femme l'a conduit à Paris, il a répété qu'il voulait y aller aussi cette année, malgré sa récente maladie. Il me semblait fatigué et je me demandais : doit-il partir ? Je l'ai vu sur la place du Panthéon : il m'a paru très pâle, très grandi, très fatigué. J'ai éprouvé la velléité de le retenir, et ma femme a eu aussi cette pensée. Si nous avions été à Caen, cela ne se serait peut-être pas passé exactement de la même manière. J'ai le sentiment que, si nous avions été ensemble, nous aurions dit : Il ne doit pas partir. Mais ce voyage lui faisait plaisir : il est parti.

Pendant son séjour en Allemagne, il a été pris de violentes douleurs. Mais il était très discret... On s'écrivait tous les jours : ma femme ou moi, tous les jours nous lui adressions une lettre. Et quand il est revenu, quand nous l'avons vu sur le quai de la gare, il nous a vraiment fait peur. Par son teint... Le médecin qui s'occupait de lui n'était pas là, je l'ai conduit chez un autre, qui, d'ailleurs, a été d'une extraordinaire brutalité. Mais je ne lui en ai pas voulu. On lui a donc fait une prise de sang, à quatorze heures, et à onze heures du soir, on savait. On m'a communiqué les résultats, mais peu à peu j'avais deviné.

Il se trouve que le parrain d'un autre de mes enfants est un des spécialistes de la leucémie. Il m'a, bien sûr, expliqué qu'il y aurait une rémission, mais qu'il ne fallait rien espérer de plus. On a alors organisé la vie comme si de rien n'était, en sachant pourtant la vérité. Après la rémission, obtenue grâce au traitement, il y a eu la rechute, avec la pudeur, chez lui, de taire une partie de son mal. Ça l'avait cruellement atteint, et nous n'avons même pas su, d'abord, que le mal avait repris. Et puis sont arrivés les derniers mois. La première rémission est de sept ou huit mois, la seconde très courte, et ensuite, pratiquement, c'est la fin. Quand le moment est venu, je suis allé à Paris. J'ai rencontré les deux écoles. Celle des médecins sages et humanistes. Et l'autre, de ceux qui se battent et qui sont aussi des humanistes, qui pensent qu'il faut tenter toujours quelque chose. J'ai vu le premier, il a bien étudié le dossier, et avant de me parler, il a eu un geste que je n'oublierai pas : il a mis sa toque. « Si j'étais à votre place, m'a-t-il dit, si c'était mon fils, je le laisserais mourir en paix. Je sais que vous allez voir mon illustre confrère ; il vous proposera une autre solution, et je sais que vous l'adopterez. Et je sais que si j'étais à votre place, c'est ce que je ferais aussi. » Effectivement, nous avons tenté à ce moment-là une autre épreuve expérimentale. Je précise d'ailleurs qu'il ne m'a pas pris en traître : les chances sont infinitésimales, m'a-t-il dit. Mais il y a une sorte de lutte de tous les hommes contre la mort. On essaie ; et même si cela ne vous sert pas, peut-être cela servira-t-il aux autres ?

La fin est atroce. Chez un être si jeune, sentir que tout devient si vain ! Et puis, un jour, il s'est trouvé subitement aveugle. On lui a fait une piqûre dans la colonne vertébrale et on lui a rendu la vue pour quelques jours. La fin est vraiment redoutable. Jusqu'au dernier instant, ma femme et moi, nous nous relayions, et nous ne l'avons jamais quitté. Nous dormions à côté de lui. Et puis il y a la nuit du 19 au 20 décembre, quand il a commencé le *Notre Père...* Ma femme a dit la fin parce qu'il était trop fatigué. Vers trois heures du matin, on s'est aperçus que Marc nous avait quittés. Et à ces boursouflures, à cet état auquel il était réduit, on mesure tout ce que de tels traitements ont d'affreux !

Il faut pourtant l'accepter : nous vivons au xxe siècle, avec les avantages et les inconvénients qu'il comporte. La vie est très précieuse : nous ne pouvons pas, nous n'avons pas le droit de l'interrompre, puisque c'est à partir de ces instants que nous avons vécus que Dieu construit l'éternité. Puisqu'il nous a donné l'intelligence, nous essayons, avec cette intelligence, de prolonger la vie — j'entends convenablement, pas d'une manière artificielle —, et nous avons le devoir de le faire. Mais j'ai presque accepté plus difficilement sa souffrance que sa mort.

En voyant souffrir quelqu'un qu'on aime, on souhaite, à certains moments, qu'il soit délivré de la souffrance, mais aussi, quelquefois de la vie, si sa délivrance est à ce prix.

Mais quand il sortait des pires moments, on se reprenait presque à espérer. Il entrait dans le coma, puis il en revenait. Je me souviens que c'était au moment des élections américaines et qu'il continuait à s'intéresser à tout. Il avait lu prodigieusement. Il avait acquis, au cours de ces derniers mois, une maîtrise fabuleuse, comme s'il avait vécu toute sa vie en quelques semaines. Il sortait du coma, enchaînant sur la conversation engagée trente-six heures auparavant.

J'ai vu un collègue qui a vécu au contraire la mort brutale de son fils de quatorze-quinze ans. Nous commencions la séance d'un concours : le matin l'enfant allait bien, le soir il avait de la fièvre. Le lendemain, à midi, il était à l'hôpital à toute extrémité, et quand son père est arrivé auprès de lui, il était mort. Erreur de diagnostic et mauvaise séquelle d'une appendicite. Cette brutalité est une autre forme de souffrance. Pour nous, il y a eu cette habitude, peu à peu, de la douleur, de la souffrance. Les expériences sont différentes ; elles sont toujours uniques.

Le sentiment de l'innocence d'un être qui a toute la vie humaine devant lui, et d'une mort qu'il ne mérite pas ; le sentiment qu'il n'est fait que pour vivre, rend le mystère de la mort vraiment impénétrable. Et prétendre le pénétrer paraît d'une vulgarité extrême. Mais devant un être qui a accompli sa destinée, on se dit qu'il va naturellement vers la mort, même si cette mort nous touche. Même si l'on aurait souhaité que lui soient épargnées la vieillesse d'abord, puis la mort. Cependant on parvient à voir dans celle-ci comme une sorte d'accomplissement suprême.

C'est toute l'objection que font les athées. Mais toute mort est inadmissible. La parole de Dieu est très claire : si tu manges du fruit, tu mourras, et tu sauras que tu mourras. Un instant de plénitude que nous vivons, que nous avons vécu, nous ne pouvons plus le faire revivre à l'intérieur de notre vie dans la mesure où nous ne sommes pas dans la vie éternelle. Nous sommes constamment encerclés par la mort. C'est sur elle que tous les scandales s'accumulent. Mais il est vrai que la mort de l'adolescent est atroce, parce qu'il a toute la conscience de l'homme, toute la souffrance de l'adulte qui meurt. Cependant, il n'y a pas de degrés, il n'y a pas de morts acceptables et d'autres qui ne le sont pas : la mort est abominable.

On sent très fortement devant la mort que l'homme est fait pour la vie et non pour la mort. Quand on voit se défaire, s'en aller un être, on éprouve le sentiment d'un viol contre nature en quelque sorte, comme si la nature de l'homme était de ne pas mourir. Un adolescent en pleine possession de la vie, qui n'a pas de vie derrière lui mais devant lui, rend plus criante encore cette évidence. L'intrusion de la mort révèle que l'homme et la mort ne sont pas faits l'un pour l'autre.

Peut-être est-ce à travers cela que l'on entrevoit ce que pourrait être la vie éternelle. Ces instants que nous vivons dans le temps, devant Dieu, en revanche, sont toujours remémorés. Le drame de notre vécu, c'est que pour vivre l'instant qui vient je dois tuer les instants qui précèdent. Le simple fait que nous vivions dans la durée nous conduit à nous tuer nous-mêmes, à tuer le souvenir. Tout ce que nous avons vécu est inscrit très profondément en nous, mais Dieu seul est totalement libre de cet écoulement dans le temps. Et c'est ainsi que j'entrevois ce qu'est, ce que peut être l'éternité. Ce qui fait problème dans la mort de l'enfant, c'est qu'il n'est qu'une poignée d'instants. Mais peut-être y a-t-il une intensité pour en compenser la brièveté ? Pourtant, l'éternité n'est pas quelque chose qui se compare au temps.

Quelqu'un qui n'a pas la foi en la vie éternelle et qui vit cette mort sans aucune espérance, atteint certainement le comble de la déréliction ?

Comment peut-il accepter la mort ? C'est alors tellement bête, cela a si peu de sens de vivre et de mourir, que même se tuer n'aurait pas de sens !

Quelquefois l'athée appréhende la nudité de cette mort où il est en quelque sorte sommé de dire ce qu'est la vie, comme le croyant est alors sommé de dire ce qu'est vraiment la foi. Ce devant quoi nous reculons, croyants ou incroyants, c'est de découvrir que nous ne sommes pas faits pour vivre toute notre vie en ce seul monde, que nous ne pouvons pas nous y installer. Nous le savons, mais ne voulons pas le savoir. Croyants, la mort nous invite alors à rendre compte de notre foi : incroyants, elle invite à rendre compte de la vie, ce qui, d'ailleurs, est la même chose.

Chaque civilisation, chaque époque s'emploie à tricher avec la mort afin que la vie sociale puisse tout simplement exister. C'est presque du droit naturel, et lorsque le Christ dit : Laissez les morts enterrer les morts, et toute la parole de l'Ancien Testament qui va aussi dans ce sens, il s'agit en quelque sorte d'une invitation à vivre cependant, mais avec ce malheur que nous avons choisi.

Sans l'épreuve de la mort de l'autre, on pourrait penser que la vie, c'est de vivre trente, cinquante, soixante-dix ans le plus somptueusement possible !

Et si nous vivions deux mille ans, cela ne changerait rigoureusement rien. Que ce soit vingt-cinq minutes ou deux mille ans, c'est absolument la même chose.

La mort nous invite de toute façon à répondre à la question : qu'appelez-vous vivre ? Est-ce de vivre plus ou moins longtemps, de vivre plus ou moins riche, plus ou moins heureux, etc. ?

Nous avons toujours tendance — particulièrement au XIXe siècle — à présenter ce qui est au-delà de la mort comme une sur-durée. Si ce qui nous attend après la mort n'était qu'une sorte de prolongement du temps, ce serait absurde. Mais Dieu construit notre vie éternelle à partir des instants que nous vivons, et il s'agit d'une autre vie. C'est pourquoi ces instants ont une valeur fantastique.

Perdre son temps, c'est perdre son éternité !

Chaque instant n'a pas qu'une valeur d'instant : chacun est éternel. Et cela, il nous faut le découvrir. Je pense que tout homme, à une heure ou à une autre, d'une manière ou d'une autre, le découvre. L'expérience de la mort nous contraint de le découvrir.

Il y a cependant en permanence en nous, en permanence, le refus de ce scandale, comme si le prix à payer était trop cher. Certains, d'ailleurs, s'y perdent, y perdent non seulement la raison, mais l'être. J'ai le souvenir d'une réflexion que vous m'avez faite un jour et qui m'avait profondément touché : « J'ai vécu la chute libre, et au moment où j'allais m'écraser au sol, Dieu a ouvert le parachute. » Dans la douleur de l'homme, même de l'homme de foi, il y a la possibilité de la chute, du refus : le désespoir qui se heurte à l'impossible, qui se refuse à l'espérance, et il ne doit jamais qu'à Dieu de ne pas céder au scandale du premier.

Ce mot que vous rappelez, je dois dire qu'il faut le prendre dans un sens concret : une autre mort évitée par miracle. C'est une chose qui est arrivée deux fois, après la mort de Marc, avec d'autres enfants. La main de Dieu, en l'occurrence, a imposé une contradiction aux lois de la pesanteur : c'est l'expérience du miracle dans ma vie, au sens le plus matériel. La présence de Dieu dans le monde n'est pas une figure. Quand ces choses vous arrivent, je ne sais pas si l'on peut parler de révolte. Pour se révolter, il faut encore avoir des forces. Quand c'est vraiment le malheur, il n'y a plus de place pour la révolte. Le malheur, c'est le malheur. Quand il vous arrive, et que la révolte l'accompagne, ce n'est pas encore le malheur. La révolte, ce n'est pas dans le malheur, mais après. On a un moment de révolte quand on pense au malheur, quand on pense à toute cette douleur du monde et que l'on n'est plus devant. Mais quand il est là, il n'y a plus de forces pour la révolte.

Comme cela est juste ! Quand on découvre que ce qui est impossible est vrai. Toutes les formes du malheur. Mais quel lieu de fraternité pour l'homme ! Du moins quand il est bien né, car la plupart, il faut bien le dire, s'acharnent à ajouter au malheur de chacun. Personne, dans l'entourage du Christ, ne se révolte quand il est mis à mort. Les femmes sont écrasées par l'exécution de l'innocent, les apôtres fuient, et Pierre même ne saisit qu'un instant l'épée de la révolte, puis la remet au fourreau sur l'ordre du Christ. C'est le silence qui saisit le cœur devant l'impossible qui est devenu vrai. L'homme réduit au malheur et réduit par le malheur est dépouillé de tout. C'est une mort à soi-même presque aussi radicale que la mort physique. Et Dieu même est en fait sans réponse devant le malheur de l'homme. Dieu même n'a rien à dire. Si l'Évangile n'était qu'un discours sur la détresse humaine, si beau soit-il, il n'aurait pas changé le monde. Désarmé par le malheur de l'homme, Dieu n'a eu d'autre recours que de le partager. Nul au monde, et même l'enfant, n'est plus innocent que celui qui meurt sur la croix. C'est la réponse de Dieu au malheur. Le partager, afin que du fond de la déréliction naisse une communication, une communion suprême avec l'au-delà du désespoir, l'au-delà de la mort.

Un point de théologie qui m'est cher est celui qui nous ramène au début du livre de la Genèse : « Au commencement, Dieu créa les cieux et la terre », et le troisième verset commente : « Dieu dit : que la Lumière soit, et Dieu vit que la Lumière était bonne. » Dieu vit que cela était bon : il faut absolument le prendre comme c'est dit, comme c'est écrit, si l'on veut comprendre ce qu'est la création. Quand Dieu a créé, il a véritablement tout donné : l'être, le destin, la liberté. Ce qui veut dire que l'univers est une aventure. Dieu a donné cette aventure. Quand il a donné la liberté, il a donné une chose énorme, et cette liberté est potentielle, dès le début. Elle est même dans la lumière qui est la forme la plus brute de l'être. C'est pourquoi Dieu peut dire qu'il a la mort en abomination. Or nous l'avons choisie et préférée à Dieu.

La Rédemption est, en fait, un recommencement de la création, mais Dieu n'agit plus comme Créateur. Il vient alors en ce monde même pour en porter la totalité de l'horreur, dans la mort de l'innocent. Ce n'est pas une punition de Dieu sur Dieu, et il y a un contresens fabuleux dans la présentation de certains livres de piété horribles du XIXe siècle, où Dieu paraît assouvissant sur son fils sa colère. Dieu prend la douleur. En respectant cette liberté qu'il a donnée au monde, il permet qu'elle aboutisse là où il veut la conduire, c'est-à-dire dans le face à face.

Il n'entre pas dans le mal mais dans le malheur ; il ne se venge pas, il sauve. Il s'absente en quelque sorte de la toute-puissance pour entrer dans la liberté de l'homme et dans son risque.

C'est une chose que Luther a très bien dite. Il a beaucoup insisté sur le fait que le Ressuscité est monté au ciel avec ses plaies, et qu'elles sont désormais éternellement aux dimensions de Dieu. Cette blessure au côté, c'est une blessure que Dieu a reçue. Elle est ineffaçable. Et c'est par cette souffrance que Dieu a prise que tout prend un sens. Y compris la mort de l'enfant, la mort de l'innocent. C'est là que nous touchons à la fois cette totale réalité du fait que nous sommes créés dans le temps…

Mais pas pour le temps.

Pour l'éternité. Pour arriver à l'éternité participée, qui n'est pas l'éternité de Dieu mais celle que Dieu communique.

La mort de l'autre dans le couple :

JULÍAN MARÍAS

Notre rencontre remonte, je crois, à plus de vingt années, époque où, jeune homme, l'inutilité et la fatuité du discours philosophique ambiant, son inadéquation au réel me frappaient si fort que je cherchais quelque autre parole, plus nourrissante pour l'esprit. Julián Marías m'apparut tel, aussitôt, que je le retrouve encore aujourd'hui : une intelligence souveraine, non pas ennemie de l'abstraction mais n'en usant qu'autant qu'elle est nécessaire à une pénétration plus profonde du réel ; un esprit libre, indifférent aux modes et aux uniformes de la pensée contemporaine, animé par la seule passion du vrai ; un homme de dialogue, aussi disposé à écouter qu'à dire ; une pensée noble et généreuse, qui fait penser en même temps qu'elle pense. Disciple et ami d'Ortega y Gasset, il partage avec lui le même souci de l'expression parfaite autant que la pensée juste, et si, aujourd'hui, il est l'une des gloires, sinon la gloire de la philosophie espagnole, il n'a jamais été, cependant, professeur d'Université en Espagne[1] mais en plusieurs universités des États-Unis : Yale, Harvard et Indiana notamment. Il reste aux Français à découvrir son œuvre considérable, encore peu traduite, mais qui leur réserve des rencontres si rares qu'il devient impossible, ensuite, de revenir à ces livres insignifiants

1. Il a été nommé titulaire de la chaire « José Ortega y Gasset » de philosophie espagnole en 1980.

qui encombrent pourtant les débats de la place philosophique aujourd'hui.

Nous sommes à Madrid, dans cet appartement où Lolita n'est pas moins présente que Julían Marías. Mais au fur et à mesure que se déroule l'entretien, elle me semblera plus éternellement présente encore, au point que je m'attends à lui voir pousser la porte du salon, sourire de ce sourire qu'elle m'adresse à travers les photographies et les portraits. On le comprendra en lisant ce texte : au cœur de son intimité c'est à peine si l'on ose formuler une question. Quelle gratitude, pourtant, à l'endroit de celui qui a consenti à dire l'indicible !

L'amour n'est-il pas la reconnaissance de quelqu'un d'irréductible à qui que ce soit d'autre ? L'amour est par excellence présence de l'autre. Et la mort, c'est l'absence. Comment l'amour peut-il vivre la mort de l'autre ? Et d'abord, est-ce que vous acceptez cette manière de dire : aimer c'est apparaître, mourir c'est disparaître ?

Je l'accepte, mais comme insuffisante. Je crois, évidemment, que l'amour est une présence, la plus forte présence. Mais il est quelque chose « en plus ». Il faut, me semble-t-il, comprendre l'amour à partir du besoin. L'homme est un être qui a besoin de beaucoup de choses, mais il existe en lui un besoin particulier des personnes. Il s'agit d'un autre type de besoins : du besoin personnel. Tous les besoins sont personnels puisque l'homme est personne. De la part de l'homme, tout besoin devient à un certain point personnel. Mais il éprouve le besoin directement personnel, c'est-à-dire le besoin des personnes.

D'autre part, l'homme est homme ou femme, c'est-à-dire qu'il existe une dualité, que j'appelle la condition sexuée — et non sexuelle — définissant deux formes de vie humaine qui signifient une dualité dynamique d'un caractère dramatique. Il y a une projection d'un sexe vers l'autre, et un besoin spécial de la femme pour l'homme, et réciproquement. Pour être homme, on a besoin de la femme ; pour être femme, on a besoin de l'homme : on est homme ou femme en tant qu'on a besoin de l'autre.

Et puis il existe une sorte de besoin particulier individuel, personnel : un homme a un besoin d'une femme s'il en est amoureux. L'amour, au sens strict du mot, l'amour entre homme et femme, signifie le besoin radical, individuel, personnel, irremplaçable, d'une certaine femme par un certain homme, ou d'un homme par une femme. En espagnol, il y a un mot qui signifie cela : le mot *enamorado.* En français, on dit : être amoureux ; en espagnol : *estar enamorado,* qui est beaucoup plus fort. On peut aimer une femme sans en être amoureux, au sens strict du mot. Pour moi, la différence est celle-ci : je me projette vers des personnes avec plusieurs attitudes différentes, dont l'une est l'amour. Si j'aime quelqu'un, je me projette vers lui ou vers elle. Mais lorsqu'on est amoureux d'une femme, le plus important est moins que je me projette vers elle, que le fait qu'elle devient mon projet. C'est beaucoup plus profond. Elle est partie intégrante de ma réalité personnelle. Parler de présence est juste, mais il faut y ajouter cela, qui est beaucoup plus fort que la présence.

Comment expliquez-vous ce caractère irremplaçable d'un homme ou d'une femme dont aucun autre ne peut nous tenir lieu ? Quelles sont, selon vous, les composantes fondamentales de cette élection, de ce choix d'un être par un être, au point que tous les êtres lui deviennent en quelque sorte secondaires : une prédestination éternelle ou simplement le hasard ? Que notre projet se réduise à un seul homme ou une seule femme, d'où vient cette option réductrice ?

On ne choisit pas. Un vers de Antonio Machado : « *Nadie elige su amor,* personne n'élit son amour », le dit fortement. Ce serait très aisé, si l'on pouvait choisir. En fait, on se trouve amoureux de quelqu'un. Mais alors, on choisit sa réalité d'être amoureux d'une certaine femme, on l'accepte : je choisis librement ma destinée. Je ne choisis pas, d'abord, la personne, mais je fais le choix, librement, de ce qui m'est arrivé.

D'où la profondeur de ce mystère qui ne propose pas seulement l'amour de deux corps, ni même de deux esprits, comme dans l'amitié, mais de deux destinées. Le mystère de la rencontre répond à la fois au besoin de l'autre dont vous parliez, et le dépasse infiniment. Dans la dimension métaphysique, nous assistons comme à une élection de l'autre et de nous-même qui correspond à notre destinée profonde et dont les données nous échappent en partie, comme si cette élection se passait ailleurs, nous appelait ailleurs. C'est une sorte de projet éternel de nous-même qui nous est révélé, au moins dans son appel sinon dans ses développements, et qui ne serait pas révélé sans la rencontre de l'autre.

Bien sûr. Il y a un élément de hasard : je deviens amoureux d'une femme que j'ai rencontrée d'abord parce qu'elle est née dans mon monde, qu'elle est de mon temps, qu'elle habite la même ville, et que je l'ai rencontrée quelque part. C'est la part du hasard. Mais ce hasard devient le plus personnel et le plus libre.

Il devient ma nécessité.

Oui. Et il fait partie de ma réalité. Si on pouvait faire une sorte de radiographie personnelle de quelqu'un, on trouverait au-dedans de l'homme ou de la femme qui sont vraiment amoureux, l'autre personne. Elle fait partie de sa réalité. Quelqu'un qui est amoureux et qui cesse de l'être, devient un autre. On peut dire que la modification est ontologique.

Vous avez vécu cette rencontre : avez-vous eu le sentiment, dès les premiers instants, que votre destinée était en jeu, que le destin lui-même intervenait dans votre existence ?

Non. C'est très curieux. J'ai connu ma femme lorsque nous étions très jeunes, à un examen de baccalauréat. J'avais dix-sept ans, elle en avait dix-huit : elle était mon aînée d'un an. Nous nous sommes donc rencontrés par hasard. Une de mes amies m'a présenté deux filles qui étaient ses amies, et j'ai certes remarqué Lolita la première fois. Elle m'a frappé. Et puis le lendemain, qui était le premier jour de cours, nous nous sommes rencontrés à nouveau à l'Université. Nous avons parlé et nous sommes devenus amis très vite. Nous avons vécu une amitié très profonde et très intime, mais je n'en étais pas amoureux. Nous étions simplement de très bons amis, qui, très profondément, partageaient beaucoup de choses, se comprenaient parfaitement.

Pendant la guerre civile, je me suis rendu compte que j'en étais amoureux. Sur un fond d'amitié personnelle, sexuée naturellement — il y a toujours dans l'amitié avec une femme un caractère différent de l'amitié avec un homme —, s'est produit ce qu'on pourrait appeler une greffe. Quand une plante est greffée, elle porte des fruits différents. Cela n'a donc pas été soudain. L'intérêt, l'attrait a été soudain ; l'amour a mis des années à se manifester.

Mais si je regarde en arrière, j'ai l'impression qu'il y avait une sorte d'amour, caché peut-être, dès le premier moment. L'amoureux a toujours l'impression d'aimer depuis toujours. On dit : Mais c'est une sorte de mirage puisque l'on vient seulement de connaître ce dont on a l'impression d'être amoureux depuis toujours ! J'ai essayé, dans l'*Anthropologie métaphysique,* d'étudier ce phénomène. Je crois qu'il est fondé. J'aime peut-être une femme depuis avant-hier, mais c'est tout moi qui l'aime. La totalité de ma vie est en train de l'aimer maintenant : ainsi je l'aime avec ma réalité du commencement. Dans un certain sens, c'est vrai, et l'impression est juste.

Qu'elle a toujours été présente comme elle le sera désormais toujours ?

Oui. Et il y a comme une sorte de découverte lorsqu'il y a un véritable amour. Il semble que la réalité attendait la possibilité, l'occasion de réaliser cet amour, qui pouvait ne pas se réaliser parce que la vie comporte un élément de hasard, évidemment.

Le phénomène de la cristallisation est certes autre chose, selon Stendhal, cependant, il est parent de votre analyse en ce que, là aussi, l'existence est centrée, découvre son centre avec son amour, qui mobilise toutes les puissances de l'être et de la destinée, qui rapporte tout à lui.

Oui. Mais la cristallisation inclut un élément de fausseté, comme si celui qui est amoureux inventait des qualités à l'être aimé. Ce n'est pas juste : dans l'amour, il les découvre. Ortega insistait beaucoup sur ce point. Il y a un phénomène d'attention : celui qui est amoureux a une attention concentrée, alors il voit ce que les autres ne voient pas. Ortega rappelait le passage de Pascal où celui-ci dit à peu près : les poètes n'ont pas raison de peindre l'amour aveugle : il faut lui ôter son bandeau et lui rendre désormais la jouissance de ses yeux. L'amour n'est pas aveugle : il est perspicace.

Marie Noël l'exprime aussi très profondément dans son poème : Connais-moi. *Tu ne me connaîtras pas, dit-elle d'abord à celui qui prétendrait le faire en pénétrant tous ses « secrets », toute son histoire. Mais elle conclut le long récit de ces diverses faces d'elle-même qui ne permettent pas de la connaître réellement, par ce seul vœu : « Tu me connaîtras si, rien qu'un seul instant, tu m'aimes. » La lucidité suprême est peut-être dans l'amour parce qu'elle se situe au-delà du jugement. Elle ne juge pas, mais elle voit parce qu'elle aime.*

Oui. Il y a longtemps, dans un livre de jeunesse — *Miguel de Unamuno* —, j'ai parlé d'un double phénomène. On ne peut jamais connaître une personne entière : elle est inaccessible, inépuisable. Mais s'il y a un rapport authentique — surtout l'amour —, on connaît la personne elle-même. On ne connaît pas la totalité mais la « mêmeté ». C'est un mot que j'emploie en espagnol — *mismitad* —, mais je l'ai trouvé chez Voltaire : on peut donc l'employer en français. Son autorité...

La vôtre lui suffit ! Et il est d'ailleurs très bon. Mais alors, la disparition, l'absence, puisque c'est, hélas ! le thème de notre conversation : la mort de l'autre, dans l'amour, c'est aussi notre propre mort que nous vivons ? C'est de nous, aussi, que nous sommes privés.

Oui. La mort de la personne dont on est amoureux est un changement métaphysique. Je ne la vois pas seulement comme une sorte de perte. D'ailleurs, ce serait une vue trop égoïste : comme si la mort ne touchait que moi-même. Non... C'est elle qui est morte. C'est une chose qui est arrivée à elle. Il y a eu un changement de réalité ; une crise qui l'affecte elle-même. On ne peut jamais réduire la mort à ses effets sur les vivants, sur ceux qui restent. Ce serait un peu répugnant, je crois.

J'éprouve de la tristesse pour elle, pour sa vie brisée ici-bas, dans le monde. J'aimais tellement sa vie ici-bas, sa vie en ce monde, que je ne me console pas de ce qu'elle soit interrompue, de ce qu'elle ne se poursuive pas davantage. Je pense toujours à la vie quotidienne, à la plus prosaïque de toutes les vies. Par exemple, j'ai une sorte de souvenir infiniment vivant de ma femme quand je fais des choses tout à fait ordinaires, comme, rentrant à la maison, de la trouver lorsque j'arrivais. Ou, lorsque nous avions rendez-vous dans un coin de la ville et que j'arrivais toujours avec la même émotion d'avant notre mariage. Toujours. Il y avait une sorte d'éblouissement de la revoir, même si je l'avais quittée une demi-heure plus tôt. C'est d'abord sa vie, la perte de sa vie, qui m'est absolument pénible.

Et puis il y a, naturellement, ma solitude, c'est-à-dire le fait de ne pas pouvoir lui parler, ni être avec elle tout le temps. J'éprouve toujours cet élan, même maintenant où il y a un peu plus de trois ans qu'elle est morte, lorsqu'il m'arrive quelque chose ou quelqu'un que je rencontre dans la rue, de vouloir le lui raconter. « Je vais dire cela à Lolita... » Une seconde après, je réfléchis : naturellement que ce n'est plus possible ! Mais j'ai absolument le besoin de partager avec elle tout ce qui reste de ma vie.

D'un côté, c'est une absence absolue, radicale. Et c'est la solitude la plus affreuse, car la solitude est toujours, je dirai, au sens de la phénoménologie, une solitude intentionnelle. On n'est pas seul tout court : on est seul de quelqu'un. On peut être seul de tout le monde, dans la solitude absolue. Mais si les autres ne sont pas présents, on n'en est pas seul pour autant : ce n'est qu'une sorte de solitude abstraite. La solitude réelle est toujours solitude de quelqu'un ou de quelques-uns. Ma vie est devenue la forme la plus aiguë de solitude, parce que j'avais « la compagnie » à un degré qui est, je crois, très peu fréquent. C'était une vie absolument partagée, c'était notre vie. Je n'avais pas une vie à moi : ma vie était « avec ». Je vivais tout avec elle. Absolument. J'aimais tout le monde avec elle. Même des personnes qu'elle ne connaissait pas. Au départ, il y avait une sorte de *vis a tergo* qui me faisait connaître, aimer ou jouir des plaisirs de l'art, de la beauté, d'un paysage, de n'importe quoi. Mais j'étais toujours un peu injuste, et je m'en rendais compte, envers les villes ou les pays que je visitais seul : je les aimais moins. Lorsque je nouais par exemple une amitié avec quelqu'un qu'elle ne connaissait pas, je voulais partager avec elle cette relation avec une personne qu'elle n'avait pas encore rencontrée directement. Et si, enfin, elle venait à connaître cette personne, il y avait pour moi comme une sorte de confirmation de cette amitié, qui avait été incomplète jusqu'à ce moment-là. Elle devenait vraiment réelle.

D'autre part, mes amis avaient aussi l'impression de la connaître, parce que je la portais tout le temps avec moi. Non seulement j'en parlais beaucoup — ce n'était pas le plus important —, mais elle était avec moi. Ils avaient donc l'impression de l'avoir rencontrée. Et lorsqu'ils venaient à faire sa connaissance, c'était seulement comme une sorte de plénitude de quelque chose qui existait préalablement.

Je dois vous dire que, même aujourd'hui où je sais que je ne la rencontrerai plus, j'éprouve pourtant auprès de vous cette impression de la connaître à travers vous. Et ma femme aussi, depuis cette conversation, à Rome, où vous nous avez appris sa mort et parlé d'elle comme je n'ai jamais, encore, entendu un homme parler d'une femme. Pour nous, elle existe, autant que vous existez. Elle existe avec vous et à travers vous, avec une réalité palpable. Et nous éprouvons d'autant plus profondément le regret de ne pouvoir la rencontrer maintenant, comme quelqu'un qui est ailleurs à jamais. Nous ne pouvons pas vous séparer d'elle alors que nous ne vous avons jamais rencontrés ensemble.

Je ne pense plus à autre chose. C'est comme une sorte de rideau qui est derrière tout ce que je fais, tout ce que je pense. Il y a une référence constante à cela.

Votre union a duré combien d'années ?

Trente-six ans. Mais nous nous connaissions depuis dix ans. C'est donc quarante-six ans de notre vie. Je l'ai connue à dix-sept ans ; lorsque nous nous sommes mariés j'avais vingt-sept ans, et elle est morte dans la nuit du 23 au 24 décembre 1977, il y a un peu plus de trois ans.

Vous avez perdu un enfant, votre premier enfant. L'amour de l'enfant est totalement différent de l'amour de l'autre, dans le couple. Mais l'absence, la mort d'êtres aussi proches et aussi chers, est-elle radicalement différente ? Vous avez porté — ensemble d'ailleurs — cette épreuve commune dans votre amour : — n'avait-elle pas une parenté avec celle que vous vivez seul aujourd'hui ?

Ça a été quelque chose d'absolument affreux. Notre enfant est mort en 1949. Nous ne nous sommes jamais consolés de sa disparition. C'était une sorte de blessure couverte comme par une cicatrice : le temps, et les autres enfants — nous avons eu ensuite quatre fils —, et la vie en général couvrent d'une couverture très mince cette blessure. Mais dès que nous restions chez nous un peu tranquilles, elle revenait à la surface. Nous éprouvions une douleur permanente. C'était un enfant assez extraordinaire. Il avait trois ans et demi, et il était extrêmement intelligent, très précoce, d'une tendresse incroyable. Et tellement beau ! NOus avions l'impression d'un don. C'était un enfant comme nous l'aurions rêvé. Si nous avions pu demander un enfant, il aurait été comme celui-là . Nous éprouvions pour lui, non seulement un grand amour, mais comme une sorte d'enthousiasme. Il répondait admirablement à tout ce qu'on espérait.

Il est mort d'une maladie très rapide : il a été fatigué deux jours, puis son mal s'est aggravé en quelques heures. Quelques heures avant sa mort, il était absolument normal, et il disait à sa mère : « Maman, je suis un enfant tellement heureux ! J'ai un lit tellement joli, j'ai de beaux jouets, et j'ai des parents si bons et qui m'aiment tant ! » Cette attitude de reconnaissance de la part d'un enfant de trois ans est très rare. Pour nous, sa mort a été affreuse. Nous avons été six mois au bord de la folie, et pendant deux ans, nous étions au désespoir : nous ne dormions plus que très peu. Mais alors, nous étions tous les deux ; alors, nous nous appuyions l'un sur l'autre.

La mort a chaque fois un visage différent. Ce que vous vivez aujourd'hui n'est plus la même expérience de l'absence ?

C'est beaucoup plus affreux. C'est quelque chose d'absolument différent, parce que j'ai maintenant l'impression d'être comme diminué dans ma réalité. Je ne suis plus que la moitié de moi-même. Tout ce que je fais, je ne le fais qu'avec la moitié de moi-même. C'est incomplet. C'est imparfait. Et c'est à contre-cœur.

J'envisage aujourd'hui ma vie tout simplement comme un reste. Un reste que je voudrais le plus court possible. J'éprouve une sorte de dégoût de moi-même. Je ne m'aime pas du tout, seul. Je n'aime pas ma vie, seul. J'aimais beaucoup ma vie, j'aimais beaucoup notre vie, et j'étais assez content, non de moi, mais de la réalité. J'ai toujours eu une vue du réel et du monde très positive. Et je l'ai encore objectivement. Ainsi, aujourd'hui, en Espagne où tout le monde parle du désenchantement, je ne partage pas ce pessimisme. Je crois que les choses vont en général bien, qu'il se passe des choses extrêmement importantes et d'une grande valeur. J'envisage la réalité et l'avenir de mon pays avec un grand espoir. L'Espagne est aujourd'hui quelque chose d'extrêmement intéressant. Je ne projette pas ma détresse personnelle sur le réel. Mais, quant à moi, je ne peux plus. C'est la réalité la plus claire de toutes. Je n'aime pas ma vie, désormais, dans ces conditions. Je vis avec une sorte d'espoir, si l'on peut dire, que ce sera très court. Je peux supporter d'être vivant dans la mesure où je peux me convaincre que c'est seulement une période de liquidation, si l'on peut dire. Un reste de vie qu'il faut finir. Mais si je croyais réellement que je dois vivre une période considérable, un morceau important de ma vie, encore, je ne pourrais pas le supporter.

Vous avez quel âge ?

Soixante-six ans.

Vous êtes jeune encore. Et si présent dans la réalité espagnole. Rien de ce qui est contemporain ne vous est étranger, et l'on n'éprouve aucunement auprès de vous le sentiment d'être auprès d'un homme « fini », comme on dit.

Je croyais que j'étais jeune : je me trouvais très jeune. J'ai une très bonne santé, et il n'apparaît pas encore des symptômes de vieillesse dans ma vie. Je peux résister à n'importe quel régime, je ne me fatigue pas, je travaille beaucoup, je voyage, et j'arrive sans dormir sur un autre continent pour me remettre immédiatement à travailler. Je peux faire à peu près ce que je pouvais faire à trente ans. Je me sentais donc jeune et je croyais que nous avions une vie assez longue encore devant nous. Maintenant, je me sens vieux, non au sens physique, non d'une sorte de faiblesse, mais je sens que ma vie est finie, ce qui est différent. Qu'elle a été coupée.

Votre foi religieuse, votre foi chrétienne, amène-t-elle, dans cette page de votre vie, quelque espérance au-delà du désespoir ? La mort est peut-être un commencement, aussi, une rencontre avec ailleurs, avec l'au-delà, avec Dieu dont on nous dit qu'il est l'Amour. Votre foi change-t-elle quelque chose à l'irrémédiable ?

Vous touchez à un point extrêmement important, et il n'est pas facile d'expliquer ce que je ressens à ce sujet. J'ai toujours eu une foi très profonde. Pour moi, la survie a toujours été quelque chose de parfaitement sûr et de parfaitement clair. Non seulement la foi, mais la raison me pousse à penser que la réalité personnelle est quelque chose d'un autre ordre. Je ne peux pas comprendre comment un processus biologique, physiologique, a un rapport avec la réalité personnelle, avec quelqu'un, avec moi. C'est une réalité d'un autre ordre. La mort corporelle pourrait être la cause de la mort personnelle, mais, en tout cas, il s'agirait d'une autre mort. Numériquement, il s'agit de deux morts. Peut-être la mort personnelle est-elle la conséquence de la mort corporelle, mais il faudrait le prouver.

J'ai fait une distinction que je crois importante, dans l'*Anthropologie métaphysique* : l'homme, c'est-à-dire l'ensemble des structures empiriques de la vie humaine, est une structure fermée qui aboutit à la mort. Il y a un âge qui est le dernier. L'homme est mortel, non seulement au sens qu'il peut mourir, mais qu'il doit mourir : il est *moriturus*. Mais d'autre part, si vous vous placez du point de vue de ma vie biologique, personnelle, elle est un projet. Je projette, je me projette, et il n'y a pas de raisons pour cesser de faire des projets, de projeter. Alors ma vie est une structure ouverte qui appelle l'immortalité. Le problème, au point de vue philosophique, est celui-ci : peut-il y avoir une autre vie biographique, personnelle, avec une autre structure empirique, après la destruction des structures empiriques, biologiques, psychiques de la vie terrestre ? C'est plausible, c'est intelligible : ce n'est pas sûr, pour la raison intrinsèque qu'il s'agit d'une structure empirique, c'est-à-dire d'une structure qu'on connaît par expérience. Jusqu'au moment où vous en aurez l'expérience, il y a un élément essentiel d'incertitude. Cette incertitude, on peut naturellement la surmonter par un acte de foi, qui est légitime dans son ordre. Mais au point de vue philosophique et au point de vue intellectuel, ce n'est pas le cas : il y a un élément d'incertitude essentiel, d'incertitude nécessaire.

J'ai la foi. Je dirai que, du point de vue philosophique, anthropologique, je considère comme extrêmement probable, tout à fait raisonnable, la survie. Et puis, j'ai la foi religieuse qui me donne un élément de certitude. Je n'ai jamais douté de l'existence au-delà de la mort des personnes que j'ai connues, des personnes que j'ai aimées. Maintenant...

Maintenant, je garde la foi. Je pense tout ce que je viens de vous dire. Et en même temps, j'éprouve une sorte d'angoisse affreuse. Comme si cette certitude et cette foi n'avaient pas de valeur. Comme si elles n'étaient pas capables d'enlever l'angoisse, le doute. La plus légère possibilité que ce ne soit pas ainsi, je la trouve terrifiante. Si ce n'était pas vrai ; si Lolita n'existait plus, si je ne devais pas la revoir, alors la vie n'aurait pas de sens. Absolument pas. Et elle n'aurait jamais eu de sens. Ce simple soupçon, je le trouve terrifiant. Et je vis dans l'angoisse. Ce qui ne signifie pas que j'aie moins de foi, de certitude. Cela est apparemment inconséquent, mais c'est la réalité. Par exemple, si je pense à moi, je n'ai pas de doute.

Je vous entends profondément, et pour ma part — surtout après avoir trop approché une espèce de croyants qui vous feraient perdre la foi à cause de leur suffisance —, je ne parviens pas, justement, à saisir ce que signifie : croire, si ce n'est pas au prix et sous la menace d'un tel doute radical ; si ce n'est pas au-delà, en quelque sorte, de la certitude, dans une espèce de confiance impossible à laquelle nous ne sommes pour rien. Là où les esprits légers ne lisent que des contradictions, un esprit profond découvre la densité et la complexité de la réalité. L'Évangile est plein de ces apparentes contradictions quand il dit : « Je ne suis pas venu apporter la paix mais le glaive », et en même temps : « Celui qui prend l'épée périra par l'épée », ou encore : « Je vous laisse ma paix, je vous donne ma paix. » Sophocle disait déjà : « A celui qui souffre, il n'est pas interdit de se contredire. » C'est le fait des esprits sans dimension d'avancer dans la vie à coups de jugements tranchés et sans appel, et de tous les dogmatismes, le dogmatisme en matière de psychologie est sans doute le plus aberrant. Le chrétien qui a réponse à tout est effrayant !

Oui. Mais, par exemple, si je pense à moi, je n'ai pas de doute. Je ne crois pas à mon annihilation. Je pense à ma mort comme à un transit, à une transition à une autre vie. Je n'envisage pas ma dissolution. Lorsque je pense à ma femme, je sens la menace, l'angoisse de la possibilité de cette défaillance absolue. Au fond, ce n'est pas logique, mais c'est ainsi. J'étais depuis deux ans dans cette attitude lorsque j'ai lu un petit livre d'un écrivain anglais que j'admire beaucoup et qui est mort il y a dix-huit ans, je crois : C.S. Lewis. Le connaissez-vous ?

Non.

Je l'ai beaucoup lu. Il était professeur à Oxford, puis à Cambridge. Il a écrit des romans, des livres très érudits sur la littérature médiévale et de la Renaissance, des livres théologiques, etc. Il a épousé assez tard une femme assez notable, semble-t-il, une Américaine. Ils ont vécu un mariage très heureux et très intense, de quatre ans seulement. Sa femme est morte d'un cancer, et cette mort a été un bouleversement pour lui, et il a écrit un tout petit livre, une sorte de réflexion, de Mémoires. Le titre en est : *Une douleur observée, A grief observed.* Il était un homme d'une foi très solide. Et son livre reflète une attitude assez semblable à la mienne. Il l'explique en la comparant à une autre attitude, comme si l'on dit par exemple : « Vous croyez que cette corde peut supporter votre poids ? » Vous répondez : « Bien sûr, elle pourrait supporter quatre fois mon poids. — Alors vous allez traverser cet abîme accroché à cette corde. » A ce moment-là se produit quelque chose d'extrêmement important : lorsque votre vie est en jeu, vous vous demandez d'une autre façon : est-ce que vraiment cette corde va tenir ?

Chez Montaigne et chez Pascal il y a des comparaisons analogues à propos de la raison des philosophes qui ne résiste pas à l'épreuve et à l'expérience du vécu.

Exactement. Ainsi l'idée de la survie m'importe énormément pour tout le monde et même pour moi, mais, maintenant, si je pense à ma femme, elle m'importe beaucoup plus, elle m'importe tellement que j'éprouve une réaction d'angoisse. Il n'est pas facile de la surmonter. Il y a des gens qui ont une foi très forte et lorsqu'ils pensent à quelqu'un qui est mort, ils disent :

Cette personne doit être dans le ciel, dans un état de bonheur absolument parfait devant la présence de Dieu et j'en suis très content. Je ne peux pas le dire. Je suis sûr que ma femme mérite ce bonheur : Lolita était d'une bonté tellement incroyable ! Je n'en ai jamais connu d'autre comme elle. J'ai repassé toute notre vie ensemble et j'ai essayé de me souvenir de quelque chose de moins bon, un moment où elle aurait été moins noble, moins généreuse : je n'ai pas trouvé.

Comme vos paroles sont déchirantes ! Vous avez évoqué tout à l'heure votre enfant disparu, mais vous avez quatre fils en vie. Est-ce que leur affection, leur présence, sans remplacer la présence de leur mère ni atténuer la douleur de sa disparition, ne sont pas cependant pour vous une forme de présence de votre amour ? Est-ce qu'ils ne sont pas un peu elle, un peu vous deux ?

J'aime infiniment mes enfants parce qu'ils sont les enfants de Lolita, et ils me rendent bien cet amour. J'aime mes petits-enfants, ma petite-fille, notamment, que Lolita aimait si profondément. Je voudrais pourtant les quitter.

Cependant, vous n'êtes pas absent vous-même de la vie présente. Quand on écoute votre désespoir, on pourrait penser qu'il vous amène à projeter sur le monde, comme vous le disiez tout à l'heure, un pessimisme et un nihilisme qui inviteraient les autres à entrer dans votre propre angoisse. En fait, vous vous intéressez au monde avec une sorte de détachement qui rend votre réflexion pour ainsi dire plus désintéressée. On sent que vous nous parlez sans égard à votre propre intérêt — puisque vous n'en éprouvez plus aucun pour le monde —, mais dans le seul souci de la vérité, de notre intérêt à nous, de celui de l'Espagne. Ainsi, je sais que votre intervention au moment de l'élaboration de la Constitution espagnole a été déterminante.

J'ai lu l'avant-projet et j'ai trouvé qu'il contenait des choses tellement dangereuses que j'ai pensé : Il faudrait avertir les responsables des erreurs et des dangers de ce texte. J'étais alors absolument accablé puisque ma femme était morte à peine huit jours plus tôt. Mais je me suis dit : Si je n'écris pas sur cela, je ne serai pas digne de Lolita. J'en aurai honte toute ma vie. Alors je me suis mis à écrire un premier article, et il venait tellement du fond de moi-même qu'il a eu un effet extraordinaire. Une demi-heure après la publication des journaux, le président du gouvernement m'appelait et voulait me voir. Tous les journaux ont été remplis de commentaires, et j'ai écrit en tout six articles sur le sujet, qui ont eu un retentissement exceptionnel. Je crois que j'avais raison et que je mettais le doigt sur des points importants pour l'avenir de l'Espagne, mais je crois qu'on a vu surtout le sérieux de ces articles. Ils étaient écrits dans une sorte de situation-limite, comme pourrait dire Jaspers. Je vivais l'un des moments les plus graves de ma vie et je n'avais aucun intérêt d'aucun type à les écrire. Cela se voyait par le ton des articles. Ils étaient écrits comme de l'au-delà, et par là, ils ont été efficaces.

Il est frappant justement que ce que vous disiez de plus personnel et de plus désespéré ne soit pas désespérant pour celui qui vous écoute. On éprouve à la fois le sentiment profond et pathétique de votre désespoir, et devant la noblesse, la grandeur de ce désespoir, on éprouve comme une sorte, et d'admiration, et d'émulation. Parce qu'on comprend qu'il est le fait d'un amour admirable, et qu'il n'est pas de grand amour qui n'implique le risque de connaître un tel désespoir. Ce qu'on peut souhaiter, au fond, c'est de connaître l'amour que vous avez connu, même si c'est au prix de ce que vous connaissez aujourd'hui. Ou l'on aime, ou l'on n'aime pas, et si l'on aime, il est inévitable et peut-être nécessaire d'éprouver ce que vous éprouvez. Tout ce que vous dites de tragique devrait amener au pessimisme, et, en fait, n'y conduit pas. Pour la dignité de l'homme et de la femme, pour la grandeur de l'amour humain, il vaut la peine de vivre cela, ou bien la vie ne vaut pas d'être vécue. Et en même temps, on en est bouleversé et terrifié.

Il existe en effet des réalités qui sont — je ne dis pas contradictoires — mais contraires et simultanées. D'une part, je n'ai plus connu un seul moment de gaieté, ou de bonheur, naturellement, depuis sa mort. Par exemple, la naissance de mes petits-enfants. Il y en avait deux lorsque Lolita est morte ; puis un troisième enfant, l'aîné de mon fils cadet, est né après, et bientôt une seconde petite-fille. Je me suis réjoui objectivement, pour ces nouvelles vies, et pour leurs parents. Personnellement, je n'ai pu ressentir un moment de joie. Au contraire, j'imagine toujours Lolita voyant les petits-enfants qu'elle aimait tellement. Je l'imagine, je la vois avec eux dans ses bras et leur disant des choses. Et cela me fait infiniment de peine. C'est une tristesse absolue autant que quelque chose d'humain puisse être absolu. Et en même temps, je n'y renoncerais pour rien au monde. Je tiens tellement à Lolita dans ma vie, avec le bonheur qu'elle m'a donné, avec cette affreuse tristesse que j'éprouve maintenant, que je n'y renoncerais pour rien. Je dis oui pour tout, comme vous le disiez. En ce sens, vous avez raison.

En vous écoutant aussi on dit oui à tout. Votre parole ne cesse pas un instant d'être une parole d'amour. Et seules les paroles d'amour sont des paroles religieuses : les autres, c'est du camouflage. Vous nous ouvrez à une si vaste idée de la rencontre, de la communication, de l'amour, que l'on ne veut pas, non plus, y renoncer. Même à ce prix.

Il y a deux ou trois chapitres, à la fin de l'*Anthropologie métaphysique* — qui a paru en 1970 — consacrés à la mort. Lorsque Lolita est morte, l'aîné de mes enfants et sa femme ont relu ces pages comme une sorte de lecture pour leur consolation. Ils y ont trouvé, dans ces lignes de théorie philosophique écrites sept ans avant la mort de Lolita, le commentaire en quelque sorte de ce qui m'est arrivé. Ma vie est maintenant la réalité de ce que j'avais envisagé théoriquement dans ce livre. Dans les dernières lignes, je me demandais quelles sont les choses qui intéressent vraiment : « Celles pour lesquelles la mort n'est pas une objection. » C'est la dernière phrase du livre, que j'avais écrite en plein bonheur. Vraiment, la mort n'est pas une objection. Elle peut me détruire, au sens de détruire ma vie à moi, ma possibilité de bonheur en ce monde, mais la valeur en reste intacte. Il n'y a pas d'objection. J'affirme tout ce que j'ai affirmé.

Ce pourrait être une conclusion à notre entretien de ce matin ?

Si vous voulez. C'est la vérité de ma vie, maintenant.

Le médecin devant la mort :

DOCTEUR RONY BRAUMAN

« Médecins sans frontières » : lorsque j'arrive au siège de l'organisation, où m'attend le docteur Rony Brauman, une équipe s'apprête à partir pour un lointain pays du monde — peu importe lequel — où des enfants, des femmes, des hommes n'attendent personne, dans leur dénuement, que la mort. L'équipe sera la vie, pour quelques-uns. Deux jeunes médecins, une infirmière, des caisses, de médicaments, sans doute, et autres instruments de travail. On téléphone à Air France, on téléphone aux copains, on vérifie que tout et tous sont là... Rony Brauman arrive à cet instant : il est jeune comme eux, et comme eux, il est parti pour des missions semblables. Il est direct. Il est vrai.

J'aurais pu demander à un médecin de campagne — j'en connais de simplement remarquables — de me parler du médecin devant la mort et devant le mourant. J'aurais pu m'adresser aussi au médecin d'hôpital qui la côtoie tous les jours, ou à tel spécialiste qui voit beaucoup mourir dans ses services, où, malgré tous les efforts de la médecine, le mal ne pardonne pas. Mais il m'a semblé que « Médecins sans frontières », depuis dix ans, et Rony Brauman en particulier — il est le directeur exécutif de l'organisation — étaient tout cela : médecins de villes et de campagnes qui s'appellent aussi la brousse, médecins d'ici et d'ailleurs, partout où il y a des hommes qui souffrent et qui meurent. Sans frontières : c'est aussi le ton de notre entretien, tant la vocation de cet homme à rencontrer tous les visages du monde, à entendre tous les langages, l'a disposé à la parole vraie, qui est la seule, dont les hommes aient aujourd'hui, plus que jamais, besoin. Comme un remède à leur angoisse.

Puisque vous acceptez cette distinction : le médecin et la mort, le médecin et le mourant, nous pourrons sans doute passer du plus général et du plus abstrait au concret ?

Sur un plan médical, puisque c'est le médecin qui vous répond, il est évident que le problème n'est pas la mort mais le mourant : à partir de la mort, le problème, pour un médecin, est déjà résolu. Il n'y a plus de geste professionnel à faire en présence du mort, si ce n'est le geste social et technique de l'évacuer. La seule intervention que, pour ma part, j'ai eue à pratiquer vis-à-vis des morts se plaçait dans un contexte de guerre, où leur nombre était considérable. Je me trouvais à N'Djamena, et tous les jours on charriait les morts par bulldozer pour les retirer de la ville et éviter la propagation des épidémies. Geste presque moyenâgeux : il était assez curieux, en effet, de voir ces masses de gens qui n'étaient pas morts de la peste comme au Moyen Age, mais par balles ou par éclats de bombes. Tous les jours, on charriait des dizaines de cadavres — on arrivait parfois à trois cents —, du moins à vue de nez. Et ce n'est pas une formule : ça sentait horriblement mauvais. Il est quasiment insupportable de faire ce genre de travail : je trouvais beaucoup plus facile de retourner ensuite à l'hôpital, de travailler pour les blessés, même en mauvais état, mais encore vivants. Un mourant est souvent assez impressionnant, mais là, c'est beaucoup plus frappant : d'un seul coup, il n'y avait plus de corps humains mais simplement une source d'infection. On évacuait cette source d'infection dans un charnier creusé au bulldozer et dans lequel on enfouissait les cadavres.

Si on rassemblait tous les morts de Paris d'un même jour, on aurait aussi sur les morts une vision proche de celle-là. Mais nos sociétés tendent à évincer jusqu'à la vision des cimetières, qui est pourtant moins insoutenable que celle que vous évoquez.

Vraisemblablement.

Nous sommes aseptisés par nos sociétés frileuses devant la vérité. Les médecins mêmes ne disent-ils pas qu'il vaut mieux ménager, cacher l'éventualité de la mort aux malades d'abord, à leur entourage ensuite, aux bien-portants et aux bien-vivants. Mais vous avez vu au contraire ce que c'est que « les morts », comme ces tableaux de Bosch qui font peur aujourd'hui à certains.

Ce que c'était que « les morts », oui... Mais le reste du temps, je travaillais, soit avec des morts en puissance, soit avec des mourants. Cette guerre était particulièrement meurtrière, non par rapport aux grandes guerres mondiales, mais par rapport à ces combats africains qui sont d'ordinaire, de façon assez curieuse, pas très meurtriers. On tue les gens autrement, aujourd'hui : on les tue quand on les réduit au silence, et c'est aussi un beau sujet. J'ai observé, dans cette guerre, combien le seuil de tolérance de la mort est variable, en effet. On parle souvent du seuil de tolérance de la douleur, et il est frappant de voir à quel point ce seuil est bas dans nos civilisations. On accepte mal la moindre douleur et on va voir son médecin, on prend des médicaments pour guérir toute douleur : c'est un fantastique marché. Là-bas, le seuil de la douleur est extrêmement élevé : vous voyez arriver des gens qui sont gravement blessés et qui ont de fortes chances de mourir dans les quelques heures qui suivent. Or ils se présentent sans la moindre plainte. Ils arrivent debout. Je n'aurais jamais imaginé, avant de l'avoir vu de mes yeux, qu'on pouvait marcher avec des blessures mortelles telles que j'en ai vu : par exemple des gens frappés d'éclats abdominaux et qui tenaient leurs tripes dans leurs mains, les refoulant réellement pour les empêcher de tomber par terre. Ils arrivaient souvent debout et s'asseyaient sur une chaise en silence, en attendant discrètement qu'on puisse s'occuper d'eux, comme s'il s'agissait d'une petite entaille au doigt. Le seuil de tolérance vis-à-vis de la douleur est très élevé. Il y a une acceptation dont j'ignore si elle provient de la culture islamique. Mais je ne le pense pas, car j'ai vu ailleurs, dans des pays non islamiques, un seuil de tolérance identique qu'il serait trop facile d'appeler du fatalisme. Il s'agit plutôt d'une sorte de cohabitation quotidienne avec la mort.

C'est certainement cela. Dans nos propres pays, quand la mortalité infantile était encore très élevée, et qu'on perdait cinq enfants ou plus sur les dix qu'on pouvait avoir, la relation vie-mort était vécue tout à fait différemment.

C'était naturel : tout à fait d'accord. Je pense que c'est exactement du même ordre. Jusqu'au début du XIXe siècle — ce n'est pas si vieux — la mortalité infantile était de l'ordre de trois à quatre sur dix, à peu près, chez nous. En Afrique, elle est aujourd'hui encore de cet ordre-là, trois à cinq sur dix, parfois six dans certaines régions. La seule exception qui me vienne à l'esprit est curieuse, très chargée de symbole. C'était au Bénin, dans une région très animiste, dans la partie non chrétienne qui ne représente pas plus de trente pour cent, si mes souvenirs sont exacts. C'est le cœur du culte du Vaudou et la vie spirituelle y est extrêmement intense : les sorciers, les féticheurs, sont nombreux. Le contexte était un hôpital de brousse qui s'occupait d'une centaine de milliers de personnes pour lesquelles il n'y avait aucun médecin et qui recueillait donc beaucoup de monde. Souvent, d'ailleurs, ils se trompaient totalement : certains étaient persuadés qu'ils allaient mourir, qu'il n'y avait pas de recours possible, et il y en avait un ; d'autres arrivaient dans des situations d'extrême limite, où l'on ne pouvait plus rien faire, mais ne s'en doutaient pas du tout. Il existait une grande confusion.

Comme je m'y trouvais à la fin de la saison de sécheresse dans le Sahel, et que cette région est à la limite du Sahel, nous trouvions beaucoup de cas de malnutrition et les morts étaient nombreux. Tous les jours. Mais ça se passait toujours de façon extrêmement discrète. L'hôpital comptait soixante lits : le matin je retrouvais un lit vide; la famille avait emmené son cadavre pendant la nuit. Elle n'avait surtout pas voulu m'appeler : ce n'était plus mon problème mais celui d'un nouveau féticheur, non du féticheur que j'étais pour eux. Cela se passait toujours ainsi, excepté dans un cas très particulier. Une jeune fille en âge de procréer, comme on dit très joliment, mais qui n'avait pas encore eu d'enfant — donc dans la période entre douze et quinze ou seize ans —, et qui mourait, constituait une véritable tragédie. La femme n'ayant pas eu d'enfant, n'ayant pas rempli le rôle qui lui était assigné dans la vie, était damnée. Il n'y avait aucune circonstance atténuante : morte d'une typhoïde ou d'un accès pernicieux de paludisme, son cas était le même. La mort devenait alors affreuse. Les femmes se rassemblaient autour du lit et durant vingt-quatre heures, pleuraient, criaient, se roulaient par terre, déchiraient leurs vêtements. C'est la seule circonstance où, dans ces pays, j'ai vu la mort très mal vécue : comme une tragédie, comme une fin irrémédiable.

C'était le cas, entre autres, des suicidés, dans l'ancienne chrétienté : leur mort devenait honteuse, alors que la mort est donnée comme délivrance pour le chrétien. J'ai le souvenir d'une catholique un peu bornée dont le mari s'était suicidé et qui a refusé d'assister aux funérailles !

Un des problèmes culturels de l'approche de la mort tient dans la valeur que l'on accorde à l'individu. S'il est unique, irremplaçable — surtout votre proche, bien entendu —, la mort prend un sens particulier. Quand vous perdez un enfant et que vous pensez que vous pouvez le remplacer — peu importe la raison pour laquelle vous le pensez, mais vous le pensez —, vous n'avez pas la même réaction que lorsque vous pensez, comme on a tendance à le faire ici, qu'il est irremplaçable. On pensait sans doute ainsi il y a deux siècles. Un enfant était un individu social, qui avait à remplir ses fonctions parmi d'autres individus sociaux. Et l'on pouvait en faire d'autres : c'était illimité.

Mais cette résignation n'ôtait certainement rien à la douleur de perdre un enfant. On assiste peut-être alors à une sorte de réaction de l'espèce autant que de l'individu ou de la personne. C'est l'espèce qui est touchée quand il y a tant de morts. L'individu, bien sûr, mais l'espèce d'abord : quand il meurt trois cents ou trois mille personnes par jour, la mort de l'individu devient presque anonyme. C'est le groupe entier qui se sent menacé dans chaque individu.

Oui. Mais le mot espèce n'est peut-être pas adéquat parce qu'il a une connotation biologique très particulière.

Mais je l'emploie en ce sens même.

Alors on peut trouver une approche commune de toute l'espèce — et significative de l'espèce d'ailleurs —, dans les rites de la mort. C'est là une réaction typiquement spécifique et que l'on retrouve dans tous les pays, toutes les religions.

Toutes ces morts vous touchaient vous-même, ou bien y a-t-il un moment où l'on est en quelque sorte pris dans le phénomène lui-même, et comme chloroformé ? Si on regarde de telles images, une fois par hasard, à la télévision, on est horrifié, mais quand on est dedans, l'est-on encore ? Comment réagissez-vous à ces façons différentes de vivre la mort, ici et là-bas ?

Ici, ça n'a pour moi aucune signification. J'ai une réaction de Parisien moyen et j'évite de jeter les yeux de ce côté-là. C'est une conduite d'éviction, pure et simple. Cela n'a plus aucune signification, seulement une statistique dans un journal. Vous connaissez cette belle phrase de notre vénéré Staline : « Trois morts, c'est une tragédie, cent mille, c'est une statistique. » Je le pense un peu aussi, cette phrase étant par ailleurs la seule que je trouve intéressante chez Staline. Mais elle décrit bien une attitude.

Hier soir, par exemple, j'ai vu à la télévision des images de l'écrasement du Boeing 737 à Washington, dans le Potomak. Certaines étaient extrêmement fortes et montraient un hélicoptère en train de tirer du fleuve des gens qui avaient réussi à s'échapper de la carlingue, qui essayaient de surnager dans cette eau glacée puisqu'elle charriait des plaques de glace. On a à peine trois à quatre minutes de survie dans des conditions pareilles, et les gens étaient tellement affaiblis par le froid que la plupart n'arrivaient pas à s'accrocher au filet qui leur était lancé par l'hélicoptère : ils le tenaient, le relâchaient, etc. Et l'on a vu cette scène tragique, d'une femme qui arrive à décoller, qui sort de l'eau et qui est quasiment sauvée : elle a dix mètres à faire pour être amenée sur la berge, mais elle lâche et coule à pic. La mort en direct. Je ne suis pas un téléspectateur assidu, ni un amateur de tragédie, mais j'étais presque bouleversé. Cela m'a produit un choc.

Vous étiez en situation d'Occidental.

Typiquement. J'étais même surpris de ma propre réaction. Elle était profonde. Et elle était la réaction typique de celui qui prend beaucoup d'avions, qui se voit dans la même situation. C'est l'identification la plus élémentaire.

C'est vrai. Je pars justement dans trois jours pour Washington et ces images ne m'ont pas seulement horrifié, elles ont jeté une certaine inquiétude sur mon voyage. Et quand vous parliez des morts de N'Djamena, vous l'avez fait comme quelqu'un qui a vécu la situation, tandis que pour moi, cette évocation reste comme étrangère dans son horreur. Dès que nous sommes ici, qui que nous soyons, nous nous trouvons dans la situation de quelqu'un dont la vie est telle que la mort n'est inscrite qu'en filigrane.

Surtout une mort improbable. On a tout de même peu de chances de mourir aujourd'hui sous les mitraillettes ou les obus. Encore que cela pourrait s'approcher, tout en restant encore très abstrait. On a beaucoup moins de chances de mourir dans ces conditions que si nous sommes aux confins du Tchad ou du Sahara occidental.

Le médecin est tout de même l'un des hommes qui, même dans nos sociétés aseptisées, restent en relation concrète avec la mort et le mourant. D'autres professions peuvent s'en tenir à l'écart, mais le médecin ne peut pas y échapper ?

Certainement. Il est même un des accompagnateurs privilégiés. Mais maintenant, on a développé un tel discours technique qu'il est relativement facile de s'y réfugier. Quand je dis discours technique, il ne s'agit pas seulement du jargon qui nous permet de ne pas faire comprendre à quelqu'un qu'il va mourir ou de faire comprendre à la famille uniquement ce que vous voulez lui dire. Il s'agit surtout de ce qui vous permet, à vous également, de vous retirer jusqu'à une certaine distance, de ne pas faire le chemin qui était classiquement assigné au médecin, commun aux médecins et aux curés jusqu'il y a relativement peu de temps. Maintenant, dès l'instant où l'on a décidé — c'est une décision au sens technique du terme — que la mort était là et que l'on ne pouvait plus rien faire, le médecin se retire. La mort, en fait, n'est pas encore physiquement là, le malade est tout juste en train de mourir mais n'est pas encore mort, et, en tout cas, il n'a pas franchi le dernier seuil qui est certainement le plus angoissant à vivre, de l'extérieur, mais le médecin se retire. Un des avantages secondaires de cette technique — je ne dis pas que cette technique a été créée pour ça, je ne veux pas être aussi catégorique —, c'est qu'elle permet au médecin d'évacuer le problème de la mort, le problème du mourir.

Et vous, personnellement, devant le mourant, ou les mourants, vous avez envie de dire que c'est la fin ? Ou de le taire ?

C'est un éternel dilemme.

J'ai connu Gilbert Cesbron pour lequel j'éprouvais une très grande amitié. Il est mort d'un cancer du sein. Parce qu'ils étaient très unis, sa femme et lui s'étaient promis de se dire la vérité sur une maladie éventuelle, au cas où il serait un jour nécessaire de le faire. Eh bien, sa femme ne savait plus si elle avait bien fait de tenir sa promesse, s'il n'en avait pas été trop affecté. Et pourtant, il s'agissait d'un homme courageux, d'un vrai croyant, capable d'accueillir la mort avec intelligence, ce qu'il a d'ailleurs fait. Mais on ne sait jamais, sans doute, à quoi se résoudre. Alors qu'un de mes amis de trente-huit ans, très bon vivant, sportif, et qui n'est pas particulièrement religieux, marié avec bonheur, père de jeunes enfants, à qui on vient d'apprendre qu'il lui reste à peine six mois à vivre, accueille la vérité avec une force et un détachement exceptionnels.

Ma première expérience très intense de la mort, en tant que médecin, se passait en cancérologie. J'étais infirmier de nuit, dans un service, pendant mes études, et ensuite interne, à la fin de mes études : j'ai aussi vu là beaucoup de morts. La position d'infirmier, surtout, impose un contact beaucoup plus direct : vous suivez le mourant avant, pendant, et après. Surtout de nuit, on l'assiste pendant l'agonie, puis on le met « en condition » une fois mort : toilette, habillage, avant de le conduire à la morgue. Vous restez en contact avec le mort. La position du médecin est différente : il passe d'un seul coup dans une autre catégorie qui le met en position de responsabilité vis-à-vis du malade. Tout ce qu'il va lui dire a plus de poids et il doit faire vraiment très attention.

Avant d'avoir ce type de contact avec les malades, j'étais persuadé qu'il fallait dire la vérité, parce que j'étais persuadé que la relation entre les gens était transparente, que tout était clair et que toute vérité était bonne à dire, celle-là parmi d'autres. Je la banalisais complètement. Mais je me suis rapidement aperçu, d'une part que je n'y arrivais pas, et d'autre part que la relation était loin d'être transparente, que les gens, même, n'attendaient pas cela de moi.

Ils attendent de vous uniquement la guérison, donc d'être rassurés ?

Les gens, en général, n'attendaient pas la vérité, en tout cas, pas qu'on leur apprenne le pire. Des individus, éventuellement, l'attendaient. J'ai senti, de la part de certains, une demande très forte dans ce sens. En général, les gens en fait le savent, mais ils le refusent. Chez certains, on sent une demande de confirmation. A ce moment-là, je le disais, puisque c'était ce qu'ils attendaient. Je n'affirme pas que cela ne posait aucun problème, mais en tout cas, on pouvait alors en discuter avec eux. A la plupart, je disais non. Je banalisais complètement : « Pensez donc : vous avez là quelques ennuis, mais ce n'est rien du tout. » Alors qu'il s'agissait de la phase terminale de cancers généralisés : « Ne vous inquiétez pas, tout va très bien ; la situation est sous contrôle : dans quinze jours vous sortez et c'est terminé. » Mais trois semaines après ils étaient morts.

Je n'éprouvais aucune honte à faire cela : mon seul problème était d'avoir l'air convaincant. En fait, il s'agit d'être suffisamment convaincu soi-même de l'importance d'encourager les gens, et vous avez l'air convaincant. Il ne faut pas avoir un air convaincant purement superficiel. C'est d'ailleurs impossible : il existe une relation entre le médecin et le malade de l'ordre de la relation non verbale ; énormément de choses passent.

Dans des conditions comme celles que vous avez connues et évoquées, où la mort est quotidienne, est-ce plus facile à dire ?

Le problème ne se pose pas : je n'ai jamais eu à le dire. Si. Une seule fois. Encore au Bénin. Un gamin avait je ne sais exactement quoi parce que le laboratoire n'était pas suffisamment bon pour me l'apprendre, mais quelque chose qui ressemblait à une leucémie. Cliniquement, il s'agissait d'une leucémie. Il avait quinze ans, et il était condamné. Sa mère s'accrochait tous les jours à moi pour savoir si j'allais pouvoir le sauver. Comme souvent en Afrique, les gens datent le début d'une maladie d'un épisode de la vie qui n'a peut-être rien à voir avec elle. Pour lui, pensait la mère, cela avait dû commencer le jour où il était tombé dans un puits. Or l'incident remontait à peine à quinze jours et n'avait rien à voir avec une leucémie aiguë. Elle s'accrochait désespérément, mais je lui ai caché la vérité. Elle l'aurait dite à son fils, et l'enfant, déjà, était assez angoissé.

Le réflexe du médecin devant la mort, c'est donc plutôt un réflexe devant celui qui est encore vivant pour l'aider à vivre, non pour l'aider à mourir ? Même s'il ne reste que huit jours, il opte pour qu'ils soient ceux d'un vivant, non d'un mourant ?

C'est vrai. Une partie de cette réaction, je crois, vient de l'angoisse du médecin lui-même devant la mort. C'est une réaction de mise à distance et d'évacuation de l'angoisse. Si vous avez devant vous quelqu'un qui est miné par l'angoisse, par la notion de sa propre mort à court terme, cette angoisse irradie, elle vous atteint de façon absolument incroyable. C'est d'une force... Alors vous vous mettez à distance, et finalement, vous rentrez dans la relation d'un médecin à son malade, relation technique — et humaine bien entendu — qui consiste simplement à expliquer aux gens qu'ils sont en train de passer une petite crise, qu'ils n'ont à s'inquiéter de rien. C'est plus rassurant d'être lénifiant pour le médecin lui-même.

Vous avez connu des médecins qui ne surmontaient pas ces difficultés, ébranlés par la mort de leurs patients ?

Oui, mais toujours dans cette réaction de fuite. Je n'ai jamais vu de médecins ébranlés devant le malade, ou, en tout cas, de façon très visible. En revanche, quand j'étais infirmier, j'avais affaire aux internes de gardes de nuit, et certains pratiquaient un acharnement thérapeutique à distance absolument phénoménal. Exemple rapide : à un malade qui va très mal, rongé des pieds à la tête par un cancer terminal, condamné au mieux dans les vingt-quatre prochaines heures et pour qui il n'y a plus rien à faire, sinon le soulager, j'ai vu balancer au contraire une ribambelle de traitements, de perfusions, de transfusions, d'oxygène, pour accomplir une tâche technique. Car, ensuite, l'interne allait se coucher en paix avec sa conscience. Alors qu'il n'avait fait qu'évacuer le problème sur un autre. C'est pour moi une réaction d'angoisse médicale typique, mais inconsciente. Dans une discussion à froid, l'interne aurait parfaitement reconnu que le malade était perdu, et au lieu de dire : « On est là pour faire quelque chose, donc on fait quelque chose, il aurait dit : « On est là pour le soulager, donc on va le soulager. » Son attitude marquait l'irrationalité de la conduite : il fallait absolument développer toute une technique de la distance.

Après tous les mourants et les morts que vous avez vus, vous est-il venu une attitude, une idée de la mort que vous n'aviez pas auparavant ?

Je vais peut-être vous étonner, mais pas du tout. Je fais partie de ces gens qui, pour une raison que je ne connais toujours pas, sont angoissés par l'idée de la mort, et cette angoisse est restée entière. Je n'ai pas connu le moindre changement. Des tas de choses ont changé dans ma vision du monde depuis que j'exerce la médecine, et notamment depuis mes séjours dans les pays en voie de développement, mais pas sur ce point. Je crois que c'est bien au-delà du regard, de l'observation. Je n'ai pas peur de l'idée de la mort en soi, mais quand elle est imprégnée de l'angoisse que vous ressentez à l'idée de cette mort, je ne vois pas comment on peut changer. C'est toujours la fin.

Pour vous, c'est l'idée de la fin, qui est angoissante ?

Je ne suis pas croyant, alors je n'imagine pas un au-delà après la mort.

C'est de mourir, ou bien c'est la mort qui vous impressionne ?

Je n'ai justement jamais réussi à savoir si c'était l'un ou l'autre. Il est évident que l'observation est angoissante quand il s'agit de celle du mourir. Il n'y a aucun doute là-dessus. Cette transition est le problème de toutes les philosophies depuis que les hommes existent et qu'ils pensent à regarder quelque chose ; elle est incompréhensible, chargée d'une angoisse qui est quasiment palpable et qui est encore exaltée par celle de l'observateur. Cela ne m'empêche pas d'être pragmatique, de fonctionner, mais je la ressens de façon très vive.

Et l'expérience médicale ne l'a pas aggravée non plus ?

Non. Quant aux morts, aux cadavres, ils vous renvoient à autre chose, à une réflexion sur les sociétés, sur ce que vous voyez autour de vous. J'ai vécu plusieurs circonstances où, étant dans une situation de conflit, je courais le risque d'une mort imminente : un éclat d'obus, une balle, etc. Une fois, on a même voulu me tuer, moi, Brauman. C'était au Tchad. Nous étions une équipe chirurgicale de trois personnes, et nous avons été mitraillés pendant plusieurs minutes, ce qui est très long. Pour s'abriter, il a fallu se mettre dans l'eau, et quand on sortait, on était pris sous les rafales qui giclaient de partout, très près. Je me suis dit : ce coup-ci, c'est fini. Très paradoxalement, j'ai eu peur, bien entendu, mais une peur qui n'a rien à voir avec l'angoisse de la mort elle-même. Et j'étais très étonné, parce que je n'ai pas une trempe de héros ni de baroudeur.

Mais là, ce n'est plus la pensée seule mais tout l'être, avec son corps, qui est menacé; l'instinct animal de vie réagit pour nous.

C'est cela : une réaction physique. Vous déchargez de l'adrénaline, vous avez un réflexe de préservation, et vous regardez un peu partout, mais il ne s'agit jamais de la panique qui pourrait être engendrée par la vue du mourant. Un de nous trois a été blessé et, là non plus, ce n'était pas la panique. J'ai pu aller le chercher, le mettre dans une voiture, l'emmener, etc. La proximité physique de la mort, dans des conditions pareilles, n'est pas angoissante.

C'est un peu ce que dit le militaire : avant, après, ils peuvent y penser, mais dans l'action, non. Je crois que beaucoup des maux de la civilisation citadine viennent de ce que l'existence y est privée de sa dimension physique, qu'on prend pour expérience ce qui n'est qu'expérience intellectuelle. Ce n'est plus que la moitié de l'homme qui apprend à devenir homme. J'ai le souvenir d'un voyage en avion où nous nous sommes trouvés en grande difficulté : impossible d'atterrir, mouvements inquiétants de l'appareil, panique des passagers, etc. Tant que j'ai épousé l'affolement général, j'étais dans une terreur indescriptible. Puis tout d'un coup, après un incident plus effrayant justement — des gens ont perdu connaissance —, je me suis dit : c'est fini, nous n'en sortirons pas. Alors brusquement je me suis retrouvé dans un très grand calme pendant les minutes qui ont suivi et qui n'étaient pourtant pas moins inquiétantes. Mais je dois dire qu'au contraire de vous, je ne connais pas, jusqu'ici, l'angoisse de la mort. C'est peut-être la raison pour laquelle je traite si librement de ce sujet. Je redoute la mort pour les autres, je tremble pour ma femme, mes enfants, mais pas pour moi.

La mort des autres m'étreint uniquement s'il s'agit de quelqu'un à qui je pourrais m'identifier : de ma situation, de mon âge, etc.

Il est vrai que la mort du vieillard, par exemple, pour quelqu'un qui n'est pas encore un vieillard, semble aller de soi.

Elle est acceptable, en tout cas. Si l'idée de sa mort n'est pas acceptable, la mort physique d'un vieillard est acceptable.

Et en dehors de l'angoisse, est-ce que la mort vous a révolté ou vous révolte ?

Par moments, oui. Mais la révolte à l'état pur, la révolte spirituelle complète. C'est insupportable à penser. J'ai cherché à lire, là-dessus, les ouvrages de biologie ; la thermodynamique qui expliquerait la mort, etc.

Et les explications philosophiques ou religieuses ne vous intéressent pas ?

L'aspect philosophique m'intéresse. Mais j'ai toujours l'impression, peut-être à tort, que les débats sur la mort sont toujours axés sur l'aspect spirituel. D'une part, la mort en tant que phénomène biologique, m'intéresse, mais ce qui m'intéresse le plus, c'est le phénomène de la vie. Edgar Morin faisait remarquer qu'on a toujours envisagé la mort comme un scandale. Lui, selon ses habitudes, essayait de renverser le problème en l'abordant sous l'angle du scandale théorique que représente la vie elle-même. La vie n'est pas en effet une nécessité. Le monde, étudié comme un système thermodynamique fermé, pouvait fort bien se passer de la vie. Donc, pourquoi cet accident dont la probabilité était au demeurant extrêmement faible ? Et pourquoi la révolte contre un phénomène qui est sa négation ? C'est plutôt le phénomène essentiel, celui de la vie, disait-il, qui est scandaleux. J'aime beaucoup cette approche : mais c'est un jeu de l'esprit. Et il n'en sort rien.

Sinon de rappeler, en effet, que la mort commence par la vie, laquelle reste la question fondamentale. S'interroger sur le mystère de la naissance est peut-être plus capital que de s'interroger sur celui de la mort.

On enrichit l'approche, on prend des chemins de plus en plus sinueux ou élevés, mais fondamentalement, on ne résout pas la question.

C'est très vrai, même pour les croyants. L'espérance d'une autre vie n'ôte rien à la douleur de voir certaines vies brisées ici-bas. Rien, non plus, à une certaine révolte de la sensibilité devant l'inexorable. Tout ce qui me sera donné ailleurs peut-il me rendre ce qui m'a été ôté ici ? L'angoisse peut en être aiguisée au lieu d'être apaisée. Cependant, il n'est pas indifférent d'en parler, c'est-à-dire de savoir comment d'autres hommes et d'autres femmes vivent ce qui nous est commun avec eux.

CINQUIÈME PARTIE

Les réponses de l'homme à la mort

Pourra-t-on un jour vaincre la mort ?

JEAN DAUSSET

Prix Nobel 1980 de physiologie et médecine, ce savant éminent, que ses travaux vouaient plutôt à la discrétion des laboratoires, a connu alors d'un seul coup auprès du grand public — ses pairs le connaissaient bien — une célébrité méritée. Elle n'a pas altéré pour autant la simplicité de son existence ni sa modestie. Et même si des sollicitations étrangères sont venues le tirer un peu plus loin qu'il ne l'aurait souhaité, parfois, de ses recherches, il a poursuivi cependant le travail patient qui a fait sa gloire. Médecin, Jean Dausset a opéré très tôt le choix de sa spécialité : l'immunologie, encore balbutiante quand il y faisait lui-même ses débuts. Il a ouvert en immunologie — avec quelques autres — un nouveau domaine d'une importance trop considérable pour qu'on en mesure encore toute la portée : l'identité des individus. Ses travaux ont amené notamment à découvrir que chaque individu est doté d'une identité génique qui n'a jamais existé avant lui et n'existera plus après lui. Découverte qui débouche sur des perspectives immenses, en particulier dans le champ médical, où la détermination de l'identité singulière de chaque individu permettra d'adapter les thérapeutiques au plus près de chaque cas. Et même de prévenir telle ou telle maladie à laquelle certaines identités seraient prédisposées plus que d'autres. Je passe sur les prolongements philosophiques de telles découvertes.

A qui d'autre, mieux qu'à Jean Dausset, poser une question comme celle-là : pourra-t-on un jour vaincre la mort ? La mort individuelle, s'entend, la mort de cette identité singulière et, pourquoi pas, irremplaçable. La biologie serait-elle un jour en mesure de nous ouvrir les portes d'une immortalité en ce monde ? Parce que nous sommes voisins, il m'a suffi de parcourir quelques mètres pour aller chez Jean Dausset le lui demander.

La question que je voudrais débattre avec vous pourrait présenter un aspect artificiel et superficiel, mais elle comporte aussi une dimension de profondeur et de sérieux à laquelle j'aimerais que nous nous arrêtions. Elle est parfois comme une sorte d'appel désespéré, et elle vient, par exemple, devant la maladie incurable qui menace de mort un être cher : pourra-t-on un jour vaincre ce mal, cette maladie, conserver l'existence à des êtres aussi menacés ? Mais derrière elle, il y a l'autre question, plus radicale : pourra-t-on un jour vaincre la mort ? N'est-ce pas une chimère, une absurdité de la poser ?

Ce n'est certainement pas une absurdité, et, comme vous le dites, c'est en tout cas une question très humaine. Si l'on considère, par exemple, des cellules isolées, nous connaissons maintenant les possibilités de vie, de vie immortelle en quelque sorte, qui sont les leurs. La mort n'est pas, en soi, inscrite dans le génome d'une cellule, puisqu'en la manipulant, on arrive à la rendre immortelle. Mais, sur le plan de la biologie générale, la question se pose autrement. La mort est loin de prendre ici un caractère dramatique ; elle est au contraire absolument nécessaire pour l'évolution de la matière vivante. Sans mort, la possibilité de voir apparaître chaque fois un nouvel être légèrement différent du premier n'existerait pas. Celui-ci a reçu un mélange de gènes provenant de ses deux parents. De plus, des mutations sont survenues. L'individu ainsi créé pourra s'adapter à de nouvelles conditions d'existence. Rien n'est statique, dans la nature. La mort est indispensable pour qu'une espèce puisse évoluer, que la matière vivante en général puisse évoluer. L'apparition des uns suppose la disparition des autres. Si les gènes étaient seulement restés identiques à eux-mêmes, si nous avions des gènes éternels, il n'y aurait pas eu d'évolution du vivant, avec ses merveilleuses possibilités d'adaptation, comme par exemple au cours des périodes de glaciation, ou lors de l'apparition de micro-cataclysmes. Il faut que des êtres s'effacent pour que d'autres, qui sont, par simple chance, mieux adaptés, puissent être favorisés par la sélection naturelle darwinienne. La mort individuelle est une nécessité pour la survie de l'espèce : la nature ne s'est jamais intéressée à l'individu.

Assez, tout de même, pour qu'il existe. Et ce qui est propre à l'homme, n'est-ce pas, justement, de s'intéresser à l'individu, à la personne, et de le distinguer de l'espèce ?

Certes, l'homme, par sa culture, je dois le reconnaître, a dépassé cet état élémentaire. Néanmoins, ce qui est vrai pour les plantes, pour les animaux, s'applique aussi à lui. En effet, la nature a trouvé deux moyens d'adaptation permanente. Le premier est la sexualité, moyen extraordinaire pour créer à chaque fois des êtres différents, ayant chacun des chances nouvelles d'adaptation, ce qui permet à la sélection naturelle de s'exercer et de ne retenir que les êtres les plus vigoureux. Le second moyen est la mort. La sexualité et la mort sont deux procédés d'une puissance étonnante pour l'adaptation des espèces aux changements de l'univers et de l'environnement. Chercher à vaincre définitivement la mort serait finalement antibiologique.

D'un point de vue psychologique, l'homme, évidemment, peut le souhaiter, et la question est bien celle que vous posez, légitimement : pourra-t-il un jour y arriver ? A mon avis, non. La mort est inscrite, non pas dans le génome d'une cellule mais dans l'ensemble des cellules, c'est-à-dire dans les organismes. Il semble qu'il y ait des limites précises à la vie d'un être d'une espèce donnée : les chiens meurent entre neuf ans et quinze ans, les hommes entre soixante et quatre-vingts ans. Chacun a, dans son génome, pratiquement inscrites les limites des possibilités de la vie de son espèce. Est-ce qu'il serait bon d'aller contre cette loi naturelle des espèces ? La question est ouverte et je ne saurais la fermer. Je remarque seulement que sauver l'individu, ce serait sans aucun doute perdre la possibilité d'évolution de l'espèce.

Mais ce bien de l'espèce est-il un absolu ? Est-ce nécessairement l'individu qui doit en payer le prix ? La mort de Pascal, et là je choisis volontairement un exemple illustre, est-elle une nécessité comme la mort de son chien, s'il en avait un, ce que j'ignore ? La mort d'une jeune accouchée n'est pas, non plus, une nécessité, apparemment. Il y a, d'une certaine manière, une contradiction au sein même de l'ordre biologique, et une invitation adressée à l'homme d'intervenir contre la mort, dans la mesure justement où sa connaissance de la vie et de la mort s'accroît avec le temps. Ce pouvoir d'intervention serait-il réellement inutile et impossible ? Est-ce qu'il n'y aurait pas un moyen, même à très longue échéance, une perspective dans laquelle on inverserait le cours de l'histoire biologique, si j'ose dire, pour assurer la survie de l'individu en même temps que celle de l'espèce ?

Je pense sincèrement que l'homme s'est donné maintenant les moyens de démonter entièrement la machine biologique. Qu'il y arrive, c'est un autre problème. Mais tel qu'il est parti, avec l'accélération exponentielle de ses connaissances en biologie, réalisée en un temps extraordinairement court, il possède pratiquement les techniques pour démonter la mécanique du vivant. Si les conditions physiques, politiques, sociales, lui permettent de continuer longtemps ainsi, il devrait pouvoir, théoriquement, aller de plus en plus loin, et peut-être jusqu'au bout. Et s'il connaît toutes les réactions biochimiques de la vie, s'il connaît tous les rouages de la vie, évidemment d'une complexité inimaginable, il n'est pas impensable qu'il puisse être un jour ou l'autre capable d'arrêter les processus physiologiques et par conséquent le processus du vieillissement. L'hypothèse n'est pas absurde.

J'avais posé cette question à Jacques Monod : « Croyez-vous qu'un jour on démontera entièrement la machinerie humaine ? » Il m'avait répondu : « Mais oui ! » Il en était persuadé, comme la plupart des biologistes. Je suis moi-même tellement émerveillé par les progrès auxquels j'assiste tous les jours — je dis bien tous les jours —, que je me laisse aller à croire que ce rêve est possible. On pourra peut-être alors arrêter le vieillissement d'hommes tels que Pascal et d'autres êtres exceptionnels, mais il faut bien savoir que si on l'étend à tous les hommes, et au nom de quoi ne le ferait-on pas ?, on arrêtera volontairement l'évolution de l'humanité. Or l'évolution me paraît nécessaire.

L'homme est un animal extrêmement jeune sur la terre. Ce n'est pas depuis cent millions d'années qu'il y a des vertébrés. Il faut remonter seulement à deux à trois millions d'années pour voir apparaître les premiers hominidés. L'homme, l'*Homo sapiens*, remonte à peine à deux cent mille ans : ce n'est rien du tout dans l'histoire de l'univers. Une goutte d'eau. Est-ce que cette espèce, qui a fait une percée aussi étonnante dans le monde, a encore un potentiel d'évolution ? Certains disent non, parce que nous sommes tous conditionnés, par exemple, pour vivre à vingt-deux degrés ; nous avons une telle uniformité de vie que l'influence extérieure ne nous atteindrait plus, et, par conséquent, que nous n'évoluerions plus. S'il est vrai que l'humanité ne doit plus évoluer, parler d'arrêter l'évolution n'a plus de sens. On pourrait considérer alors que l'humanité présente, l'homme tel que nous le connaissons sont le terme de la progression de cette espèce sur la terre. Dans la mesure où cela serait, on ne porterait évidemment aucun tort à l'espèce en maintenant en vie ceux qui se trouveraient bénéficier de cette découverte. Mais il faudrait alors interrompre la reproduction et la multiplication des hommes ! Cela est une vue tout à fait froide de la mort, et qui n'est certainement pas suffisante.

Pourquoi pas ? On ne peut poser la question de la mort sans la poser aussi de cette manière froide. Si l'animal n'est pas un homme, l'homme est pourtant un animal. L'angle biologique, pour considérer la mort, est absolument nécessaire à un examen objectif, et l'on ne peut pas s'en passer. Justement, quand vous parlez de cette nécessité de la mort, qui devrait amener tout homme à l'accepter comme il le fait quand il accepte d'avoir deux yeux et non pas trois, on assiste pourtant à une réaction de l'individu qui l'amène à lutter contre cette nécessité. Et cela étonne.

Nous éprouvons tous le refus de la mort : cela est tout à fait physiologique dans la mesure où la vie est nécessaire, au moins jusqu'à la reproduction. Ce qui m'étonne souvent est que ce désir de vie, chez l'homme, ne cesse pas avec la cessation de l'activité sexuelle, alors que les deux sont absolument liés. Il n'est pas nécessaire, pour la nature, de maintenir en vie quelqu'un qui ne possède plus de possibilités sexuelles. C'est la reproduction qui mesure la vie. Or l'homme, malgré tout, a le désir de survivre après avoir dépassé cette période. N'est-ce pas anormal ?... (avec le sourire). Si je fais de l'anthropomorphisme, à propos de la nature, et que je lui applique un raisonnement logique, le refus de mourir en excluant la reproduction me paraît illogique.

C'est pourquoi il est important que la biologie réponde la première. Elle marque cette différence, cette « anomalie » de l'homme, irréductible à la seule dimension biologique. La nécessité de la mort, jointe au refus de mourir : c'est tout l'homme. Cette contradiction conduit à une interrogation des plus fondamentales, et Dieu sait quelles interprétations, des plus saugrenues aux plus humaines, on peut en donner. L'imagination propose mille échappées au refus de mourir. En tout cas, la question n'est pas absurde de demander : peut-on envisager biologiquement que l'homme ne mourra pas. Ce désir est inscrit au plus profond de lui. S'il y avait une réponse — ou l'espoir d'une réponse — biologique, cela amènerait à bien des réflexions. N'y aurait-il pas quelque chose, dans l'organisme même et non plus seulement dans l'esprit de l'homme, qui proteste aussi, biologiquement, si j'ose dire, contre la mort ? N'y a-t-il pas quelque cellule d'immortalité qui expliquerait naturellement ce refus de mourir ? L'organisme se protège contre la maladie ; il élabore lui-même un système de défense. N'y aurait-il pas un système plus mystérieux et encore mal assuré de défense contre la mort ?

Certes, la douleur, par exemple, est une manière d'avertir l'individu qu'il doit lutter contre un trouble interne ou un agresseur. Il y a, c'est certain, des systèmes d'alerte, des systèmes de protection contre l'agression intérieure et extérieure, c'est-à-dire, en dernière analyse, contre la mort. Le système immunologique est merveilleux et s'est développé progressivement dans l'échelle des êtres. Ce qu'on appelle la phylogénie du système immunitaire est un chapitre tout à fait étonnant de la biologie. On voit se superposer progressivement des mécanismes de défense. Au départ, très élémentaires, comme la phagocytose, où certaines cellules englobent les corps étrangers et les digèrent. Plus tard apparaissent des cellules qui tuent un peu n'importe quoi excepté soi-même, et on arrive enfin à des cellules qui sécrètent des anticorps d'une spécificité absolument exquise. Le système de défense est d'une rigueur et d'une précision étonnantes. On peut le considérer comme un système de défense contre la mort.

Et que l'homme prenne connaissance et conscience de ce combat qui se livre en lui, qu'il se prononce en faveur de la victoire de la vie sur la mort dans son organisme n'est donc pas si étonnant. La biologie même, en fait, l'y invite. Mais si je vous interroge plus personnellement — sans vous inviter à oublier votre discipline —, votre approche de la vie, du vivant, vous invite cependant à accepter cette nécessité de la mort comme une loi inéluctable et finalement satisfaisante ?

Oui. Est-ce que je pourrais m'imaginer de vivre éternellement ? Certainement pas. Il y a toujours un moment où il faut considérer normalement que votre vie est terminée laisser la place à d'autres.

Certes. Mais faut-il nécessairement exclure quelqu'un pour faire place à un autre ? Nous ne pouvons imaginer, du moins pour le moment, de vaincre la mort que dans une reconduction indéfinie de la vie telle que nous la connaissons. Mais peut-être est-ce la vie elle-même qui prendrait d'autres formes, peut-être est-ce là que se situerait désormais l'évolution ? Croyez-vous cela possible ?

Mais quel âge pourrait-on choisir pour se figer éternellement ?

Personne n'hésiterait beaucoup et choisirait la jeunesse. Vous le disiez, vaincre la mort, ce serait d'abord vaincre le vieillissement. Mais cela imposerait ensuite en effet de tels choix, que Dieu seul sait dans quel engrenage il faudrait entrer !

Ce serait effroyable ! On en arriverait peut-être à regretter la mort ou à la réinventer !

Mais n'est-il pas effroyable aussi que ce miracle biologique d'un individu unique disparaisse à jamais ? La mort, peut-être nécessaire du point de vue de l'espèce, prend un caractère irrémédiable du point de vue de l'individu et de sa réalité singulière. Un être aussi est un univers...

... qui ne se reproduira plus jamais, en effet.

Et c'est bien là que réside le tragique, qui provoque à inventer un salut de l'unique. Car, qu'est-ce qui peut survivre en fait de lui dans d'autres individus, quelle est la part de lui qui se reproduit dans sa reproduction ? Qui il sauve, en donnant sa vie ?

L'homme donne à son enfant une partie de son capital génique. S'il a plusieurs enfants, il a plus de chances d'avoir donné la presque-totalité de son capital génique. C'est une loi biologique bien établie. Mais naturellement, ce n'est pas le fond du problème, qui, lui, est psychologique. L'individu ne ressent pas nécessairement la reproduction comme sa propre survie.

Certes, ceux qui ont des enfants, même sans connaître les lois biologiques, éprouvent le sentiment de vivre en eux, de se perpétuer en eux. Leurs enfants deviennent leur propre avenir et leur projet de vie. Est-ce parce qu'ils pensent qu'ils sont la moitié d'eux-mêmes ? Sans doute non : ce sont les biologistes qui le savent — bien que le grand public commence à parler de gènes. Quoique ces réalités lui restent étrangères, en fait, c'est instinctivement que l'homme se reconnaît un peu lui-même dans son enfant.

La seule façon biologique de vaincre la mort individuelle, ce serait donc, selon vous, de communiquer la vie à d'autres, plutôt que de penser à vaincre sa propre mort physique ?

Exactement. La communiquer, la prolonger, permet justement cette évolution merveilleuse, cette adaptation constante de la vie à l'univers et à l'environnement. Nous ne sommes qu'un petit maillon de la chaîne. Faut-il nous résumer en cela ? Non, mais en contrepartie, nous avons conscience d'appartenir à un tout. Cette conscience n'est pas moins forte que celle de la mort. Elle rend solidaire de milliers d'autres destins similaires au nôtre et elle donne à notre vie comme à notre mort une dimension et un sens qui les rendent l'une et l'autre acceptables. Il est curieux de constater que les espèces se concurrencent mais ne se font pas la guerre entre elles et que la guerre ne se produit pas, non plus, à l'intérieur de l'espèce. Il existe, bien sûr, des querelles entre les mâles à propos des femelles, entre les vieux et les plus jeunes, les jeunes et les parents, mais qui ne vont jamais (ou presque) jusqu'à la mort. Il y a donc une reconnaissance et une conscience d'espèce chez les animaux. Or, seul l'homme se départit de cette loi. Que l'homme tue l'homme est un phénomène que les biologistes comprennent mal. Il n'y a en effet que lui (et certains rats), pour mener une guerre à l'intérieur de sa propre espèce, de bande à bande, jusqu'à exterminer ses semblables. Il n'y a que lui, aussi, pour prétendre placer sur le même pied la mort de l'individu et celle de l'espèce, pour prétendre que sa propre mort pourrait avoir autant d'importance que celle de toute l'humanité.

Justement, peut-être parce que sa vie individuelle a un prix que les autres n'ont pas et qu'il est seul à prendre conscience que la mort la menace. Il sait bien, lui, lorsqu'il l'inflige à quelqu'un, qu'il ne menace pas seulement l'espèce, qu'il menace un être unique pour qui un geste meurtrier serait irréparable. La mort est la forme suprême d'agression et de violence contre la vie. Si la vie humaine et la vie animale sont comparables...

Elles sont plus que comparables : elles sont identiques sur le plan biologique.

Avec cette différence, pourtant, de la conscience, qui introduit quelque chose d'inédit dans la matière animée, dans les espèces animales, et qui invite à se poser à propos de l'homme des questions qui ne se posent pas à propos de l'animal ? Il y a quelque chose d'inédit dans la vie humaine, avec son pouvoir de connaître, de créer...

Qui sont, bien sûr, fabuleux !

Il semble difficile de penser que leur vie n'étant pas entièrement identique, leur mort le soit. L'homme ne dépend pas uniquement de la biologie. Or, si l'on tire une philosophie de ce que vous dites, elle consisterait à accueillir la mort comme une nécessité commune à toutes les espèces, sans distinction. Et de l'accueillir d'autant plus simplement qu'on a pu transmettre la vie, sinon sa propre vie ?

C'est ainsi que je le ressens. Je pense d'ailleurs que les gens qui n'ont pas d'enfant vivent devant la mort un drame. Tandis que la sérénité d'esprit de ceux qui en ont n'est pas rare. Même s'ils ne souhaitent pas pour autant mourir, ils accueillent la nécessité de la mort avec plus de bon sens. Cela est très profond en nous, presque inconscient : d'avoir donné la vie nous délivre en quelque sorte de vouloir sauver notre propre vie.

Mais n'est-ce pas une fuite devant la vraie question de la mort individuelle et de ce besoin désespéré de chercher à la surmonter ? Penser qu'on ne donne jamais la vie qu'à des êtres mortels eux-mêmes, est-ce tellement réjouissant ?

On peut se demander, en effet, si c'est un réflexe de défense un peu inconscient contre la crainte de mourir, ou bien si c'est un geste naturel dans notre espèce comme dans les autres, un accord avec les lois de l'univers ?

De la nécessité, on ne peut pas faire une règle humaine !

Certes. Mais il faut croire que la loi de l'espèce reste plus forte que le refus de la mort. L'instinct de se reproduire est tellement puissant qu'il emporte tout le reste. C'est l'espèce qui prime. L'humanité efface les millions d'hommes que la mort engloutit, pour ne penser qu'aux vivants.

Selon vous, ce serait donc une absurdité, finalement, d'attendre de la biologie qu'elle s'emploie à vaincre la mort ?

Ce serait une absurdité biologique, certainement.

C'est pourtant cette question — et elle n'est pas absurde — que se posent obscurément ou explicitement nos contemporains. Dans les périodes de grands troubles, la mort est plus familière à la conscience. On obéit à sa nécessité comme à une sorte de fatalité. L'espèce de philosophie ou de morale qui naît de là n'invite pas pour autant à se réjouir de la mort, mais elle l'inscrit dans les mœurs comme elle est dans la nature. Une certaine facilité de vivre, chère à l'homme occidental, a rendu d'abord occulte la mort — Ariès l'a bien montré —, comme si on pouvait la supprimer en l'ignorant : pour se croire immortel, il suffirait de ne pas penser à la mort. Et puis quand elle s'impose cependant, il reste, ou d'invoquer l'immortalité spirituelle, la réincarnation, la résurrection, ou d'envisager que les progrès scientifiques pourraient déboucher sur une éviction de la mort, comme ils ont su parfois évincer la souffrance. Vous écartez toutes ces solutions de repli, pour revenir à une nécessité biologique qui nous invite à adopter une conscience d'espèce, la pensée d'une sorte de vie collective à travers le temps, où notre propre vie irait se fondre et se perpétuer ?

Je ne crois pas à l'immortalité. Et l'idée d'une survie biologique est irrationnelle. L'homme est soumis au vieillissement. Il est impensable qu'il puisse échapper à la mort à laquelle conduit naturellement ce vieillissement. Sans parler des incidences extérieures qui provoquent sa mort au moment où il s'y attend le moins.

C'est donc une invitation à la conscience humaine à assumer pleinement la conscience de la mort ; à ne pas se dérober devant sa nécessité en imaginant une fuite possible dans les progrès scientifiques. La biologie invite simplement à la lucidité.

Il ne s'agit pas de se bander les yeux, de fuir dans des rêves impossibles. Mais il s'agit de reconnaître aussi les limites de cette lucidité. Démonter la mécanique biologique ne nous donne pas nécessairement le secret de la vie et de la conscience humaines.

Il reste un mystère de la mort humaine ?

Elle sera peut-être moins mystérieuse quand on aura compris les réactions biologiques qui conduisent à la mort. Mais cela n'expliquera toujours pas pourquoi nous sommes sur la terre et pourquoi nous mourrons.

Cela ne donnera pas le sens de la vie ?

Non. Cette connaissance n'éclairera pas le sens de la vie sur la terre, et de la vie humaine en particulier. Nous ne connaîtrons que des processus physico-chimiques, dont nous ignorerons toujours la finalité ultime.

Je pense à une réflexion que m'a faite l'astronome Charles Ferhenbach, à propos de la situation de l'homme face à l'univers, témoin privilégié qui peut prendre connaissance de la vie en lui et autour de lui. Les informations qu'il reçoit ont mis parfois des milliards d'années lumières pour lui parvenir, et ne sont faites que pour lui. C'est une connaissance et une vérité relatives à lui seul, et qui l'enferme dans une sorte de subjectivité irréductible. Sa soif d'aller plus loin, de connaître absolument et infiniment s'alimente là, et aussi sa soif de vivre infiniment. Dans la possibilité de connaître qui lui est donnée, il entrevoit la possibilité de transcendre en quelque sorte la matière et la vie dont il est par ailleurs si dépendant.

L'homme est un animal qui a tellement dépassé les autres, qu'il se trouve en effet dans une situation privilégiée, mais pourtant sans quitter cette dépendance animale. On peut insister, suivant son tempérament, sur un caractère ou sur l'autre, la dépendance ou sur la faculté de dépassement, et aboutir à des conclusions diamétralement opposées.

Il reste que si l'idée qu'on pourrait ne pas mourir vous paraît absurde, d'un point de vue biologique, le refus de mourir ne vous paraît pas lui-même absurde.

Certainement pas. Au contraire. La mort existe et elle n'est pas réjouissante. On comprend que la conscience humaine la refuse.

Il me semble que l'on demande trop rapidement, d'ordinaire, à des métaphysiciens d'expliquer ce refus. Même si elle paraît nous éloigner un peu des aspects immédiats de votre recherche et de votre discipline, il n'est pas inutile, vous en convenez, de poser cette question d'abord avec le biologiste ?

Tout à fait. En tout cas, il n'est pas possible d'ignorer ce que nous enseigne la biologie sur la vie et sur la mort, tout en reconnaissant, comme je l'ai déjà souligné, les limites de cette connaissance, car nous ne faisons que l'inventaire des rouages intimes de nos organismes : rien de plus.

Le philosophe et la mort :

EMMANUEL LÉVINAS

Que répond la philosophie, et pourquoi Emmanuel Lévinas ? Parce que de tous les philosophes contemporains, il est celui dont la pensée est saisie le plus profondément par l'expérience du départ, de la rupture ; dont l'interrogation se tourne avec le plus de persévérance vers l'extériorité, le dehors. La mort est rupture, la mort est peut-être départ... mais Dieu sait vers quels horizons ! Le « que sais-je ? » prend ici une singulière résonance, et une densité qu'il n'a nulle part ailleurs. Au cœur de cette rupture, le mystère, en effet, dont aucune analyse, aucun discours ne vient à bout. Apparemment, de telles pensées ne portent guère à prolonger le débat.

Mais, chez Lévinas, la parole n'est jamais un discours. On a assez souligné comment le philosophe se place justement à contre-courant d'un Logos qui se voudrait totalisant et unifiant. Ses ouvrages se situent dans « le dire » plutôt que dans « le dit », et le lecteur accompagne une pensée « en marche » plutôt qu'il ne découvre des réponses fixes. Il cherche moins, en effet, à définir le réel qu'à l'infinir, si j'ose m'exprimer ainsi, l'idée de l'infini excédant tout objet, mais notamment celui qui nous occupe ici. Cependant, parce que sa pensée plonge ses racines dans l'Écriture et le Talmud, se nourrissant activement de la tradition judaïque, il monte en lui, des profondeurs, une transcendance invincible. Ainsi, une expérience « dominée par le pressentiment et le souvenir de l'horreur nazie », comme lui-même l'a confessé, ne cède pas pour autant à un désespoir légitime. Il fait retour au mystère de la mort, qui embrasse toutes les morts et tous les morts. Et Lévinas invite en fait à soutenir dans un face à face sans faiblesse la situation ultime.

Ce sont toujours les vivants, n'est-ce pas, qui parlent des morts et de la mort : nous venons de le redire. Les philosophes qui s'interrogent sur la mort le font nécessairement sur la mort de l'autre, puisque, de la leur, ils n'ont aucune expérience, comme tout un chacun. Socrate, même, dans les veines de qui coule la ciguë lorsqu'il mène son dernier entretien avec ses disciples, qui parle de la mort tandis qu'il est en train de mourir, n'a pas encore vécu la mort elle-même quand il en parle. C'est Platon qui parlera de Socrate mort.

Je crois que vous touchez là à un point essentiel. La mort est le plus inconnu des inconnus. Elle est même autrement inconnue que tout inconnu. Il me semble, quelles que soient les réactions ultérieures chez beaucoup de philosophes, et même dans l'opinion, que la mort est d'abord le néant du savoir. Je ne dis pas qu'elle est néant. Elle est aussi la « plénitude » de la question, mais d'abord : « On ne sait pas. » Ce sont les premiers mots qui viennent, et qui conviennent.

Elle est disparition définitive, pour notre monde. Et avec elle s'achève notamment la parole de celui qui disparaît. On cite les « derniers mots » de quelqu'un, mais il s'agit encore des mots d'un vivant. Les mémoires d'outre-tombe sont aussi rédigés avant : les morts se taisent.

Elle est disparition pour les autres. Mais en elle-même, elle est dilemme entre l'être et le « ne pas être ». La description du phénomène de la mort est faite alors qu'on est vivant. Et si quelque chose se passe après, nous devons convenir que ce n'est pas de l'ordre de l'expérience des vivants. La possibilité qu'il se passe quelque chose après se situe hors de notre atteinte. L'idée qu'il s'agit d'un tiers exclu, de quelque chose d'autre que l'être et le néant, est cela même qui provoque l'effroi. Nous parlons d'elle sans jamais être sûrs que c'est d'elle que nous parlons. Elle est sans doute quelque chose qui n'entre pas dans la pensée humaine.

Et pourtant, la mort est le seul point de certitude sur lequel la pensée puisse s'ancrer, le seul événement indubitable de notre destinée ?

Qu'elle arrive : oui. La mort, c'est l'inexorable.

La seule certitude, mais inexorable ?

Tout le reste est inexorable en fonction de la mort. Elle est le « de soi » inexorable, et en ce sens encore l'effrayant. Ce qui vient et que l'on ne peut assumer ! Pour la pensée qui se meut toujours au milieu de notions interdépendantes, la mort est le trou qui défait le système, le dérangement de tout ordre, le démantèlement de toute totalité. Vous allez vers la mort, vous « apprenez à mourir », vous vous « préparez » à la dernière extrémité ; mais il y a le dernier quart d'heure — ou la dernière seconde —, et là, c'est elle qui fait seule son bout de chemin et qui surprend. En ce sens-là, elle n'est pas une possibilité comme toutes les autres possibilités, où il y a toujours un préliminaire, toujours un projet. Être inassumable appartient à sa qualité même. Elle est un événement sans projet. Le « projet » qu'on peut avoir de la mort est défait au dernier moment. C'est elle seule qui fait le dernier bout de chemin. Pas nous. On ne la rencontre pas, à proprement parler.

Spinoza dira — vous le savez — que les philosophes ne doivent penser à rien de moins qu'à la mort. Par contre, c'est Heidegger qui a poussé le plus loin la référence de la pensée philosophique à la mort. La mortalité du philosophe marque sa pensée comme elle marque son existence. Existence finie. Pensée humaine finie, fût-elle philosophique. Pensée philosophique à cause de cette finitude. Heidegger appelle la possibilité extrême de la mort, possibilité de l'impossibilité. Sans vouloir jouer sur les mots, j'ai toujours pensé que la possibilité implique un pouvoir humain alors que le mourir est inassumable : il est plutôt « une impossibilité de la possibilité ».

Ce qui est inévitable, et qui pourtant nous est, au sens rigoureux du terme, impossible ?

L'inexorable, au sens où je vous le disais tout à l'heure. L'inassumable. Sous cet aspect, elle est réfractaire à la connaissance, d'une manière exceptionnelle. Elle n'est pas du tout l'inconnu parce que la connaissance est limitée, en fait, mais pourrait un jour, miraculeusement, s'élargir. La mort ne pourra jamais être connue. En ce sens ai-je dit tout à l'heure que l'inassumable appartient à sa qualité. Ceux qui reviennent de la dernière extrémité et la racontent n'y ont pas été. Ce n'est pas sérieux.

Le monde de la caverne reste clos sur lui-même et sur ses ombres, et nous n'en savons pas plus aujourd'hui, selon vous, que ne pouvait en savoir le Xe livre de la République *de Platon, et que n'en sauront nos petits-fils, sur ce point essentiel de la destinée humaine ? La mort est le sphinx que l'on interroge mais qui ne répond pas ?*

Oui. Et le mot mystère convient ici. C'est le lieu de cette catégorie : le mystère. Un inconnu qui fait question. Une question sans données. Il ne s'agit pas de souligner inlassablement l'évidence banale du fait que nous ignorons l'au-delà de la mort. Nous ignorons même le sens que pourrait avoir ici le mot *au-delà.* Même le fameux néant sur lequel on s'accorde si facilement pose un problème. Peut-on rompre avec l'être ? Peut-on *sortir* de l'être ? La négation et même l'anéantissement ne laissent-ils pas toujours subsister la scène même où se jouent négations et anéantissements ? Le dehors n'est-il pas en quelque façon dedans ? N'est-on pas toujours enfermé dans l'exister ? Point d'évasion.

Dans son œuvre magnifique et étrange, Maurice Blanchot a pensé la mort à partir de cette impossibilité de rompre. Et c'est là, sur le mystère de la mort, une vue profonde et obsessionnelle. Ontologie, comme obsession. Dans l'angoisse de la mort, l'impossibilité du néant. Une impossibilité « d'arrêter la musique » ou d'interrompre le « remue-ménage » de l'existence ! Et cependant impossibilité de les continuer.

Mais dans cette perspective, justement, ne pourrait-on pas dire aussi d'une manière positive qu'il n'arrive rien de tout à fait nouveau dans notre existence, que la mort ? Elle est justement l'intrusion de l'inconnu, du jamais arrivé, dans un monde où, bientôt, tout est arrivé. Le mystère de la mort, c'est aussi la possibilité d'autre chose. Certains diront : enfin.

Nous parlerons de cet autre aspect de la mort. Quelque chose de nouveau se produit en effet ; mais pour nous qui assistons à la mort de l'autre homme. Nous ne saurons jamais ce qu'elle signifie pour le mort lui-même. Nous ne savons même pas ce qu'il peut y avoir de légitime dans la formule : pour le mort lui-même. Mais pour le survivant, il y a dans la mort d'autrui sa disparition et la solitude extrême de cette disparition. Je pense que l'*Humain* consiste précisément à s'ouvrir à la mort de l'autre, à se préoccuper de sa mort. Ce que je dis là peut paraître pensée pieuse, mais je suis persuadé qu'autour de la mort de mon prochain se manifeste ce que j'appelais l'humanité de l'homme.

Accueillir dans sa pensée et dans son cœur la perspective de la mort de l'autre est certainement un acte de piété, mais aussi de pensée ?

Oui.

Gabriel Marcel disait qu'aimer, c'est « dire à l'autre : toi, tu ne mourras pas ». C'est reconnaître, grâce au regard d'amour, que la mort de l'autre est impossible, et du même coup, l'impossible de la mort. En ce sens, peut-on dire que la mort arrête le projet de l'être ? Il se prolonge autrement, mais il se prolonge pourtant, et pas seulement dans notre souvenir et notre pensée. Ne peut-on réintégrer même la mort de l'autre à un nouveau projet ?

Gabriel Marcel croit à l'efficacité métaphysique de l'amour et ne pense pas que le tiers exclu soit pensable.

Platon fait dire aussi à Socrate qu'il accepte de courir « le beau risque de l'immortalité... » : n'est-ce pas une forme de continuité du projet, à travers la rupture ? On change de plan, et même de vie, mais celui qui n'était que mortel voit s'entrouvrir la possibilité, l'éventualité de devenir immortel à travers le passage de la mort : courir ce risque mais aussi assumer cet espoir, n'est-ce pas précisément ce qui est humain, terriblement humain ?

Alexandre Kojève aimait à rappeler, à propos de ce moment où Socrate était sur le point de convaincre ses interlocuteurs de l'immortalité de l'âme, partagés, dès lors, entre l'espoir de revoir Socrate après sa mort et le désespoir de la séparation imminente, que Platon lui-même n'était pas présent à l'entretien et par conséquent ne faisait pas sienne l'émotion de ces interlocuteurs. N'a-t-il pas noté — dès le début de son dialogue — que, malade, il avait été absent ? Nous ne saurons donc jamais s'il était convaincu sur le point de l'immortalité par les preuves du *Phédon ;* ou s'il avait couru le risque d'y croire... Du moins à en croire Kojève qui ne manquait pas d'idées, et ingénieuses et pénétrantes.

Mais n'est-il pas exact qu'une réflexion de philosophe peut et doit aller jusque-là, c'est-à-dire se « risquer » dans l'inconnu, envisager ce « beau risque de l'immortalité » que fait courir la mort ? N'est-ce pas prendre en compte ce qu'il y a de plus humain dans la pensée ?

J'estime que cette alternative de l'être et du néant sur laquelle est basée la preuve de l'immortalité ne pose pas la première question. *To be or not to be* n'est pas l'ultime alternative et, en tout cas, pas l'ultime ni la plus urgente question. Nous y reviendrons. Certes, parler de questions de vie et de mort, c'est parler de questions urgentes. Mais le couple vie et mort est-il réductible au couple être et ne pas être ? N'en est-il pas une métaphore ? Il faut revenir à la considération concrète de la mort.

Le couple est indissociable, concrètement. On ne peut pas penser la vie comme si la mort n'existait pas, mais réciproquement, la vie humaine, en ce qu'elle est justement humaine, pose des questions à la mort humaine, qui n'est pas mort de n'importe quoi. De quoi est-elle la mort justement ? Est-elle la mort de l'amour qui est sans doute plus que l'être ? Aimer ou ne pas aimer est certainement la forme plus profonde de la question : être ou ne pas être ? Nous savons que la mort est une fin, mais nous ne savons pas la fin de quoi, et nous ne savons pas, non plus, si elle n'est pas aussi un commencement ?

Quand la mort est là, nous, on n'est plus là. Est-ce un terme ou un commencement ? Disons, en effet, que nous n'en savons rien. On n'a peut-être pas mesuré encore à quel point tout cela est inconnu. L'idée du tiers exclu dont je vous parlais tout à l'heure est toute gratuite, mais mesure l'inconnu et le mystère de la question de la mort. Je parlais de la métaphore mort-vie. Nous employons constamment ces deux mots en vivant notre vie quotidienne, portés par notre persévérance dans l'être, oubliant notre vocation proprement humaine du dés-inter-essement, c'est-à-dire du dégagement à l'égard de notre être et de notre souci pour l'être d'autrui. J'essaie d'introduire d'autre part toujours cette idée que le mystère est inéluctable dans la description et dans la terminologie de la mort. Nous devons en effet considérer comme mystérieuse l'autre face de cette violence qui se perpètre dans la mort, précisément parce qu'elle n'est pas assumable ; et par personne. Mais devant la mort d'autrui, mon prochain, la mort mystérieuse m'apparaît, en tout cas, comme un esseulement à l'égard duquel je ne saurais demeurer indifférent. Il m'éveille à autrui.

Heidegger déduit toute signification pensable de l'attitude de l'homme à l'égard de sa propre mort. Il pense jusqu'au bout, dans les deux sens du terme. Il mène sa pensée jusqu'à ses dernières conséquences, et il pense que ma mort ne peut être pour moi que le de soi ultime. Je me demande si c'est là, véritablement, pour la pensée, aller jusqu'au bout. N'y a-t-il pas une pensée qui va au-delà de ma propre mort vers la mort de l'autre homme, et l'humain ne consiste-t-il pas, justement, à penser au-delà de sa mort ? Je ne voudrais pas avoir l'air d'exhiber une quelconque belle âme en affirmant cela : ce que je veux dire, c'est que la mort de l'autre peut constituer pour moi une expérience centrale, quelles que soient les ressources de notre persévérance dans notre propre être. Pour moi, par exemple, et cela ne vous étonnera pas, l'Holocauste est un événement de signification encore inépuisable. Mais dans toute mort à laquelle on assiste, et je dirai même dans toute approche de mortels, s'entendent les résonances de cet inconnu extraordinaire. Nous l'appréhendons irrésistiblement dans la rencontre de la mort, dans l'autre homme. Événement dont la signifiance est infinie, dont l'émotion est, de bout en bout, éthique.

La mort de l'autre que nous aimons confère à la mort toute son intensité dramatique, parce que la vie de l'autre a rayonné de toute son intensité. Elle n'est pas seulement mort de l'autre, elle est apparemment mort de l'amour, dans lequel l'autre avait pris pour nous la plénitude de son être et de sa vie, et une identité irréductible à aucune autre. Il est impossible qu'elle passe inaperçue, qu'elle soit occultée, et quand l'autre que nous aimons est touché par la mort, c'est notre amour commun qui est touché, c'est notre propre mort qui nous est annoncée. Quand on vient de perdre l'un des siens, comme on dit, on entre en quelque sorte dans l'intimité, dans la mouvance de la mort ; sa présence devient plus familière, et l'on découvre plus intensément à quel point elle fait partie de la trame de notre vie.

Je ne pense pas à l'intensité, et mon analyse ne commence pas dans une relation à la mort de ceux qui « nous sont chers », et encore moins dans le retour sur « soi-même », ce qui nous ramènerait à la priorité de ma propre mort. En partant de l'Holocauste, je pense à la mort de l'autre homme, je pense à l'autre homme, dont je ne sais pas pourquoi, on peut se sentir déjà comme un survivant responsable. Je me suis demandé, vous le savez peut-être, ce que signifie le visage de l'autre homme. Je me suis permis de dire qu'il y a en lui avant tout une droiture et une rectitude — un être-de-face précisément comme s'il était exposé à quelque menace à bout portant, comme s'il se présentait tout livré à la mort. Je me suis parfois demandé si l'idée de ligne droite — de cette distance la plus courte entre deux points — n'est pas originellement la ligne selon laquelle le visage que je rencontre s'expose à la mort. C'est probablement la manière dont ma mort me regarde et me vise, mais je ne vois pas mon propre visage. La première chose évidente dans le visage de l'autre, c'est cette rectitude de l'exposition et ce sans-défense. L'être humain dans le visage est le plus nu, le dénuement même. Et en même temps, il fait face. C'est à la manière dont il est tout seul dans son faire face qu'on mesure la violence qui se perpètre dans la mort.

Troisième moment de l'épiphanie du visage : il me demande. Le visage me regarde et m'appelle. Il me réclame. Que me demande-t-il ? De ne pas le laisser seul. Une réponse : me voici. Ma présence vaine, peut-être, mais mouvement gratuit de présence et de responsabilité pour autrui. Répondre me voici, c'est déjà là la rencontre du visage.

Sa singularité même n'apparaît, au fond, que dans un moment aussi extrême et aussi ultime. On dit volontiers : elle, ou il ressemble à untel. Dans cet instant, on voit bien qu'il ne ressemble à personne qu'à lui seul qu'on aimait — ou n'aimait pas —, et qu'aucun autre ne pourra nous en tenir lieu.

Quand on veut définir ce qu'est le fameux amour du prochain — mot très usé —, je pense qu'il faut revenir à cette relation avec le visage en tant que mortalité du prochain et impossibilité de la laisser à sa solitude. La définition positive de l'amour du prochain se distingue de tout ce qui est érotique et concupiscence. Amour sans concupiscence, et c'est la socialité même. Dans cette relation avec le visage, dans une relation directe avec la mort de l'autre, vous découvrez probablement que la mort de l'autre a priorité sur la vôtre, et sur votre vie. Il ne s'agit pas là simplement du fait « banal » qu'on peut mourir pour quelqu'un : ce fait banal qui n'est pas du tout banal ni simple est la percée de l'humain mettant en question les nécessités ontologiques et la persistance de l'étant persévérant dans son être. Sans savoir nager, se jeter à l'eau pour sauver quelqu'un, c'est aller vers l'autre totalement, sans rien retenir de soi-même ; se donner à l'autre totalement pour répondre à sa demande informulée, à l'expression du visage, à sa mortalité et à son « tu ne tueras point ». Mais surtout, il ne s'agit plus seulement d'aller vers l'autre quand il meurt, mais de répondre par sa présence à la mortalité des vivants. C'est toute la conduite éthique. C'est à la limite le suprême scrupule de ne pas refouler autrui dans quelque tiers — ou quart — monde par la place que soi-même on occupe au soleil. Pascal disait : « Ma place au soleil c'est l'image et le commencement de l'usurpation de toute la terre. » Comme si, par le fait d'être là, je privais quelqu'un de son espace vital, comme si j'expulsais ou assassinais quelqu'un. C'est aussi Pascal qui disait : « Le moi est haïssable. » Il ne donnait pas là une leçon de courtoisie seulement ni de style, mais d'ontologie. Comme si le principe d'identité se posant triomphalement comme *moi,* comportait une indécence et une violence, comme si le *moi* empêchait, de par sa position même, la pleine existence d'autrui, comme si en s'appropriant quelque chose, il risquait de l'avoir ôté à quelqu'un.

Simone Weil disait aussi : « Je regarde le monde comme si je n'y étais pas. » Cette forme de détachement suprême, et de contemplation, qui est à l'opposé de l'indifférence, cherche peut-être dans le monde et dans l'homme la pureté originelle et infinie qu'ils recèlent ? C'est un effort pour délivrer le monde de ce que notre présence a d'opaque, de l'obstacle qu'elle crée entre un regard pur et son objet véritable. N'est-ce pas dans le même sens que conclut la malheureuse Phèdre de Racine, coupable et honteuse de l'être : « Et la mort, à mes yeux dérobant la clarté, rend au jour qu'il souillait, toute sa pureté. »

Je pense que ces citations concordent sur bien des points avec ce que je voudrais suggérer. Derrière la relation avec la mort de l'autre, se pose un problème très étrange : notre vouloir-être est-il légitime chez nous autres, les humains, déjà de par notre être même. Il ne s'agit pas de nous interroger au nom de je ne sais quelle loi abstraite, si nous ne devons pas nous donner la mort, mais de trouver des raisons d'être, de mériter l'être. Mauvaise conscience d'être se faisant jour devant la mort d'autrui ! N'est-ce pas une écoute du commandement d'aimer que nous transmet le visage des mortels ? Leur droit à l'être ne peut faire de doute, mais c'est le moi qui est le lieu singulier où le problème s'éveille. L'effort d'exister, l'aspiration à persévérer dans l'être, le *conatus essendi* serait d'après les philosophes comme Spinoza le commencement de tout droit. C'est cela précisément que j'essaye de mettre en question à partir de la rencontre avec la mortalité — ou le visage — d'autrui, insistant — cela est évident — sur la radicale différence entre les *autres* et *moi*. L'angoisse pour ma propre mort révèle ma *finitude* et le scandale d'une existence mourant toujours trop tôt. La bonne conscience d'être reste intacte dans cette finitude. C'est la mort de l'autre homme qui met en cause cette bonne conscience.

Cependant, tous les autres n'existent pas également pour nous : ils existent plus ou moins, et leur mort existe plus ou moins, selon que leur présence retentit de plus loin ou de plus près dans notre vie. Et pour toutes sortes de motifs. Mais quand on a vu la mort toucher le visage d'un être aimé, il arrive à la fois qu'elle nous paraisse et plus horrible et plus facile, presque désirable : c'est la vie qui devient comme étrangère, et nous passerions presque de l'horreur de mourir à l'horreur de vivre, de survivre. La mort prend en quelque sorte les traits de ce visage aimé, et, à travers lui, nous devient comme attrayante au lieu de nous effrayer, comme familière : partager un tel sort devient somme toute enviable au nom de l'amour. Et en son seul nom. Tous les grands amants de l'histoire veulent suivre l'autre dans sa tombe, et parfois le suivent : ils font bon marché de la vie et de la mort. Dans une mort qui nous touche réellement, nous nous dépouillons peut-être du moi ?

La mort, dans ce cas, a perdu sa menace.

Elle fait naître comme un appel de l'autre, comme un appel de l'amour. En tout cas, elle apparaît comme une délivrance ; elle nous sauve de vivre à demi.

Mais ce n'est pas là une attitude éthique. Je parlais au contraire de l'attitude éthique qui est le fond de la socialité. Non pas de l'attitude à l'égard de la mort d'un être déjà élu et cher, mais de la mort du premier venu. S'apercevoir que l'on passe après un autre quel qu'il soit — voilà l'éthique.

C'est une sorte de rupture avec une ontologie où notre propre être conditionne l'approche de l'Être et des êtres. Seule compte, à la limite, l'existence de l'autre, et donc la mort de l'autre ?

C'est à partir de l'existence de l'autre que la mienne se pose comme humaine. J'essaie d'imaginer une anthropologie un peu différente de celle qui part du *conatus essendi,* à partir de la relation à la mort d'autrui. Mais je crois avoir dit que non seulement de la mort de l'autre mais aussi de sa vie nous répondons. Et c'est en répondant de sa vie que nous sommes déjà avec lui dans sa mort. Quant à l'ontologie, je me suis parfois demandé si, pour révéler l'humain qui s'efforce d'y faire rupture, elle doit être fondée ou minée.

La mort de l'athée :

FRANCIS JEANSON

La Foi d'un incroyant est un maître-livre. Francis Jeanson exprime dans ces pages, tout ce que la conscience contemporaine pense de plus profond sur la destinée de l'homme quand elle n'est plus fondée ailleurs qu'en lui-même. Ce dont on a le moins envie, avec ce texte, c'est de polémiquer, mais en revanche, on ne résiste pas au désir d'engager avec lui un dialogue. A fortiori avec son auteur. C'est si vrai, qu'ayant fait connaissance sur un plateau de télévision où l'on avait décidé que nous devions nous opposer l'un à l'autre : lui, au nom de l'incroyance, moi, de la foi religieuse, il fut impossible aux meneurs de jeu de créer entre nous une discordance spectaculaire. Nos désaccords ne rendaient nos pensées que plus attentives l'une à l'autre, et j'oserai le dire pour moi, plus fraternelles. C'est une joie de rencontrer une aussi rare probité d'esprit, et je n'avais jamais renoncé à reprendre en privé le dialogue amorcé sur la place publique. Il est heureux que le prétexte en soit aussi bon : un dialogue sur la mort, et la mort de l'athée. Heureux qu'il ait accepté cet entretien. Que Francis Jeanson ne figure pas parmi les vingt dialogues de *Dieu existe ? Non,* était à mes yeux une lacune : la voici comblée. L'exégète de Sartre expose ici sa propre pensée, sans dogmatisme, évidemment, et sans exclusive, mais avec une conviction si profonde, une mesure si juste, que l'intérêt en est aussitôt évident. De tous les dialogues de ce livre *la mort terme ou commencement ?,* il est certain qu'avec le dialogue de Monseigneur Lustiger, celui-ci est de ceux qui serrent de plus près la question. Pas un instant l'enjeu capital du débat n'aura quitté nos esprits. A Saint-Gervais, où Francis Jeanson prenait quelque repos avec sa femme, au cœur des montagnes qu'en fait il « n'aime pas », parce qu'il y respire avec difficulté, il m'a semblé au contraire, à moi qui sortais de la fournaise d'Avignon, que l'on respirait hautement près de lui. Mais j'en laisse le lecteur juge.

La question que j'aimerais poser à votre « incroyance », est non seulement celle de la mort, mais de la mort absolue. Mourir tout à fait. Mourir éternellement. La manière dont ce « tout à fait » se projette sur la mort, invite nécessairement le croyant à interroger l'athée. Avec amitié, bien sûr. Ce tout à fait confère à la mort, aux yeux de certains, un caractère désespérant, dramatique. Ce n'est pas votre cas, et je souhaiterais d'autant plus que nous regardions ensemble ce « tout à fait ».

Je vous répondrai volontiers que j'accepte le « tout à fait » de la mort parce qu'il constitue pour moi exactement l'envers, et mieux encore la condition du « tout à fait » de la vie. Je ne sais pas ce que ce serait de vivre, au sens où je l'entends, c'est-à-dire de vivre en donnant du sens à la vie, si je pouvais me concevoir comme « non mortel ». C'est du moins ce qu'il me semble, car je ne puis en faire l'expérience.

Mon sentiment est celui-ci : il y a une possibilité de sens pour la vie qui lui vient du fait qu'elle va de la naissance à la mort, qu'elle est une trajectoire. Dans la mesure où la vie est limitée, radicalement et à coup sûr limitée, ce qui s'y passe peut prendre du sens, de la valeur. Si j'avais la possibilité à tout moment, de reprendre mon coup, si je savais que je suis invulnérable, que tout peut se prolonger indéfiniment, je me demande ce qui aurait du prix à mes yeux.

Alors il est important de dire quel est ce sens que prend la vie devant la mort irrémédiable. Vous renversez la proposition habituelle et vous dites : la vie a un sens parce qu'il y a la mort. On dit plus volontiers — et Sartre lui-même — : si l'on meurt tout à fait, la vie est privée de sens, le sens devient aussi court que la vie elle-même. Il arrive alors que ce ne soit plus la vie qui ait un sens, mais seulement quelques heures de cette vie : pour l'amoureux, les heures où il a aimé ; pour le combattant, celles où il combat, etc. A ce moment-là, il semble que la vie perde au contraire son sens, ou du moins qu'elle se découpe en plusieurs sens, et qu'on ne saisisse plus que ces lambeaux de sens.

Ce n'est pas du tout ce que j'éprouve. Ce que j'appelle le sens n'existe pour moi que sous la forme d'un mouvement permanent de totalisation, une reprise de tout ce que j'ai déjà « existé », dans un présent et vers un avenir. Je ne crois pas qu'on puisse accepter cette pulvérisation, cet émiettement que vous évoquez. Au contraire, le sens est l'envers de ce que j'appelle « vivre dans le relatif ». Vivre dans le relatif a quelque chose d'absolu. Nous sommes absolument condamnés à cela, qui signifie : vivre en sachant que l'on est limité physiquement, que l'on ne jouira pas d'une durée indéfinie, que l'on n'est pas venu n'importe où et n'importe comment, mais quelque part, à un moment donné, et que l'on est « relationnel », c'est-à-dire en rapport avec les autres. On peut penser que la mort dévalorise la vie si l'on n'a pas le sentiment d'être relatif et relationnel, c'est-à-dire si la vie est vécue en termes d'absolu : dans ce cas, en effet, la mort l'annule complètement ; et il faut alors pouvoir se dire que la vie transcende la mort. Mais il me semble que la vie, telle qu'elle nous est donnée, doit être vécue en termes relatifs et relationnels. J'insiste sur « relationnels » : nous dépendons des autres, nous en dépendons fondamentalement ; je n'existe qu'à travers les autres.

La mort nous interroge justement sur le sens de cette relation, de cette dépendance, et peut-être d'une dépendance plus radicale à un Autre, absolu bien sûr, qui donnerait sens à cette relation avec les autres. L'épreuve du relatif et l'épreuve du relationnel, n'est-elle pas une manière de mettre à nu dans l'homme, une soif invincible de l'absolu, c'est-à-dire de transcender le relatif, et notamment la mort ? N'est-ce pas une manière de mettre à l'épreuve notre conscience humaine ? Ici, je ne pense pas à un dieu qui se plairait aux performances humaines, mais plutôt à un travail de sculpture qui dégagerait une statue d'un bloc de marbre informe. L'épreuve du relatif n'est-elle pas destinée — la mort étant l'épreuve suprême du relatif — à faire apparaître, émerger, ce qui n'est pas relatif ? Ma propre démarche, évidemment, se dessine là, qui voit dans ce terme, dans toutes ces fins successives qui précèdent, au cours de notre vie, la fin ultime, des échecs du sens, ou de certains sens qu'on donne à la vie. Dans cet échec apparemment suprême qu'est la mort, n'est-ce pas l'absolu du sens qui est justement éprouvé ?

D'abord, je tique un peu sur cet « échec suprême du sens » que constituerait la mort. Ce qui me saisit particulièrement dans votre question, c'est qu'au fond, moi qui parle du relatif, j'ai sur la vie un point de vue beaucoup plus absolu que le vôtre, puisque, pour vous, elle est relative à autre chose. Pour moi, elle est comme elle est ; elle est là ; elle est donnée sous cette forme et c'est une forme relative ; elle est absolument donnée sous cette forme relative. Je n'ai pas à faire l'épreuve de quelque chose qui trouverait ailleurs sa justification ou sa réponse : non, c'est là que ça se passe, et je l'accepte totalement là où elle m'est donnée. Je ne l'ai pas choisie, mais je ne vois même pas quel sens cela aurait pu avoir de la choisir. Il aurait fallu que j'existe d'abord pour être à même de la choisir : on ne ferait que reporter le problème.

Il est vrai qu'elle m'est donnée, mais aussi qu'elle m'est reprise, sans que j'intervienne directement — encore que l'on puisse retarder la mort, par les soins de la médecine, ou l'avancer par le suicide, ou tuer son semblable. Mais une telle dépendance de notre vie à l'endroit de la mort, a-t-elle justement du sens ? Même s'il reste que la vie est une donnée absolue, malgré tous ses caractères relatifs.

C'est un absolu à vivre dans le relatif, dans le relationnel, dans l'acceptation de la finitude, de la limitation à tous égards. C'est au niveau des exigences que se situe la question.

Mais la sensibilité confère une dimension dramatique à une telle conscience.

Je ne me réjouis certainement pas à l'idée que tout va finir pour moi un jour ou l'autre, mais ce n'est pas un tragique métaphysique. Pas du tout. Peut-être est-ce un manque d'imagination de ma part : je n'ai pas la tête métaphysique.

Mais n'est-ce pas faire de la métaphysique que de parler ainsi du sens ? Vous acceptez le caractère relatif de la vie, mais quand vous parlez du sens, ce relatif est transcendé ; il ne vous embrasse plus, c'est le sens qui l'embrasse. L'existence de l'animal aussi s'inscrit dans cette limite et cette dépendance, mais il ne le sait pas. Le fait de s'y inscrire, puis de l'accepter en lui trouvant un sens, implique une démarche métaphysique.

Disons, pour reprendre un terme qui désignait en tout cas très bien la démarche de Sartre, que c'est une ontologie.

Dans laquelle se dessine une métaphysique.

Oui. Excepté qu'il n'y a pas ce qui me gêne dans la plupart des métaphysiques : la tentative d'explication. Pour moi, il est très important de dire : cela est le donné. A partir de là, j'ai quelque chose à essayer « d'en faire », et à essayer « d'y faire ». Il faut d'abord admettre que c'est le donné, et qu'il est, par principe, irréductible à toute explication, puisque toute explication se situe déjà à l'intérieur de ce donné, est déjà conditionnée par lui.

Alors vous ne vous interrogez pas sur la mort ?

Si, je m'interroge sur la mort des autres, et sur la mienne éventuellement ; deux interrogations extrêmement différentes, d'ailleurs. En ce qui concerne ma propre mort, mon interrogation porte surtout sur le vieillissement, c'est-à-dire sur le mourir, en tant que ce moment-là risque de s'étaler dans la durée sous forme de déchéance physique et psychique.

Mais c'est encore une question sur la vie plutôt que sur la mort.

Oui.

Un certain aspect que prend la vie, et où le sens, justement, a l'air de s'altérer.

Oui. Avec cette évidence de plus en plus forte que le psychique et le physique sont très liés. La perte de l'intégrité physique est très grave, très importante, et je ne la dissocie pas d'une perte d'intégrité psychique.

La mort est alors comme le coup de vieux ultime pour le corps ! Ce que la vieillesse ôte peu à peu et en partie, la mort l'ôte tout à fait. Mais vieillir n'ôte pas la vie, seulement une certaine forme de vie : ainsi la vie psychique se prolonge au-delà de l'épuisement physique, et quelquefois se manifeste avec une force renouvelée, comme chez certains malades. La mort seule paraît totalement ôter l'une et l'autre. Mais est-ce vrai ?

Oui, mais ce n'est pas à moi qu'elle l'ôte.

C'est-à-dire ?

La vieillesse m'ôte des choses en ma présence, tandis que la mort me les ôte en mon absence. Elle me les ôte au regard des autres, pas au mien.

La mort vit pour nous le dernier moment en notre absence ?

Nous n'avons pas à le vivre. Je ne peux pas à la fois être mort et être là pour déplorer tout ce dont je suis privé.

Mais là intervient ma conscience de la mort. Je peux, sinon « vivre » cet instant, du moins appréhender ce qu'il contient : le terme de ma vie terrestre ?

J'appréhende beaucoup, encore une fois, le mourir. Mais de quelle manière ? Si je pouvais mourir en pleine forme, je crois, vraiment, que je ne connaîtrais pas de moment difficile. Et ce qui me paraîtrait extraordinairement important dans le mourir, d'autant que grâce à lui ma conscience se ferait plus aiguë qu'à l'ordinaire, ce serait alors de pouvoir, une dernière fois, totaliser ma vie et me rendre le témoignage qu'elle a eu du sens pour moi. Il doit être atroce d'avoir à mourir en se disant qu'on est passé à côté de sa vie. Finalement, il doit être beaucoup plus facile de mourir quand on se sent vis-à-vis de soi plus proche de la réconciliation que du divorce. C'est en tout cas ainsi que je me représente les choses.

Que le mourir dure, et en plus douloureusement, c'est vraiment ce que j'appréhende. Quand je dis douloureusement, je ne pense pas seulement à la douleur physique mais à la déchéance, à la perte — qui me paraît plus grave que tout qui est liée à la déchéance — de ma relation aux autres. Et plus particulièrement de ma profonde connivence avec la dimension féminine.

Quand j'évoquais tout à l'heure la mort comme épreuve, je pensais à cette expérience d'une vie altérée. N'est-ce pas une épreuve pour le sens que l'on a du vivre ? Que représente une vie à la merci de la mort, de toutes les formes de la mort ? Cette altération que certains ne connaissent qu'à la vieillesse, d'autres la rencontrent à l'aube de leur destinée. Qu'est-ce, alors, qu'une vie mutilée : une agonie perpétuelle ?

Je vous disais tout à l'heure que j'avais admiré la logique de la mort de Montherlant par rapport à un sens qu'il donnait à sa vie. J'admire qu'il soit allé jusqu'au bout de cette logique et se soit montré plus conséquent que d'autres qui n'accordent guère leurs actes à leurs pensées. Or il a justement refusé cette altération, cette mort lente, et lui a préféré la mort franche d'un suicide, parce que l'altération n'avait pas de sens à ses yeux. Mais j'admire plus encore Marie Noël, aveugle dans sa vieillesse, et qui découvre à ce moment-là qu'elle commence à voir autre chose, et mieux. Pour l'un, tout se clôt, pour l'autre, tout s'ouvre. Vous me direz que j'en parle un peu facilement, mais je crois utile de se demander : la vieillesse, la vie mutilée, ne sont-elles pas aussi chargées d'un sens ? Si la vie a vraiment du sens, alors même cette vie diminuée, altérée, et donc la mort elle-même, qui paraît détruire une vie, ont un sens en dehors et au-delà de l'apparence. Pour que la vie ait un sens, faut-il donc être heureux, dirai-je un peu brutalement ? L'épreuve de la vieillesse, de la mort, n'est-elle pas le moment où doit apparaître un sens plus fort, et autre ; une sorte d'éternité du sens ?

C'est là où l'extrapolation me paraît illégitime. Je suis d'accord sur le fait qu'il peut m'arriver de découvrir, en étant privé de la vue par exemple, ou de telle autre faculté, que je possède d'autres ressources, et que cette privation me permet justement de m'en servir bien mieux qu'auparavant. Et c'est vrai que nous avons tous vécu certains deuils plus ou moins intolérables, par-delà lesquels la vie s'est tout de même poursuivie. Mais lorsque vous me dites : la mort n'est-elle pas en quelque sorte le deuil suprême, celui dont le franchissement réussi serait le plus important événement de notre vie, ouvrirait sur quelque chose d'enfin tout à fait valable ? là je ne peux absolument pas vous suivre. Il faudrait, pour vous suivre que je cesse tout simplement d'être moi-même. Pas par idéologie, bien sûr : notre débat est autrement profond. Mais il me faudrait par exemple être capable de penser que toute chose a une valeur en dehors de la valeur que nous pouvons lui donner. Que ma vie elle-même a quelque part un sens radicalement différent de celui que je vis : non plus relatif mais absolu, non plus en suspens parmi nous mais garanti par quelque transcendance. Et que je ne suis plus cet individu que je suis, cette conscience fondamentalement liée à la dimension corporelle.

Au plein usage de vous-même ?

Au plein usage de moi-même, et à ma situation concrète dans ce monde. Je ne sais pas ce que c'est qu'exister autrement. Je ne peux pas le savoir. Je comprends très bien que d'autres, sans doute plus doués que moi pour dépasser les situations présentes, parviennent à se donner quelque image d'un Ailleurs, d'un Autrement, mais cela n'a strictement aucun sens pour moi. Me dire qu'une quelconque succession d'épreuves doit finalement aboutir à un mode d'être radicalement et définitivement valable, c'est me dire quelque chose que je ne peux pas entendre. La mort est pour moi le moment où il n'y aura plus ni positif ni négatif, où je ne serai plus là pour souffrir ni me réjouir de rien.

Je ne sais pas, non plus, ce que c'est qu'exister autrement, et je me refuse à imaginer l'au-delà. Cependant, quand je vois l'existence s'altérer et dans ces altérations, survivre à elle-même sous des formes quelquefois admirables, je donne un sens plus fort, en quelque sorte, à la vie qu'à ses défaillances. Y compris quand cette défaillance s'appelle la mort. Mais j'ignore aussi ce que signifie concrètement survivre. La mort est une telle interrogation, que parler d'immortalité ne suffit pas à donner une réponse : ce serait trop facile. La mort me paraît, non une fin, mais une interrogation adressée expressément à la vie. Sous cette forme du vieillissement, déjà, du mourir quotidien — qu'il vous touche personnellement ou touche les autres. La mort est une telle interrogation, qu'elle se projette et projette parfois une ombre sur la vie.

Mais réciproquement, la vie aussi est une telle interrogation, qu'elle me paraît se projeter jusque sur la mort, notamment dans une certaine idée, un certain concept, ou une certaine intuition de l'éternité. La mort dans sa brutalité, dans son terme, de toute façon nous conduit visiblement à être un autre ou autrement, comme vous le dites. Un cadavre ne sait pas, apparemment, qu'il est cadavre. Mais nous avons du moins conscience que nous serons un jour cadavre nous-même, que nous serons un autre, sans savoir qui est cet autre.

Quand vous dites « être un autre », j'entends toujours, au cœur même de la vie. D'une certaine manière, je pense que chacun de nous est un autre pour lui-même : dans l'existence. Nous avons affaire à cette altérité, qui n'est pas seulement celle des autres parmi lesquels nous sommes, mais celle de ces autres en nous, et de nous-même en nous. Cela, oui. Mais l'autre qui serait tout à fait autre, qui n'aurait plus aucun des caractères qui définissent pour moi la condition humaine, non, je ne vois pas.

Et je n'ai rien d'autre à dire que : je ne vois pas. Je n'ai rien à nier, à récuser ; simplement, je n'imagine pas, je ne conçois pas, ma pensée ne peut pas se formuler cela.

Certes, votre regard est un regard tout à fait personnel, sur votre mort et votre vie, sur la mort et sur la vie : unique, irremplaçable. C'est vous qui parlez, vous qui regardez, et personne que vous ne peut dire ce que vous venez de dire de votre mort ou de votre vie. Mais personne, non plus, ne peut nous dire quelque chose de nous-même, dans cette perspective-là, ni qui nous sommes ni qui nous sommes appelés à devenir. Même pas nous-même.

En effet. Et le sentiment que j'ai souvent, c'est que beaucoup de gens qui parlent de la mort sont amenés à en parler — y compris de leur propre mort — sans se rendre compte qu'ils le font du point de vue des autres. Ils sont mystifiés, parce qu'ils se voient morts à la place de ceux qui les verront morts.

D'une certaine façon, et pour certains, quand on évoque l'idée de l'immortalité, la situation est un peu la même, sous une autre forme.

Oui, c'est la même chose.

En revanche, si l'on partage votre point de vue, chacun ne peut regarder en fait, que sa propre mort comme sa propre vie.

Je ne dirai même pas tant : chacun ne peut regarder que sa propre vie.

Mais pourquoi pas sa propre mort ?

Parce que ma mort ne sera ma mort qu'au moment du mourir, et pas l'instant d'après. Elle sera ma mort dans ma vie, c'est-à-dire qu'elle n'existera pas encore en tant que mort, qu'elle ne sera pas encore vraiment ma mort. Jusque-là, elle sera mienne ; pas au-delà. J'ai toujours pensé, cependant, que le regard qu'on peut porter sur soi au moment du mourir est très important. C'est là que je situerais quelque chose de l'ordre de l'éternité. Après tout, je ne vois pas quelle différence il y a entre un instant et l'éternité, étant donné que je ne peux pas penser l'éternité. Si cela pouvait avoir un sens, pour moi, ce serait celui d'une intensité absolue : et qu'est-ce qui peut être plus absolu que le moment où nous sentons que nous allons cesser d'exister, où tout se ramasse, où cristallise le sens que nous avons tenté de vivre ?

Je ressens très profondément ce que vous exprimez. Moi aussi, en fait, je regarde la mort comme une invitation à éprouver justement l'intensité du vivre non seulement d'ailleurs au moment de mourir, mais à toutes les heures du vivre. L'éternité se projette pour moi dans le temps, en ce sens qu'une certaine attitude dans la foi consiste, me semble-t-il, à recevoir chaque instant de vie comme vous venez de le dire de l'instant du mourir. Je crois à l'éternité, et c'est pourquoi je crois au temps en ce qu'il possède un prix éternel. Et dans ce que vous venez d'affirmer de l'instant du mourir, dans cette sorte de regard suprême sur soi et sur le monde, je retrouvais cela. Pour moi, la mort est une invitation à ouvrir ce regard suprême en quelque sorte à chaque instant du vivre : l'éternité aussi est une donnée.

Oui.

Vous allez me dire que c'est une éternité au-delà de la vie, et c'est vrai. Mais une éternité qui n'aurait pas besoin d'être ailleurs pour transcender le temps, je ne vois pas, non plus, ce qu'elle est.

Bon. D'abord, je ne serais pas tout à fait d'accord sur la permanence de ce regard : je vois bien que, dans la réalité, il n'est pas permanent. Mais en même temps je ne serais pas loin de penser qu'il est l'un des deux ressorts, ou l'un des aspects du ressort unique, de toute morale au sens fort du terme. Cette référence au regard que l'on peut porter sur sa vie est capitale, à partir du moment où l'on sait que la vie peut s'arrêter n'importe quand, donc que l'on risque toujours d'être surpris. Comme disait l'autre : il est toujours plus tard que tu ne crois. Alors, où en suis-je ? Je n'aimerais pas, tout à l'heure, avoir à faire à la sauvette un bilan négatif.

Cela étant, je ne sais pas si vous et moi nous voyons les choses à partir de points de vue très différents. Je disais tout à l'heure incidemment que tout est relatif hormis les exigences, hormis surtout cette exigence fondamentale qui est celle du sens. Or, si je dis que l'exigence du sens est absolue à mes yeux, cela signifie qu'elle est transcendante, d'une certaine manière. Transcendante par rapport à toute relativisation. Elle est à vivre dans le relatif, mais elle ne se laisse réduire à aucun des termes du relatif. Cet écart est capital et c'est lui, je crois, qui constitue le ressort dont je parlais. Mais ce ressort, à mes yeux, ne fonctionne que dans la mesure même où nous savons que nous sommes mortels et qu'un moment viendra où le regard que nous porterons sur nous ne sera plus de l'ordre de l'exigence mais de l'ordre du bilan.

Il est inévitable qu'il y ait quelque part de l'absolu quand on parle de la mort.

Je ne sais si nous aurions la notion du relatif si nous n'avions quelque notion autre. On ne peut pas former la notion du relatif toute seule.

Bien sûr. Et d'où l'aurions-nous, justement ? Je suppose que la conscience animale ne l'a pas, parce que le relatif est son absolu, sa relation avec le relatif étant close sur elle-même. Pour nous, elle ne peut pas l'être, le relatif ne nous réduit pas à lui. Quand vous disiez de la vie que, dans son caractère relatif, elle est un absolu, je dirai que c'est à la fois vrai, au sens où ça l'est aussi pour l'animal, et que cependant ça ne l'est pas, car elle est vraiment relative à toutes sortes de conditions, de dépendances, etc. Il y a là, pour moi, une contradiction : si la mort est absolue, c'est la vie qui est totalement relative. Et si la mort n'est que relative, il y a un absolu de la vie, mais de quelle vie ? Quelque regard qu'on porte sur la vie, la révèle partout relative, y compris dans son sens, dans les sens qu'on peut lui donner à partir d'elle seule. L'amour, notamment, qui se tient au cœur de la vie et la propage même, prend un caractère tellement relatif, que le mot toujours avec lequel on le fait rimer d'ordinaire, n'a pas de sens. L'ombre de la mort se confond alors avec l'ombre du relatif pour disqualifier tout sens transcendant. Et pour aller jusqu'au bout : comment faire pour que, ce que vous dites de l'absolu que je ressens profondément, comment faire, devant la mort, pour que ce ne soit pas le caractère irrémédiablement relatif de toute chose qui l'emporte ; y compris de la vie ?

D'abord je dirai que, pour moi, la vie n'est pas relative par comparaison avec la mort qui serait absolue. La vie est à vivre dans le relatif, et encore une fois dans la relation, mais avec cette dimension d'exigence qui échappe à toute relativisation, bien qu'elle puisse être diversement culturalisée suivant les époques, les civilisations, etc. Je veux dire qu'il y a toujours au sein même de la vie, quelque chose qui est de l'ordre d'une transcendance.

Mais comment se fait-il qu'elle y échappe, justement ? Que la mort ne projette pas aussi sur elle un caractère limité ? Il arrive que dans certaines consciences, elle n'y échappe pas. Il arrive que le relatif l'emporte aussi sur cette exigence, et que cette espèce de pointe disparaisse devant le néant que préfigure la mort.

Je dirais qu'il peut s'agir de consciences qui, en effet, pour de multiples raisons, n'ont pas accédé à ce stade que définit Sartre en nous désignant comme des « animaux sinistrés ». Disons qu'il peut s'agir d'animaux insuffisamment « sinistrés ». Cette pointe de l'absolu — ce sentiment d'un irréductible écart entre ce qui est et ce qui pourrait être — n'a pas été prise en compte, n'a pas été plantée à vif dans la chair du sujet comme elle l'est en nous. C'est là un problème qu'étudient les psychologues et les psychanalystes, et vous savez qu'il existe à ce sujet des recherches extrêmement intéressantes sur la toute petite enfance, sur tout ce qui peut se produire, ou ne pas se produire, dans cette période cruciale pour la genèse du psychisme. Quelque chose peut émerger ou ne pas émerger ; on débouche ou non sur cette insatisfaction radicale qui hante la condition humaine. Et qui est précisément ce qui en fait tout le prix : car elle n'a pas besoin, dès lors, de rechercher l'absolu en dehors d'elle-même. Elle en est contaminée, tout en ayant sans cesse à le vivre dans le relatif. C'est cela même, la notion d'exigence. Il n'y aurait pas de sens s'il n'y avait pas cet écart, et si cet écart ne se situait pas à l'intérieur même de l'existence. Cette transcendance en elle, c'est précisément ce qui la travaille.

Mais quand elle le trouve ailleurs, c'est qu'elle voit apparaître aussi l'ailleurs dans la vie même, avec la mort, justement, qui nous fait autre et autrement. Il n'y aurait pas d'ailleurs s'il n'y avait pas de mort, s'il n'y avait pas cette intrusion de l'inconnu. Et comment n'y verrait-on pas une interrogation transcendante ? Je sens assez comme vous, au quotidien, que c'est à l'intérieur de la vie qu'apparaît cette forme aiguë d'exigence, mais en même temps, je m'étonne devant elle. Je m'en étonne d'autant plus que je considère le caractère relatif de l'existence et que je le considère devant la mort justement. Ceux qui vivent une forme d'athéisme où cette conscience est gommée n'ont peut-être pas tort, serais-je alors disposé à dire. Si je laisse au contraire monter en moi cette forme d'exigence, elle regarde le relatif — même si elle lui donne un sens —, très cruellement parfois. A la limite, elle rompt avec lui pour sombrer dans un idéalisme stérile, ou dans une évasion absurde, ou dans un au-delà imaginaire, qui semblent dépasser la réalité du relatif. Invinciblement, quelque chose en l'homme se distingue du relatif : par exemple, par rapport au social, l'individu se situe en dehors de lui tout en étant nécessairement relié à lui ; de même par rapport à l'animalité, ou encore par rapport à l'existence : il y a en lui une sorte de pointe d'individualité qui le met en dehors du jeu. Ce « double » qu'est l'homme ne peut pas appartenir totalement à l'existence, non plus qu'au social. Peut-être est-ce une contradiction absurde et sans lendemain, mais peut-être, aussi, l'autrement, l'autre dont nous parlions tout à l'heure, l'autre en moi-même et qui dit non au relatif de l'existence, est-il justement fait pour un ailleurs ? La mort serait alors comme une sorte de rappel brutal, inévitable, de cet autrement auquel est appelée la vie de l'homme, au cas où il serait tenté de limiter son regard à l'existence.

Oui. Mais il en résulterait à mes yeux tout au moins, une beaucoup plus radicale dépréciation de la vie.

C'est vrai : là est la tentation permanente à laquelle beaucoup ont succombé. Mais l'autre tentation, non moins dangereuse, et à laquelle beaucoup succombent aussi, consiste à limiter son regard à une vie sans transcendance, et qui émousse peu à peu tout sens.

Au contraire, ce qui me frappe est que la vie se valorise elle-même, à l'intérieur d'elle-même, parce qu'elle est travaillée par cette exigence. Elle n'est pas valorisée ailleurs, ce qui la disqualifierait ici : elle est valorisable ici, et nulle part valorisée d'avance. Valorisable dans certaines limites, bien sûr ; mais c'est cela qui compte pour moi, parce que je n'ai aucune prise sur le reste. Ce qui compte est que la vie se travaille elle-même.

Vous évoquiez les rapports entre l'individu et le social : mais je ne mettrais pas volontiers l'individu du côté de la vie, le social du côté de la mort. Il me paraît clair qu'il n'y a pas un individu au monde qui puisse se passer de sa dimension sociale, de même que toute société humaine suppose des individus relativement autonomes. Je suis toujours étonné quand on parle de la dimension sociale dans des termes négatifs : le social serait en quelque sorte une machine à produire du pathologique. C'est faux : le social produit aussi quelque chose de très positif, une alimentation qui nous est essentielle.

Sans aucun doute. Nous sommes d'ailleurs le produit d'une société élémentaire, celle d'un homme et d'une femme. Mais le mot société est déjà plus riche que le mot social, lequel est en effet chargé aujourd'hui d'une sorte d'inhumanité, dans la mesure où son emprise sur les personnes, dans les villes surtout, et par l'entremise de l'État-Roi, tend à devenir totalitaire et à rayer l'individualité en tant que telle. On n'existerait bientôt plus qu'en tant que groupe : c'est faux aussi.

D'accord. J'emploie d'ailleurs beaucoup plus volontiers le terme de socialité. Il faut en tout cas repenser sans cesse à la dimension positive, et hautement nutritive, de la société. L'existence humaine, pour moi, implique tout cela.

Mais je pense alors au mot de Pascal : « Tu mourras seul », qui nous ramène pourtant à cette pointe de la conscience qui ne peut trouver de recours qu'en elle-même, devant la mort. La mort rompt toute société avec l'existence. Nous sommes des êtres de société, et la vie n'a de sens que dans cette société des personnes dont la richesse est infinie et inépuisable. Mais c'est là que le « tu mourras seul » prend justement une dimension tragique : dans la rupture de cette relation, comme vous le disiez tout à l'heure.

A première vue, personne ne peut mourir à ma place, bien que quelqu'un puisse mourir pour moi. Même mourir avec moi ne fait sans doute pas que je meure moins seul, encore que cette société du mourir puisse inspirer justement bien des réfléxions sur la société humaine et son fondement. Mais concrètement, et physiquement, personne, si proche soit-il, ne peut tenir ma place dans ma propre mort : c'est l'évidence. Cette mort n'arrive qu'à moi. La responsabilité de ma conscience face à ma mort — non pas la *mort, mais* ma *mort —, fait surgir quelque chose en moi que je ne peux pas partager. Il naît une sorte de conscience que personne ne peut avoir à ma place, que je peux seul avoir, d'une certaine exigence qui m'est propre comme cette mort m'est propre. Comment ne pas s'étonner que l'homme soit ainsi placé devant cet instant où il est invité à prendre tout seul, devant lui seul, le sens de sa vie et de sa mort ? Comment penser, devant cette réalité extraordinaire, d'un homme qui possède une telle conscience, un homme qui n'a qu'une vie et qu'une mort, que l'effet de la mort soit justement de dissoudre aussitôt cet être et sa conscience ? Il arriverait jusqu'à ce point suprême de lucidité sur soi, sur son caractère unique, pour rien.*

D'abord, je ne m'inquiète pas tellement à l'idée que personne ne sera là pour être mort à ma place. La question serait plutôt pour moi : « Est-ce que je serai vraiment tout à fait seul au moment du mourir ? » Or cela ne me paraît pas tellement évident. Je veux dire qu'il y a là plusieurs éventualités possibles. Et cela dépendra beaucoup, évidemment, de l'état physique dans lequel je me trouverai. Sans doute peut-il y avoir, selon les cas, plusieurs façons d'être « avec » : ce peut être de l'ordre du regard, de la phrase échangée ; ou de la sensation tactile, de la caresse...

Mais je pense aussi, surtout si le mourir prend du temps, ou si l'on s'y prépare, que tout un travail du deuil s'opère. On constate par exemple que certaines personnes qui meurent longuement, qui mettent longtemps à mourir, se défont peu à peu de leurs attachements. Et sans doute y a-t-il assez souvent, entre le mourant et son entourage, des formes de distanciation plus sévères. Mais la formule selon laquelle « on meurt seul » me paraît tout de même un peu trop belle, je veux dire un peu trop tragique, pour être tout à fait vraie. On meurt au moins avec les autres dans sa tête : qui peut vivre, aussi longtemps qu'il vit, sans ce rapport aux autres qui est constitutif de lui-même ? Mourir seul ? Personne n'est seul, même sur une île déserte.

Mais personne ne peut mourir à ma place, et du coup, je sais bien qu'il m'arrive quelque chose d'unique, qui n'arrive, dans cet instant, à personne qu'à moi ; que les autres, si proches soient-ils, ne peuvent vivre pour moi ! La mort nous invite à mesurer ce caractère irréductible de la personne unique irremplaçable, à travers un événement irréductible. Elle nous contraint à nous assumer seul, au moins une fois dans notre vie. Bien entendu, tout dépend, comme vous le disiez, de l'état physique, du degré de conscience. Mais la pensée de notre mort ne nous place-t-elle pas déjà dans cette sorte de solitude ultime où tout et tous sont perdus, du moins en apparence ?

C'est le « avec » qui m'importe le plus. Est-on condamné à mourir « sans », complètement coupé des autres ? Et je parle du mourir, car la mort, en effet, c'est la coupure.

Il y a d'ailleurs une invitation à communier aussi, dans la pensée que nous sommes tous mortels, que nous ne sommes pas « le seul » à mourir.

Oui.

Et la mort est de ce point de vue l'instant d'une nécessaire communion, puisque nous avons tous cette perspective au moins en commun. Il y a une fraternité dans le fait de pouvoir se dire : mortel, je parle à un mortel. C'est un point commun, si je n'en ai pas d'autre !

C'est vrai. Et en reprenant votre réflexion dans une perspective moins noble, on pourrait dire que quelqu'un sur le point de mourir, et qui le sait, si on lui annonçait que la planète entière est sur le point de sauter, sans doute accepterait-il mieux sa propre situation.

Parce que c'est la fin du monde pour lui.

Oui. Et là, il n'aurait pas l'impression que peut avoir le mourant, de perdre quelque chose que les autres conservent.

Pas indéfiniment. L'on en revient au relatif dont nous parlions : eux vont mourir aussi. Et la mort de toute l'humanité, sinon simultanée avec la nôtre, du moins à plus ou moins longue échéance, n'est pas une hypothèse gratuite. Déjà la question de sa propre vie soumise à la mort, interroge l'homme. Mais que dire d'une humanité qui aurait vécu quelques millénaires, et qui disparaîtrait totalement, comme une sorte de rêve ? C'est dans une telle perspective notamment, que la mort risque d'ôter tout sens à la vie humaine. Pourquoi cette humanité qui doit mourir comme si elle n'avait jamais été ? Non seulement tel être est anéanti, mais l'humanité entière est engloutie, qui a vécu comme pour rien. Aucune mémoire pour retenir ce qu'a été l'homme. Je sais bien que l'Écriture a l'air d'abonder dans ce sens : « Qu'est-ce que l'homme pour que tu t'en souviennes... ». Mais nous sommes justement au centre de la question : l'humanité ne mériterait donc pas que personne s'en souvienne ?

Je vais peut-être vous choquer, mais je ne vois pas beaucoup de différence avec le fait que des quantités d'enfants ou d'adultes disparaissent tous les jours dans une indifférence générale. Après tout, c'est bien notre humanité aussi qui se perd avec eux ; une humanité si relative qu'elle parvient assez bien à supporter cette perte.

Elle ne la supporte pas sans protester. Un tombeau est une protestation : une sorte d'attestation de la vie contre, et malgré, la mort. Elle ne laisse pas mourir ses morts. Elle ne veut pas y croire.

Disons qu'elle s'en arrange relativement...

Elle s'y soumet par nécessité, mais est-ce qu'elle l'accepte ?

Elle réussit tout de même à s'y rendre indifférente dans de très nombreux cas. Et puis tout d'un coup, elle y redevient sensible, selon que les projecteurs de l'actualité se fixent sur tel individu ou sur tel groupe social.

Dans la guerre, on tue même allégrement l'autre, du moment qu'il est un ennemi. On doit le tuer : la mort devient un devoir. Et il est vrai que la mort de l'humanité, comme celle d'un homme dans le cas d'une guerre, peut nous laisser indifférent ; à la limite nous réjouir ! On gomme les vies et les morts avec allégresse quand l'autre n'est plus l'autre.

Je ne vous suivrai pas quand vous dites qu'il n'est plus l'autre. Je ne crois pas qu'il ait cessé d'être l'autre homme : c'est en tant qu'autre homme qu'on le tue.

Oui, vous avez raison.

Du moins dans la mesure où l'on a accédé à cette idée que le sens de la vie peut exiger à certains moments le sacrifice de la vie. Que peuvent en effet valoir les convictions de quelqu'un qui ne serait pas prêt, pour les soutenir, à payer ce prix-là ? Cela signifie que je peux accepter l'idée d'une lutte violente avec l'autre, dans la mesure où l'un de nous deux s'estime lésé au niveau même de sa dignité humaine. On revendique alors son humanité à travers la violence, dans la mesure où l'on ne parvient pas à l'affirmer par quelque autre moyen. Et c'est bien l'autre que l'on tue, l'autre en tant qu'homme. On reste en pleine humanité, toujours dans le relatif et toujours au nom d'une exigence absolue qui est : je veux exister en tant qu'homme, et aucun homme n'a le droit de me l'interdire.

Nous savons bien que toute lutte collective peut facilement comporter des aspects plus sordides, et que des peuples entiers peuvent être conduits à se battre pour de très discutables valeurs. Mais en fin de compte, c'est toujours au nom d'une certaine humanité que des hommes acceptent de jouer leur vie, et de tuer d'autres hommes — qui précisément en tant que tels n'ont pas le droit de dénier leur humanité. C'est bien entre hommes, toujours, que la question se pose.

Je dirai que croire en l'absolu de Dieu ne fait que rendre plus impérative la même question. La mort est alors à la fois fermée et ouverte. Assez fermée pour qu'il ne soit pas possible d'invoquer l'autre vie contre celle-ci : nous sommes adossés totalement à notre humanité. Il y a entre Dieu et l'homme une mort si radicale qu'elle nous fixe d'abord ici. Loin de laisser la porte ouverte pour qu'après tout on puisse constamment regarder de l'autre côté des choses, notre horizon est limité à celui-ci. Nous ne pouvons pas nous dérober, comme le fait une foi mal comprise qui ne fait que masquer d'un beau nom une évasion. Où s'évaderait-on, tant qu'on est de ce monde ? La foi ne saurait revenir sur cette décision de Dieu qui nous fixe en ce monde. « Comment celui qui n'aime pas son frère qu'il voit peut-il aimer Dieu qu'il ne voit pas » demande le Christ.

Mais il arrive un moment où ce qui nous est donné : notre humanité, ce monde, nous est alors ôté. La porte s'ouvre : il faut sortir. La mort n'est certainement pas faite pour nous projeter de l'autre côté alors que nous sommes encore ici, mais pour nous inviter à considérer que nous ne sommes pas totalement et à jamais d'ici. Alors, autant il a été à part entière de ce monde, autant, celui qui croit en l'absolu de Dieu souhaite d'être pleinement ailleurs. La vie nous est donnée pour être vécue totalement, mais la mort aussi nous est donnée pour être vécue totalement. La mort me paraît alors reçue dans son caractère absolu.

Ce qui me frappe est que vous ayez besoin (excusez-moi de dire cela : je parle, bien sûr, en l'absence pour moi de toute révélation), alors que vous percevez la dimension d'absolu qui est à l'œuvre dans notre réalité commune, de la référer à un

Absolu qui se situerait ailleurs. Je vais vous paraître un peu chinois, mais cela signifie qu'au fond vous ne supportez pas l'idée que l'absolu soit relatif à l'existence, que l'absolu soit relatif au relatif. Vous avez besoin que l'absolu soit cautionné quelque part, ailleurs que dans le relatif.

Je dirai même que pour moi, l'absolu cautionne le relatif.

Voilà. Vous avez besoin d'une caution là où je me contente d'un donné. Un donné contradictoire si vous voulez mais c'est en cela même qu'il est dynamisant.

La contradiction me paraît se situer dans le fait de vouloir faire naître un absolu du relatif. Du relatif ne peut naître, à mon sens, que du relatif. Et pour moi, l'absolu est un don de l'absolu, et le relatif lui-même est un don de l'absolu. Mais la contradiction n'est pas exempte non plus de ce que je pense. La croix rend compte, justement, de cette contradiction éternelle entre l'absolu et le relatif, dont le Christ témoigne dans la mort ignominieuse à laquelle il est acculé. Tenir les deux bouts de la chaîne de l'absolu et du relatif conduit nécessairement sur la croix ; et sur la mort. Le Christ ne peut vivre l'absolu en ce monde, sinon sous la forme de la croix. Je suis gêné quand des croyants n'acceptent pas cette contradiction, et imaginent de gommer l'un des aspects complémentaires de la même réalité, soit la valeur de ce monde, soit l'autre monde, pour réaliser un christianisme plus à la mesure de celui-ci, dit-on. Nous approchons là du mystère central de la destinée humaine, où nous relevons autant l'un que l'autre la contradiction à laquelle nous livrent certaines exigences, et qui se tient, en fait, au cœur de notre être. Nous lui conférons simplement une dimension différente parce que nous la regardons dans une perspective différente. Pour ma part, je m'étonne toujours devant le croyant qui gomme la réalité de la croix au nom de la résurrection, et réciproquement.

C'est par votre contradiction que je me sens le plus proche de vous. Je serais seulement tenté de vous reprocher ce besoin d'une caution : ce besoin de fonder ailleurs ce qui pour moi est là, et avec quoi il nous faut faire.

Alors nous avons tout dit ! Cette contradiction, pour vous, est en vous, signe de votre humanité : elle ne peut être dépassée. Pour moi, elle est signe que mon humanité ne peut pas se rendre entièrement compte d'elle-même, et notamment de sa mort. Vous dites : ma contradiction c'est moi, et je dirais plutôt, ma contradiction c'est Toi, regardant vers l'absolu de Dieu comme ce qui introduit justement l'absolu dans le relatif que je suis, pour l'inviter à se déclarer pour ou contre sa source.

Ce qui m'a toujours frappé, c'est qu'on veuille m'enfermer dans le dilemme où rien n'a de sens, où le fondement du sens est ailleurs. Pour moi, cela est grave, parce qu'à mes yeux la transcendance est ici même. Nous la vivons tous les jours, elle nous hante, elle nous obsède, elle nous meut à bien des égards : elle est notre marque en même temps que notre manque. Je n'ai jamais été tellement gêné par l'importance attribuée à Jésus. Mais quand on dit que Jésus est homme et que Jésus est Dieu, je me demande : quel besoin d'ajouter cela puisque nous avons la chance de tomber sur un homme qui justement est allé aussi loin qu'on peut aller dans l'expression de cette transcendance qui est la nôtre ? Qui est la nôtre mais qui ne cesse de nous échapper, qui nous traverse mais qui n'appartient à aucun d'entre nous.

Mais Jésus est aussi celui qui fonde le plus lui-même cette transcendance ailleurs : « Mon Royaume n'est pas d'ici... ». C'est même de lui que nous tirons cette certitude absolue que notre Père est « aux cieux ». Cet homme accompli, ce fils de l'homme, ne s'accomplit pas en ce monde ; il s'accomplit dans la mort. Et le dialogue, entre croyants déjà, entre croyants et incroyants, n'a pas de sens si l'on gomme cette différence radicale.

Je crois profondément que vous croyez ce que vous dites, d'où l'importance d'en bien saisir la différence avec ce que je crois. Cet absolu que vous acceptez comme un donné fondamental de la condition humaine, est cela même qui m'étonne et ne cesse de m'interroger ; en quoi je vois l'intrusion d'un autre que moi. Il est vrai, j'en trouve le fondement ailleurs, et je m'étonne à mon tour que vous le trouviez dans le relatif que nous sommes. C'est pourquoi je ne crois pas que la mort mette fin à cet absolu. Mais en même temps, je me sens très proche d'une pensée qui met ainsi à nu cette contradiction et la déclare fondamentale à notre humanité. Le Christ, pour moi, est en effet celui en qui se manifeste le plus clairement la différence en même temps que la parenté de nos attitudes ; celui devant qui nous sommes contraints de nous prononcer. Quand vous me demandez : quel besoin avez-vous d'ajouter qu'il vient d'ailleurs je réponds : c'est parce qu'il vient d'ailleurs qu'il signe son message d'absolu. Et la mort, la pensée de la mort, me paraît le lieu où l'on peut le plus précisément inviter l'humanité à poser une telle question.

Je voudrais revenir un instant sur le Christ. Ce qui m'intéresse vraiment en lui, c'est qu'il a poussé le plus loin l'approche de cette transcendance qu'aucun homme ne saurait détenir, qui nous échappe et qui nous travaille, qui nous sépare et qui nous relie. Mais je ne vois aucun intérêt à situer cette transcendance dans une personne. Ce qui en fait la valeur, me semble-t-il, c'est justement d'être ce capital négatif, ce capital de manque et d'insatisfaction qui ne relève, en chacun d'entre nous, que de la condition humaine.

Pour moi, ce manque est manque de Quelqu'un, et le donné, c'est justement l'absolu qui est Quelqu'un. Sinon, la personne dans laquelle vous situez la transcendance est alors l'homme lui-même, l'homme-humanité, mais qui n'en est pas moins l'homme dans sa dimension relative.

Oui. Et ce qui me paraît important, c'est d'approcher autant que possible, à niveau d'homme, parmi les hommes, la mise en œuvre de cette transcendance. Beaucoup se sont employés à le faire. Mais il y a aussi la tentation d'en désigner la source. Et de la nommer Dieu, puisqu'on voit bien qu'il ne peut s'agir de personne en particulier. Maintenant, je voudrais reprendre votre question, pour y faire écho : n'est-ce pas à partir de la mort que l'on peut véritablement accéder au dialogue ?

S'il n'y avait pas la mort, cet aspect de manque et de relatif serait, d'une certaine manière, moins absolu, et poserait moins de question. Je vois dans la mort un donné, ou plutôt un don, qui invite à poser le problème, à la fois comme vous le posez, et comme je le pose. La mort est ce lieu de rencontre où nous ne pouvons éviter de nous poser une question sur l'absolu.

Lieu de rencontre ? Je serais plutôt tenté de dire : limite commune, butoir de référence. La mort, pour moi, n'est pas un lieu : c'est notre humaine limitation, c'est la condition même de notre existence. Et cette limite m'apparaît tout aussi indépassable que l'opacité même où s'enracine ma conscience, aussi longtemps que j'existe.

S'immortaliser dans la création :

ARIANE MNOUCHKINE

Avignon est ma capitale. C'est vers Avignon que se tournent les regards de ma petite ville natale, quand on y parle, avec majuscule, de La Ville entre toutes les autres. Je l'ai connue à chacune des heures de la vie : enfance, adolescence, âge mûr, et toujours pour des rencontres somptueuses. Mais il me semble que c'est à l'heure du Festival qu'elle retrouve vraiment l'éminence des jours anciens, où sous le règne des sept papes, elle était devenue aussi capitale spirituelle de la Chrétienté, et capitale artistique de l'Europe. Il réapparaît alors entre ses remparts la foule accourue des quatre points du monde, et la Cour du Palais des Papes, rassemble à nouveau, dans une attente infinie, des cœurs passionnés et attentifs.

Qu'un entretien avec Ariane Mnouchkine soit placé sous le signe d'Avignon et de son Festival, qu'elle ait choisi, en une saison brûlante, le jardin du Rocher des Doms pour lieu de rencontre, n'est pas, à mes yeux, de la moindre signification. Entre ce chef-d'œuvre qu'est le Rhône à Avignon, et cet autre chef-d'œuvre qu'est le Palais des Papes, parler de la création artistique et parler de la mort, prend une résonance particulière. « Ces grands gestes de pierre qui nous réconcilient avec le temps », disait, à propos du Palais, Joseph Girard, un de ses anciens Conservateurs. Or c'est de la menace que la mort fait peser sur le temps qu'il sera question entre nous : menace d'oubli, menace d'anéantissement pour des œuvres humaines qui sont le symbole même de notre humanité. Et si j'ai pensé à Ariane Mnouchkine à ce propos, c'est justement parce que de tous les artistes contemporains, elle est celle qui a le mieux fait pour empêcher la mémoire humaine de sombrer, de céder au vertige fatal. Avec des créations « historiques » comme 89 et 93, elle a montré assez clairement son souci de sauver, à travers l'expression artistique, ces lieux de l'espace et du temps où s'inscrivent les destinées des hommes et des peuples. Il suffit de regarder son magnifique visage en forme de proue, ce regard à la fois tendre et ferme, pour comprendre qu'elle ne renoncera jamais à l'exigence de la perfection qui préside à toute destinée artistique. Ni à la liberté qu'elle implique. Et qu'elle se soit mesurée avec une aisance et un succès qui témoignent assez de son propre génie, à des créateurs comme Molière et Shakespeare, ne fait que confirmer cette certitude qui est la sienne, de pouvoir tout dire à l'homme d'aujourd'hui, à travers une œuvre théâtrale. Dans le dialogue pathétique entre la mort et la vie, elle s'inscrit, à sa manière, pour la vie ; pour une vie au delà de toute mort elle y inscrit son œuvre.

Quand je pense aux soirées que j'ai passées avec vous, je veux dire avec le Théâtre du Soleil, à Avignon ou ailleurs, je constate que mon existence est sortie un moment du courant des choses qui s'écoulent pour être aussitôt oubliées : vous m'avez fait vivre des moments d'immortalité. C'est pourquoi j'ai voulu poser avec vous la question de l'éphémère qui, sans cesser d'être de l'éphémère, devient cependant immortel.

Et pourquoi avez-vous décidé d'appeler cela immortalité ? Pourquoi ne l'appelez-vous pas un moment de bonheur ou de plaisir ?

Parce que je me souviens intensément de ces moments de bonheur, que ces instants ne sont pas morts et me donnent encore de la joie. Combien d'heures, même très heureuses de notre vie sont totalement effacées de notre mémoire ? Or le théâtre, le vôtre, a fait que des moments qui appartiennent au passé, qui sont donc morts, en même temps ne sont pas morts. Et c'est le sens, encore une fois, de ma question : vous avez été l'artisan d'instants immortels : qu'est-ce que cela signifie que l'art nous fasse pénétrer ainsi dans une autre perception du temps, dans une appréhension de l'inoubliable ? Vous pouvez certes me répondre que la question ne se pose pas, pour vous, en ces termes ; mais alors, justement, comment la poseriez-vous ?

Oui, mais ce souvenir va mourir avec vous, donc je ne pense pas qu'il s'agit là de moments d'immortalité, mais de moments, plutôt, où la mort n'a pas d'importance. Comment vous dire cela ? Je ne crains qu'une seule mort — à laquelle je ne pense d'ailleurs jamais — et c'est la mort de l'être aimé. L'autre mort que je redoute, et cette crainte est plus en rapport, peut-être, avec mon métier — du moins avec ce que je cherche dans mon métier —, est la mort des mémoires, la mort des peuples, des cultures. Contre cette mort, ou cette menace de mort, toute une partie de ma vie se révolte, j'oserai dire activement. Il s'agit de deux choses très différentes.

Peut-être pas : il s'agit encore d'un amour menacé, celui de l'humanité, celui des hommes et de leurs œuvres.

Oui, c'est vrai : on ne sait pas comment on vivrait sans l'être aimé, et il ne peut pas être question de « vivre sans ». Mais de même pour la mort d'une tribu, dans les Montagnes du Cambodge, dont on est sûr qu'on ne retrouvera même plus comment elle fabriquait ses maisons, si ce n'est parce qu'on possède trois livres d'un ethnologue français datant de 1918 : voilà quelque chose qui ne porte peut-être pas directement au suicide, comme peut le faire la mort de l'être aimé, mais qui m'inspire une espèce de terreur de la barbarie, une peur, non de la mort, mais de la nuit, de toute la non-conscience qu'elle représente.

De l'anéantissement, qui est un aspect de la mort ?

L'anéantissement, oui. Et quand vous dites que vous avez ressenti des moments d'immortalité, je ne l'accepte pas, et cependant je l'accepte, car ces moments sont peut-être immortels parce qu'ils s'inscrivent dans la lignée humaine, dans une histoire universelle. J'ai ressenti effectivement des choses de cet ordre avec certains spectacles que nous avons réalisés. Par exemple avec Méphisto. En 1933, un acteur s'est suicidé : il s'appelait Godchalkd. Il s'est suicidé au gaz, avec sa femme et son enfant, et j'en ai fait un personnage qui n'existe pourtant pas dans le roman. Je me souviens que je me suis « vue » alors écrire des choses imprévisibles. Je travaillais une scène, et tout d'un coup, j'ai vu ma main écrire que Myriam, sa femme, lui disait : « Tu verras, un jour, peut-être, des gens penseront à nous, et alors nous revivrons. » Je me suis mise à pleurer, parce que c'était exactement ce que j'étais en train de faire. Et tout d'un coup, ces gens-là revivaient pour moi, absolument ; tout d'un coup, ils n'étaient pas morts. Peut-être est-ce l'une des fois — je l'ai éprouvé aussi avec Molière — où je me suis le mieux rendu compte que notre art, plus qu'aucun autre, était par moments « réincarnateur ». C'est vrai, et d'une certaine façon, presque sacrilège, quelquefois. Le plus curieux, quand j'ai donné la scène aux acteurs, est qu'il se soit passé pour eux exactement le même phénomène : ils l'ont lue une fois, et tout d'un coup, ces gens disparus étaient parmi nous.

Comme si le théâtre, et l'art en général, n'acceptait pas que l'œuvre de la mort s'accomplisse. Il rend pour un soir, un visage à des personnages historiques, il leur prête une voix, et ils surgissent dans une sorte de présent intemporel, comme si la mort était vaincue. Un soir, Richard II est Georges Bigot, et Richard II n'est pas mort, mais Georges Bigot aussi, revêt du même coup une sorte de réalité immortelle.

Parce qu'il s'inscrit alors dans l'aventure humaine. Moi aussi je me sens faire partie d'une aventure humaine, de toute l'aventure humaine. Je me sens par exemple très émue quand je me balade dans le Médoc, que je vois, dans ce pays, la science de la nature poussée jusqu'à l'extrême. Devant ces vignes, avec ces rosiers au bord des vignes, on découvre toute une aventure du travail et de l'art. Et la façon dont l'homme a su faire naître cela, c'est mon histoire. Mais la mort de la tribu des Montagnes du Cambodge, fait partie également de mon histoire. L'idée qu'on puisse l'ignorer, y être indifférent, représente pour moi la pire des morts. Lorsque vous me disiez : Ariès affirme que la Civilisation ne meurt pas, c'est certainement la pensée la plus optimiste que je connaisse. Par moments, je crains que ça ne soit pas vrai, je redoute l'irréparable.

Mais vous êtes cette mémoire. Quand on visite un monument historique, le guide vous dit souvent : il y a un siècle ou deux, on n'y prêtait aucune attention ; on l'a même laissé se détériorer ! Les arènes de Nîmes, par exemple, ont servi de carrière pour les constructions avoisinantes : des gens créent, d'autres décréent, pour ainsi dire. Il est vrai qu'il dépend de nous de laisser ou non mourir ces témoins d'une autre humanité que la nôtre. L'histoire joue ce rôle de mémoire, mais l'art davantage encore. Quand vous mettez en scène 1789, n'est-ce pas de cet ordre ? Votre œuvre n'a-t-elle pas alors ce pouvoir « réincarnateur » dont vous parliez ? L'art immortalise parce qu'il empêche de mourir tout à fait.

Oui. Et c'est vrai plus encore de 1793, qui fut un spectacle beaucoup plus difficile à réaliser, et que je préfère. Les personnages, nous les avons à la fois découverts dans des livres, puis chaque comédien, chaque comédienne les a réinventés, tout en s'inspirant d'ailleurs, d'une grand-mère ou d'un grand-père ou d'un grand-oncle. Je trouve qu'il y avait là des moments de vraie résurrection pour certains êtres qui ont vécu dans cette situation, et ont été à cette époque l'avant-garde du peuple.

Ce que vous dites de 93 et ce que vous dites du Médoc est évidemment du même ordre : il y a une mémoire des hommes, et l'art la prend en compte.

Je parlais du Médoc parce que j'en reviens : j'y ai pris des vacances pendant quelques jours, et je suis allé revoir ces petits châteaux, cet estuaire, etc. A la personne qui était avec moi, j'ai dit l'émotion que j'éprouvais, ou plus exactement l'admiration, que je ressentais devant cette transmission des choses.

La permanence ?

Oui. Mais que j'éprouve aussi à Bali, quand je vois les rizières dont le système d'irrigation est le plus sophistiqué du monde. Or c'est du bambou. La façon dont les choses sont maîtrisées par l'homme dans la nature, on la retrouve dans l'art. Finalement, ce que nous ressentons devant des rizières, ou des vignes, ou une belle forêt plantée il y a deux siècles, est du même ordre que ce que nous ressentons devant une œuvre d'art : quelque chose que l'homme a sauvé et qui sauve l'homme. C'est vrai qu'il n'y a pas actuellement de premiers ministres faisant planter, comme Colbert en son temps, une forêt pour la flotte de l'an 1980 ! C'est un esprit de la politique qui n'existe pas aujourd'hui.

Le sens de la durée ?

Oui. Le sens des responsabilités vis-à-vis des générations futures.

Cette sorte de solidarité universelle des hommes, dans le temps comme dans l'espace, est ce que j'entends aussi quand je parle de l'immortalité. Un tombeau témoigne qu'un homme a vécu avant nous et se rappelle à notre mémoire. Si ce tombeau est une œuvre d'art il témoigne en outre que cet homme a fait confiance à la beauté pour se sauver tout à fait de la mort. A travers vos créations, et dans le théâtre en général, ou la danse, je ressens à la fois le fugitif...

Oui ; le théâtre est ce qu'il y a de plus éphémère.

Vous mettez tout dans un soir. J'aime beaucoup ce que disait, en substance, la philosophe Simone Weil : « il n'y a de réel que l'instant et l'éternité ». Le passé est fini, l'avenir n'est pas encore et ne sera peut-être jamais : il faut faire en sorte que l'éternité soit dans l'instant. Quand je parle d'instants immortels, je pourrais dire

« éternels ». Ce qui frappe, c'est, à la fois, l'éphémère du théâtre et l'éternel auquel il ouvre.

Si dans une salle de six cents personnes, deux enfants ou trois adolescents reçoivent de cela une émotion et un appel suffisant, eh bien ce n'est déjà plus fugitif : c'est transmis. Et peut-être que de cela, eux-mêmes tireront autre chose, une œuvre humaine. C'est la seule conception que j'ai de la culture : garder une flamme allumée, dans une époque qui est probablement barbare. Nous ne le savons pas exactement, parce que nous sommes dedans. Nous ne savons pas à quel point nous noircissons ou non les choses ! Et puis en ce moment nous sommes dans ce jardin tranquille, où rien n'est barbare. Mais autour de nous le monde est barbare.

Et l'on sait qu'il pourrait l'être plus encore, y compris ici.

Voilà. Et si un spectacle, dans un moment fugitif comme vous le dites, a amolli, attendri pendant quelques instants le cœur de quelques-uns, les a rendus perméable à la pensées et à l'amour des êtres humains, à l'amour de l'histoire humaine et de notre planète, alors je crois qu'à ce moment-là, on ne peut pas demander plus. Bien sûr, c'est le fugitif. Certains, non seulement visent plus, mais atteignent plus : les grands écrivains, les grands architectes, les grands penseurs, qui, eux, font effectivement une œuvre immortelle. Shakespeare trouvera toujours, pendant mille ans, deux mille ans, quelqu'un qui le fera revivre, mais c'est lui, en réalité, qui fait revivre. A propos du théâtre, vous évoquez ce qu'effectivement moi aussi je ressens parfois lorsque je vois un acteur ou une actrice décoller, quand je le sens s'ouvrir, et qu'il est en train, sur scène, de devenir un homme, qu'elle est en train de devenir une femme. Il y a en eux quelque chose qui accouche, et c'est mon rôle de les accoucher. Ce sont en effet des moments où je nous sens nous inscrire comme un vigneron parmi les vignerons, une paysanne parmi les paysans, ou un savant dans la lignée des savants. Cela, oui. Néanmoins il y a pourtant une mort qui peut, pour moi, interrompre tout, absolument : celle de la personne qui m'est indispensable.

C'est vrai pour tous ceux qui aiment. Mais justement, quand nous entrons si profondément dans cette conscience de l'humanité, à l'aide de la création et de l'art, n'est-ce pas pour exorciser la mort impossible à accepter, pour l'ouvrir à quelque chose d'autre qui semble nous délivrer ? Je me souviens d'avoir tenu ce genre de propos à des amis artistes qui traversaient une épreuve personnelle de l'ordre de celle que nous évoquons : « Vous avez votre art pour vous sauver », leur disais-je. Pensez-vous qu'il est permis de dire vraiment cela ? Est-ce qu'on peut affirmer par exemple : même de la mort de l'être aimé, nous sommes sauvés par un acte de création artistique ?

Je ne crois pas que c'est l'art qui sauve en ce cas, mais plutôt la façon dont on le fait. Ce qui compte pour moi, dans le Théâtre du Soleil, c'est la façon dont nous faisons du théâtre, dont nous avons choisi une certaine éthique théâtrale, une certaine éthique de vie, etc. C'est un peu un lieu d'ascèse, si vous voulez, pas ascétique au sens strict du mot, mais un lieu où l'on sait qu'il existe certaines lois. Pour moi, je sais que ce climat est indispensable, parce ce que je trouve ce monde très prostituant pour les artistes. On peut rester artiste, mais se prostituer. C'est une position morale, je dirai presque moralisatrice de l'art, mais c'est la mienne. Que ce travail, dans une période de grand chagrin, sauve : oui. Je pense que c'est vrai, et je l'ai vécu. Mais ce n'était pas de mort réelle qu'il s'agissait, une perte seulement. La mort ? Je ne sais pas. Je ne sais pas ce qui se passerait avec la mort de l'autre. Ce serait le pire, donc je crains le pire. Je ne vous dirai pas : le travail, la création me sauveront ; je n'en sais rien. Je ne sais pas où je trouverais les forces nécessaires.

Il arrive au spectateur qui se trouve lui-même dans une situation comme celle que vous évoquez, que la parole la plus intime à son malheur soit tout à coup celle qu'il entend dans un théâtre. Je me souviens qu'ici, justement, au Festival d'Avignon, l'an dernier, j'étais sorti un moment pendant un spectacle qui durait toute la nuit, et j'ai entamé une conversation avec un jeune homme qui venait à Avignon pour la première fois. Son frère, technicien dans une troupe, l'y avait poussé, parce que quelques semaines plus tôt, il avait été abandonné par sa femme, quinze jours après leur mariage. C'était un garçon très simple, très net, et il avait reçu ce coup comme une avalanche : il n'en revenait littéralement pas qu'elle soit partie avec un autre. Il m'a raconté tout cela d'un trait, justement parce que le spectacle venait de l'attendrir, comme vous le disiez tout à l'heure, de lui ouvrir le cœur. Parler à un inconnu, au milieu de la nuit, tout à coup le délivrait un peu plus encore. Je ne l'ai jamais revu, mais j'ai senti qu'il venait de pousser une porte en lui-même, de libérer, non seulement une parole, mais un peu sa vie.

Ce lieu de communication publique qu'est le théâtre, vous parle à vous seul quand il parle pour tous et en présence de tous. Mais n'est-ce pas la vocation même de la création artistique ? Vous réveillez l'éternité non seulement dans le fugitif et l'éphémère, mais dans le spectateur anonyme, qui est dans le noir, avec sa peine ou sa joie, et qui est seul. Nulle part ailleurs, sinon dans l'amour, on ne sent davantage que le temps est ouvert à l'éternité.

Oui. Mais il faut accepter que l'éternité ne soit pas la nôtre. Pour moi, les moments où je ressens l'éternité — enfin, l'éternité... —, sont ceux où non seulement j'accepte, mais je suis joyeuse d'accepter d'appartenir à cet univers.

Peut-être le mot joie est-il le mot clé ? Même dans le malheur, quand une œuvre nous touche et dénoue quelque chose, c'est un mouvement vers la joie. Peut-être est-ce là l'éternel dans l'art ?

Oui. Mais l'on ne peut penser à sa propre éternité, comme si on était le centre. Tout à l'heure, vous me disiez que les cellules cancéreuses sont les seules à être immortelles, ce qui pourrait nous faire réfléchir sur le mythe du phœnix, et nous confirmer qu'il faut des cendres d'où renaître, qu'il faut mourir pour revivre.

Et si l'on tue votre théâtre ? Ce n'est, bien sûr, qu'une hypothèse, mais hélas toujours plausible.

Mais oui. Qu'est-ce qui se passe en Russie, en ce moment ; qu'est-ce qui s'est passé dans l'Allemagne nazie ? Que voulez-vous que je vous dise, sinon que je serais profondément malheureuse.

Ce qui est visé et qu'on veut tuer, est justement ce qui ne meurt pas.

Bien sûr. Mais je prendrais ma place, à ce moment-là, parmi des milliers d'artistes à qui c'est arrivé. Qu'on a tué aussi dans les mémoires. En travaillant sur Méphisto, j'ai découvert des gens dont je n'avais même pas entendu le nom. Et j'ai appris, finalement, que l'art allemand, c'était eux, mais qu'on les avait supprimés. Si on me mettait dans une prison, je serais comme tous les êtres en prison.

Mais c'est plus que vous et votre vie personnelle qui seriez atteintes dans cette interdiction de vous exprimer. C'est nous qui serions réduits aussi au silence. Mais il n'est pas toujours nécessaire de mettre les gens en prison pour tuer, pour réprimer cette dimension de l'œuvre humaine.

Oui. C'est drôle que vous disiez cela, parce qu'il peut se produire en effet qu'on ne m'interdise pas, mais que je sois plongée dans une société, ou sous un régime dans lequel je ne puisse plus et même ne veuille plus travailler. Le théâtre aura toujours plus ou moins besoin de l'aide de l'Etat, et il se peut que l'Etat soit tel qu'on ne puisse plus, sans pourrir, avoir avec lui le moindre contact, comme cela s'est passé en Allemagne. Alors je ne ferais plus de théâtre. Il se peut que des gens comme nous, si la France ou l'Europe cessaient d'être, disons démocratiques, en soient réduits là. Mais à ce moment-là, d'autres choses, ailleurs, se passeraient toujours. D'autres témoins se lèveraient.

« Cet ardent sanglot qui roule d'âge en âge, et vient mourir au bord de votre éternité », *comme dit Baudelaire. Mais c'est lui aussi qui parle des phares, dans le même sens où tout à l'heure vous disiez que dans la nuit il reste quelque chose d'allumé. Le choc que l'on reçoit à la pensée que tel et tel, — Vaclav Havel par exemple — ne peut plus écrire, ne peut plus créer, est aussi fort, en soi, qu'une de leurs pages d'écriture. Aussi fort que le suicide de tel auteur romain qui ne veut pas céder à la tyrannie du pouvoir. Et ne pas y céder intérieurement ; ne pas pactiser avec elle.*

C'est ce qui me fait le plus peur. Etre interdit, c'est simple, finalement. Je ne veux pas dire que ce soit facile, mais enfin, on sait où l'on en est. Mais être acheté, sollicité...

Etre compromis sans qu'on le sache.

Oh, je crois que ce n'est jamais le cas. Quand on est compromis, on le sait.

Mais on peut se réveiller six mois plus tard...

En ayant fait des bêtises ? Mais il est temps de réparer, à ce moment-là. Je ne parle pas des bêtises ou des défaillances, je parle d'une compromission active. Cela est la mort, la mort de sa propre image.

Où l'on cesse de témoigner de l'immortel pour céder à la pression du jour, quelle qu'elle soit ?

La vie, ce n'est pas seulement vivre, mais vivre pour quelque chose. Si ce quelque chose n'est plus, la vie n'est plus.

A la fois un projet et une identité. On peut perdre son projet et garder son identité : on n'a pas tout perdu, alors ?

Est-ce qu'on le perd vraiment ? Je ne pense pas que Vaclav Havel ait perdu son projet. Il est ligoté, torturé, mais son projet, il l'a gardé, et même, son projet, c'est ça. Son projet : il le vit.

Oui ; bien sûr. C'est cela même qu'il tentait de toucher ailleurs, dans l'écriture : l'irréductible de l'homme.

Voilà. D'une certaine façon, il est lui-même son projet. Mais je crois que celui qui s'est vendu, en tout cas, a changé de projet. Alors, à quoi bon vivre ? S'il n'y a pas d'aventure — et j'emploie volontairement le mot —, à quoi bon exister ?

On pourrait appliquer à la vie le mot que Socrate a prononcé à propos de sa mort. Quand il va boire la cigüe, que ses disciples essaient de le convaincre de s'enfuir — ils ont les moyens de l'y aider —, il leur répond : « Non. Je veux courir le « beau risque de l'immortalité », puisque j'ai été condamné à mourir. » Avant de l'appliquer à la mort, on peut très bien l'appliquer à la vie, et courir le beau risque d'exister comme une aventure d'immortalité.

Il y a des gens privilégiés, de ce point de vue. Avoir un projet, c'est déjà posséder un privilège : savoir qu'il est possible d'avoir un projet est déjà un luxe.

Mais ce que vous disiez du Médoc et de ses vignerons, ce que vous avez fait de 93, de même que l'œuvre des bâtisseurs de cathédrales, fait sentir très profondément que ce privilège peut être partagé avec beaucoup sans être altéré ni diminué. N'est-ce pas justement le signe d'un art immortel, qu'il puisse être le lieu d'une communication qui n'appartient à personne mais à tous ? Planter des rosiers au bord des vignes, c'est un signe et un témoignage. Vous ne parlez pas directement des rosiers, mais vous transmettez autrement le message que vous avez reçu d'eux. Il est peut-être présent dans la manière dont un comédien s'exprime...

Absolument. Comme les moulins à eau, au Cambodge ou à Bali, qui sont en plus des instruments de musique. Des gens ont passé des heures et des semaines à faire quelque chose « d'inutile », entre guillemets : ce n'est pas parce qu'ils y a quelques grelots de bambous sur ce moulin à eau qu'il remplit mieux son office ! Mais en fait, bien sûr qu'il le remplit mieux.

Avec les rosiers au bord des vignes, c'est la présence de la beauté et du sacré, quelque sens qu'on donne à ces mots.

« *Berçant notre infini sur le fini des mers* » *dit Baudelaire. Il m'arrive d'entendre : berçant notre infini sur le fini de l'art. C'est notre infini qui le remplit d'infini. Le sacré, ce qu'il ne faut laisser ni altérer ni mourir en l'homme, l'art en témoigne : les rosiers au bord des vignes. En ce sens, il lance un appel à l'être humain, à dépasser les limites de sa propre vie et de sa propre mort, de ne pas laisser mourir en lui cette part de lui-même qui plante des rosiers au bord des vignes.*

Oui. L'art est minuscule ; mais il est immense parce qu'il est cela. Minuscule : je veux dire sans armes. Mais plus irréductible que les armes.

La réponse du bouddhisme :

PAUL ARNOLD

Paul Arnold est un Occidental, très exactement un Alsacien, et son adhésion au bouddhisme n'est pas héritée d'une tradition familiale orientale, mais le fait d'une démarche personnelle, d'une « conversion ». Il en a conté l'itinéraire en plusieurs ouvrages passionnants, notamment ce *Avec les Lamas tibétains*, publié en 1972 et qui connaît une audience importante. Homme de réflexion et de méditation, il est toujours ancré cependant au cœur de l'actualité immédiate. Préoccupé par la propagation d'une philosophie en laquelle il voit une contribution capitale au salut et au bonheur des humains, il a fondé à Paris en 1975 une Union bouddhique d'Europe à laquelle adhèrent aujourd'hui les Unions nationales de douze pays européens avec l'ensemble de leurs groupes bouddhistes. Aussi son originalité tient-elle au témoignage qu'il a bien voulu reprendre ici dans une perspective renouvelée : sa « foi » bouddhiste, confirmée au long des années, et la culture considérable dont s'est alimentée son adhésion spirituelle. Il m'a semblé nécessaire de donner à la réponse du bouddhisme à la mort sa place dans ce livre. De toutes les manières que l'humanité a de répondre à son adversaire irréductible, elle est certainement l'une des plus anciennes, certes, mais aussi des plus cohérentes. Le regard bouddhiste sur la mort ne se résout pas à ne voir en elle qu'un simple jeu moléculaire ; il tente de relever ce défi et de chercher le signe d'autre chose, de l'esprit, dans ce qui paraît l'anéantir.

Il opte pour la vie. Et la belle propriété où Paul Arnold m'accueille, posée au flanc d'une colline de Menton, ouvre justement sur une image superbe de la vie naturelle, sur son mystère, que la triomphante nature méditerranéenne rend plus brûlant et plus cru.

Je ne viens à vous qu'avec une question. Elle est la mienne, mais celle aussi de la plupart des hommes à une heure ou à l'autre de leur vie. La mort, dans sa brutalité, est une fin. Apparemment, tout s'arrête là, pour l'autre que nous aimons, et pour nous-mêmes. Nous ne sommes plus, nous sommes partis, comme on le dit ; nous avons quitté ce monde, et toutes sortes de désespoirs se nouent sur cette expérience douloureuse. Or, pour vous, bouddhiste, la mort n'est pas une fin ?

Non. Elle est tout au plus une transformation. Les choses ne s'arrêtent ni physiquement, ni psychiquement, au moment de ce qu'on appelle vulgairement la mort. Il n'y a pas, au départ de l'être, la création de quelque chose, mais chaque être est déjà issu de quelque chose, résultat de formations conditionnées selon une loi de causalité ; il est donc une continuité, un continuum, qui a ses cycles et qui a également ses perpétuelles mutations. L'idée même d'un être qui soit définitivement individualisé n'est pas bouddhique. Il y a bien un « individu » momentané...

Une étape, en quelque sorte, d'une histoire qui continue sous une autre forme ?

Une apparence éphémère. Des apparences successives qui, évidemment, prennent une enveloppe, mais momentanée. Cette enveloppe n'est finalement qu'un instant dans une continuité qui n'est du reste pas nécessairement éternelle, puisqu'il existe tout de même une fin possible aux cycles : la réalisation de l'état nirvanique, état permanent, définitif, désormais sans mutations, le nirvāna. Dans cet état qui peut être réalisé dès cette vie, l'être n'existe plus en tant qu'individu. Cette réalisation qui n'est pas aisée, et qui ne se fera pas à l'issue d'une seule renaissance — nous parlerons tout à l'heure de cette idée de renaissance qu'il ne faut pas simplifier —, a pour effet d'empêcher un retour à l'existence terrestre. C'est quand on a compris qu'il n'y a pas d'êtres individuels, mais des agrégats appelés à se dissocier, c'est à ce moment-là que la transformation définitive du terrestre ou samsarique au nirvanique peut s'opérer. Donc, mort, en soi, ne signifie rien.

Parce qu'alors, vie, d'une certaine manière, ne signifie rien : l'apparence de l'une entraîne effectivement l'apparence de l'autre, la dilution de l'une la dilution de l'autre, au moins dans la pensée. Mais pourquoi la mort est-elle cependant vécue dans une conscience humaine comme la mort d'individus irremplaçables ?

Parce qu'elle est la fin d'un agrégat défini mais momentané auquel nous nous sommes attachés comme à une illusion, l'illusion d'un « moi » individuel parfaitement éphémère.

Vous pensez donc que notre regard sur la mort est plus important que la mort elle-même ? Si nous savions la regarder sous un certain angle, elle ne serait pas cette brutale disparition qu'elle paraît à première vue, et qui effraie tellement les Occidentaux quand ils perdent l'un des leurs ou quand ils se perdent eux-mêmes ?

Je vous arrête sur le mot « occidental ». Je ne pense pas que le bouddhisme soit, en son essence, une découverte du seul Orient. Je suis occupé à des recherches depuis nombre d'années, pour démontrer — preuves en main — que les principes fondamentaux du bouddhisme se retrouvent dans le pythagorisme-platonisme antique, sur lequel vit encore la culture occidentale. Dans un livre qui vient de paraître, *Le Mystère basque dévoilé*, je démontre que longtemps avant les Grecs, les principes fondamentaux du pythagorisme existaient en Méditerranée, spécialement en Crète, d'où sont sortis les Basques, selon moi. Par conséquent, c'est le substrat d'une religion eurasienne, dont le pythagorisme d'un côté, le bouddhisme de l'autre, sont des résurgences. Il ne s'agit donc pas d'une religion uniquement orientale.

Je remarquais simplement qu'il ne s'agit plus, aujourd'hui, d'une religion occidentale, et que l'Occident, quand il lui en reste une, la nomme autrement.

En tout cas, l'idée d'êtres déterminés au départ, et déterminés au-delà de la mort, est totalement étrangère au bouddhisme. Bien sûr, quand je parlais d'apparence de vie terrestre, il ne faut pas s'imaginer que nous nions la réalité de ces formations momentanées. Elles existent, nous leur donnons un nom qui commence au moment d'une naissance terrestre, un nom qui s'achève au moment de la mort terrestre.

Mais alors, une certaine identité individuelle subsiste. Le multiple, en dehors du nirvāna, témoigne bien qu'il y a des identités irréductibles les unes aux autres, et qu'un chien n'est pas un cheval ?

Elle existe pour autant qu'un être est un agrégat impermanent d'éléments physiques et psychiques qui apparaissent et disparaissent, et donc sont l'objet d'un instant. Instant qui peut durer un certain nombre d'années. Une fois survenue la mort physique, une dissociation s'opère, et d'autres formations conditionnées se constituent un laps de temps qu'il n'est pas possible, à mon avis, de déterminer. Il y a sur ce point des distinctions de doctrine. Pour moi, « l'être » nouveau, ensemble de certains agrégats de l'être qui vient de mourir et d'éléments d'autres êtres morts il y a longtemps ou issus de la nature, le nouvel « être » ne se fait pas nécessairement dans les quarante-neuf jours de la mort, comme disent certains textes bouddhiques. « Quarante-neuf jours » est, pour moi, un simple concept de périodes ou de phases, cycles qui peuvent durer des centaines et même des milliers d'années, jusqu'à ce qu'un autre être renaisse. D'ici là, ces divers agrégats flottent, en quelque sorte, à la recherche d'une nouvelle naissance.

Les biologistes ne sont pas loin de soutenir des thèses semblables aux vôtres, évidemment limitées au plan physique. La dilution des individus dans l'espèce, et des cadavres dans la nature, est un peu du même ordre, avec la possibilité, pour des atomes libérés par des corps morts, d'entrer dans de nouvelles compositions vivantes. Dans l'ordre biologique aussi — et le marxisme s'y réfère explicitement —, la vie renaît de la mort.

Seulement, la grande différence entre l'hypothèse des biologistes et la doctrine bouddhiste, c'est que — vous l'avez d'ailleurs rappelé — nous n'envisageons pas seulement un monde physique. Pour ne pas rester dans une ambiguïté fatale à notre conversation, retenons clairement ceci : vous raisonnez en termes chrétiens de corps individuel appartenant à la terre et d'âme également individualisée tout le long de son histoire et dont les destinées peuvent conduire jusqu'au ciel après la mort physique. Mais le bouddhisme distingue, d'une part, un corps momentanément individualisé dont l'esprit, le moi apparent, le psychisme, est un simple élément et qui reste dans la sphère impermanente du « terrestre » ou samsara, et, d'autre part, une, disons, essence non individuelle — qu'on ne peut donc, déjà pour cela, appeler âme —, aspect bouddhique ou nirvanique des êtres, dont nous participons tous, qui est notre véritable nature, permanente, stable, sans début ni fin, non soumise, elle, à la mort et aux renaissances successives des agrégats ou formations ou productions physiques et psychiques, aspect que, du reste, le Bouddha n'a jamais décrit positivement, parce qu'il est ineffable comme le nirvāna dont il procède. C'est pourquoi, en réalité, quand on regarde les choses de près, la distinction qu'on fait, généralement d'une façon un peu brutale, entre le bouddhisme, athée puisqu'il ne parle pas de Dieu, et une religion théiste, est, en réalité, moins tranchée.

Pas si l'on considère une religion du Dieu-Personne, du Dieu Personnel s'adressant aussi à des personnes. Mais sans doute la dilution de l'individu-homme est-elle liée à la dilution de l'individu-Dieu, si j'ose dire, comme l'affirmation de l'un est liée à l'affirmation de l'autre, au moins dans le christianisme, où la Trinité est même Dieu en trois Personnes.

Mais essayez de définir Dieu : vous n'y arriverez que par des négations. Il n'est ni ceci, ni cela... Eh bien, c'est ainsi que Bouddha définissait l'état nirvanique. Celui-ci est en réalité en nous. Nous disons que notre véritable nature est bouddhique. L'illusion sur laquelle nous vivons tous, que notre nature profonde se confond avec les données immédiates de l'expérience, est responsable de cette erreur qui nous empêche de voir l'essence nirvanique en nous, quoiqu'elle soit de tout temps présente. C'est pour cela que nous disons que nirvāna et samsara sont deux aspects d'une seule et même réalité.

Une sorte d'immense tout, où les distinctions que nous avons l'habitude d'opérer à partir du sensible mais aussi de la Révélation biblique n'ont alors plus cours, mais sont remplacées par d'autres ?

Tant qu'il y a distinctions, il y a illusion.

Mais je voudrais préciser que, lorsque nous parlons de Dieu, dans le christianisme, par exemple, et non seulement à travers Jésus-Christ, seconde personne de la Trinité, mais à travers l'Ancien Testament ; ou encore lorsque nous parlons du Dieu des philosophes, du Dieu intelligible à la Raison — ou sinon Lui, du moins son existence —, nous ne faisons pas que le définir par ce qu'il n'est pas. Si la réalité de Dieu dépasse infiniment les définitions que nous pouvons en proposer, et si, avec Grégoire de Naziance, nous pouvons dire : « Dieu, c'est l'au-delà de tout », en particulier de nos définitions, il reste que nous croyons en Celui qui s'est nommé : « Je suis Celui qui Suis. » Si les Juifs, comptables de la Parole, ont pourtant perdu le vrai Nom de Celui qui leur avait révélé Son Nom — Nom d'ailleurs imprononçable —, il reste aussi que Dieu se nomme l'Amour, et qu'il s'agit encore d'une définition positive. Ou qu'il se nomme Esprit-Saint. Mais, bien entendu, par laquelle Dieu n'est jamais totalement limité. Dieu est présent partout, mais n'est limité par rien. Et le Christ se définit également d'une manière positive quand il dit, entre autres paroles : « Je suis la Voie, la Vérité, la Vie. » Quand on parle de l'absolu, de l'infini, du transcendant, on sait bien qu'on ne peut pas définir Dieu mais l'infinir, si j'ose dire, indiquer la direction de son « au-delà de tout ». C'est dans une direction d'infinition qu'on définit Dieu : nous lui donnons un Nom, mais nous savons que sa Personne dépasse tout nom.

L'idée d'au-delà de tout est nécessairement implicite dans ce que j'ai dit, puisque nirvāna est au-delà du définissable et que la négation ne rejette que ce qui se circonscrit, donc est limité. Nirvāna n'est pas néant mais « ni être ni non-être », a dit le Bouddha, entendant ainsi un état qui EST au sens où l'homme peut concevoir et exprimer. L'être une fois nirvané, c'est-à-dire ayant reconnu l'illusion en définitive de son individualité momentanée, participe de la véritable et pleine vie, l'état bouddhique ou nirvanique, notre véritable nature que le théiste appellerait divine et que nous appelons simplement ultime. La distinction Dieu et homme est pour nous dénuée de sens, comme il serait erroné de dire que nous tenons l'homme nirvané pour Dieu. Quelqu'un ne m'a-t-il pas dit un jour qu'il a bien compris : nous sommes panthéistes ! Notions inapplicables au bouddhisme.

J'entends bien que ce qui concerne l'apparition et la disparition des « êtres » ne concerne pas la réalité mais l'apparence, l'illusion. Il me paraît d'autant plus important de cerner davantage, à propos de la mort, l'idée de « métamorphose ». Est-ce qu'il s'agit d'une même individualité, d'un même noyau, qui change de forme à travers des existences successives, ou, chaque fois, s'agit-il d'un individu nouveau, d'un agrégat inédit et qui ne prolonge pas l'histoire d'un précédent agrégat, comme nos enfants sont à la fois nous-mêmes, et plus nous-mêmes. Que signifie, pour l'apparence d'individualité que nous nous croyons, la métamorphose, et que fait-elle de nous ?

Ce que vous appelez métamorphose, c'est la transmigration : elle ne concerne que les formations momentanées. Le faisceau de désirs, d'attachements, d'actes et de volitions bons ou mauvais qui constituent le *karma* et son support, continue à agir après la mort, s'il n'a pas été canalisé et dominé durant l'existence terrestre ; il cherche à se réaliser, donc à renaître en s'associant avec d'autres agrégats ou éléments dispersés dans l'univers. L'être nouveau n'est donc pas identique au précédent mais offre au karma une nouvelle chance de s'épuiser, aux désirs une nouvelle chance d'être dominés, donc un perfectionnement possible. Autrement dit, la « mort » n'est pas une fin brutale, le « mort » ne voit pas son destin terminé : il y a non seulement une continuité mais un perfectionnement possible qui peut amener la claire vision de notre nature bouddhique et donc la délivrance finale.

Ou une chute possible : notre destin, au lieu de se jouer en une seule « existence » individualisée, comme l'affirme le christianisme, se rejoue indéfiniment tant qu'il n'a pas atteint son but ?

Ou une chute. Mais la chute est elle-même l'amorce d'un nouveau perfectionnement, car lorsqu'elle se produit, c'est-à-dire une renaissance dans une condition pire, c'est en définitive la conséquence du mal fait dans cette vie et dans les vies antérieures. C'est l'épanouissement du karma, mais qu'on épuisera peu à peu, parce qu'on peut l'infléchir vers le meilleur à force de volonté de bien, essentiellement d'altruisme.

Il n'y a donc pas d'enfer, c'est-à-dire de condamnation éternelle ? Mais alors, la responsabilité est bien individualisée, même quand la direction invincible reste cette sorte d'immense perfection anonyme ? Il y a tout de même des hauts et des bas pour des agrégats momentanés, qui ne sont pas tous à la même altitude spirituelle, et qui se distinguent bien les uns des autres, par le bien ou le mal qu'ils accomplissent, la souffrance ou le bonheur ?

Dans leur forme éphémère ou impermanente d'agrégats en perpétuelle mutation, passant d'un corps à un autre et dont il importe justement de reconnaître la nature transitoire distincte de notre nature réelle purement nirvanique. J'ajoute d'ailleurs que la transmigration, comme tout le reste de la doctrine, n'est pas une croyance révélée ou non, mais une expérience vécue par le Bouddha et ses grands disciples passés ou présents. Pour l'aspect samsarique, périssable, la souffrance est la meilleure école : elle fait comprendre à l'homme où conduit son erreur. Sous cette impulsion il peut redresser la courbe de son karma et finalement rejeter l'illusion du « moi » transitoire qui le retient prisonnier de ses erreurs passées, accumulées dans cette vie et dans ses vies antérieures.

Pourtant, avons-nous le souvenir de ces erreurs passées que nous aurions commises ? Dans le cours de notre existence, nous savons bien où nous avons commis une faute, où nous avons trébuché et manqué envers les autres ou envers nous-même, mais nous n'avons pas vraiment le souvenir de l'avoir fait dans une existence antérieure.

Le souvenir clair n'est pas nécessaire pour redresser nos erreurs. L'enseignement bouddhique nous apprend les effets du karma, cause de nouvelles douleurs. Le souvenir clair est plus percutant, c'est tout. Certains êtres évolués ont ce souvenir ou peuvent le retrouver. Les pythagoriciens avaient même une méthode pour y parvenir. De même certains bouddhistes qui ont atteint les degrés élevés de la mysticité, comme le Bouddha lui-même. A un moment donné, ils aperçoivent leurs vies antérieures, de même qu'ils aperçoivent leur vie future. L'évolution des incarnations successives peut être momentanément défavorable, mais tout être — et pas seulement humain — peut connaître une évolution favorable et prendre conscience finalement de sa véritable nature nirvanique. Peut-être au bout de millénaires, mais tout aussi bien au bout d'une seule vie. C'est là qu'intervient évidemment l'apprentissage de la doctrine exposée ou vécue à travers les préceptes moraux, la connaissance de la loi de causalité des productions impermanentes, de l'épanouissement du karma, de la pratique de l'altruisme, des techniques de méditation, etc., qui éveillent peu à peu l'être profond par-delà le « moi » apparent.

Demeurer dans une sorte de condition individuelle serait donc le signe de l'infériorité plutôt que de la supériorité ? L'individualité est vécue comme une épreuve, et l'accomplissement de l'être serait justement de perdre cette identité pour entrer dans le nirvāna ? Ce n'est pas une renaissance indéfinie que propose le bouddhisme ? Le titre de ce livre étant : « La mort, un terme ou un commencement », il faudrait plutôt, dans le sens de votre réponse, dire qu'elle n'est pas une fin, mais pas davantage un commencement. Elle est plutôt un recommencement perpétuel, tant que l'on n'a pas mérité d'entrer dans le nirvāna ?

On « n'entre » pas au nirvāna comme on entre au paradis. Le nirvāna est, je le répète, un état qui peut être atteint dans cette vie même, par celui qui a jugulé tout désir, qui en connaît l'*extinction.* La conséquence en est qu'il n'est plus soumis à renaissance ; il est sorti du cercle dans lequel nous restons prisonniers aussi longtemps que nous n'avons pas réalisé cette extinction en dissipant l'illusion que notre corps et ses tendances sont notre véritable nature, et en prenant conscience de notre nature réelle. Et cette prise de conscience n'est pas affaire de « mérite » dont on le ferait bénéficier, mais la conséquence logique de l'effort de compréhension. Autrement dit le bouddhiste est seul responsable et il s'assume lui-même. Le Bouddha n'a fait que montrer la manière d'atteindre la prise de conscience de notre nature bouddhique ou nirvanique.

Mais ce que vous appelez nature bouddhique, n'est-ce pas encore une sorte d'identité ?

C'est l'aspect nirvanique, dont nous participons tous et qui n'est pas individuel. L'aspect nirvanique est en nous : le tout est de le reconnaître. Nous définissons finalement l'enseignement bouddhiste comme une simple prise de conscience de notre situation dans l'univers, de notre nature bouddhique. Cette prise de conscience peut se faire tout à coup, à l'issue de très nombreuses renaissances successives, comme elle peut se faire très progressivement. C'est déjà une grande chose, pour un bouddhiste, que d'avoir atteint un stade tel qu'il peut espérer, dans une ou deux vies encore à venir, arriver à l'état nirvanique. Le Bouddha historique était lui-même à la fin d'une longue évolution. Il a vu des centaines et même des milliers de vies antérieures de son être samsarique, toujours avec cette particularité qu'il ne s'agissait pas strictement du même individu, mais d'un noyau qui s'agrège d'autres agrégats, par conséquent d'un autre être, mais qui avance dans une voie de plus en plus bénéfique pour lui.

Mais, encore une fois, il s'agit tout de même d'un noyau unique, c'est-à-dire d'une identité qui se survit à toutes ses transmigrations ?

Ce noyau qui transmigre, c'est justement le karma non épuisé et ce qui le conditionnait : l'ensemble ou partie de nos tendances, de nos désirs si fortement attachés à leur réalisation qu'ils cherchent un nouvel exutoire, une nouvelle existence avec l'apparence d'une personnalité stable et permanente. Cela continue tant que nous n'avons pas su faire taire nos penchants, les dominer, comprendre leur absurdité, les « éteindre » en nous. La Voie bouddhique est la Voie de l'Extinction. L'extinction des désirs entraîne l'extinction de l'être samsarique. Observez qu'on n'y atteint pas au moyen du suicide : le suicide suspend le processus sans interrompre la chaîne karmique qui agira inévitablement après la mort physique et amènera une renaissance nullement meilleure puisque chargée de tout le karma non épuisé. Par contre le sage qui a dominé ses passions dès cette vie, lui, il ne crée plus de nouveau karma. Il atteint l'état d'*arhat,* qui lui permet de réaliser le nirvāna, et après sa mort physique il ne renaît plus : il réalise sa nature bouddhique qui était en lui de tout temps.

Donc, la conscience la plus grande, pour le bouddhiste, n'est pas celle de la mort, de ce qu'il est convenu d'appeler la mort, mais la conscience aiguë de ce que vous appelez la nature bouddhique : une identité plus essentielle en quelque sorte que nous-même, devant laquelle la mort n'est pas ; qui survit à toute apparence de mort, puisqu'elle est destinée à constituer le nirvāna lui-même ?

La mort n'est qu'une apparence, un incident momentané qu'il faut savoir regarder en face, afin de découvrir comment les choses continuent au-delà. C'est là qu'apparaît l'énorme avantage du bouddhisme : on sait que les choses ne sont pas terminées avec cet accident. Par conséquent, on ne jettera jamais le cri de Baudelaire : « C'est trop tard ! » Il n'est jamais trop tard parce qu'on renaîtra, si l'on n'a pas compris, et on aura donc une chance de plus de comprendre. Et cette chance continuera tant que c'est nécessaire. Pour le bouddhiste, d'ailleurs, il y a une continuité dans l'éternité.

Mais qui n'a pas de commencement et qui ne tient à personne ?

Lorsqu'on posait au Bouddha la question des origines, il a dit : ceci est sans utilité, seule importe la délivrance. Mais il a laissé entendre que les choses ont toujours été et seront toujours. Il n'y a pas de début. Il y a des débuts de mondes, comme notre terre : nous savons géologiquement dater son apparition et prévoir sa disparition. Cela ne veut pas dire que ce soit le début ou la fin de l'univers.

Mais n'est-ce pas, d'une certaine manière, une transposition de l'infini dans l'indéfini ? On déroule en indéfini ce qu'on ne saisit pas dans son infini, et l'on est plus près, alors, de l'horizontal que du vertical. Est-ce vraiment la réponse à notre soif si profonde de briser le cercle, de sortir, d'atteindre l'au-delà de toutes choses — et toutes ces expressions qui nous viennent quand nous pensons que nous pouvons justement voir l'autre face de la réalité. Baudelaire, pour le citer encore, parle même de « plonger au fond de l'infini, enfer ou ciel, qu'importe... », c'est-à-dire de rompre l'enchaînement.

Baudelaire avait un sens de la vie antérieure et de la vie future. Il a connu une période où il est revenu à la foi de ses pères, et puis des moments où — je crois l'avoir démontré dans mon *Esotérisme de Baudelaire* — il entrait dans ce que je pense avoir été l'hermétisme, qui est issu du pythagorisme, et dont le poète a eu une connaissance directe. D'ailleurs « enfer » et

« ciel » sont encore des notions étrangères au bouddhisme et liées à un concept d'âme individuelle. Entre deux renaissances du « corps » samsarique, que se passe-t-il ? Des expériences parapsychiques d'Indiens et de Tibétains qui ont abouti au célèbre *Bardo Thödol* dit *Livre des morts tibétain* nous décrivent l'expérience du « mort ». Il est confronté d'abord avec sa véritable nature bouddhique qu'on décrit comme une lumière si intense que seul la supporte celui qui n'est plus prisonnier de l'illusion du « moi ». Reconnaissant sa véritable nature nirvanique il se fondra en elle, il est nirvané et ne renaîtra plus. Les autres, l'immense majorité, prennent peur, se détournent de cette lumière et voient ressusciter en eux les souvenirs dramatisés de leurs erreurs passées. Dans une fuite éperdue, ils recherchent une nouvelle matrice, et c'est la renaissance.

Mais cette soif de l'infini, de l'absolu qui restent inaccessibles, parce qu'ils sont en fait hors de nous, parce qu'ils ne sont pas nous, est-elle vraiment reprise dans l'idée de renaissances indéfinies qui nous rendrait plus accessible ce qui ne l'est pas, qui le ferait dépendre en quelque sorte de nous ? La distance apparemment irréductible entre l'infini et le fini serait contournée dans l'indéfini, et ce n'est pas l'infini qui visiterait le fini pour l'appeler jusqu'à lui, mais au contraire le fini qui prendrait possession de l'infini au terme de plusieurs étapes. On étire alors dans le temps — un temps plus long —, si j'ose dire, ce qu'on n'est en droit d'attendre, en fait, que de l'éternel. Mais l'éternel est hors de la durée, inaccessible à l'étirement du fini.

Dire « cela a toujours été et sera toujours » n'est pas indéfini mais circonscrit l'éternité. Rien ne nous autorise à assigner une durée donc un début à l'univers dont le processus paraît bien sans commencement et sans fin. Il en va de même des Bouddha qui se sont succédé et se succéderont à l'infini, non seulement pour notre terre mais pour d'autres astres ou formes. La soif d'infini dont vous parlez — et qui n'est d'ailleurs pas si communément partagée — est justement l'écho de notre nature bouddhique. Sur le plan immédiat et pratique, ce qui est essentiel c'est de comprendre que dans la réalité profonde il n'y a pas de « moi » et « l'autre », et que donc toute forme d'égoïsme et d'égocentrisme est fondamentalement erronée. Entre moi et le prochain il n'y a pas de séparation réelle et si je fais du mal à autrui, je fais du mal à moi-même, non seulement en chargeant mon karma, mais par le fait de notre unité profonde. Altruisme, charité, amour du prochain sont des expressions de la connaissance acquise. L'unité va du reste au-delà du cercle humain, puisque nous mettons sur le même plan toutes les espèces, végétale, animale, humaine : ce sont des stades divers de l'évolution et toutes doivent être sauvées par la prise de conscience de leur véritable nature bouddhique. Il y a toute une imagerie qui montre le Bouddha enseignant les animaux.

Ce qui est très original, c'est la possibilité d'une évolution à l'envers, si j'ose dire, de la régression dans l'animal. Nous voyons souvent des hommes se conduire comme des animaux, et, quelquefois, des animaux comme des hommes devraient le faire, mais nous n'allons pas jusqu'à penser qu'un homme peut passer de l'animalité à l'animal ! Excepté dans nos fables, et avec la puissance des fées ! Vous, si ?

Théoriquement. Ce serait le cas limite où un « mort » serait si fort attiré par telle tendance qui prend chez telle espèce animale sa forme la plus virulente ; les Tibétains les énumèrent. En fait, les affinités de l'espèce sont les plus fortes et ramènent presque toujours le « mort » vers son espèce humaine. Mais l'univers dans la conception bouddhiste est bien plus complexe et connaît au moins six « mondes » ou plans différents.

Un autre point qui mérite que vous le développiez encore, c'est lorsque vous dites : Il n'y a pas de différence fondamentale entre l'autre et moi. La mort a pourtant l'air d'en manifester justement une de taille : lorsque c'est lui qui meurt, ce n'est pas moi. Et réciproquement. Le mort est bien cet instant absolu où nous savons nécessairement que nous ne sommes pas un autre, que nous ne sommes pas interchangeables ? Même dans le cas de la plus grande intimité avec quelqu'un, la mort de l'autre n'est pas ressentie comme ma propre mort.

Nous devrions la ressentir telle. Nous sommes directement intéressés, et la mort de l'autre fait partie de notre vie et de notre mort en tant que drame de l'Ignorance de notre nature réelle, bouddhique, ignorance qui fait souffrir puisqu'on déchire un attachement.

Certes, la mort de l'autre fait partie de notre vie, mais physiquement, elle n'est que la sienne. La mort de l'autre peut même nous toucher plus que l'idée de notre propre mort. Mais nous sentons une différence que Pascal exprime quand il dit : « Tu mourras seul. » C'est toi qui mourras, et personne à ta place. On perd un proche, et alors on sait bien que ce n'est pas toi qui meurs, que c'est lui ou elle qui est parti. Où commence et où finit la mort de l'autre pour nous ? C'est une question où l'autre et nous-même sommes profondément interrogés, où notre relation à l'autre est totalement impliquée. Il y a une expérience de l'autre qui montre, même si elle n'est pas assez profonde, sa différence avec nous ? Nous sentons l'autre comme celui qui n'est pas nous, pour le meilleur ou pour le pire.

Je répondrai deux choses à ce que vous dites. Bien sûr, je suis comme vous, je suis dans ma peau, j'éprouve des sentiments égoïstes parce que je ne suis pas encore nirvané. J'ai souffert davantage à la mort de ma mère, à la mort de mon père, qu'à celle de quelqu'un que je ne connaissais pas. Mais nous devrions comprendre que la mort est chose normale. Cela ne signifie nullement que l'idéal serait de devenir des êtres insensibles : Au contraire : nous devrions souffrir de ce que l'Ignorance de la doctrine et de l'analyse juste fait souffrir ceux que frappe le deuil.

Encore que physiquement, il est impossible de souffrir de la même façon si c'est votre bras ou celui de l'autre que l'on torture. Et même dans le cas où, moralement, on s'efforce de partager la douleur d'autrui, il reste que nous ne faisons que la partager. Quand l'Evangile dit, par exemple : « Ne pleurez pas comme ceux qui n'ont pas d'espérance », on peut certes regretter aussi que dans le deuil certains soient privés de cette espérance qui éclaire la mort d'un autre jour, mais leur désespoir, justement, qui n'est pas le nôtre, est bien le leur, et nous mesurons assez à notre impuissance à les consoler combien la douleur d'autrui n'est pas la nôtre. Cependant, à cet égard, vous tenez au sujet de la compassion des propos qui m'ont toujours profondément touché, et que j'ai souvent rapprochés de l'idée de la Miséricorde, telle qu'elle est exprimée dans la Bible et exposée dans la si profonde et si humaine encyclique de Jean-Paul II.

Le Bouddha est le Grand Compatissant. Il a résolu de se dévouer aux hommes, quand il a vu leurs souffrances, la misère, la maladie, la vieillesse, la mort. Il en a souffert plus que de son propre sort. Et quand il a découvert la doctrine, il a souffert de l'Ignorance où sont les hommes des moyens de la délivrance, parce qu'ils n'ont pas reconnu leur double nature samsarique périssable et nirvanique impérissable. C'est pour cela que l'on représente le Bouddha avec des oreilles anormalement longues : il écoute les douleurs de l'humanité. La Compassion, première vertu bouddhique, s'adresse à l'Ignorance de ce fait essentiel : « Ceci — notre existence samsarique — n'est pas moi », donc ce qui souffre n'est pas le véritable être profond : il faut accepter cette souffrance et cette mort comme normales, aussi passagères que l'existence terrestre, étrangères à notre véritable nature.

Certes, la révolte de toute manière entretient le mal et la souffrance sans les guérir. La sagesse, la simple sagesse, au fond, serait de se soumettre avec intelligence et patience à la nécessité ?

La révolte est le fait de l'homme qui n'a pas compris. Ce qui ne signifie pas que nous devons rester passifs vis-à-vis des erreurs de l'humanité, de toutes les souffrances sociales par exemple.

Dans toute attitude fondamentalement religieuse, il y a ce sens des choses, ce réalisme naturel, pour ainsi dire, qui vient du réalisme surnaturel, et qui invite simultanément à accueillir la nécessité la plus amère avec courage, sans en être anéanti ou révolté, et à vouloir, cependant, de toutes ses forces, guérir l'homme de son épreuve, le sauver. C'est une sorte de critère de l'esprit religieux, que ce oui à la nécessité uni à un refus radical du mal. Jamais l'un sans l'autre. Chez le Christ, même.

Que nous améliorions, autant que nous pouvons, l'ordre des choses, est tout à fait normal. Mais nous n'établirons jamais le paradis sur terre : c'est une utopie. Le vrai bonheur intérieur viendra lorsque nous aurons pu surmonter le stade de la souffrance, sachant qu'elle est normale.

« La douleur est en moi, mais moi, je ne suis pas en elle », disait Consummata. L'un des mots les plus sauveurs que je connaisse.

Il faut accepter la douleur, parce que, a dit Bouddha, « tout est douleur » (*dukkha*) dans l'existence samsarique, étant dans la nature des choses. Nous ne la vaincrons que le jour où nous aurons compris qu'elle est sans intérêt, que la vérité est au-delà.

Il reste qu'il est des souffrances devant lesquelles parler de Dieu même semble encore insuffisant, qui paralysent toute parole et toute pensée. L'une de celles qui désarment le plus profondément et qui nous font sentir le plus tragiquement l'horreur de la souffrance, c'est celle de l'innocent, de l'enfant. On voudrait mourir pour ne pas voir cela. Regarder un enfant souffrir et mourir est proprement intolérable, et il est difficile de faire entrer un être aussi désarmé dans le plan que vous indiquez, comme dans celui du rachat chrétien, d'ailleurs. Nous avons beau nous dire que cette souffrance et cette mort ont un sens, concrètement, elles n'en sont pas moins révoltantes. Le sens n'ôte rien à la douleur.

Bien sûr que la souffrance des enfants nous touche tout particulièrement, parce que l'enfant est plus désarmé que nous, qu'il n'a pas encore de philosophie. Il n'a donc rien qui lui permette d'accepter : il souffre. Il lui manque cet élément qui, nous, en quelque sorte, nous sauve.

Ou quelquefois nous torture davantage et qui fait envier l'inconscience animale à certains. Mais à propos du nirvāna, c'est-à-dire à propos de l'être qui, peut-on dire, après des renaissances successives ne renaîtra plus...

... Ne renaîtra plus inévitablement, involontairement. Je le précise, car un bodhisattva peut renaître volontairement. Un bodhisattva est un être qui s'est dévoué aux autres. Alors que, à travers une série de renaissances successives, il a atteint l'état d'*arhat,* de parfait prêt à connaître l'état nirvanique, à ne plus renaître, à disparaître en tant qu'individu... C'est d'ailleurs cela qui effraie d'habitude l'Occidental : l'idée de disparaître comme individu.

Mais, pour vous, ce n'est pas une mort, un anéantissement ?

C'est au contraire, je le répète, la véritable Réalité, la pleine vie. L'image qu'on utilise souvent est celle de la goutte d'eau que vous tenez au-dessus de la mer. Lorsqu'elle tombe dans la mer, vous ne la trouvez plus : elle n'existe plus comme goutte, elle subsiste dans l'océan comparable au nirvāna, cette globalité qui est l'état stable, définitif, non affecté de mutation. Mais le bodhisattva, quoiqu'il ait atteint l'état bouddhique, fait le vœu de renaître, volontairement cette fois — sous forme humaine ou spirituelle —, non par soif d'exister, mais par volonté d'aider et d'éclairer les autres, de leur apporter la connaissance de la doctrine bouddhique de la délivrance.

Le nirvāna reste certes un mystère. Cependant, l'athéisme, entre guillemets, l'absence du Dieu Personne qui caractérise le bouddhisme, exclut que dans cet océan où s'abîme la goutte d'eau, il n'y ait jamais plus l'idée d'une rencontre personnelle ? Celle de Dieu, d'abord, non plus que celle d'aucun être parvenu au terme de ses renaissances ?

Ces rencontres personnelles après la mort ou entre mort et vivant sont parfaitement possibles entre humains qui ne connaissent pas encore l'extinction nirvanique. Et le nirvāna n'est pas un mystère : étymologiquement le mot signifie « extinction » avec tout ce que cela comporte et que les Occidentaux mal informés ont confondu avec « néant ». L'*arhat* y connaît le *parinirvâna* ou état de « l'entièrement éteint » comme être samsarique individuel, de totalement « éveillé » comme participant de la vie nirvanique. L'*arhat* est donc un de ceux pour qui, selon un mot du Bouddha : « Les portes de l'immortel sont ouvertes. » Et cette prise de conscience est la plus grande des félicités.

Celui qui croit en la vie éternelle :

JEAN-MARIE LUSTIGER

« *Expecto resurrectionem mortuorum, et vitam venturi saeculi...* J'attends la résurrection des morts, et la vie du monde à venir. » Les deux derniers articles du Symbole de Nicée-Constantinople expriment en clair l'espérance du chrétien catholique touchant la mort. Ils ne font que résumer l'enseignement évangélique sur le sujet, et rien ne remplace, évidemment, de lire ou de relire l'Écriture même. La réponse de Pierre à une interrogation du Christ demeure à cet égard exemplaire : « A qui irions-nous, Seigneur ? Toi seul as les paroles de la Vie éternelle. » A qui irions-nous ?... En interrogeant l'archevêque de Paris, Monseigneur Lustiger, nous n'avons souhaité que nous placer à l'écoute de ces paroles singulières. Aussi bien est-ce en quoi, seul, ici, le chrétien nous intéresse : nous n'avons que faire de son discours, si c'est pour y retrouver le discours des autres. Or Jean-Marie Lustiger, depuis les temps de la Sorbonne et du Centre Richelieu, nous a assez frappé par son souci de respecter la singularité de la parole chrétienne, pour que nous pensions aussitôt à lui quand il s'agit d'écouter cette parole à propos de la mort.

J'interroge, si vous le permettez, à la fois le fidèle, le fils de l'Église, mais également l'évêque, le responsable dans l'Église, le Père de ceux qui attendent de vous une parole plus grande que la vôtre. La question que je vous pose est celle-ci : il y a une parole du

Christ, de l'Église, des chrétiens, sur la mort. Cette parole est-elle à la mesure de la mort ?

Je pense qu'elle est plus grande que la mort. La tradition biblique — juive et chrétienne — déplace radicalement la façon dont l'homme, spontanément, envisage la mort. Devant l'incompréhensible de la mort, l'homme essaye d'échapper à ce terme insensé en « redoublant » la vie au-delà de la mort. Il tente, d'une manière ou d'une autre, d'éliminer le fait même de la mort, pour l'interpréter uniquement comme un passage naturel. Il essaye de découvrir une solution naturelle pour dénouer le non-sens de la mort, résolution de l'angoisse que représente ce lieu sans parole. Mais ce n'est qu'une extrapolation qui permet d'exorciser le moment insupportable. Là tient toute la pensée mythologique sur la mort, jusque dans sa fascination.

Ce refus que l'homme oppose à la mort et à l'idée de la mort, cet effort pour la surmonter, même dans l'imaginaire, ne témoigne-t-il pas implicitement et profondément de l'impossibilité où il est de s'identifier avec elle ? Ce refus n'est-il pas comme un témoignage élémentaire, en quelque sorte, de la part d'immortalité irréductible qui est en lui et qui cherche une issue ?

Je ne crois pas que tout cela soit un refus de la mort, mais plutôt l'acceptation de la mort comme une fatalité naturelle, qu'on essaye de rendre plausible. La mort n'est plus alors l'adversaire ; elle devient une alliée, une complice, sorte de nécessité du parcours naturel. A la limite, on verra des mystiques inversés jouer de la fascination de la mort comme d'une épreuve purificatrice nécessaire. On a proposé, en ce sens, une espèce de banalisation rationnelle du mystère de la croix. On a aussi interprété, de manière quasi biologique, naturaliste, la parabole du grain qui meurt et qui, enfoui, porte son fruit (Jn 12, 24-25). Dans ce cas, il n'y a plus la mort, puisqu'on a trouvé une manière naturelle, presque physique, d'évacuer l'insupportable.

Mais la pensée biblique éprouve un refus instinctif de tout imaginaire de l'au-delà de la mort. A la limite, la mort dans ce qu'elle a de plus brutal et de plus néantisant est acceptée sans explication. Mais comme un scandale. Acceptée ou mal acceptée : telle est la question de la Bible, quant au shéol et à la mort.

L'immortalité de l'âme conçue comme une consolation, l'au-delà projeté comme un apaisement devant l'horreur de la mort, a pourtant pénétré nombre de consciences croyantes. L'immortalité-refuge appartient aussi à l'imaginaire de certains chrétiens, et Simone Weil s'en offusquait justement, profondément.

L'affirmation métaphysique de la survie personnelle de l'âme humaine après la mort fait partie du patrimoine de la raison attentive à sa propre création par Dieu. Mais cette affirmation, sobre et dépouillée, peut être aisément oblitérée et laisser place à des projections imaginaires sans force ni courage, qui désirent évacuer le scandale de la mort. Ces projections permettent à l'homme d'échapper à ce point d'interrogation crucial : sa propre mort.

Comme pour nous guérir de ces consolations imaginaires, l'Écriture expose, par exemple dans certains écrits sapientiaux, un matérialisme apparent, brutal (Qo 2-4). La mort y apparaît comme le dernier mot de toute existence humaine ici-bas. Mais, en même temps, jaillit l'affirmation : Dieu est vivant (Jb 19, 36). Autrement dit, l'homme et sa mort sont placés face à Dieu qui est la Vie (Jb 27, 1-12) : telle est notre espérance. Dieu se donne à l'homme, Dieu lui donne la vie, et l'homme se voit situé existentiellement face à Dieu.

Le scandale de la mort de l'homme n'en est que plus criant, justement aux yeux de l'incroyant, quand on lui oppose que Dieu est la vie. Un Dieu vivant aurait donc voulu la mort de l'homme, et qui plus est, souvent une mort « inhumaine », une mort impitoyable et horrible ?

En effet, c'est là que le scandale accable. Et d'abord pour le croyant, Dieu est la Vie, souveraine, plénière, et la source de vie. L'homme, y compris dans sa condition biologique, reçoit la vie de Dieu. Le scandale de la mort est scandale pour la foi : comment Dieu permet-il, Lui qui donne la vie, que la mort atteigne sa créature ? Comment comprendre que Dieu donne et reprenne ?

Quand Dieu donne la vie, il ne donne pas simplement l'existence biologique, mais il donne la vie à l'homme, pour que l'homme puisse communier à la vie de Dieu. La vie en plénitude n'est pas seulement l'existence corporelle, charnelle, mais la capacité que reçoit l'homme de communier à Dieu qui est vivant. Et communier à Dieu, le Vivant, c'est accomplir la volonté sainte de Dieu, vivre donc de l'amour même de Dieu. « A quoi sert à l'homme de gagner l'univers s'il vient à perdre son âme ? » (Mc 8, 36). Si l'on traduit littéralement : « S'il vient à perdre sa vie ? », que donnera l'homme en échange de son âme ou de sa vie ? » (Mc 8, 37). Réponse : rien. Il ne peut rien donner en échange.

Entrer dans la vie, c'est être appelé à faire la volonté de Dieu, à vivre en communion avec Dieu, à agir selon la manière dont Dieu agit. Le problème de la mort est ainsi à relier immédiatement à la question de la sainteté, qui est communion de volonté, d'action et d'efficacité, dès ici-bas, avec Dieu lui-même. « Soyez saints parce que je suis saint » (Lv 19, 2). « Soyez parfaits comme est parfait votre Père des cieux » (Mh 5, 48), et vous aurez la Vie. La Vie, c'est de communier à la volonté de Dieu, à l'amour de Dieu ; c'est de faire l'œuvre de Dieu. Le Christ lui-même dit : « Ma nourriture est de faire la volonté de mon Père qui est aux cieux » (Jn 4, 34). A cette lumière, la mort apparaît, davantage encore, comme une ombre, l'ombre de l'adversaire, incompréhensible comme la contradiction à laquelle il faut faire face sous peine de tout perdre.

D'une manière élémentaire, peut-être, mais en tout cas irréductible, la mort est d'autant plus ressentie comme impossible que l'homme éprouve un sens plus profond de la vie humaine, qu'il en appréhende mystérieusement la dimension spirituelle et non seule-

ment biologique. Un certain athéisme, aussi, éprouve cette contradiction entre la mort et la vie, jusqu'à refuser de la réduire de quelque manière que ce soit. On dirait alors que l'Évangile prend en compte, absolument, ce que l'homme éprouve déjà au plus vrai de lui-même. Ressentir cette contradiction radicale entre l'essence de la vie et le fait de la mort, tient à la conscience même de la vie et de la mort. Et il vous paraît capital, dans la parole chrétienne sur la mort, qu'elle évince toute fausse consolation dans cette contradiction. Celle-ci serait la conscience du caractère insensé et scandaleux de la mort.

Insensé et scandaleux, d'abord, face à Dieu. Si on veut entendre la parole chrétienne, il faut qu'elle soit écoutée dans sa vérité face à Dieu. Cela est d'autant plus nécessaire qu'une autre réalité existe, incompréhensible au départ, et qui ne peut pas être trop vite réduite à nos systèmes explicatifs, à savoir : le lien entre la mort et le péché, le châtiment. Ce terme n'est pas ici hors de propos, même s'il est susceptible d'une complète méprise.

Châtiment. C'est aussi un mot refuge, parce qu'il a l'air de dissoudre toute interrogation.

Ce peut être un mot refuge, s'il sert à évacuer le scandale. Comme si nous pouvions nous-même établir des comptes : j'ai fait mal, je suis puni, voici ma sanction. Et c'est l'impasse.

Il existe une liaison fondamentale entre la mort et le péché, mais il faut voir dans quel sens. Comment comprendre que la mort est toujours inhumaine pour l'homme et qu'il ne nous est pas normal de mourir ? Car il ne nous est jamais naturel de mourir, bien que la condition biologique des vivants implique une certaine fin. C'est une contradiction insupportable. L'homme qui se saisit par sa raison scientifique, empirique, comme un être de la nature, voit bien que tout périt dans la condition biologique. Cependant, notre conscience humaine ne peut pas accepter la mort comme destin. Du moment qu'on naturalise la mort, on la banalise, on l'exorcise. Mais il faut soutenir, pour la dignité de l'homme et la gloire de Dieu, ce scandale absurde entre la condition biologique de l'homme qui implique une certaine mort, et la conscience humaine qui n'accepte pas d'être-pour-la-mort. Celà n'est pas une illusion malheureuse, mais le sceau impérissable d'un autre destin, l'interrogation la plus vertigineuse.

Pour la conscience chrétienne — et ici je parle de l'intérieur de la foi — le scandale de la mort est lié à la foi en Dieu qui donne la Vie, et au mystère du péché : le péché refuse Dieu qui est la Vie et qui donne la Vie. « Par le péché de l'homme, la mort est entrée dans le monde » (Rm 5, 12). Vécue dans le péché, dans notre condition historique d'hommes pécheurs, la mort n'est plus naturelle, comme un pur fait biologique : elle a été modifiée par le péché qui, en refusant Dieu et en nous privant de Dieu, nous a privés de sa vie et de la nôtre. Nous, les hommes, nous nous faisons mourir d'une mort inhumaine.

En avançant ainsi, s'opère comme un déplacement des notions et des mots. Parler de la mort, dans le langage du christianisme, dans le langage de la foi chrétienne, c'est en appeler au Dieu vivant et dénoncer le péché qui est « homicide » (Jn 8, 44). Le païen, « sans espérance et sans Dieu dans le monde » (Ep 2, 12), n'a pas la même manière d'envisager l'indicible de la mort.

De la mort et de Dieu, on ne peut rien dire : c'est ce qu'affirment l'agnosticisme et l'athéisme. Dieu et la mort pourraient seuls dire ce qu'ils sont réellement. Mais c'est peut-être aussi la première démarche chrétienne.

Vous parlez de « première » démarche. Dans la foi, découvrir cette radicalité de la question est souvent une attitude dernière et non la première. Considérons le péché, homologue à la mort. On s'imagine, la plupart du temps, que la première découverte est celle de son péché, de son état de faille, de la conscience malheureuse, de l'échec. Après quoi, seulement, l'homme pourrait accéder à la liberté et accéder à Dieu. Il se serait mis dans la pureté et la disponibilité.

Je crois exactement l'inverse : la découverte du péché est, en fait, le fruit de la reconnaissance d'un amour. On ne reconnaît son propre péché que dans la mesure où on en est délivré, parce que l'amour nous a été donné. Le péché est inconscient de lui-même. C'est une surdité, un aveuglement, un endurcissement du cœur. L'état malheureux du pécheur, son état de perdition, c'est précisément qu'il est « perdu » et ne peut s'y retrouver. Pour qu'il se retrouve, il faut d'abord qu'il soit retrouvé par Dieu. Pour qu'il accepte à nouveau d'aimer, il faut qu'il se sache déjà aimé et toujours promis à la vie. Se découvrir mort, c'est avoir déjà reconnu la vie qui se rend et se donne. Ainsi, tant que l'homme n'a pas découvert ce qu'est la vie, ce que peut être cette vie qui vient de Dieu, il est incapable de se représenter la mort. L'abîme de la mort n'est perceptible que par celui qui a découvert la surabondance de la Vie qui se donne et se redonne au-delà de tout refus et de tout péché. Cette Vie livrée, c'est le Christ vivant (Jn 11, 25).

A certains moments, on peut être tenté par la résignation athée. Il est des jours où l'être humain peut même vraiment devenir athée. Celui qui ne considère que la condition biologique de l'homme est tenté d'adopter des positions résignées, stoïques, ou simplement sceptiques. La seule manière de rendre alors la mort tolérable est une sagesse qui consiste à se dire : Tu n'es qu'un homme, un pauvre être fini. Position estimable, qui invite à rabaisser l'ambition de l'homme pour qu'il accepte de n'être que ce qu'il apparaît. Mais pour qui découvre que Dieu est vie et source de vie, le scandale de la mort est pour lui plus grand. Plus on goûte la grandeur de la vie donnée par Dieu, et plus le scandale de la mort paraît immense, comme est immense l'abîme du péché. L'homme, face à Dieu, découvre la profondeur de ces gouffres, et la mort devient — c'est la symbolique de saint Paul — l'ennemie qu'il faut combattre : ennemie de l'homme, parce qu'adversaire de Dieu qui est Vie, comme Il est Amour.

Certains rétorqueraient qu'on entre dans une mythologie.

Le langage symbolique, dans son expression littéraire, n'est pas ici au service d'une histoire imaginaire : il ne raconte pas un mythe, fût-ce celui des détresses et des espérances humaines. Il témoigne de la foi en quelqu'un, Jésus, le Christ mort et ressuscité. « Sans Lui, vaine est notre foi » (1 Co 15, 14). C'est dans la mort de Jésus de Nazareth que la mort change de sens, que se renverse sa signification. Face au Dieu vivant, la mort était le salaire du péché. Quand le Fils de Dieu s'y est livré pour nous (Ga 2, 20), il en fait un signe du plus grand amour (Jn 15, 13). Librement, Il est entré dans la Passion, Lui, qui a « le pouvoir de livrer sa vie et le pouvoir de la reprendre » (Jn 10, 18). Il devient, dans cette mort même, l'Icône vivante de Dieu, qui a tant aimé le monde du péché et de la mort, le monde des hommes pécheurs et mortels, qu'Il lui a livré son Fils unique » (Jn 3, 16). C'est pourquoi saint Paul s'exclame : « La mort a été engloutie dans la victoire » du Dieu vivant(1 Co 15, 54 ; Is 25, 8), qui nous a aimés jusque dans notre mort et notre péché, plus loin que la mort et le péché, jusqu'à la résurrection et au pardon. « Où est-elle, ô mort, ta victoire ? Où est-il, ô mort, ton aiguillon ? » (1 Co 15, 55). L'aiguillon de la mort, l'esclavage de la crainte de mourir (He 2, 15), c'est le péché. Mais grâces soient à Dieu « qui nous donne la victoire par notre Seigneur Jésus-Christ » (1 Co 15, 57). Victoire de la vie et de l'amour de Dieu sur le péché qui a tué l'homme et son Dieu.

Face à Dieu, le chrétien qui reçoit sa vie de Dieu, et qui vit dans la communion avec Dieu, regarde la mort, à la fois comme un incompréhensible scandale, plein de haine et d'homicide, et comme un passage, plus incompréhensible encore à la Vie, par la mort, et à la Communion au-delà de toute rupture. Plus le croyant découvre Dieu et le péché, plus le scandale de la mort ne fait que s'accroître, plus le scandale et la folie de la croix du Christ lui révèlent la puissance et la sagesse de l'incompréhensible Amour.

Vous le voyez, cette parole chrétienne n'est pleinement accessible que dans la foi. La foi se situe face à Dieu et face à notre mort. Israël, face au Dieu vivant, ne peut pas se résigner à la mort. La mort est scandale pour la foi ; elle est provocation à la foi, à croire en Dieu qui est Vivant, qui donne et redonne la Vie.

Pour le croyant, la condition biologique de l'homme, précaire comme celle des vivants, n'est pas la clef de sa condition historique et spirituelle ; car l'homme a été créé à l'image et à la ressemblance de Dieu (Gn 1, 27). A l'image et à la ressemblance de Dieu, l'être humain se trouve redoublé, homme et femme. La sexualité n'est pas d'abord pour la foi l'indice d'une condition biologique précaire ; elle est attestation redoublée de la vie qui vient de Dieu et de l'amour plus fort que la mort (Ct 8, 6). Dans le second récit symbolique de la Genèse, le plus archaïque, il y a à la fois la similitude de l'homme et de l'animal, et le refus d'assimiler l'homme à un souffle de vie biologique : il est davantage. Fait pour Dieu, fait pour Sa vie, l'homme voit dans la mort l'injustice ; cependant que la génération est un nouveau don de vie, un nouveau don de Dieu, comme un défi à la mort. Le don d'une descendance répond, en même temps, à la foi en Dieu et au défi à la mort.

Prenons deux exemples typiques de la mort et de la victoire du Messie glorifié. D'abord celui d'Abraham et du sacrifice d'Isaac (Gn 22, 1-19). L'épreuve est la suivante : Dieu, en promettant la descendance, promet la vie, telle qu'elle peut être reçue et perçue dans une condition historique donnée. C'est la promesse de la fécondité que Dieu donne à Abraham, et cette promesse est faite dans un corps mort (He 11, 11-12 ; cf. Rm 4, 18-20). L'épître aux Hébreux parle de la promesse faite à Abraham et à Sarah « alors que leurs corps étaient morts ». Ils ne sont plus capables d'engendrer, et cependant une descendance leur est annoncée, innombrable. Leur foi défie donc tout calcul humain. Le don de la descendance, en Isaac, est la preuve que la mort est vaincue. La stérilité et la mort vont de pair. Or Dieu demande le sacrifice de ce « fils unique » (Gn 22, 2). On peut donner de cette parole beaucoup d'interprétations, et notamment celle d'un récit qui invite à éliminer les sacrifices humains. En fait, face à la mort, Dieu éprouve la foi d'Abraham. Pourra-t-il penser que Dieu veut la mort d'Isaac, ou non ? S'il pense que Dieu veut la mort d'Isaac, il perd la foi au Dieu de l'Alliance et de la promesse (Gn 17, 1-8), et devient un païen. Il est donc mis face à l'épreuve de la mort, en sa descendance. L'épreuve de sa foi est de ne pas cesser de croire que Dieu va donner la vie et garder en vie. S'il avait pensé que Dieu pouvait se démentir en voulant la mort d'Isaac, il cessait d'être digne de la promesse. La foi d'Abraham — c'est en ce sens qu'il est le Père des croyants — tient en ce qu'il n'a pas cessé de croire que Dieu, mettant à l'épreuve de la mort sa promesse de vie, persistait à vouloir donner et conserver la vie. La foi de la Vierge Marie et de l'Église chrétienne est exactement la même par rapport au don du « fils unique » (Za 12, 10 ; Jn 19, 25), et par rapport au sacrifice de son « Premier-né » (Za 12, 10 ; Lc 2, 7 ; Col 1, 15-18) : croire dans la promesse de la vie, mise à l'épreuve de la mort. La foi, face à Dieu, permet de faire face à la mort.

Un autre exemple biblique, assez impressionnant, se trouve dans le Deutéronome : la mort d'une génération au désert, et la mort de Moïse à cause du péché (Dt 1, 20-46). Le peuple se trouve typiquement dans une situation de mort. La mort reçoit une portée historique, pour les générations qui entreront dans la terre afin d'y vivre avec Dieu. Nous ne sommes pas là dans le registre de compréhension des cycles et des recommencements cosmiques, mais la mort reçoit dans l'histoire une fécondité spirituelle salvifique. Il faut citer ici Isaïe : « Le Seigneur des Armées, le Seigneur Sabaoth, fera pour tous les peuples, sur cette Montagne [il s'agit de Jérusalem et de la Montagne de Sion] un festin de viandes grasses, pleines de moelle, un festin de vins purifiés, clarifiés, c'est le festin eschatologique où toutes les nations, tous les hommes seront rassemblés. Il détruira sur cette Montagne le voile qui voilait tous les peuples, et le tissu tissé sur toutes les nations. Il détruira la Mort pour toujours. Le Seigneur Dieu essuiera les larmes de dessus tous les visages, et l'opprobre de son peuple, il l'ôtera de dessus toute la terre, car le Seigneur Dieu a parlé. On dira ce jour-là : Voici notre Dieu dont nous attendions le salut. C'est le Seigneur que nous attendions. Jubilons et réjouissons-nous de son salut » (Is 25, 6-9).

Cette parole prophétique est reprise dans l'Apocalypse (19, 9 ; 21, 4) pour évoquer la terre nouvelle et la Jérusalem nouvelle, habitée par la gloire du Dieu vivant, illuminée par l'Agneau immolé, le Christ vainqueur de la mort (21, 22), peuplée de la foule immense des nations qui marchent à sa lumière (21, 23). Et « la mort ne sera plus » (Ap 21, 4). Sauf pour « quiconque aime et pratique le mensonge » (Ap 22, 15) : dans la mort du Christ, ils n'auront pas voulu trouver la Vie, si, dans leur propre vie, ils n'ont cherché que le meurtre et l'idolâtrie (Ap 21, 8 ; 22, 15). Mais tout homme qui se sera tourné vers Dieu vivant et véritable et aura abandonné ses idoles (1 Th 1, 9), le Seigneur Dieu « essuiera les larmes de ses yeux » (Is 25, 8 ; Ap 21, 4), et le Christ « Principe et Fin » (Ap 21, 6) des vivants et des morts lui donnera de la « source d'eau jaillissant en vie éternelle » (Ap 21, 6 ; Jn 4, 14). « La mort, l'adversaire ultime, sera le dernier ennemi aboli » (1 Co, 15, 26).

Mais encore une fois, avant toute conscience chrétienne, la mort est perçue comme un adversaire, dans une sorte d'instinct fondamental par ceux qui regardent l'homme et la vie en profondeur. Ainsi tout ce que vous venez de rappeler me semble s'inscrire profondément dans les dialogues qui ont précédé le nôtre. Il s'agit bien de la parole qui ne vient pas seulement après, mais qui s'inscrit dans l'homme, dans la mort humaine, perçue comme scandale par quelques-uns, sans qu'ils comprennent le sens fondamental de ce scandale. La parole biblique dit en quelque sorte à l'homme : tu as raison de refuser la mort, tu as raison de protester contre elle, même si tu ne comprends pas d'abord pourquoi. Tu as raison parce que ce qui crie en toi contre ce scandale, le dépasse infiniment, c'est la vie du Dieu vivant. Tu ne peux savoir, ni ce qu'est la vie, ni ce qu'est la mort, mais ton cri est, pour le moment, ta vérité. La condition de la conversion est là : dire non à la mort.

Tout à fait. Et si on avance jusqu'au terme de l'anthropologie chrétienne — ceci pour la logique de la démarche — c'est finalement pour reconnaître que l'homme ne se découvre lui-même que dans le Christ. La Genèse (Gen 1-3) est un texte auquel Jean-Paul II revient sans cesse parce qu'il est fondamental. A ce niveau de clivage des anthropologies, l'homme, dans son expérience même, bute sur son propre mystère. A ce point, le christianisme lui offre une vision compréhensible de lui-même, mais sans pour autant réduire les incompréhensions ni les obscurités. Aller jusqu'au bout de l'affirmation de la dignité de l'homme, c'est lui révéler qu'il est « créé à l'image et à la ressemblance de Dieu » (Gn 1, 26-27) : l'homme ne se définit pas comme un être de nature. L'homme qui est une énigme à lui-même demeurera peut-être indéfiniment une énigme. Il n'est capable de se déchiffrer que dans une intelligence purifiée et délivrée, par la foi, de sa propre condition contradictoire. L'homme ne se reçoit et ne se comprend réellement que dans le Salut, dans le Premier-Né de toute création, Premier-Né d'entre les morts (Col 1, 15, 18). Permettez-moi à ce propos de vous lire cette page merveilleuse de Grégoire de Nysse sur la condition mystérieuse de l'homme créé, comme une vivante icône, à l'image de Dieu et de son mystère : « Donc, puisque, parmi ce que l'on peut voir dans la nature de Dieu, se trouve l'incompréhensibilité de son essence, puisque, par ailleurs, l'icône garde même en cela sa ressemblance avec son modèle..., puisque notre nature, aussi, se soustrait à ce que nous en comprenons, à toute connaissance, c'est précisément ainsi qu'elle garde une stricte similitude avec le transcendant, caractérisant la nature incompréhensible par son inconnaissabilité même » (*De la création de l'homme,* parag. 11).

Le dénouement consiste à vivre l'antagonisme irréductible de la mort et de la vie dans une lumière et une conscience inédites. Simone Weil disait justement que le christianisme n'a pas supprimé la souffrance mais qu'il en a délivré le sens. On pourrait le répéter aussi de la mort. Le christianisme ne supprime pas les antagonismes, il ne supprime pas la croix, mais il dénoue le scandale de l'esprit prisonnier de ces antagonismes.

La condition humaine est dramatique. A l'évidence empirique, l'homme n'est qu'une chose qui pourrit, de la chair à canon ou de la chair à engrais, et à la limite, si on veut aller jusqu'au bout, les nazis avaient raison. Et pourtant, l'homme n'est pas simplement pourriture. La force de l'affirmation du croyant, c'est qu'elle ne repose pas sur un récit mythique ou une position idéologique dont il est toujours possible de réduire la crédibilité, mais qu'elle est un acte de foi où le croyant supporte l'abîme de la mort et de la précarité de l'homme, dans l'abîme de la volonté de Dieu. Ce paradoxe insupportable est vécu, par le chrétien, dans le mystère. Mystère — je le prends au sens de saint Paul — signifie ici le don surplombant l'histoire qu'il dévoile, la réalité cachée et révélée par grâce. Ce n'est pas seulement une réalité incompréhensible, inaccessible à la raison humaine.

Ce n'est pas l'insolite ou l'énigme...

Ce n'est pas l'énigme. C'est le dessein de la Sagesse de Dieu, inaccessible à l'homme, et que l'homme doit recevoir comme une grâce donnée à l'homme pour le rendre accessible à lui-même. C'est le Mystère de Jésus-Christ, mort et ressuscité, dont il faut parler avec un total réalisme. Il est une manière de parler du Christ mort et ressuscité, qui ramènerait à un discours imaginaire. J'ai dit : le Mystère du Christ, et il demande la foi en Lui.

C'est dans ce mystère de la mort et de la résurrection du Christ qu'il faut entendre celui de la mort et de la résurrection de l'homme ? La résurrection des morts ne s'inscrit-elle dans le credo chrétien que comme une sorte de fruit de la résurrection du Christ ?

On ne peut parler de la résurrection des morts pour les croyants sans la situer dans ce paradoxe du Mystère et de la foi.

Sinon, elle n'est qu'un des systèmes imaginés pour naturaliser la mort.

Une forme de réincarnation consolatrice...

Mais le mystère chrétien de la mort et de notre résurrection peut être reconnu par la foi, au cœur le plus intime du paradoxe de l'homme. L'Espérance d'Israël, la prédication du Christ, et la foi des chrétiens au sujet de ce que Dieu a fait pour le Christ, touchent fondamentalement notre destinée dans la mort. En plusieurs sens. Le premier discours de Pierre, dans les Actes des Apôtres, cite le Psaume XVI à propos de Jésus, le Christ : « Dieu ne laissera pas son Saint, Celui qui a reçu l'onction de l'Esprit, voir la décomposition » (Ac 2, 27, 31). L'acte de foi de Pierre, demandé à tous les apôtres, est explicite : « Il n'était pas possible que la mort le retienne en son pouvoir » (Ac 2, 24). Puisqu'il est le Fils du Dieu vivant, il était impossible qu'Il restât au pouvoir de la mort. Parce que Dieu est la Vie et que le Christ est son Fils, celui-ci accomplit parfaitement la Volonté du Père qui donne la Vie : Jésus Seigneur est le Vivant (Lc 24, 3-4).

C'est l'autre manière de dire que la mort est insoutenable : du côté de Dieu et non plus de l'homme scandalisé.

Absolument. Cependant, celui qui entre dans les propos du Christ perçoit une chose paradoxale : la place capitale qu'a tenue la mort dans la vie du Christ, et la manière dont il en parle. C'est là que s'achève, pour la conscience chrétienne, un complet déplacement du sens des mots. Car le chrétien, vraiment croyant, parle le langage de l'Écriture — ce qui ne l'empêche pas, parfois, de parler, lui aussi, le langage de tout homme, de glisser, selon l'épreuve, d'un sens à l'autre, d'une attitude à une autre.

Ainsi dans l'évangile selon saint Matthieu, quand le Christ interroge Pierre : « Et vous, qui dites-vous que je suis ? », Pierre répond : « Tu es le Christ, Fils du Dieu vivant, tu es le Messie » (Mtt 16, 15-16). Alors le Christ réplique : « Tu es heureux, Simon, fils de Jonas, car ce n'est ni la chair, ni le sang, qui t'ont révélé cela, mais mon Père qui est dans les cieux. Et moi, je te dis que tu es Pierre, et sur cette pierre je fonderai mon Église » (Mtt 16, 17-18). Le Christ reçoit Simon comme une pierre pour bâtir le temple spirituel, c'est-à-dire le temple construit dans l'Esprit saint, temple nouveau où Dieu va habiter. Le Dieu vivant habitera dans un temple vivant, fait d'hommes vivants. « Et les puissances de la mort n'auront pas de pouvoir sur elle » (Mtt 16, 18), ajoute le Christ. La promesse, la prophétie du Christ, c'est que la mort sera vaincue, non seulement dans l'individu, mais dans la totalité d'un corps nouveau. Cela rejoint les phrases d'Isaïe déjà citées et reprises dans l'Apocalypse : « Il détruira la mort pour toujours. Le Seigneur Dieu essuiera les larmes de dessus tous les visages » (Is 25, 8 ; Ap 21, 4). Au cœur de la contradiction, qui continue d'être perçue comme telle, la foi nous dit que Dieu va vaincre l'ennemie qu'est la mort, dans un combat auquel nous sommes conviés.

Dans la même page de l'Évangile — juste après le passage cité —, Jésus invite ses propres disciples à porter leur croix et à le suivre (Mtt 16, 24). Porter la croix n'est pas qu'une métaphore. Si on accepte de prendre les choses au pied de la lettre, et de façon réaliste, il suffit de se souvenir que porter la croix, dans la Palestine des années trente, avait un sens concret. Des gens, nombreux, portaient la croix de leur supplice, tous les jours, parce qu'ils étaient condamnés et crucifiés par les Romains. Il ne s'agit donc pas d'une projection rétrospective de la mort du Christ en croix, faite, après coup, par les évangélistes, qui prêteraient à Jésus un propos adressé à ses disciples. Littéralement, le propos est scandaleux et incompréhensible. A la limite les choses auraient pu se dérouler de la façon suivante : nous sommes dans les faubourgs de Jérusalem, où l'on voit des hommes porter leur croix, et Jésus dit : « Il va falloir que vous portiez la croix, vous aussi. Pour me suivre (Mtt 16, 24-25). » Vous risquez d'être condamnés à mort de cette façon-là. Pas simplement à la mort fatale à tout homme. La manière dont vous allez engager votre vie va vous impliquer dans cette mise à mort, qui est autre que la mort. Le destin particulier de Jésus est de vivre une mise à mort meurtrière, infamante. Alors que l'Évangile est promesse de vie, il apparaît pour les disciples comme la prévision d'une mise à mort. Et la première de ces mises à mort est celle de Jésus lui-même.

Non la mort biologique, animale, mais mort d'homme par une main d'homme.

Et le disciple est appelé à partager ce sort-là. Il s'agit d'une chose scandaleusement incompréhensible, et qu'il ne faut pas tenter de rationaliser : être livré. Etre livré : ces mots sont lourds. Il y aurait beaucoup à dire sur ce point ; je résume en deux idées. Être livré peut signifier : être trahi. En un sens, Jésus le sera par Judas, l'un de ses plus proches (Jn 18, 2). Mais il faut croire qu'il est livré par Dieu (Jn 3, 16). C'est le Père lui-même, Dieu, qui livre le Christ entre les mains des hommes. C'est ici que le déplacement des mots est le plus considérable : Dieu, qui est la source de la Vie, abandonne le Vivant, le Fils bien-aimé, à la volonté homicide de l'homme. Il se livre à la liberté de l'homme (Jn 10, 17). Et quand Jésus dit : Le Fils de l'Homme va être livré aux mains des hommes, être crucifié et le troisième jour ressusciter des morts (Mc 9, 31), l'évangéliste (Marc) a cette phrase absolument extraordinaire : « Ils ne comprenaient pas cette parole » (Mc 9, 32) : ils se demandaient ce que voulait dire « ressusciter des morts » (Mc 9, 10). Cette parole de Jésus est l'affirmation pleine de la foi ; il y convie ses disciples, comme au signe de leur propre destinée (Mtt 12, 39-40). Et les disciples n'ont pas compris ce qu'il voulait dire. Ils ne l'ont compris qu'après, et autrement.

Les disciples ont d'ailleurs vécu ce scandale de la mort du Christ jusqu'à désespérer de lui. Ils ont cru totalement à sa mort, avant de croire totalement à sa résurrection. Leur tristesse, à Emmaüs, est assez significative. Mais c'est aussi sur eux-mêmes qu'ils pleuraient alors : ils pensaient que le Christ allait changer quelque chose dans leur vie, et sa mort les invite à penser qu'il n'en était rien.

Un point décisif, dans la prophétie de la résurrection, est son aspect collectif. L'évangile selon saint Matthieu, que je vous ai cité sur le peuple nouveau, sur l'assemblée nouvelle, qui doit échapper à la mort (Mtt 16, 17), est lié à une promesse, expressément affirmée dans une des visions d'Ezéchiel (37, 1-14), et que Jésus reprend à son compte. La victoire sur la mort sera le don de l'Esprit de Dieu, lui-même, qui va habiter à nouveau parmi les hommes et les faire revivre, en plénitude. L'homme meurt puisqu'il est pécheur ; du coup, il est dispersé, soumis au pouvoir de la mort, corps et âme, corps et cœur. Dieu lui-même va lui donner son propre Esprit : alors seulement l'homme échappe à la mort. Le don de l'Esprit saint, qui est le don de la Vie divine même, est gracieuseté de Dieu : il est partage de la Vie du Ressuscité, participation à la Vie même de Dieu, rassemblement dans l'unité des enfants de Dieu dispersés (Jn 11, 52). Notre espérance fondamentale face à la mort, comme au péché, c'est le don de l'Esprit de Dieu (Rm 5, 5), le don de la Vie impérissable. On peut jouer sur le sens étymologique du mot, puisque « esprit » dit souffle, en hébreu comme en grec. Le don du souffle de vie, c'est le don de l'Esprit de Dieu (Gn 2, 7). C'est dans la puissance de l'Esprit du Christ qu'il peut y avoir, pour les croyants, victoire sur la mort. La victoire de Dieu sur la mort est la divinisation de l'homme ; cette victoire est la rédemption des péchés de l'homme. L'Esprit de celui qui a ressuscité Jésus d'entre les morts (Rm 8, 11) nous offre de pouvoir communier à Dieu dans la liberté et de partager sa Vie en plénitude. La foi du chrétien dépasse complètement la mort, en anticipant sur la Vie éternelle (Jn 5, 24-25). Saint Paul a des formules extraordinaires comme lorsqu'il dit : Vous étiez morts par le péché (Ép 2, 1). Tel est l'état de l'homme séparé de Dieu. Dans la bouche de saint Paul, c'est une expression réaliste : ils étaient vraiment morts. Plus morts que cadavres. Mais à un autre endroit, Paul écrit à des baptisés à qui Dieu a donné l'Esprit du Messie mort et ressuscité : « Vous êtes morts, en effet, et votre vie demeure cachée avec le Christ en Dieu » (Col 3) Dans l'épître aux Romains, Paul précise que « les baptisés sont morts avec le Christ pour ressusciter avec lui » (Rm 6, 1-11). Il n'y a donc pas seulement pour l'homme une vie morte, qui est la vie de l'homme sans Dieu : face à Dieu, le croyant découvre qu'il était dans la mort, parce que sa vie était coupée de la source de la vie. Puis il fait, par la foi, l'expérience de la mort avec le Christ. Cette expérience chrétienne de la mort, c'est de participer, grâce au don de l'Esprit, à l'amour du Christ qui donne sa vie pour nous. Quand la vie nous est donnée, avec l'Esprit saint, nous pouvons croire, aimer et espérer : nous pouvons entrer, vivants, dans la mort du Christ qui passe au Père (Jn 13, 1). Nous participons ainsi à la Vie du Christ mort et ressuscité. Notre « faire face » à la mort biologique et historique en est changé : notre espérance est solide. Même si la mort demeure énigme. Même si elle nous est donnée comme une épreuve. Car personne ne sait ni comment il mourra ni ce qu'il sera en mourant. La grâce qui nous est donnée, c'est de pouvoir faire de notre mort une offrande : l'accomplissement, dans l'espérance, de ce qui nous a été livré comme le don de l'Amour et le don de la Vie : l'entrée dans la mort et dans la résurrection du Christ (Ép 2, 4-7).

La mort du Christ délivre en quelque sorte notre propre mort de son caractère exclusivement mortel et biologique, de son caractère anecdotique. Les circonstances restent ce qu'elles sont, et quelquefois dans leur injustice et leur tragique, mais il s'agit de vivre une autre mort, comme le vivant déjà immortel que nous sommes en puissance.

Il y a un déplacement de la frontière de la mort telle que la voit l'homme païen. Pour la foi, la frontière s'entrouvre comme un passage : le sens est de donner sa vie, et l'espérance est celle de la Vie éternelle : « Nous verrons Dieu tel qu'il est » (I Jn 3,

2). Ce qui ne veut pas dire que la mort ait été escamotée, bien au contraire.

Ni la souffrance.

Ni la souffrance. Ce qui est donné, c'est que l'homme peut vivre sa propre mort, comme une part prise à la passion aimante du Christ. Il se saisit à son tour de sa mort, comme le Christ a pris notre mort. Et quand il crie et pleure comme un enfant, quand il a peur, il peut, par grâce de Dieu, se saisir de sa mort, comme le Christ s'est saisi de sa propre mort à lui. Le Christ a voulu connaître la déréliction la plus complète. Recevant l'espérance et l'Esprit du Christ ressuscité, l'homme peut, par la foi, faire de sa mort une communion à la mort rédemptrice du Christ, de même qu'auparavant il pouvait faire de sa vie une participation à la mort et à la vie du Christ ressuscité. Ce qui demeure comme l'espérance ultime, paradoxale, c'est que l'homme vit déjà, dans l'obscurité de la foi, une condition où il connaît que la mort est vaincue, puisqu'il en peut faire ce que le Christ en a fait. Il peut le faire, vivant. C'est l'affirmation, à la fois d'une victoire acquise, d'une espérance donnée et d'un combat qui dure. Quand Paul récite les paroles inspirées d'Isaïe, citées tout à l'heure, lui-même fait face victorieusement à la mort : « Où est-elle, ô mort, ta victoire ? » On peut regarder comme archétype éminemment chrétien de cette victoire la vocation apostolique (1 Co 15, 12-15), et considérer ce qui nous est dit de Pierre. Il a trahi le Christ, il reçoit le pardon, et ensuite, la mission de paître les brebis du Christ — les paître, c'est leur donner la vie (Jn 21, 15-17). En même temps, le Ressuscité lui dit : « Suis-moi » (Jn 21, 19). C'est le dernier mot de Jésus à Pierre. Auparavant, il lui annonce : « Quand tu étais jeune, tu faisais ce que tu voulais ; quand tu seras vieux, un autre te ceindra » (Jn 21, 18). Jésus désignait par là de quelle mort Pierre devait mourir et glorifier Dieu (Jn 21, 19). Glorifier Dieu par la mort, c'est en fait recevoir la gloire de Dieu, recevoir la plénitude de la vie du Dieu vivant : ce n'est pas un suicide, c'est une louange.

La gloire de Dieu ne nous est humainement sensible que dans la mesure où elle s'est manifestée dans l'abaissement et la mort du Christ. La gloire du Créateur dans sa création nous est en quelque manière extérieure et étrangère ; elle le paraît, du moins, à notre détresse et à notre mort, par son indifférence apparente. Mais que la gloire de Dieu se manifeste, en ce qui semblerait la nier, que la vie soit attestée dans un apparent renoncement à vivre, nous touche directement au profond de notre humanité. Le mystère de la mort y prend un accent saisissant : nous savons obscurément qu'il y a quelque part un lien, désormais, entre le renoncement et la plénitude ; ici, nous le voyons à nu. La gloire de Dieu nous devient évidente en ce qui paraît le moins la manifester.

Et cela demeure la condition historique présente. Nous sommes dans le temps de l'histoire où les chrétiens, porteurs de l'espérance de la vie, partagent la condition du Crucifié. Nous portons en nous les prémices de l'espérance de la résurrection : nous les portons dans un combat contre la mort. La foi : oser croire — c'est l'attitude d'Abraham et de la Vierge Marie — que la mort n'a pas le dernier mot, mais que Dieu la vainc, et l'a vaincue en nous, quand il nous donne dans le Christ Jésus la capacité d'aimer, d'espérer et de vivre de la vie de l'Esprit. Les textes qui exposent l'espérance chrétienne sont ceux de l'Apocalypse et des épîtres de saint Paul. Ils nous montrent l'accomplissement de toutes choses dans le Christ, et la Gloire de Dieu donnée, et la mort effectivement vaincue (1 Co 15 ; Rm 8 ; Ap 21-22). L'Écriture reprend les textes prophétiques d'Isaïe (25 ; 55 ; 65). Ils servent de langage mystique et symbolique pour désigner cette espérance inimaginable, mais présente dans la foi dont les chrétiens sont porteurs. Le gage de la résurrection dans ce monde, ce sont les chrétiens, dans la mesure où ils croient, c'est-à-dire où ils reçoivent de Dieu l'Esprit qui leur accorde de croire et d'aimer. Leur charité, comme leur foi, est la preuve tangible de l'Esprit saint donné, et donc du Christ ressuscité (Rm 5, 5). C'est une victoire déjà en train de s'accomplir. Et l'Eucharistie est, au repas de cette vie, le Pain de la Vie éternelle (Jn 6). Elle est l'anticipation de la résurrection dans l'expérience croyante, la participation au Messie ressuscité qui est la source de la Vie.

Une phrase déjà citée du *Cantique des Cantiques* a fasciné la conscience d'Israël et la conscience chrétienne, la conscience humaine tout simplement, c'est : l'amour est plus fort que la mort (Ct 8, 9). L'évangile selon saint Jean le dit clairement : l'amour triomphe de la mort. « Personne n'a de plus grand amour que celui qui livre sa vie pour ses amis » (Jn 15, 13). C'est une œuvre de Dieu. Seul l'amour que Dieu porte à sa créature permet à cette créature de triompher du péché et de la mort, parce que Dieu s'est donné lui-même en envoyant son Fils et en donnant son Esprit. Telle est notre foi, telle est notre assurance. « Aimons-nous les uns les autres » (1 Jn 4, 7-21).

En fait, Dieu seul est à la mesure de cet abîme qu'est la mort et de cet abîme plus grand, celui de l'amour. Des amis qui ont perdu récemment leur fillette de sept ans m'ont demandé de venir auprès d'eux et m'ont posé, bien sûr, la terrible question : « Comment Dieu permet-il cela ? » Comment répondre ? On mesure dans ces instants-là l'impuissance, où l'on est, de partager totalement une détresse, et la vanité de toute parole. Je me suis seulement dit, et je leur ai dit : « C'est sans doute parce que Dieu lui-même est incapable de répondre, qu'aucune parole, même divine, n'y pourrait répondre, qu'il est venu mourir comme un enfant innocent. Si Dieu n'était pas mort lui-même, il n'aurait plus rien à nous dire devant la mort et son injustice. » On ressent cela très fortement à certaines heures, l'amour qui donne sa vie pour ceux qu'il aime, l'amour qui transcende mystérieusement la mort. Je n'avais qu'une pensée devant ces parents désespérés : « Vous êtes dans le Christ. Vous êtes le Christ ; beaucoup plus que moi et c'est pourquoi je suis privé de toute parole. Je ne suis qu'au pied de votre croix. Mais lui, il y est avec vous, ou vous avec lui. »

Le déroulement liturgique, la symbolique chrétienne du *Credo*, les formulations les plus anciennes de la foi, dans les

Écritures, attestent que le Christ est mort pour nos péchés selon les Écritures, qu'il a été enseveli et qu'il est ressuscité le troisième jour selon les Écritures (1 Co 15, 3-4). Ce temps des trois jours — ce n'est pas le lieu d'en rappeler l'origine ni d'en expliquer la portée — représente comme un demeurer dans la mort, du Christ lui-même. La Résurrection ne succède pas instantanément à la Passion et à la mort du Christ. Il est mort : il y a un vide. La liturgie, surtout celle de la Semaine sainte, célèbre l'événement dans sa chronologie et dans toute sa portée spirituelle. La symbolique du Vendredi saint et du Samedi saint, qui est un jour aliturgique, où il n'y a rien, place l'homme devant le tombeau scellé, pour lui donner d'apprendre son propre mystère et d'accueillir le mystère de son salut.

Comme s'il n'y avait que cela, comme si l'espérance était morte.

Il faut aller jusqu'au bout de l'épreuve de la foi pour recevoir le Ressuscité, dans le don de l'Esprit.

Une simple prière est ici pleine d'enseignement. Vous savez que la piété franciscaine a « inventé » le chemin de croix, manière toute populaire de méditer la Passion telle que les évangiles nous la transmettent. D'instinct, le chemin de croix s'est arrêté au Christ mort et enseveli. Il refuse d'aller plus loin. Certains, pleins de bonnes intentions, ont rajouté une quinzième station, celle du Christ ressuscité. Ils ont fait erreur : ils risquent de faire basculer le récit de la Passion dans la mythologie. La résurrection ne vient pas, comme après la pluie, le beau temps. Il ne faut pas escamoter l'épreuve du Vendredi saint et du Samedi saint, et faire de la Résurrection la simple résolution, au sens musical, d'un accord de la Passion. Ce serait comme supprimer la Passion, alors que la méditation du Vendredi saint s'arrête devant le Christ mort — l'évangéliste insiste : devant le corps mort de Jésus. C'est ce corps qui est remis à la Mère et au disciple, à Marie et à l'Église (Jn 19, 25 ; 38-41). L'Évangile et la liturgie conduisent ensuite notre regard vers le tombeau. La méditation sur le tombeau scellé, sur la nuit, sur la durée, est un moment capital dans l'adoration du mystère de la Passion. Dans la tradition et dans la compréhension du mystère du Christ, telle qu'elle a été donnée aux disciples (1 P 3, 19), ce temps vide est celui de l'exploration des abîmes. Il est descendu aux enfers. Donc toutes les profondeurs de la mort ont été parcourues. Toutes les profondeurs de « la mort et de l'Hadès » (Ap 20, 14) ont été visitées. L'immensité de son scandale est ici divinement manifeste...

SIXIÈME PARTIE

Entretien avec ma mort

Entretien avec ma mort

Je ne veux pas jouer au brave devant toi :
je ne suis pas plus intrépide qu'un autre !
Et puis qu'importent nos attitudes :
tu n'es rien, tu n'es personne ;
seule existe,
la vie désarmée que tu brises.
Le fameux masque où ricane ton sourire,
nos artistes l'ont peint sur des crânes vides,
mais toi, tu n'as pas de visage.
Aussi n'est-ce pas toi que je regarde,
mais le dernier instant de moi-même en ce monde,
où je n'ai qu'avec moi le rendez-vous inévitable :
aurais-je peur de moi ?
Te fuir n'est que se fuir,
et s'échapperait-on toute une vie
qu'il faudrait bien reconnaître au bout
l'être mortel que nous étions dès l'origine !
Nul homme n'a les yeux ouverts,
s'il ne regarde jusque-là son destin.
Mais je ne voudrais pas aimer la mort,
parce que je n'aimerais plus la vie,
parce que je ne m'aimerais plus.
Je ne voudrais mourir
ni du dégoût, ni de la lassitude, et ni du désespoir de moi-même.

Puissé-je apprendre à aimer la mort
de cet amour dont j'aime la vie
quand elle révèle sa plénitude :
aimer la vie en elle.
Et ne pas m'en aller comme le condamné qui reçoit sa mort d'un autre,
et l'accueille en ennemie.
Tu n'es pas une ennemie,
et tu n'es pas, non plus, une amie :
tu es le lieu où finit l'inconnu,
car je ne suis un mystère à moi-même
que jusqu'à l'heure, en effet, où tu déchires le voile.
Un matin entre tous les matins,
peut-être radieux et clair comme je les préfère,
ou alors triste comme la pluie,
sera donc mon dernier matin.
Tu poseras sur moi le sceau,
et tout commencera,
ailleurs,
mais tout sera fini,
ici.
Entre ce terme et ce commencement,
tu es là,
comme une ligne de partage inflexible,
et le cœur aussi est partagé,
entre ce qu'il tient, même s'il le tient mal,
et la promesse qui ne sera tenue qu'au-delà.
Tu ne donnes rien
que tu n'ôtes d'abord tout !
Or s'il n'est pas assez d'amour au monde
pour nous y retenir à jamais,
il en est déjà de si puissants
qu'on ne saurait s'en arracher sans douleur.
Si tu ne m'ôtes pas toute vie,
tu reprends pourtant la douceur du vivre,
où nos matins sentent soudain le goût infini du bonheur,

où rien n'épuise l'enchantement des êtres.
Il n'est pas vrai que tout ce qui finit
mérite de finir,
mais plutôt de durer.
La perfection de ce visage,
et celle d'un esprit où rayonne la vérité,
comment accorder qu'ils ne soient plus ?
Si toute vie tenait dans ce flux et ce reflux indéfinis,
faudrait-il vivre plus longtemps ?
Je ne suis pas détaché de l'existence
au point de vouloir mourir,
mais je suis trop attaché à elle
pour l'accepter toujours dans ce renoncement perpétuel.
Faut-il finir, pour en finir avec la finitude ?
Mourir, pour en finir avec la mort ?
Être, sans cesser d'être :
tu es la clef qui ouvre cette énigme,
et tu l'imposes à l'interrogation humaine.
Oui, tu n'es rien, tu n'es personne,
mais prétexte, pourtant,
à voiler et dévoiler l'autre face du monde,
l'invisible qui se tient derrière la mort,
et derrière la vie,
et dont la parole humaine ne sait rien dire
que de balbutiant.
Se regarder jusque-là,
mais pour voir au-delà de soi,
au-delà de tout,
l'océan du mystère.
Je ne serai pas seul avec moi,
et je ne serai pas seul avec toi,
car la mort n'est pas
la dernière compagne de l'homme :
mais l'Espérance.
S'adresser à toi, n'est-ce pas invoquer,
non soi-même, au moment de se perdre

ou de se trouver,
mais ce qui préside à toute réalité
en nous, et au-delà de nous ?
Ce n'est pas à la mort indifférente que l'on dit : « toi »,
mais à cela qui est, tout à coup,
devenu proche et nécessaire comme la mort :
quelque chose, Quelqu'un,
qui ne fait d'elle que le seuil intimidant,
d'un commencement infini.
Tu n'es pas le face à face ultime,
parce qu'il y a derrière tous tes masques,
un Visage :
le Visage d'un Amour qui nous aime
au point que notre mort lui soit plus intolérable qu'à nous-même,
et qu'à nos plus proches.
L'homme n'est pas seul à refuser sa mort,
mais Dieu, avec lui, la refuse.
Où se manifeste le fond de ma détresse,
se révèle l'Amour plus puissant qu'elle.
Celui qui règne sur la vie et sur la mort,
se refuse à laisser mourir
la vie qui vient de Lui pour retourner à Lui,
et son refus, plus agissant que le mien,
force l'irréparable.
Dieu vient habiter la mort,
et la mort n'est plus la mort,
qui tout à coup déborde de Celui qu'elle contient !
A l'heure absolue de son destin,
l'homme ne rencontre plus que l'absolu.
Le lieu de toute déréliction, et de tout renoncement,
de toute incertitude et de toutes ténèbres,
est visité par Celui qui ne veut pas nous abandonner à nous-même,
qui nous ramène du plus profond de notre mort,
sur la rive de l'éternité.
Alors ce qui paraît me séparer de tout,
m'unit à Celui qui est tout,

et le mystère qui est au cœur de la vie,
délivre son Visage.
Seigneur, que je n'oublie pas à l'heure dernière,
de reconnaître l'heure première,
et dans la mort,
le rendez-vous de l'immortalité.
Quand il n'y aura plus d'issue qu'en Toi,
qu'enfin, je ne dérobe plus mon cœur,
en posant aussi un masque sur la mort ;
que le tremblement du corps ne gagne pas l'âme,
quelles que soient les circonstances,
et le moment.
Mais que cette heure soit ton heure,
et non la mienne,
puisque mourir
n'est que quitter ma vie pour ta Vie.

Achevé d'imprimer le 17 octobre 1982
sur presse CAMERON,
dans les ateliers de la S.E.P.C.
à Saint-Amand-Montrond (Cher)
pour le compte de la librairie Arthème Fayard
75, rue des Saints-Pères — 75006 Paris

ISBN 2-213-01203-2

Dépôt légal : octobre 1982
N° d'Édition : 6466. N° d'Impression : 1935-1225.

Imprimé en France

H/35-6980-3